新时代"枫桥经验"的实践
预防青少年新型违法犯罪数字治理研究

XINSHIDAI FENGQIAOJINGYAN DE SHIJIAN
YUFANG QINGSHAONIAN
XINXING WEIFAFANZUI SHUZIZHILI YANJIU

陈京春　潘超英　张　芸　著

中国检察出版社

图书在版编目（CIP）数据

新时代"枫桥经验"的实践：预防青少年新型违法犯罪数字治理研究 / 陈京春，潘超英，张芸著 . — 北京：中国检察出版社，2022.11
ISBN 978-7-5102-2799-8

Ⅰ.①新… Ⅱ.①陈… ②潘… ③张… Ⅲ.①青少年犯罪—预防犯罪—研究—中国 Ⅳ.① D669.5

中国版本图书馆 CIP 数据核字（2022）第 183321 号

新时代"枫桥经验"的实践：预防青少年新型违法犯罪数字治理研究
陈京春　潘超英　张　芸　著

责任编辑：	彭羽涵
技术编辑：	王英英
封面设计：	龙　惠

出版发行：中国检察出版社
社　　址：北京市石景山区香山南路 109 号（100144）
网　　址：中国检察出版社（www.zgjccbs.com）
编辑电话：（010）86423798
发行电话：（010）86423726　86423727　86423728
　　　　　（010）86423730　86423732
经　　销：新华书店
印　　刷：望都天宇星书刊印刷有限公司
开　　本：710mm×960mm　16 开
印　　张：22.5
字　　数：330 千字
版　　次：2022 年 11 月第一版　2022 年 11 月第一次印刷
书　　号：ISBN 978-7-5102-2799-8
定　　价：72.00 元

检察版图书，版权所有，侵权必究
如遇图书印装质量问题本社负责调换

序

"枫桥经验"是中国共产党领导人民创造的一套行之有效的社会治理方案。它发端于浙江省诸暨市枫桥镇,半个多世纪以来,历久弥新,不断被赋予新的时代内涵,成为基层社会治理现代化、民主化、法治化的生动实践,愈加焕发出旺盛的生命力。新时代"枫桥经验"已成为中国基层社会治理的典范,并逐步走向世界,以其特有的制度优势为全球基层善治贡献中国智慧和中国方案,不断彰显中国人民的道路自信、理论自信、制度自信和文化自信。

近年来,"枫桥经验"研究正以理论范式指导实践的思路推进,显示出理论化、系统化的时代魅力,并顺应时代需求在不同领域深入地开展研究应用。新时代"枫桥经验"如何与"数字治理"有效结合就是当前一个崭新的重要课题。"枫桥经验"来自基层,其坚持"从群众中来,到群众中去",一步步从基层治理、市域治理走向国家治理的舞台。在全球范围处于数字驱动大变革的新形势下,数字治理作为一种新型的治理模式,正以自上而下的方式应用到社会治理和社会服务的各个领域,改变着我们的生活。"枫桥经验"同样面临着制度性重塑和现代治理体系变革的时代命题,与数字治理有机融合是其必然选择,也将进一步丰富和完善中国特色基层治理现代化理论的内涵和外延。

预防青少年新型违法犯罪数字治理研究以"枫桥经验"为理论指导,是有其根源的。追溯历史,20世纪70年代,针对改革开放初期复杂的社会矛盾和严峻的治安形势,"枫桥经验"迅速选择并完成了向社会治安综合治理模式的转型。同一时期,1979年8月,中央首次用正式文件将青少年犯罪作为一个严重的社会问题标识出来,诸暨枫桥为教育转化失足青少年,

率先提出"帮教"理念,开创了全国帮教工作的先河。从此,对青少年违法犯罪问题的治理和对不良青少年的管控,成为"枫桥经验"创新发展的重要实践领域。

进入新时代,青少年新型违法犯罪占比高、增速快,且犯罪手段隐蔽多样、危害性大,需要从"枫桥经验"中汲取治理智慧。运用其所蕴含的现代治理理念,指导青少年新型违法犯罪惩防与权益保障工作,才能将预防开展在前头、矛盾化解在源头、风险防控在萌芽。同时,青少年违法犯罪治理也在朝着数字化、智能化方向发展。乘着浙江数字化改革的东风,诸暨率先探索的青少年新型违法犯罪预防系统性深层次变革,以"星海守望"平台为基础,打造"浙里预防青少年新型违法犯罪应用",构建了普遍性预防、干预性预防和延续性预防三级预防数字治理体系。该应用先后获评浙江省2021年数字法治"好应用"、数字化改革"最佳应用",目前正在全省推广。

2023年是毛泽东同志批示学习推广"枫桥经验"60周年、习近平总书记指示坚持和发展新时代"枫桥经验"20周年。"枫桥经验"的发展历程告诉我们,要勇于在实践基础上推进理论创新,同时也要善于运用新的理论指导实践。本书是诸暨市人民检察院在当地党委的支持下,基于多年研究形成,书中所述的预防青少年新型违法犯罪数字治理研究项目是"浙里预防青少年新型违法犯罪应用"的重大理论成果。作为创新发展"枫桥经验"的一项有益探索,希望本书的出版,能为基层社会治理实践提供新的理论支撑和推广范本,为广大读者带来启迪和借鉴。

是为序。

2022年10月21日
于杭州

目录

前　言 …………………………………………………………… 001

第一章　新时代"枫桥经验"与预防青少年新型违法犯罪数字治理概述 …………………………………………… 004

第一节　预防青少年新型违法犯罪的数字治理 ……………… 005
一、青少年新型违法犯罪的概念 ……………………… 005
二、青少年新型违法犯罪预防的时代特征 …………… 010
三、青少年新型违法犯罪数字治理的内涵 …………… 015

第二节　"枫桥经验"在预防违法犯罪中的具体实践与理论贡献 ………………………………………… 021
一、"枫桥经验"在预防违法犯罪中的具体实践 …… 021
二、"枫桥经验"对预防违法犯罪的理论贡献 ……… 028

第三节　数字治理为预防青少年新型违法犯罪带来的新机遇 …… 031
一、数字治理为预防青少年新型违法犯罪提供新思路 …… 032
二、数字治理为预防青少年新型违法犯罪提供新保障 …… 035
三、数字治理为预防青少年新型违法犯罪提供新工具 …… 036

第四节　新时代"枫桥经验"对预防青少年新型违法犯罪数字治理的启示 …………………………………… 037
一、坚持党建统领 ……………………………………… 037
二、坚持以人民为中心 ………………………………… 039

三、坚持"四治融合" ……………………………………… 040

四、坚持"四防并举" ……………………………………… 041

五、坚持共建共治共享 …………………………………… 041

第二章 青少年新型违法犯罪现状与成因的实证分析 ……… 043

第一节 青少年新型违法犯罪的基本情况 ………………… 043

一、青少年新型违法犯罪概况 …………………………… 044

二、青少年新型违法犯罪的基本特征 …………………… 045

第二节 青少年新型违法犯罪与传统类型的成因对比分析 … 056

一、个人因素比较分析 …………………………………… 057

二、家庭因素比较分析 …………………………………… 058

三、学校因素比较分析 …………………………………… 061

四、社会原因比较分析 …………………………………… 065

第三节 青少年新型违法犯罪的成因分析 ………………… 067

一、外在因素 ……………………………………………… 067

二、内在因素 ……………………………………………… 073

第三章 预防青少年新型违法犯罪数字治理的构建思路 …… 077

第一节 预防青少年新型违法犯罪数字治理的基本要求
与任务 ……………………………………………… 077

一、预防青少年新型违法犯罪数字治理的基本要求 …… 078

二、预防青少年新型违法犯罪的基本任务 ……………… 082

第二节 新时代"枫桥经验"指导下预防体系的搭建 ……… 087

一、一体化智能化公共数据平台架构 …………………… 088

二、"113N"系统整体架构 ……………………………… 101

第三节 新时代"枫桥经验"指导下多跨协同的推进 ……… 106

一、业务协同流程 ………………………………………… 106

二、数据集成流程 ………………………………………… 108

第四章　青少年新型违法犯罪普遍性预防的数字治理　112

第一节　青少年新型违法犯罪普遍性预防概述　112
一、青少年新型违法犯罪普遍性预防的概念和特征　113
二、青少年新型违法犯罪普遍性预防的理论基础　115
三、青少年新型违法犯罪普遍性预防的工作内容　122

第二节　青少年新型违法犯罪普遍性预防应用场景的建构　135
一、宣传教育应用场景的建构　135
二、帮扶监督应用场景的建构　139
三、入职查询应用场景的建构　147

第三节　普遍性预防应用场景的工作机制　153
一、业务协同工作机制　153
二、社会力量参与机制　160

第五章　青少年新型违法犯罪干预性预防的数字治理　169

第一节　青少年新型违法犯罪干预性预防概述　169
一、青少年新型违法犯罪干预性预防的概念与特征　170
二、青少年新型违法犯罪干预性预防的理论基础　171
三、青少年新型违法犯罪干预性预防的工作内容　174

第二节　青少年新型违法犯罪干预性预防应用场景的建构　178
一、重点人预防的应用场景的建构　178
二、重点物预防的应用场景的建构　182
三、重点场所预防的应用场景的建构　184
四、重点领域预防的应用场景的建构　188

第三节　干预性预防应用场景的工作机制　197
一、行政机关的业务协同工作机制　197
二、司法机关的业务协同工作机制　199
三、社会力量参与机制　204

第六章　青少年新型违法犯罪延续性预防的数字治理 …………… 212

第一节　青少年新型违法犯罪延续性预防概述 ………………… 212
一、青少年新型违法犯罪延续性预防的概念与特征 ………… 213
二、青少年新型违法犯罪延续性预防的理论基础 …………… 215
三、青少年新型违法犯罪延续性预防的工作内容 …………… 222

第二节　青少年新型违法犯罪延续性预防应用场景的建构 …… 229
一、应用场景建构思路 ………………………………………… 229
二、应用场景小程序 …………………………………………… 233
三、应用场景后台 ……………………………………………… 236

第三节　延续性预防应用场景的工作机制 ……………………… 239
一、司法机关的业务协同工作机制 …………………………… 239
二、行政机关的业务协同工作机制 …………………………… 242
三、群团组织的业务协同工作机制 …………………………… 245
四、社会力量参与机制 ………………………………………… 247

第七章　预防青少年新型违法犯罪数字治理的技术支撑 ………… 253

第一节　预防青少年新型违法犯罪数字治理中的数据融合 …… 253
一、数据采集融合的主要内容 ………………………………… 254
二、数据全生命周期的基本要求 ……………………………… 258
三、数据融合的困境与化解 …………………………………… 264

第二节　预防青少年新型违法犯罪数字治理的算法模型
与算法伦理 ……………………………………………… 266
一、数字治理的算法应用 ……………………………………… 267
二、"三级预防"中的算法模型构建 ………………………… 276
三、青少年新型违法犯罪预防的算法伦理 …………………… 294

第八章　预防青少年新型违法犯罪数字治理的制度建设 ………… 303

第一节　预防青少年新型违法犯罪数字治理的制度体系 ……… 303

一、制度建设的重要性 …………………………………… 304
　　二、工作制度体系 ………………………………………… 305
　第二节　未成年人保护制度 ………………………………… 312
　　一、未成年人保护制度概述 ……………………………… 312
　　二、未成年人保护制度的主要内容 ……………………… 315
　第三节　预防青少年新型违法犯罪数字治理的数据合规制度 …… 324
　　一、数据合规概述 ………………………………………… 324
　　二、预防青少年新型违法犯罪数字治理的数据合规指引 …… 328

参考文献 ……………………………………………………… 341

后　记 ………………………………………………………… 346

前　言

　　青少年是祖国的未来、民族的希望。习近平总书记强调，"青少年阶段是人生的'拔节孕穗期'，这一时期心智逐渐健全，思维进入最活跃状态，最需要精心引导和栽培"[①]。保障青少年健康成长是全社会的责任，但是，由于多方面多维度的原因，青少年违法犯罪成为各种社会矛盾、社会现象相互作用的产物。青少年违法犯罪不仅危害社会，也给青少年自身发展带来伤害，给其家庭带来不幸。虽然预防青少年违法犯罪一直以来都是理论与实践关注的重点问题，但无法回避的现实是青少年违法犯罪形势不容乐观。近年来，网络电信诈骗、套路贷、"软暴力"催收、网络赌博、提供"两卡"、网络涉黄等新型违法犯罪凸显，青少年违法犯罪主体占比较高，呈现出新特征、新变化，给青少年违法犯罪预防带来了新挑战，亟须有针对性地开展青少年新型违法犯罪预防工作和相关的理论研究。

　　"枫桥经验"是基层社会治理的经验，也是违法犯罪预防的成功经验。做好青少年违法犯罪预防工作，既要抓末端、治已病，更要抓前端、治未病，"要推动更多法治力量向引导和疏导端用力，完善预防性法律制度，坚持和发展新时代'枫桥经验'"[②]。"枫桥经验"在应对违法犯罪的具体实践中所孕育的类型化、适度控制性、整合性和理性交往预防思维，以及由此而

---

① 《思政课是落实立德树人根本任务的关键课程》，载求是网，http://www.qstheory.cn/dukan/qs/2020-08/31/c_1126430247.htm。

② 习近平：《坚定不移走中国特色社会主义法治道路　为全面建设社会主义现代化国家提供有力法治保障》，载《求是》2021年第5期。

生的"软法预防犯罪观"与"恢复性预防犯罪观"①，对于当下开展青少年新型违法犯罪预防工作依然具有重要的指导意义。

"枫桥经验"虽然经历了不同历史时段和经济体制，但无论是在经验理解还是科学理解上，都具有历史的连续性。②"枫桥经验"是"中国矛盾论和群众观在社会治安综合治理中的集中反映和具体体现，其要义都在于依靠和发动群众把容易导致违法犯罪的矛盾纠纷解决在基层、解决在内部、解决在萌芽状态，从源头上预防和减少违法犯罪的发生，维护社会安全与稳定。"③ 这与传统犯罪学理论强调的"始终将预防放在犯罪控制的最优先位置"④ 不谋而合。面对新时期青少年新型违法犯罪的新问题，秉持"枫桥经验"的核心要义，强化对青少年新型违法犯罪的预测预防，推进多元共治，形成共建共治共享的社会治理大格局，是有效防控青少年违法犯罪的必然选择。

数字化与"智治"成为新时代"枫桥经验"的重要内涵。网络使得违法犯罪相关信息的收集与交流顺畅高效，大数据和算法的应用更是为青少年违法犯罪的成因与风险的评估及预警预测预防提供了数智支撑。随着数字未检建设的推进，预防青少年新型违法犯罪的数字治理成为社会治理的重要组成部分，有力地提升了违法犯罪预防的能力与水平。

党的十九届四中全会对坚持和发展新时代"枫桥经验"、加强和创新基层社会治理提出新的更高要求。党的二十大报告在"完善社会治理体系"部分强调，在社会基层坚持和发展新时代"枫桥经验"。青少年违法犯罪预防工作是基层社会治理的重要内容，事关社会和谐稳定，人民群众高度关注。在新时代"枫桥经验"的启示下，着眼于新时代经济社会发展现状和

---

① 马荣春、周建达：《"枫桥经验"：预防犯罪观的重要启示》，载《南昌大学学报（人文社会科学版）》2019年第1期。

② 金伯中、黎伟挺：《"枫桥经验"与综合治理》，载《当代中国小城镇社区犯罪控制》，中国发展出版社1995年版，第273页。

③ 冯树梁：《中国犯罪学话语体系初探》，法律出版社2016年版，第289页。

④ 张远煌主编：《犯罪学》，中国人民大学出版社2011年版，第253页。

青少年群体特征，深入分析研判青少年新型违法犯罪成因及其相关因素，借助数字治理巨大优势，积极探索新时代青少年新型违法犯罪数字治理的新对策，全面系统推进青少年新型违法犯罪预防工作，是值得持续关注、高度重视的理论课题。

第一章

新时代"枫桥经验"与预防青少年新型违法犯罪数字治理概述

进入新时代，青少年违法犯罪呈现出新特征、新变化，青少年违法犯罪的行为模式与内在结构已然发生改变，新手段新方式新动因相互影响、相互交织，传统的青少年违法犯罪预防模式已经难以应对。在这一背景下，基于青少年新型违法犯罪的基本情况和成因分析，在违法犯罪预防理论和数字治理理论的指引下，充分发挥数字化改革的数智支撑作用，构建科学高效的青少年新型违法犯罪预防体系，积极推进青少年新型违法犯罪预防工作向理性反应、主动应对、科学治理转变成为当务之急。

青少年新型违法犯罪预防的数字治理这一研究由三大基础概念构成，即"青少年新型违法犯罪""犯罪预防""数字治理"。下文以"青少年"为逻辑起点，对其进行更为清晰的年龄界定，以此审视新型违法犯罪的时代特征，为青少年新型违法犯罪预防工作的系统研究奠定基础。

第一节　预防青少年新型违法犯罪的数字治理

一、青少年新型违法犯罪的概念

（一）"青少年"的年龄界定

青少年主要是依据人的生理年龄所作的类别划分，就其词义而言，是青年与少年的合称。2006年WHO全球官网发布的《关于青少年健康管理手册》中，明确将"青年"（youth）年龄界定为已满15周岁不满24周岁，"青少年"（adolescents）年龄界定为已满10周岁不满19周岁。由于这两个年龄段有部分重叠，将已满10周岁不满24周岁的定义为"年轻人"（young people）。

当前我国并未对青少年这一概念进行准确定义和具体划分，不同组织或机构对其年龄定义差别非常大。其原因在于"青少年"不是一个静态说明，而是儿童转变成人角色的过渡时期，是一个心理成熟程度和认知理解能力不断健全发展的动态过程。目前的观点存在广义和狭义之分，广义论认为不能仅仅依靠刑法对"青少年"的年龄范围和"犯罪"的内涵外延展开评价，认为青少年犯罪是指儿童向成年期过渡这个特定年龄阶段的人实施的犯罪行为。[①] 青少年犯罪的概念内涵和外延都突破了严格刑事法学的犯罪概念，应当包括犯罪行为、违法行为和不良行为，年龄界限则包括儿童向成年期过渡的特定年龄阶段。[②] 也正因此，广义青少年概念对青少年这一主体的年龄划分并未统一与明确，意见纷多。

狭义上，青少年违法犯罪通常指已满12周岁不满25周岁的人所实施的依法应当受刑事处罚的行为。违法犯罪的青少年可进一步划分为"青年犯"和"少年犯"。"青年犯"在当前法律中未有明确规定，我国学术界通

---

① 徐建主编:《青少年犯罪学》，上海社会科学院出版社1986年版，第9页。
② 曹漫之主编:《中国青少年犯罪学》，群众出版社1987年版，第38—45页。

常以25周岁作为其年龄上限。究其根源,正如有学者所言,由于中国共产主义青年团是全国青年的组织和教育核心,共青团员以25周岁为其年龄上限,其他的社会青年组织也是如此来确定它们工作对象的年龄范围,因而青少年犯罪学以25周岁作为"青年"的年龄上限。①"少年犯"则一般以我国开始追究刑事责任的年龄12周岁为起点。其理由有三:其一,符合我国刑法明文规定。2020年12月26日十三届全国人大常委会第二十四次会议表决通过《刑法修正案(十一)》,对刑事责任年龄作出调整,规定"已满十二周岁不满十四周岁的人,犯故意杀人、故意伤害罪,致人死亡或者以特别残忍手段致人重伤造成严重残疾,情节恶劣,经最高人民检察院核准追诉的,应当负刑事责任"②。其二,适应犯罪低龄化发展趋势的需要。随着人们物质生活水平越来越高、互联网技术在青少年群体中不断普及,青少年对世界的认知能力得到提升,但随之受到社会负面信息影响的可能性和风险逐渐增加,呈现出低龄和早熟化的趋势。2021年9月30日,中国社会科学院新闻与传播研究所、中国社会科学院大学新闻传播学院、社会科学文献出版社共同发布的《青少年蓝皮书:中国未成年人互联网运用报告(2021)》显示,随着年龄的增长,叛逆思想逐渐萌芽,未成年人受不良信息侵害的概率逐渐增加。在高中生群体中,21.5%的人曾在网络上被他人辱骂,30%的人收到过黄色图片或视频,14.6%的人收到过暴力图片或视频,27.5%的人曾遇到过骗子。在初中生群体中,这些情况有所减少。在收到黄色图片、视频和暴力图片、视频方面,初中生的比例分别下降至17%和10.7%。仅有15.7%的初中生曾遇到过骗子,6.4%被骗钱。但仍有21%的初中生在网络上被辱骂。③2022年6月20日发布的《未成年人网络保护现状研究报告》同样显示,"未成年人中仅小学生的网络普及率就已超过

---

① 戴宜生:《中国青少年犯罪趋向概述》,载《山东公安专科学校学报》2000年第4期。
② 《中华人民共和国刑法修正案(十一)》,载中国人大网,http://www.npc.gov.cn/npc/c30834/202012/850abff47854495e9871997bf64803b6.shtml。
③ 李文姬:《蓝皮书:18.7%小学生网上看视频时曾遇到不良信息侵害》,载澎湃新闻网2021年9月30日,https://s.cyol.com/articles/2021-09/30/content_ryxvjvtR.html。

90%""近四成未成年人难以辨别虚假信息"。① 其三，与青少年心理生理变化相适应。一般来说，11周岁至13周岁是从儿童向少年过渡的关键阶段，这个年龄段的孩子，生理、心理上都开始变化，是国际上青少年问题研究学者公认的危险期。换言之，新时代青少年存在以下明显特征：生理变化显著、自我意识不断发展、情感日益丰富、精力旺盛、求知欲增强、由形象思维向逻辑思维过渡、情绪及认知能力不稳定。青少年的内驱力和自控力更易产生错位，内驱力趋向犯罪时，若自控力薄弱，难以控制不断膨胀的私欲，将最终导致对立力量失衡，形成青少年违法犯罪。

综上所述，青少年的犯罪预防工作应当提前干预、提前预防、提前筹备，对青少年违法犯罪坚持教育为主、惩罚为辅的原则，结合青少年犯罪人的特点，兼顾被害人和社会的感受，秉持最大限度保护青少年的目的，将新型违法犯罪预防的对象"青少年"界定为已满12周岁不满25周岁是合理的。

（二）青少年新型违法犯罪呈现的特点

随着信息社会的崛起和数字化的日益深入，数字技术和通信技术被广泛应用于经济、社会以及政治事务等各方面。在催生数字经济的同时，也为网络电信诈骗、网络赌博、"软暴力"催收等新型违法犯罪的蔓延提供了现实基础。此类新型违法犯罪正通过人工智能、机器学习、大数据等新技术，逐步形成"黑灰产业链"和犯罪利益联合体，与其他违法犯罪活动分工合作、相互交织，对青少年健康顺利成长产生极大负面影响，滋生青少年违法犯罪，进而对社会整体稳定带来安全隐患。

依据统计，青少年犯罪数量有所下降，涉嫌罪名相对集中，严重暴力犯罪、毒品犯罪、校园欺凌和暴力犯罪情况持续好转。但保护形势仍不容乐观，涉及低龄未成年人犯罪占比有所回升，涉违法犯罪行为手段智能多样，青少年违法犯罪成因复杂交叉。

---

① 《小学生网络普及率已超过90%》，载光明网，https://m.gmw.cn/baijia/2022-06/21/1303007562.html。

其一，青少年新型犯罪手段特征新，表现为网络化和多样化。新的科学技术大大拓展了人类的数据收集、处理以及分析的能力，这使得以往难以完成的犯罪方式成为现实。最典型的表现就是青少年网络违法犯罪。青少年网络违法犯罪不仅包括行为人通过计算机信息系统或以其为对象而实施的违法犯罪行为，而且包括由网络诱发的犯罪行为和一般违法行为。案件类型主要有利用社交平台和软件实施的网络赌博、网恋强奸、网络诈骗、网络获取毒品、侵犯隐私权等，以及由网络诱发的侵财型犯罪、侵犯知识产权犯罪和受游戏影响实施的暴力犯罪。2019 年、2020 年、2021 年检察机关分别起诉未成年人涉嫌利用电信网络犯罪 2130 人、2932 人、3555 人，2020 年、2021 年同比分别上升 37.65%、21.25%。其中，未成年人涉嫌帮助信息网络犯罪活动罪明显上升，2020 年起诉 130 人、2021 年起诉 911 人，同比上升 6 倍。以浙江省诸暨市为例，受青少年心理不成熟、教育引导跟不上互联网发展等影响，2018 年至 2020 年诸暨市青少年新型违法罪犯人数年均增长 35.2%，占青少年罪犯的比例从 24% 提高到 40.9%。其中 2020 年全市青少年罪犯 445 人，占全体罪犯的 25%，利用网络、电信、虚拟货币、新型成瘾性物质等实施的新型违法犯罪的青少年罪犯 182 人，主要涉及网络电信诈骗、套路贷、"软暴力"催收、网络赌博、提供"两卡"网络共犯、网络涉黄等类型。

其二，青少年新型违法犯罪行为对象新，表现为隐蔽性和延续性。新时代新生事物层出不穷，新型毒品、虚拟货币、数字支付、网络赌博、网络支付等带来太多新刺激、新条件，传统线下不能完成的青少年违法犯罪，现在可以轻松完成。例如，在实施网络攻击的违法犯罪行为中，犯罪人可以借助人工智能工具，依靠其自我学习与分析能力，模仿用户的行为模式，并且不断自我进化，以避免被系统识别与发现，从而令网络攻击行为得以持续。①

其三，青少年新型违法犯罪成因特征新，表现为复杂化和交叉性。对青少年犯罪成因的把握是一件十分困难的事情，因为犯罪成因是一个多层

---

① 阮重骏：《问题导向的犯罪治理研究》，吉林大学 2020 年博士学位论文。

次、多因素的系统。就层次来说，它有根本原因和具体犯罪的原因，在具体的犯罪原因中，又有许多更小的层次。就因素来说，一种犯罪因素不但会产生一种结果，还可能产生另一种结果。在某些情况下产生有利结果的因素，也可能由于环境的改变而产生不良后果。此外，就原因本身的类型而言，又有主要原因和次要原因、直接原因与间接原因、主观原因和客观原因之分。现阶段新型违法犯罪暴力性心理动机明显降低，"谋财"成为"主要目的"，"追求刺激""好奇心"等各类其他动机夹杂，即青少年新型违法犯罪的犯罪动机更趋复杂。

其四，青少年新型违法犯罪主体特征新，表现为低龄化和团伙化，未成年人和在校学生涉案问题突出。不少未成年人沉溺于出售电话卡、银行卡，帮助诈骗分子转移资金所带来的物质回报，甚至以此为业，深陷犯罪泥潭。在校学生一旦留有案底，不仅严重影响个人学习生活，导致融入社会难，也给社会治理带来"后遗症"。据统计，20世纪70年代以来，我国青少年违法犯罪的年龄比五六十年代提前了2岁至3岁，13—15岁是违法的高峰期，15岁到18岁则成为犯罪的爆发期。[①]2017年至2021年，检察机关受理审查起诉的14周岁至16周岁未成年犯罪嫌疑人数分别为5189人、4695人、5445人、5259人、8169人，分别占受理审查起诉未成年人犯罪总数的8.71%、8.05%、8.88%、9.57%、11.04%。从犯罪人数看，2021年较2017年增加2980人，增幅达57.4%（见图1）。青少年犯罪多数以团伙犯罪为主，分工明确，组织管理严密，并呈现一定的稳定性。造成这一现象的原因主要是部分青少年辍学，整日无事可做，闲散街头巷尾，日渐结识一批同类青年，聚众吸烟、喝酒、上网、滋事，彼此以"能打、能跑、能抢、能骗"作为显现自我能力的价值的方式，有的甚至拉帮结派形成犯罪团伙。

---

① 《试论青少年犯罪预防研究》，载德宏州人民政府网，http://www.dh.gov.cn/gxs/Web/_F0_0_28D00DG2L64EV216KBW2U1ILD5.htm。

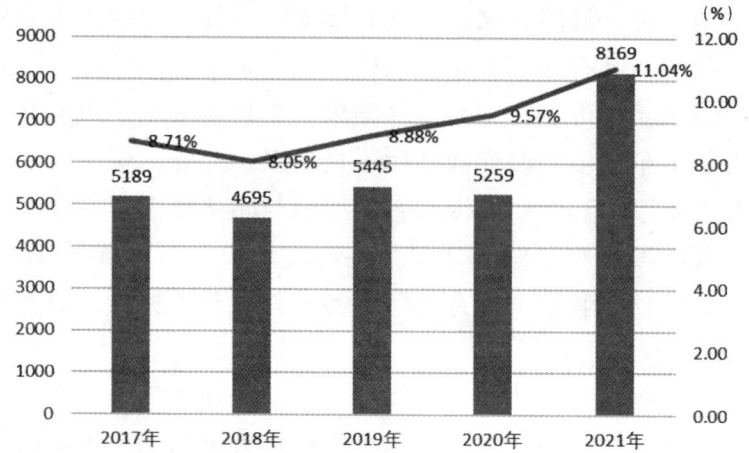

图1　2017—2021年受理审查起诉14—16周岁未成年犯罪嫌疑人情况

二、青少年新型违法犯罪预防的时代特征

（一）青少年新型违法犯罪预防的新挑战

为强化青少年新型违法犯罪的预防工作，必须深化对青少年新型违法犯罪发展规律的认识，压实青少年新型违法犯罪治理各主体的责任，转变预防观念，借助数字化建设"东风"，强化多元协同的治理格局。

其一，从预防转向治理。"从战略上说，预防犯罪的真谛应是'寓防于控'和'寓防于治'，失控和失治，都在实际上只能跟在犯罪后面跑，而不是防患于未然。"[1]新手段、新对象、新类型特征突出的青少年新型违法犯罪，具有广泛而深刻的社会背景和时代特征，与经济发展、网络文化、社会心理等方面具有密切的联系，青少年新型违法犯罪预防与基层社会治理的现状密切相关。传统犯罪预防理论强调个人、家庭和社会因素与违法犯罪的关系，虽然也强调综合治理，但是未系统全面。随着社会层面从管理向治理转变，青少年违法犯罪预防工作也应从社会治理的高度进行构建，才能从根本上厘清思路。犯罪治理是国家力量和社会力量解决犯罪问题的

---

[1] 冯树梁：《中外预防犯罪比较研究》，中国人民公安大学出版社2003年版，第91页。

诸多方式总和，是各方针对犯罪问题采取联合行动的过程，目的在于限制、消除产生犯罪的原因、条件，以防止、控制和减少犯罪。①犯罪治理是一项系统工程，须诸如法学、社会学、政治学、管理学、经济学、心理学、文化人类学，甚至规划学、生物学、教育学等多学科的共同参与。②犯罪治理是从根源上思考为什么会有违法犯罪，并以此来消除犯罪的消极影响，其调动的社会资源更为丰富，探及的社会关系更为宽广，运行机制也更为复杂。换言之犯罪治理注重"疏"，即不断疏通犯罪人群与常态社会之间的高压互斥关系，从而提升社会支持系统，促使整个犯罪人群体向常态社会入流。

其二，从传统方式到数字治理。在网络时代（或称大数据时代），青少年的社会生活与网络和数据密不可分，网络生活和数字人格成为常态，日常的生活样态和人际关系悄然发生变化。如果青少年违法犯罪预防不能适应网络化、数字化，收集信息、分析研判、作出干预和评估效果等方面的工作将变得越来越困难，并脱离青少年的实际情况。因此，基于基层社会治理的格局，及时进行网络化、数字化变革，是必然的选择。2015年7月，国务院印发《关于积极推进"互联网+"行动的指导意见》，从国家战略高度将互联网与大数据的运用和管理纳入国家治理体系之中。习近平总书记强调，要充分利用互联网、大数据、云计算等信息化技术手段和方式，有效发挥其在国家社会治理中的积极作用。③党的十九大报告指出，要加强互联网内容建设，建立网络综合治理体系，营造清朗的网络空间。通过依靠和发动群众，强调自治、法治、德治"三治"结合和共建共治共享，实现矛盾纠纷网上解决，正面力量网上凝聚，消极因素网上消解。

其三，从政府主导到多元协同。社会治理强调"善治"。善治，是对良好的或理想的社会治理状态的描述，是使公共利益最大化的社会管理过程，

---

① 焦俊峰：《犯罪控制中的治理理论》，载《国家检察官学院学报》2010年第2期。
② 杨靖：《犯罪治理——犯罪学经典理论与中国犯罪问题研究》，厦门大学出版社2013年版，第1页。
③ 褚宸舸、史凯强：《"网上枫桥经验"浙江实践及其创新》，载《浙江工业大学学报（社会科学版）》2019年第2期。

其本质特征是政府与公民对公共事务的合作管理，是政府与市场、社会的一种新型关系。①党的十九大报告提出要打造"共建共治共享"的社会治理格局，这一目标的实现依赖于刚性治理与柔性治理、法治与德治、公共政府与市场主体等多种组合关系的有机协调。青少年新型违法犯罪预防作为社会治理的重要组成部分，要求家庭、学校、社区、企业、社会组织等各方的广泛、及时、系统、协调参与，改变过去青少年违法犯罪预防主体按家庭——学校或村（社区）——司法机关流程来实现的传统模式，实现多元协同，在青少年违法犯罪预防工作中共建共治，共享治理成果。

（二）预防青少年新型违法犯罪的具体内涵

预防青少年新型违法犯罪法律制度的具体构建要坚持立体预防，即以形成多层次、立体式、全过程的预防法律制度体系为目标，构建前段、中段、末段预防相结合的立体式预防体系。"预防犯罪直接标志着对人们、社会和国家进行超前保护，以免受犯罪者侵害。"②主流的犯罪学理论认为，从预防青少年犯罪的理论和实践来看，最有效、最经济的犯罪预防，首先是防患于未然的一级预防，其次是针对轻微违法行为而进行的二级预防，最后是针对轻微犯罪行为而进行的三级预防。这种长效机制的构成要素包括党群部门主导、社会力量参与、健全工作机制、丰富活动内容等方面。③

预防医学"三级预防"理论是青少年新型违法犯罪预防三级预防模式的重要参考。19世纪末到20世纪初，人类积累了战胜传染病的经验，逐渐认识到人群预防的重要性，掌握了人群预防的措施，进而卫生学的概念也逐渐扩大成公共卫生，强调对公众健康的关心和政府为公众提供卫生服务的重要性，预防的概念从个人摄生防病扩大到社会性的预防。④20世纪

---

① 《社科评论 | 把握社会治理"善治"的三个价值维度》，载上观新闻网2021年1月14日，https://export.shobserver.com/baijiahao/html/331940.html。

② [俄] 阿·伊·道尔戈娃：《犯罪学》，赵可等译，群众出版社2000年版，第557页。

③ 吴宗宪：《论社会力量参与预防青少年犯罪的长效机制》，载《华东政法大学学报》2013年第5期。

④ 刘军：《预防性法律制度的理论阐释与体系构建》，载《法学论坛》2021年第6期。

40年代到50年代北美开始广泛使用预防医学的术语,强调对抗疾病的个人、家庭和社会等在内的预防措施。① 后预防医学发展出了"三级预防"理论:一级预防(Primary Prevention),又称病因预防,即在发病前期针对致病因素所采取的根本性预防措施;二级预防(Secondary Prevention),又称临床前期预防或"三早预防",即在疾病的临床前期做好早期发现、早期诊断、早期治疗的"三早"预防措施;三级预防(Tertiary Prevention),又称临床预防,是针对已明确诊断的患者采取实时、有效的处置,着眼于治疗、防止病情恶化、促使功能恢复等。② 当前"三级预防"已经成为预防医学工作的基本原则与核心策略,"预防为主"也成为家喻户晓的公共卫生纲领和行动指南。我国学者曾光于2006年提出了更加提前的"零级预防"(Zero Level of Prevention)概念,即将公共卫生的堤坝前移,在"三级预防"的基础上建立"零级预防",以防止和减少致病因子的发生。③ "零级预防"是"三级预防"框架之外的干预措施,是更进一步的"关口前移"和"超前预防",是预防理念的进一步实践与完善。公共卫生的"三级预防"模式后逐渐被借鉴用于犯罪预防的理论构建,1976年美国犯罪学家班庭汉(Paul J. Brantingham)与佛斯特(Frederic L. Faust)二人提出了犯罪的"三级预防"模式:"初级犯罪预防"(Primary Crime Prevention),所采取的措施主要是在物质和社会环境层面改变犯因性条件以减少犯罪;"次级犯罪预防"(Secondary Crime Prevention),则是对有可能引起犯罪事件的人和组织进行早期识别和干预;"三级犯罪预防"(Tertiary Crime Prevention),则是对再犯或者累犯的预防,实际上是对已经犯罪的人实行预防。④

我国也有学者直接借鉴公共卫生"三级预防"的理念与思想,继续深

---

① 黄辉、陈亮、董小平:《公共卫生与预防医学学科发展》,载《2007—2008 公共卫生与预防医学学科发展报告》,中国科学技术出版社 2008 年版,第 3 页。
② 姚应水主编:《预防医学》,中国医药科技出版社 2017 年版,第 15—16 页。
③ 曾光:《论零级预防》,载《中华预防医学杂志》2008 年第 5 期。
④ Paul J. Brantingham & Frederic L. Faust, A Conceptual Model of Crime Prevention, Crime & Delinquency, 1976, p.284-296.

化"三级预防模式",构筑犯罪预防理论体系①,创新矛盾纠纷排查化解工作②,提出了很好的完善意见和建议,如情境预防、社区预防、综合治理等。但是无论哪种犯罪预防模式,都需要树立全程预防的理念并构建"三级预防模式"。"预防犯罪的全过程,用我国简洁的语言来表述,无非是在'三个层次'上做文章:防患于未然、防患于将然、防患于已然。"①预防不仅仅是"防患于未然",还可将预防向前向后适当延伸,包括违法犯罪尚处于风险状态下的犯罪预防,或事后的犯罪预防。应当将预防的理念贯穿于犯罪的具体处置和犯罪人的社会复归之考量中。除此之外,对于有重特大法益侵害或者危险的犯罪还应当"关口前移""超前预防",增加"三级犯罪预防"之前的"零级预防",从道德教化、心理治疗、情感依赖、职业训练等不同层面提升行为人的自我控制能力,增强犯罪预防之"心防"工程。④青少年犯罪预防的内涵包含三个层级:一是"一般预防",即"超前预防";二是"临界预防";三是"再犯预防"。⑤与三个层级的预防相对应的是三层次的关怀措施,即一般预防中的关怀、临界预防中的关怀和再犯预防中的关怀。一般预防中的关怀措施有开发关怀模块、建立关怀基地、创设关怀模式、建设关怀校园。临界预防中的关怀措施有建立关怀青少年危险行为监测系统、重视困境儿童的关怀缺失问题、构建高风险青少年关怀机制、建设高风险青少年关怀项目。再犯罪预防中关怀措施有倡导关怀矫正理念、完善再犯风险评估关怀系统、创新关怀矫正模式。

　　青少年新型违法犯罪因其"四新"特征以及行为人是已满12周岁未满25周岁的青少年,所以将一般预防称为"普遍性预防"更为合适;而"临

---

① 周亮:《从公共卫生三级预防看犯罪预防的理论体系》,载《福建公安高等专科学校学报》2004年第2期。
② 吴辉:《公安机关创新矛盾纠纷排查化解工作刍议——借鉴公共卫生三级预防理论》,载《福建警察学院学报》2011年第1期。
① 冯树梁:《中外预防犯罪比较研究》,中国人民公安大学出版社2003年版,第37页。
④ 刘军:《预防性法律制度的理论阐释与体系构建》,载《法学论坛》2021年第6期。
⑤ 姚建龙:《预防青少年违法犯罪工作核心指标体系研究——以上海市为例》,载《中国青年研究》2010年第5期。

界预防"的说法特指未成年人处于犯罪边缘的临界状况,还应包括预防青少年违法的内涵,因此称为"干预性预防"更为准确;此外,第三层级的预防包括已经被追究行政责任和刑事责任的未成年人,称之为"再犯预防"不够全面,将其界定为"延续性预防"更为妥当。

三、青少年新型违法犯罪数字治理的内涵

(一)预防青少年新型违法犯罪数字治理的概念

"数字"一词起源于拉丁文"digitus",因为10以下的数字在手指上计数,意指手指或脚趾。① 后演变为涉及或通常使用在二进制(1和0)系统中以符号的比例表示的数字,用以离散地表示出现在问题中的所有变量,"数字化"一词便是此种含义的延续,数字化一般是指"利用计算机信息处理技术把声、光、电和磁等信号转换成数字信号,或把语音、文字和图像等信息转变为数字编码,用于传输与处理的过程"②。可见这里的"数字"一词不是传统计数上的含义,而是智能机器运行过程中呈现的一种数字逻辑即二进制逻辑(1和0),并在这种逻辑支配下所演变成的一种数字化状态,这才应该是数字治理概念中"数字"的内在要义。

随着信息技术发展所呈现的数字化状态,使政府逐渐呈现出扁平型网络结构和无缝隙的趋势,诸多内涵相近的称谓相继出现用以解释这种现象,如"电子政府""网上政府""虚拟政府"。然而,这些概念并没有超越对这种"数字化"运行状态的解释而上升到一种"治理"状态。③ 随着数字信息技术在政府中工作中的应用,使得传统"电子政府""网上政府""虚拟政

---

① 颜佳华、王张华:《数字治理、数据治理、智能治理与智慧治理概念及其关系辨析》,载《湘潭大学学报(哲学社会科学版)》2019年第5期。

② 林军:《"数字化"、"自动化"、"信息化"与"智能化"的异同及联系》,载《电气时代》2008年第1期。

③ 颜佳华、王张华:《数字治理、数据治理、智能治理与智慧治理概念及其关系辨析》,载《湘潭大学学报(哲学社会科学版)》2019年第5期。

府"等组织架构发生变化，信息技术已经不仅仅局限于在技术层面上提升政府的管理和服务，而是为推动民主参与提供了可能和技术支持，推动了政府管理开始向"以公民为中心"转变，加之受治理理论的影响，"数字治理"这一概念被适时提出，用来实现对原有"电子政府""网上政府""虚拟政府"等概念的替换和演进，"它所倡导和关注的是治理主体与客体之间的信息互动以及社会公众利用技术参与公共事务的能力"①。如此，基本可以有这样一个判断，数字治理是传统"电子政务"从技术层面到治理层面的跃升，体现着数字要素和治理要素的结合，是对现实治理实践活动的真实反映，是信息通信技术渗透政府内外行政过程的产物，是将信息技术的效用从政府组织内部延伸到组织外部的过程，不仅实现了对政府组织内部的"赋能"，也实现了对外部公众的"赋权"，使公众可以借助信息技术所开辟的通道，参与到政府决策过程中来，进而促进政府管理走向"以公民为中心"。

据此，数字治理的概念可以理解为，在数字技术条件下，以数字化赋能治理体系、提升治理能力和构建新型治理体系为目标，以政府为主导，平台与企业、社会组织、网络社群、公民个人等多元主体协同参与相关事务的制度安排和过程②，是包括宏观、中观、微观各个层面治理的系统性议题，体现着以人为本、公平正义、透明开放、共享共治、简单易行五项基本治理原则。从本质上看，数字治理是以人为本、共享共治的治理，是政府主导、多元主体协同参与的治理，是以公共利益增进、个人福祉提升为目标的治理，是以数据为基础、数字技术和平台为支撑的治理。③ 这一概念涵盖了数字政府治理、数字经济治理、数字社会治理、数字技术治理等，既有"基于数字化的治理"，即运用数字化工具、手段、措施赋能现有治理

---

① 黄璜：《对"数据流动"的治理——论政府数据治理的理论嬗变与框架》，载《南京社会科学》2018年第2期。

② 王晨：《基于公共价值的城市数字治理：理论阐释与实践路径》，载《理论学刊》2022年第4期。

③ 李韬、冯贺霞：《数字治理的多维视角、科学内涵与基本要素》，载《南京大学学报（哲学·人文科学·社会科学）》2022年第1期。

体系，提升治理效能的过程；又有"对数字化的治理"，即针对数字世界各类复杂问题的创新治理。此外，从治理范围来看，数字治理既包括宏观层面的全球治理、国家治理、社会治理等，也包括中观层面的行业治理、产业治理等，还包括微观层面的平台治理、企业治理、社群治理等。从治理的动态过程来看，数字治理作为数字技术、数字经济、数字社会、数字政府在发展中产生的一种新型治理，包括社会治理理念变革、运行机制重构、治理方式转变、政务流程优化、体制机制调整与资源整合等。[①]

综上所述，预防青少年新型违法犯罪的数字治理是指，对已满 12 周岁不满 25 周岁，可能或已经涉及新型毒品犯罪、虚拟货币犯罪、电信网络诈骗犯罪等新型违法犯罪行为的青少年，借助数字化平台，构建普遍性预防、干预性预防与延续性预防的三种预防机制，协调共建多元共治，防止违法犯罪行为产生，强化青少年保护的一种综合性社会治理机制。

（二）青少年新型违法犯罪数字治理的基本要素

数字社会形态下青少年新型违法犯罪预防环境的不确定性从根本上决定了"规定性、确定性、稳定性"的治理体系并不能完全满足预防需求，更具灵活性的治理体系建设是必不可少的重要部分。[②]一般来说，青少年新型违法犯罪数字治理的框架应包含问题、社会规范、行动者、节点、过程以及结构、机制和战略等方面；其治理过程主要是一系列状态下利益相关者、社会规范以及节点之间的相互关系；治理主体（行动者）主要是对治理问题采取系列活动、协议或者决定的政府、市场、社会等多重主体；治理机制主要包含决策以及制度程序的设计等；治理战略主要是治理主体设计制度和机制，以塑造社会选择和社会偏好。数字化条件下，治理问题、主体、机制、战略、社会规范、过程等都发生了质的变化。基于上述分析，数字治理应当包含五个基本要素，即治理原则、治理主体、治理手段、治

[①] 魏礼群、顾朝曦、倪光南等：《数字治理：人类社会面临的新课题》，载《社会政策研究》2021 年第 2 期。

[②] 鲍静、贾开：《数字治理体系和治理能力现代化研究：原则、框架与要素》，载《政治学研究》2019 年第 3 期。

理过程、治理评价。①

1. 治理原则

治理应考虑透明、公平、共享、参与等基本原则。帕克等人认为，平台智能自我治理应坚持内部透明化与参与度原则。②基于相关数字治理理论，青少年新型违法犯罪数字治理应包括以人为本、公平正义、透明开放、共享共治、简单易行五项治理原则。以人为本是指青少年违法犯罪预防应当注重工作的双向性与柔性，采取"理性交往模式"，以青少年的自由全面发展为目标，强调其预防对象的同时，突出其预防主体地位。公平正义是社会发展与治理的首要原则，数字化的发展不能偏离正义的轨道，青少年新型违法犯罪的预防同样应坚持包容、普惠等理念，让不同国家、不同地区、不同群体、不同个体之间拥有平等的参与权、发展权与治理权；开放、透明与创新是互联网的基因，也是数字治理应秉持的原则；数字治理是多元主体共享共治的治理，是有助于帮助所有违法犯罪青少年实现价值共享或增值的治理；数字治理是技术赋能的治理、是流程再造的治理，相关的规则、流程、机制、方法都应简单易行，能更好地指导与青少年接触最为密切的主体，尤其是家庭、学校、村（社区）的治理实践。

2. 治理主体

当前国家在治理中依然扮演着元治理角色，处于诸多治理参与主体的核心，但由于数字化带来的去中心化、扁平化、流动性、匿名性等特征，非国家主体正扮演着重要角色，对网络社会运行发挥着重要作用。③即在青少年新型违法预防数字治理的过程中，政府部门既要更好地发挥主导作用，也要积极引导企事业单位、社会组织、家庭等有序参与治理。其一，政府部门应不断适应数字时代要求，转变治理青少年违法犯罪理念，不能"构

---

① 李韬、冯贺霞：《数字治理的多维视角、科学内涵与基本要素》，载《南京大学学报（哲学·人文科学·社会科学）》2022年第1期。

② ［美］杰奥夫雷·G.帕克、马歇尔·W.范·埃尔斯泰恩、桑基特·保罗·邱达利：《平台革命：改变世界的商业模式》，志鹏译，机械工业出版社2017年版，第178—181页。

③ 张军：《网络社会治理中的"国家中心关系型"政府角色定位研究》，载《福建师范大学学报（哲学社会科学版）》2020年第3期。

罪即捕，捕了即诉"，应不断创新自身运行和服务方式，提高服务水平和治理能力，坚持"少捕慎诉"，强化"教育矫正"。其二，要更好发挥互联网平台或企业在数字治理中的主体责任。互联网平台是当今青少年违法犯罪等负面信息的源头之一，其作为"监管者"，应对平台参与者及内部治理承担主体责任，通过平台准入机制、价格机制、信用机制、激励机制、信息保护机制、退出机制等强化监管，明确主体的行为规范，确保平台相关业务在国家政策、法律的监管范围内开展。其三，要充分发挥社会组织、行业协会、网络社群、社会媒体在青少年新型违法犯罪预防中的协同作用。

3. 治理手段

数字治理的兴起，给传统青少年违法犯罪预防工作带来了一定影响，也为创造更多的新型预防手段提供了可能，包括政策、法律、法规等行政与司法手段，大数据、人工智能、平台等数字化手段，文化、伦理等方面的价值手段。青少年新型违法犯罪预防应注重实现行政司法逻辑、技术逻辑与价值逻辑的平衡，以数字化条件下的青少年违法犯罪问题为导向，充分发挥行政司法、技术、价值等多样化、个性化、体系化治理手段的作用。其一，做好青少年违法犯罪预防相关政策、法规的延伸适用与创新，让法的精神延伸到新特征与新变化可能带来的"视野盲点"，及时完善相应的政策、法律法规，填补监管"空白"。其二，创新数字化技术手段，青少年新型违法犯罪数字治理中面临的很多挑战是与新技术、新应用、新业态相伴而生的，应以技术"治"技术，充分发挥大数据、云计算、人工智能等技术在数字治理中的作用。其三，重视文化、伦理在治理中的重要作用。青少年新型违法犯罪数字治理中面临的很多问题归根结底是人的精神、思想和理念问题，应更加注重数字文化建设、数字伦理建设，夯实数字治理的文化与价值之基。

4. 治理过程

青少年新型违法犯罪预防的数字治理过程是国家或地区相关部门针对数字化背景下青少年违法犯罪的新问题，通过政策、法律、法规等方式推行的系列治理活动，包括垂直治理和水平治理两个维度。垂直治理包括

"自上而下"与"自下而上"的垂直治理。①"自上而下"的垂直治理主要指在数字化条件下,一个国家或地区的青少年违法犯罪治理战略和方针政策,或者行业组织的治理标准、规范,或者平台、企业的管理责任等,自上而下地通顺实施和执行;"自下而上"的数字治理强调的是青少年这一预防对象和家庭、学校等直接接触青少年的群体的合理诉求和与良好的建议能够得到上级的反馈或被采纳,发挥群策群力的积极效用。水平治理指各社会机构、网络平台或社会组织的协同平行多元治理。在治理过程中,不能用单向思维来实施与执行,应重视大数据、云计算、人工智能等网络工具的技术支撑,把握好治理的双向交互,切实做到相辅相成,互为统一,发挥数字治理在青少年新型违法犯罪预防过程的系统性、整体性的特性优势。

5. 治理评价

伴随数字技术的发展,网络内容与网民数量日益剧增,信息生产模式与传播渠道日趋多样化,低价值内容亦随之泛滥,给青少年违法犯罪预防工作带来问题与挑战,如青少年个人隐私数据的泄露、网络谣言的散播、暴恐思想涉黄言论在网络平台的横行等。在此背景下,数字空间的内容评价治理同样也成为青少年违法犯罪预防系统工程的重要组成部分。评价系统框架的建构要不断适应并符合当前互联网产业发展规律和青少年违法犯罪预防的现实需求,突出不同治理对象的共性特征,要包含政府在这一过程的引导作用、平台企业的主体作用、基层组织的协同作用,同时兼顾青少年本身的权益。具体来说,要看青少年在这一过程中,是否得到更为自由全面的发展,包括在经济、政治、教育、健康等方面的可行能力是否得到进一步的提高,幸福感、获得感是否得到进一步的提升。②

---

① 王磊:《数字治理的科学内涵、基本特征与运行逻辑》,载《经济界》2022年第4期。
② 李韬、冯贺霞:《数字治理的多维视角、科学内涵与基本要素》,载《南京大学学报(哲学·人文科学·社会科学)》2022年第1期。

第二节 "枫桥经验"在预防违法犯罪中的具体实践与理论贡献

从"依靠和发动群众，坚持矛盾不上交"，到创建"多元矛盾纠纷解决机制"，再到推动"共建共治共享社会治理新格局"[1]，"枫桥经验"历经半个多世纪，其精神实质是"以人民为中心"。无论是化解矛盾纠纷、教育改造挽救违法犯罪人员，还是加强治安防控、预防犯罪案件的发生，"枫桥经验"始终强调群防群治、综合治理，强调预防性思维。

一、"枫桥经验"在预防违法犯罪中的具体实践

（一）社会管制阶段

"枫桥经验"在诞生之初针对的是"四类分子"（地主、富农、反革命、坏分子）的教育改造，此后，为了化解矛盾、调动积极性，枫桥干部群众又创造了"就地改造'流窜犯'、帮教失足青少年与一般违法人员、为'四类分子'评审摘帽"等具体经验，屡开全国先河。

20世纪60年代，枫桥人以非凡的勇气和宽广的胸怀，创造性地运用说理方式进行教育改造。经上报后，1963年11月20日，毛泽东同志提出"要各地仿效，经过试点，推广去做"[2]。此后"枫桥经验"开始总结并在全国范围内推广。1965年，全国社会治安比任何时候都好，"逮捕人数占人口比例，大多占万分之一以下，最低的（如浙江省诸暨县）为万分之零点二，

---

[1] 崔永东：《涉侨纠纷多元化解机制的理论考察、文化基础与制度构建》，载《政法论丛》2020年第3期。

[2] 毛泽东：《对谢富治在二届全国人大四次会议上的发言稿的批语（一九六三年十一月二十日）》，载《建国以来毛泽东文稿》（第十册），中央文献出版社1996年版，第416页。

最高的不超过万分之五","是建国十多年捕人最少的年份"①。其后,随着国内经济形势紧张,城乡人口流动加剧,流窜犯罪率高成为当时社会管理的主要问题,"枫桥经验"增加了改造流窜犯的现实内容。②70年代中期,由于社会秩序相对混乱,青少年违法犯罪成为新的社会问题。针对这种情况,枫桥的干部群众在之前就地教育改造流窜犯和懒汉、"二流子"的经验基础上,创造了帮教失足青少年重新回归正途的经验。这一时期的"帮教失足青少年"的经验给"枫桥经验"又增加了新的内容,使"枫桥经验"的内容进一步丰富。总而言之,这一时期"枫桥经验"可以概括为以下几个方面。

其一,强调教化。在"社教"运动中,枫桥干部和群众认为有情有理更能让人心服,摆事实、讲道理,以理服人,才能取得良好的效果。对于守法的,给以适当鼓励;基本守法的,指出他好的地方,批评他不好的地方;有一般违法行为的,给以严厉批评;对于有严重违法破坏行为的,作为评审的重点,由群众批判斗争。

其二,发动群众。在管理"四类分子"和改造"流窜犯"的过程,向基层干部和群众宣传毛泽东同志关于依靠群众专政、少捕、矛盾不上交的指示,做通了干部群众和违法分子家属的思想工作,逐渐探索出发动群众、依靠群众教育改造流窜犯的工作经验。"枫桥经验"是以人民为中心的共建共治共享的基层社会治理经验,强调自治、法治、德治融合,其基本做法是发动和依靠群众化解人民内部矛盾。③

其三,帮教经验。依靠群众,帮教失足青少年和一般违法人员,主要采取了以下几方面措施。一是普遍建立由治保、调解干部和党员骨干、离退休老同志组成的帮教小组,定期研究违法人员的表现,因人施教,一对一帮教,有的村还实行党员联系违法人员家庭的"联系户"制度;二是加

---

① 中国人民公安史稿编写小组:《中国人民公安史稿》,警官教育出版社1997年版,第328页。

② 余钊飞、罗雪贵:《枫桥经验:基层社会治理法治化的历史演进》,载《山东科技大学学报(社会科学版)》2018年第3期。

③ 《将"枫桥经验"作为预防性法律制度体系的核心》,载《光明日报》2020年12月14日,第5版。

强对外出务工、经商帮教对象的教育管理。具体的做法为：帮助他们总结教训，启发他们改造的自觉性；不厌恶，不歧视，严肃批评其过错，热情鼓励其进步；劳动上严加督促，生活上教育其自食其力；消除走老路的条件，严防坏人勾引，有了进步，工作不放松；出现反复，思想不动摇，长年不懈地坚持帮教下去。"枫桥经验"最终成为全国改造"四类分子"、帮教失足青少年和一般违法人员的样板，在政治、经济、治安等各方面产生了深远影响，作出了重要贡献。①给"四类分子"摘帽，"摘掉一顶帽，调动几代人"，"枫桥经验"成了全国政法战线的一面旗帜。

以上种种，充分反映了在社会经济发展出现新情况、社会结构出现新变化的情况下，枫桥区找到了一个具体落实"枫桥经验"的组织关系和工作途径，拓宽了社会治安综合治理的路子，把不安定的因素消灭在萌芽状态，保证了社会的安定团结，真正达到了"治安好、捕人少、产量高"②的目的。

（二）社会管理阶段

改革开放以后，我国进入社会主义现代化建设时期，社会主要矛盾发生变化，经济全球化、社会信息化、文化多样化、世界多极化、综合国力竞争白热化，成为信息社会和知识经济时代的基本特征和主要标志。由于经济大发展、社会大变革、人财物大流动，刑事犯罪持续高发，尤其是青少年犯罪问题十分突出。因此，如何预防控制刑事犯罪特别是青少年犯罪、教育挽救违法犯罪人员，有效维护社会治安秩序，正确处理改革、发展、稳定的关系，成为摆在全党和各级政法机关面前的一个重大时代课题。

20世纪80年代，枫桥经验发展成为社会治安综合治理的典范，创造了融打、防、教、管于一体的社会治安综合治理经验。由于国内国际各种因素影响，我国社会治安出现了许多新情况、新问题，特别是"文化大革命"的后遗症十分严重，其中突出的问题是滋生了一大批刑事犯罪特别是青少

---

① 卢芳霞等主编：《枫桥经验概论》，浙江人民出版社2020年版，第5—19页。
② 《1963年，枫桥经验诞生》，载绍兴网2018年9月20日，http://www.shaoxing.com.cn/p/77692.html。

年违法犯罪。在这样的历史条件和时代背景下,枫桥干部和群众在党政领导下,依靠全党和全社会的力量,在改造"四类分子"的历史使命结束后,以枫桥区委起草的《进入新的历史时期后,我们是怎样坚持"枫桥经验"》和省公安厅《关于枫桥区治安情况的调查报告》为指引,迅速把"枫桥经验"的着力点放到帮教改造违法犯罪人员、维护社会治安上,并创新出一些社会治安综合治理的具体措施。一是在党委领导下,发动干部、群众及时制止、解决各种治安问题;二是切实做好基层单位的安全防范工作,把预防社队企业被盗、被诈骗作为重点来抓;三是坚持"枫桥经验"的基本精神,做好对违法人员的帮教工作;四是针对经济政策放宽的新情况,摸索和加强治安行政管理工作;五是加强治保队伍的建设。枫桥的干部群众运用"枫桥经验"的基本精神,逐步形成了融打、防、教、管于一体的社会治安综合治理经验,"枫桥经验"也由教育改造"四类分子"的经验发展成为帮教流窜犯、一般违法犯罪和青少年违法犯罪的经验,发展成为社会管理的经验。

20世纪90年代,"枫桥经验"发展成为维护社会稳定的经验,创造了"五有"工作原则和"四前"工作方法。1992年开始,我国进入建设社会主义市场经济时期,新旧经济体制转换,社会转型和经济格局、利益关系重新调整,社会矛盾不断增加,不稳定因素大量存在,刑事犯罪多发高发,社会治安形势复杂严峻。对此,枫桥干部和群众以邓小平理论为指导,坚决贯彻"稳定压倒一切"的思想和"两手抓、两手都要硬"的方针,认真做好深化改革、加快发展、维护稳定的各项工作,概括出"五有"工作原则,总结了"四前"工作方法,做到"小事不出村,大事不出镇,矛盾不上交",实现了"矛盾少、治安好、发展快、社会文明进步"的良好局面,走出了一条稳定与发展同步、致富与治安并举的路子。"五有"工作原则是指有一个党政动手、各负其责,确保一方平安的领导责任制;有一个镇村为主、上下协调,实行综合治理的组织网络;有一个依靠群众、立足预防,就地化解矛盾纠纷的工作机制;有一个加强教育、扩大民主,实现群众自觉守法、社会公平正义的人本观念;有一个围绕中心、壮大经济,以改革、发展促稳定的治本意识。"四前"是指坚持组织建设走在工作前、预测工作走在预防前、预防工作走在调解前、调解工作走在激化前。

进入21世纪,"枫桥经验"成为平安建设、法治建设和全面小康社会建设的经验,创造了"四先四早"矛盾纠纷化解机制与"三帮三延伸"工作机制。针对经济高速增长,社会结构和社会利益格局发生深刻变化,征地拆迁、环境污染、安全事故、贫富差距等社会矛盾急剧增加,基层民事类矛盾、管理民生类矛盾等案件增多,枫桥镇率先开展"平安枫桥"建设,创新"四先四早"矛盾纠纷化解机制、"三帮三延伸"工作机制,创新提出"四环"指导法,致力打造"治安秩序好、矛盾不上交"的平安乡镇。"四先四早"是指预警在先,苗头问题早消化;教育在先,重点对象早转化;控制在先,敏感时期早防范;调解在先,矛盾纠纷早处理。"三帮三延伸"是指帮人要帮心,帮人要帮富,帮人要帮到底;帮教进监狱、事先向监狱延伸,帮教重实效、事中向生产生活延伸,帮教讲长效、事后向巩固提高延伸。"四环"是指诉前环节普遍指导,诉时环节跟踪指导,诉中环节个别指导,诉后环节案例指导。

在党委统领和政府领导下,枫桥镇从治保、调解到社区警务室,再到综治中心,建成了群防群治网、社区警务网、全镇综治工作网;从全时空、多层次巡防到技术监控,再到对高危人员的心理疏导;从管理发展到人性化服务;从个体预防、分散预防、单一预防发展到整体预防,犯罪率比任何地区都要低,维护了社会稳定。①"枫桥经验"也从"发动和依靠群众,坚持矛盾不上交、就地解决,实现捕人少、治安好"的经验,发展到"党政动手,依靠群众,立足预防,化解矛盾,维护稳定,促进发展"的新格局;从社区犯罪控制、治安防控体系、社会治安综合治理和法治建设,逐步发展到经济、政治、文化、社会和生态等各个领域的联防新机制,逐渐形成了全面系统的整体预防犯罪模式,适应了现代犯罪活动和社会治安的新趋势。

---

① 周长康、杨燮蛟:《枫桥学派的形成与发展》,载《青少年犯罪问题》2010年第2期。

（三）社会治理阶段

党的十八大以来，经过长期不懈的努力，中国特色社会主义进入了新时代。"枫桥经验"继续创新发展，实现了由社会管理到社会治理的深刻转型。

2003 年，时任浙江省委书记的习近平同志在纪念毛泽东同志批示"枫桥经验"40 周年暨创新"枫桥经验"大会上提出"要充分珍惜'枫桥经验'，大力推广'枫桥经验'，不断创新'枫桥经验'"①，为"枫桥经验"的创新发展指明了方向、明确了要求。枫桥干部群众适应新时代社会主要矛盾的深刻变化，坚持以习近平新时代中国特色社会主义思想为指引，坚持以创新"枫桥经验"为总抓手，坚持以平安建设为主线，不断加强和创新基层社会治理，形成了"坚持党建统领、坚持人民主体、坚持'四治融合'、坚持'四防并举'、坚持共建共享"的新时代"枫桥经验"。②

第一，坚持自治、法治、德治、智治的"四治融合"。乡村治理是国家治理体系下最基本的组成单元，是"国家治理总体框架下针对乡村的治理方式和工作体系"，并将"治理有效"纳入乡村振兴的总目标。③"枫桥经验"始于中国基层社会的治理，并包含着"'发动并依靠群众'的自治、'运用法治思维与法治方式'的法治、'重视发挥道德教化作用'的德治"④，及后续发展出的"通过现代手段让'数据多跑路、群众少跑腿'"的智治，"四治融合"打造社会治理共同体。青少年新型违法犯罪预防的数字治理作为当前社会治理的重要一环，同样应当充分认识到村（居）民委员会等基层自治组织的作用，重视社会力量的协同参与，依法预防，积极谋划多跨协

---

① 赵光君：《在坚持和发展"枫桥经验"中推进司法行政工作》，载《中国司法》2013 年第 12 期。

② 《"枫桥经验"的发展历程与重要启示》，载浙江在线网，https://zjnews.zjol.com.cn/dsxx/202111/t20211122_23391953.shtml。

③ 陈明：《乡村治理现代化研究论纲》，载《华中科技大学学报（社会科学版）》2020 年第 4 期。

④ 陈立旭：《现代治理与传统的创新性发展——"枫桥经验"的启示》，载《治理研究》2018 年第 5 期。

同场景化应用,优化工作结构,完善工作体系,将青少年违法犯罪预防工作做好做全。

第二,坚持共建、共治、共享"三共一体"。"三共一体"是建立在党的十九大对社会主要矛盾作出判断的基础上,是对"枫桥经验"时代特征作出的全新解读。① 新时代"枫桥经验"在基层社会治理中所关切的是人民日益增长的美好生活需要和不平衡不充分的发展之间的矛盾,因而此时最基本的工作方法就是多元主体间的共建、共治、共享。共建就是要在强化党委政府的主导作用前提下,调动社会组织的活力,汇聚各方的智力成果,让人民(村民)群众积极地参与社会建设。共治则是在共建的治理框架下,对某个具体项目的治理,是补齐"治理短板"的重要法宝。例如,习近平总书记倡导的"两山"治理,实际上就是对乡村生态环境的重点治理,它需要中央、地方各级干部与村民群众的协同作战。共享是在共建、共治的前提下,由所有参与者共享治理成果,是"三共一体"的最终落脚点。

第三,坚持人防、物防、技防、心防"四防并举"。"四防并举"是新时代"枫桥经验"实现网上和线下相衔接、传统与科技相结合的题中应有之义,也是提高风险防控预见性、精准性、高效性的重要手段。坚持发展新时代"枫桥经验",就要运用最新科技成果织密各类风险防控网,切实把矛盾风险消除在萌芽状态。"枫桥经验"主动顺应新技术对社会治理提出的新要求,积极探索"科技+""互联网+"等社会治理新模式,强化大数据运用、互联网法院等信息化建设,全面推进基层治理"四平台"建设,全面实施重点领域实名制管理,加快"全科网格"建设,积极构建起具有地方特色的风险预测预警预防体系,最大限度地降低了全社会各类风险尤其是青少年违法犯罪发生的概率,最大限度地降低了损失。

---

① 刘磊:《通过典型推动基层治理模式变迁——"枫桥经验"研究的视角转换》,载《法学家》2019 年第 5 期。

二、"枫桥经验"对预防违法犯罪的理论贡献

在社会转型加速、社会价值观越发多元化和冲突加剧化的时代背景下,"枫桥经验"发展历程中预防违法犯罪的实践经验丰富鲜活,人民群众的积极性被充分调动,专项机关的优势被充分发挥,在许多方面都具有中国特色犯罪预防特点,是中国特色社会主义在社会治理和犯罪预防领域的集中体现。大量专家学者将其中蕴含的犯罪预防思想与主流的犯罪学理论相结合,以独特的视角和内涵予以深度挖掘,形成了"类型化""适度控制""整合性""理性交往"的四大预防违法犯罪理论,被誉为犯罪预防理论的"枫桥学派"①,打造了中国特色预防犯罪的"枫桥模式",为我国犯罪学领域预防违法犯罪贡献了"枫桥智慧"。

(一)类型化违法犯罪预防观

"枫桥经验"首要注重的便是对治理对象的分级分类,区别对待区别治理,与今天越发被我们重视的类型化违法犯罪预防思维不谋而合。其一,枫桥以生产队为单位,依靠群众对"四类分子"进行"全面评审、重点斗争",对于守法的给予适当的鼓励;对于基本守法的,指出好的地方,批评不好的地方;对于有一般违法行为的,给予严肃的批评;对个别有严重违法行为、在评审中又不低头服罪的,才列为重点对象,依靠群众进行说理斗争。②其二,在枫桥,对轻微违法犯罪人员和刑释解教人员"不推一把拉一把,帮一时更帮一世",不仅"管头、管脚、管肚子",而且还帮助他们成家立业,勤劳致富。③其三,对外来流动人员实行"情感式管理",保护他们的合法权益。"枫桥经验"不仅使我们看到了预防犯罪工作类型化思维的科学性、合理性和实效性,而且使我们进一步看到了预防犯罪工作类型化思维的哲学指引,此哲学指引正是"全面性与重点性相结合""以主要矛

---

① 周长康、杨燮蛟:《枫桥学派的形成与发展》,载《青少年犯罪问题》2010年第2期。
② 俞红霞:《"枫桥经验"的形成和发展历程》,载《中共党史资料》2006年第2期。
③ 马荣春、周建达:《"枫桥经验":预防犯罪观的重要启示》,载《南昌大学学报(人文社会科学版)》2019年第1期。

盾的解决带动次要矛盾的解决"。

（二）适度控制违法犯罪预防观

适度控制违法犯罪预防观是对作为违法犯罪预防基本原理之一的"社会控制适度原理"的丰富与发展。按照"社会控制适度原理"，社会控制是指用以约束个人或群体的行为，使之符合社会规范的任何正式或非正式的影响力。法律、规章、道德、舆论、传统、礼仪等，都是社会控制的具体形式和手段。但社会控制的强度并非越大越好，因为过强的社会控制不仅会使得社会失去活力，而且可能造成社会的病态。因此，社会控制必须保持适度，而适度就是"必要"且正当。因此，非正式性社会控制的存在就成为了必然，即在现代社会，舆论、习俗等非正式社会控制手段更有其必要性。①

"枫桥经验"中的"摆事实，讲道理"等做法，就展示了"枫桥经验"中的改善性犯罪预防观；"发动群众、依靠群众、服务群众"的做法则蕴含着作为预防犯罪"枫桥经验"之一的类型化思维中的激励因素，且这里的群众应该包括但不限于已然违法犯罪的人，即激励性预防犯罪观。上述两种犯罪预防观共同构成了非正式控制性犯罪预防观的具体形态，非正式控制性犯罪预防观借助这两种具体形态可从犯罪预防的非正式性社会控制层面来进一步深化预防犯罪的"社会控制适度原理"。在此需要强调的是，"枫桥经验"所代表的非正式控制性犯罪预防观并非排斥正式控制性预防犯罪观，而是作为后者的补充或辅助存在，二者相互影响。

（三）整合性违法犯罪预防观

在犯罪预防的一般原理中，存在类似于社会学中的"社会整合"这一理念，即"结构整合与价值整合并举原理"，通过调整或协调社会各部分之间的矛盾和冲突，使整个社会成为一个统一的运行良好的体系。具体包括结构整合与价值整合两大方面。结构整合，是指对社会各部门、各阶层之

---

① 许章润：《犯罪学》，法律出版社2016年版，第250页。

间的关系加以协调和处理的过程,其作用在于避免或缓解社会矛盾与冲突,使社会机器平稳地运行,包括功能关系的协调和利益关系的调整两个方面。①价值整合,亦即文化整合和规范整合,是指确立、重整统一的社会价值准则和社会规范,并使之得到共同信守。②由此,若将结构整合和价值整合再"整合"起来,就形成了整合性犯罪预防观。"枫桥经验"便有着整合性预防犯罪观的萌芽,或曰孕育着整合性预防犯罪观。其中,包含着"党政带头,群众参与"内容的"综合性的工作机制"、社会管理网格系统,便是结构整合的有益探索,"枫桥经验"使得整个社会治安综合治理的组织网络更加密切地勾连起来。③在"枫桥经验"中,"预防教化,情理调解"是出现频率较多的一个语词,而该语词所对应的实践便是"价值整合"的朴素体现,正如"枫桥经验"在一定程度上是有选择地吸收"重义轻利"的精神,使人们在利益面前能够相互谦让。这种通过非对抗式的方式解决问题,将传统的道德规范融于纠纷的解决中的做法,适应了中国传统文化的需要。

(四)理性交往违法犯罪预防观

从统治、管理到治理,言辞微变之下涌动的,是一场国家、社会、公民从着眼于对立对抗到侧重于交互联动,再到致力于合作共赢善治的思想革命。④"对立对抗"意味着社会管理的单向、刚性的"压制模式",相反,"交互联动"与"合作共赢"则意味着社会管理的双向、柔性的"理性交往模式",而运用"理性交往模式"的社会管理就是社会治理。现今,我们应摒弃社会管理的单向、刚性的"压制模式",即放弃犯罪预防的单向、刚性的"压制模式"、提倡社会管理的双向、柔性的"理性交往模式",即应提

---

① 马荣春、周建达:《"枫桥经验":预防犯罪观的重要启示》,载《南昌大学学报(人文社会科学版)》2019年第1期。

② 许章润:《犯罪学》,法律出版社2016年版,第255页。

③ 谌洪果:《"枫桥经验"与中国特色的法治生成模式》,载《法律科学(西北政法大学学报)》2009年第1期。

④ 江必新:《推进国家治理体系和治理能力现代化》,载《光明日报》2013年11月5日,第1版。

倡犯罪预防的双向、柔性的"理性交往模式"。而当"治理""法治"已经成为我国社会领域的新常态，则意味着"理性交往模式"应成为犯罪预防领域的新常态。

"枫桥经验"中的理性交往犯罪预防观萌芽，可从关于"枫桥经验"的考察中予以直接揭示。"枫桥经验"的可贵之处在于充分体现了"以人为本"的价值准则。"枫桥经验"创立之初，对"四类分子"未采取斗打、乱捕、乱杀方式，而是通过"说理"，进行"合伦理"与"合情理"的"主体"间互动，把"阶级矛盾"化解在基层。"文革"一结束，枫桥又开了给"四类分子"摘帽的全国先例，用"伦理参和"与"心理调适"的"情理型治理"补充中国社会"法理型治理"之不足，这是探索中国式"积极安全"的重要实践。① 此外，我们还可以从关于"枫桥经验"的发展转型的论断中予以把握。第一，从传统的价值观向以人为本的价值观的转型，包括对人的生命的尊重、平等观念、沟通与理解、宽容与合作；第二，从传统的社区调解向专业化服务的转型；第三，从单一的政府服务向多元化、多主体的服务格局的转型。② "尊重""平等""沟通""理解""宽容""合作"都是"理性交往"的直接表达，而"多元化"和"多主体"也隐含着"理性交往"。

第三节　数字治理为预防青少年新型违法犯罪带来的新机遇

2015年8月，在国务院印发《促进大数据发展行动纲要》提出加快建设数据强国的背景下，最高人民检察院适时提出"科技强检""数字强检"

---

① 余潇枫:《从"治安"到"平安":"枫桥经验"再认识》，载《公安学刊》2013年第3期。
② 张乐天:《"枫桥经验"的定位与转型》，载《公安学刊》2013年第3期。

口号，并先后制定了《检察大数据行动指南（2017—2020年）》《检察人工智能创新指南（征求意见稿）》《最高人民检察院关于深化智慧检务建设的意见》等发展规划，要求坚持"需求主导、技术牵引、创新协调、开放共享、安全可靠"的发展思路。2018年印发的《最高人民检察院关于深化智慧检务建设的意见》明确了智慧检务建设的重大战略，积极探索运用大数据、云计算、区块链、人工智能等数字技术最新成果，开辟一条以数字技术引领、助力检察工作高质量发展的新道路。2022年4月19日，习近平总书记在中央深改委第二十五次会议上首次提出"以数字化改革助力政府职能转变"的重要论述，为纵深推进数字化改革提供了根本遵循。[①] 简言之，数字治理为预防青少年新型违法犯罪开辟了新视野，尤其是其中的数字检察（智慧检务）建设为青少年新型违法犯罪预防工作提供了数据、平台、算法等更便捷的基础条件。

一、数字治理为预防青少年新型违法犯罪提供新思路

"大数据的核心就是预测。"[②] 承认犯罪现象存在的必然性是治理犯罪的基本前提，而准确地把握犯罪现象则是展开犯罪治理行动的关键，因此我们需要探索出一门"观察的科学"，通过观察犯罪现象所得出的基本结论——数据收集、原因分析及态势预测，并将之作为科学制定犯罪治理对策——刑事政策——的重要依据。[③] 随着世界的数据化，"我们不再将世界看作是一连串或是自然或是社会现象的事件，我们会意识到本质上世界是

[①] 《数字检察为打造示范区、当好排头兵提供核心动力》，载微信公众号"浙江检察" 2022年5月26日，https://mp.weixin.qq.com/s/xBMlpRiswzKE0NiZkuxWQQ。

[②] ［英］维克托·迈尔·舍恩伯格、肯尼思·库克耶：《大数据时代》，盛杨燕、周涛译，浙江人民出版社2013年版，第16页。

[③] 卢建平、车明珠：《犯罪统计、被害调查的价值与应用——以社会管理创新为视角》，载《中国刑事法杂志》2012年第11期。

由信息构成的,量化一切成为可能"①。而且相关比因果更重要,通过量化不同事物之间的数理关系,以相关关系捕捉现在和预测未来。② 在这一背景下,数字治理使青少年新型违法犯罪的更精准预防成为可能。以大数据挖掘和云计算为技术支撑,利用机器学习和神经网络技术,对青少年违法犯罪的有关数据分类别进行分析、比对与研判,为有效干预提供强有力支持。具体包括以下三个方面。

其一,基于犯罪时空预测的犯罪预测。犯罪时空预测就是运用科学方法,通过对现有的犯罪数据和资料以及对可能影响犯罪的各种相关因素进行分析、研究,对在未来一定时空范围内可能出现的犯罪现象的状况、结构、发展趋势等所作的判断,是制定犯罪预防战略和战术措施重要的科学依据。①

预测方法主要分为两大类:一类是传统分析法,指的是将犯罪数据按照犯罪嫌疑人特征、时间特征、犯罪地点特征等进行数量统计比较,并结合犯罪学理论相关方法进行分析和预测。实践过程中发现,犯罪案件的形成往往受到各方面因素的共同作用,而传统分析法无法做到实时统筹分析各类影响因素对犯罪的影响及其相互间的作用,从而影响预测效果。因此,在大数据时代传统分析法不适合广泛使用,需要借助经验分析法进行改进更新。经验模型法指的是基于机器学习的方法,训练模型模仿人类决策策略进行预测,通过分析时间、位置、车辆、地址、物理特征和财产等因素,基于决策树、神经网络、支持向量机以及针对犯罪预测研究的自适应调整等算法进行建模,并实现线下犯罪预测。此外,对于线上犯罪,犯罪关联、聚类和用于研究网络平台犯罪文本信息的非结构化数据情绪分析等算法能够进行网络犯罪行为预测,并揭示利用互联网传播非法信息或恶意代码的网络罪犯身份。经验分析法是以经验知识为基础,以机器学习算法为手段,建立犯罪预测系统,核心是在建立犯罪数据间关联性的基础上进行数据信

---

① [英]维克托·迈尔·舍恩伯格、肯尼思·库克耶:《大数据时代》,盛杨燕、周涛译,浙江人民出版社2013年版,第125—126页。
② 单勇:《犯罪地图的公开》,载《国家检察官学院学报》2016年第3期。
① 魏平雄、赵宝成、王顺安:《犯罪学教程》,中国政法大学出版社1998年版,第232页。

息的预测。其能够评估复杂的异质数据，通过逐步将一线执法人员的经验和犯罪学理论转化为机器可处理的特征，能够更有效地利用专家经验，从而提高预测准确性。①

其二，基于环境犯罪学的犯罪预测。环境犯罪学等相关理论结合，可以建立以环境犯罪学为基础的犯罪预测模型，综合评价在罪犯、犯罪目标、犯罪环境三个因素相互作用下犯罪发生的可能性。此种方法将罪犯、犯罪目标、犯罪环境三个影响因素评为5个等级。②在对现实案例的研究中可以发现，罪犯、犯罪目标、犯罪环境都是从多方面对犯罪的发生产生影响的，因此不能单纯地考虑一个因素，应当整体把握。要对各因素对罪犯实施犯罪产生的影响进行综合的评定，具体可将三个因素每个都设置若干个条件，对于符合条件数在0—20%的可以评定为一级，在20%—40%之间的可以评定为二级，以此类推，在80%—100%之间的可以评定为5级。

其三，基于犯罪制图的犯罪预测。犯罪制图在犯罪防控中能够起到评估犯罪、预测犯罪发展的作用，在立体化防控中具有应用的必要性。随着科技进步、互联网的快速发展，犯罪治理的信息化同样表现了信息与知识传递间的低障碍性。犯罪治理的信息化具体包含三个方面，即信息的可视化、精细化、综合化。信息的可视化是指犯罪制图以空间地理信息为基础，依托软件对犯罪数据进行操作与处理，使其能够以图的形式显示，实现了犯罪数据的可视化。信息的精细化是指呈现在地图上的犯罪数据被定位于具体的地理空间，有其准确的犯罪空间坐标，这将犯罪数据科学量化，为其细化分析提供了条件，便于犯罪治理的精细精准。信息的综合化是指犯罪制图的应用将犯罪数据的平面式利用转化为立体式的应用，将其定位于具体空间，并与周围的空间因素，如商场、绿地、居民区等相结合进行分析，从而对犯罪发展作出科学的评估和预测，体现了犯罪制图应用

---

① 魏东、张天祎、冉义兵：《基于特征选择及机器学习的犯罪预测方法综述》，载《科学技术与工程》2021年第28期。

② 李雨聪、刘硕、王方明：《基于环境犯罪学的犯罪预测模型的建立》，载《情报杂志》2018年第2期。

的综合化。①

二、数字治理为预防青少年新型违法犯罪提供新保障

传统青少年违法犯罪预防理念与工作方式固然有其存在的天然优势，但职责交叉、僵化分散、滞后应急等问题同样客观存在，主要表现在以下两个方面。其一，传统预防青少年违法犯罪工作涉及单位多，存在职责交叉、数据碎片化、信息不对称等问题。比如青少年普法教育中，司法机关、政府部门、学校、社会组织各自开展活动，资源分散，协同效率低；对于已实施违法犯罪的青少年，公检法司及社会组织开展再犯预防工作中帮教计划系统化、科学化程度不足，未形成强大合力。亟须统筹各方力量，优化多元共治、协同联动的青少年违法犯罪预防治理工作格局。其二，面对层出不穷的青少年新型违法犯罪手段，司法机关掌握不全面，学校、家庭前期预防不及时，往往直至违法发生后才应对补救。传统治理手段侧重于对全体青少年进行面上教育、对已违法犯罪的罪错青少年进行惩罚矫治，缺乏对具有犯罪苗头的倾向性青少年的及早干预，缺乏对罪错青少年再犯风险的量化评价和治理，全链条闭环预防机制尚未形成。亟须通过数字化改革，构建干预、教育、矫正、帮扶一体化工作闭环，提升预防治理工作的精准性和有效性。

数字治理的出现，为传统青少年违法犯罪预防工作提供了查缺补漏的可能。以数字法治为牵引，青少年新型违法犯罪的数字治理积极推进"党建+单元"巷战体系的数字化改革②，加快打造一批青少年违法犯罪预防的数字法治应用场景，全面构建数字化社会违法犯罪预防机制。做实矛盾纠纷多元化解机制，做优矛调中心"智哨"平台，积极整合镇街和妇联、共青团等组织力量，深化青少年违法犯罪倾向的纠纷排查化解。完善数字化

---

① 单勇、阮丹微：《犯罪制图在立体化社会治安防控中的应用研究》，载《犯罪学论坛》（第五卷），中国法制出版社2018年版，第913—920页。
② 《构建数字化社会治理和风险闭环管控机制——部门镇街负责人谈"基层治理走在前列"》，载义乌商报网，http://szb1.ywcity.cn/content/202109/06/content_153308.html。

风险闭环管控大平安机制，健全立体化、法治化、专业化、智能化的社会治安防控体系，聚焦电信诈骗、网络赌博、网络涉黄等领域专项整治，常态化开展青少年违法犯罪预防工作，持续保持社会面和谐稳定。如作为青少年新型违法犯罪数字治理成果的典型代表之一，个体性预警管理指标体系的应用为上述困境的破除带来重要意义。个体性预警管理指标体系综合考虑青少年所处的环境、青少年的一般心理状态，以及可以直接预测青少年犯罪行为的典型负性行为和心理障碍等指标，以量化评估的方式对青少年的犯罪行为进行预警管理，建成区域性乃至全国性青少年违法犯罪行为预测预警平台，从而很大程度上弥补青少年违法犯罪预防工作可能存在的漏洞，为其提供新保障。

三、数字治理为预防青少年新型违法犯罪提供新工具

基于历史犯罪数据统计分析的犯罪预测预防已有数十年历史，从早期的人工标记分析、以主观经验判断为主的预测分析，到建立在数学模型基础上的计算机统计分析技术。传统犯罪预测基于低复杂度、小规模的历史犯罪数据，利用犯罪地图、犯罪热点分析、计算机比较统计等分析工具开展预测。

而数字化正在改变这一传统模式。近年来，基于大数据的犯罪预测分析工具已有了长足发展，大数据和小数据相互依存，互相补充。[①] 在犯罪类别预测方面依赖于历史犯罪数据、接报警警情数据和经济状况等小范围的外部数据同时，通过犯罪地图以确定犯罪热点，利用电子数据制表软件生成基础回归模型，预测近期犯罪风险上升的区域，推断一定区域、时间、日期内犯罪频率较高的地点。在犯罪人、被害人预测方面利用犯罪情报对有前科人员、涉及家庭暴力和有暴力倾向的精神病人等人员的犯罪风险作出经验型的粗略分析，利用数据相关性处理犯罪情报和串连并案，分析重

---

① 黄彬、林书真：《立体化社会治安防控体系建设研究——中国犯罪学学会第二十五届学术研讨会会议综述》，载《福建警察学院学报》2017年第1期。

复性系列案件发生地之间的联系,定位犯罪人可能的地理位置。此外,高级热区识别模型,回归、分类与聚类分析模型,近期重复模型,时空分析方法,风险地域分析等,极大地推进违法犯罪预防和犯罪治理技术的变革。之后,借助全覆盖、多类型、实时监测、海量分布的物联网传感器,可为整个城市披上"数字皮肤";通过物联网与移动互联网、GIS、GPS、视频监控、大数据等技术的深度融合,青少年违法犯罪预防将跨越式提升自身对犯罪风险的感知能力。以公安警务系统为例,数字治理为反应式警务模式运行中资源调配、勤务规划提供了更为科学的工具,在主动干预、控制犯罪方面发挥了巨大作用。①

第四节　新时代"枫桥经验"对预防青少年新型违法犯罪数字治理的启示

进入新时代,"枫桥经验"能够继续创新发展,实现由社会管制向社会管理,由社会管理到社会治理的深刻转型,其根本在于"五个坚持",即坚持党建引领,坚持人民主体,坚持"三治融合",坚持"四防并举",坚持共建共享。青少年新型违法犯罪预防的数字治理,坚持、贯彻、发展"五个坚持"同样具有重要意义。

一、坚持党建统领

中国共产党的领导是中国特色社会主义最本质的特征,是中国特色社会主义制度最大的优势,也是"枫桥经验"产生、发展和创新的根本保

---

① 李国军:《论大数据驱动下的预测警务创新》,载《中国人民公安大学学报(社会科学版)》2015年第6期。

证。①党建统领是新时代"枫桥经验"的政治灵魂，也是新时代"枫桥经验"的最大优势，是基层治理的"定海神针"。坚持发展新时代"枫桥经验"，开展青少年新型违法犯罪预防工作，就是要旗帜鲜明地加强党对基层治理的领导，把基层党建贯穿于青少年违法犯罪预防的全过程和各方面。

青少年新型违法犯罪预防的数字治理坚持党建统领是开展工作的根基所在，是取得成效的根本保证。党的十九届六中全会将"坚持党的领导"作为中国共产党百年奋斗取得一切重大成就的首要历史经验。②新时代坚持和发展新时代"枫桥经验"，同样一如既往地坚持党的集中统一领导，深刻把握"枫桥经验"的精髓与实质，扎实推进基层社会治理现代化。青少年新型违法犯罪预防的数字治理理应在坚持党建统领前提下，加快建立完善党委领导、政府负责、社会协同、公众参与、法治保障、科技支撑的青少年新型违法犯罪预防体系，全面加强党的基层组织建设，健全党领导基层的体制，创新组织设置和活动方式，推动基层党组织向社会组织、社区网格等全覆盖。③离开党的领导，即失去了政府支持，仅靠群众自治组织是难以调动丰富的社会资源来平衡社会纠纷解决过程中产生的权利救济。④

青少年新型犯罪预防坚持党建统领是实践工作的必然要求。青少年新型违法犯罪预防的主体、对象、内容的广泛性决定了必须坚持党对青少年新型违法犯罪预防工作的全面领导。12周岁至25周岁的青少年，是社会的生力军，他们的健康成长关乎千家万户的幸福和基层社会的稳定。青少年新型违法犯罪预防工作涉及个人、家庭、社区、社会组织、司法机关等主体，社会各界均负有相应的职责。青少年新型违法犯罪预防的内容庞杂，需要调动各方的资源，线上线下相结合，针对各层级的问题综合治理。没

---

① 金伯中：《"枫桥经验"的发展历程与重要启示》，载浙江在线网，https: //zjnews.zjol.com.cn/dsxx/202111/t20211122_23391953.shtml。

② 高铭暄、傅跃建：《新时代"枫桥经验"与国家治理现代化：内在逻辑与实现进路》，载《上海政法学院学报（法治论丛）》2022年第4期。

③ 金伯中：《"枫桥经验"的发展历程与重要启示》，载浙江在线网，https: //zjnews.zjol.com.cn/dsxx/202111/t20211122_23391953.shtml。

④ 葛天博：《"枫桥经验"的回溯、重读与再兴》，载《领导科学论坛》2020年第7期。

有党的坚强领导，青少年新型违法犯罪预防工作无法形成合力，取得实效。

二、坚持以人民为中心

一切为了群众、一切依靠群众，是新时代"枫桥经验"的初心所在、力量所系。坚持发展新时代"枫桥经验"，就是把以人民为中心发展思想落实到基层治理之中，让人民群众成为基层治理的直接参与者、最大受益者、坚定支持者。

在青少年新型违法犯罪预防工作中坚持人民为中心，首先，青少年新型违法犯罪预防工作应以青少年本身的利益保护为基本出发点。预防青少年违法犯罪，必然需要广泛地融合涉及青少年方方面面的数据和个人信息，沟通多方参与主体，对青少年违法犯罪风险进行评估，并进行类型化的设计。其次，人民群众要成为青少年新型违法犯罪预防的直接参与者、坚定支持者。家庭成员和社区是青少年新型违法犯罪预防的直接参与者，负有重要的、不可替代的责任。最后，以人民为中心要求青少年新型违法犯罪预防需要同样重视被害预防。加害与被害存在密切的互动关系，在青少年成长的过程中，从被害向加害的转化是典型的样态。预防未成年人违法犯罪与防范未成年人被害均是未成年人保护的应有之义。

此外，作为以人民为中心的理念在青少年新型违法犯罪预防数字治理工作中的自然延伸和应有之义，还应高度重视相关工作对特定青少年的"标签化"风险。"标签化"对未成年人的影响远比对成年人的影响深刻，而且其中的负性标签将会造成青少年心理失衡和自我放弃，社会互动理论重视符号和互动的作用，特别是互动的过程。在互动的过程中青少年的行为得以完成，也是在不断地改变、修正中的互动过程中，青少年的自我最终完成。当外界传输给青少年负性符号和标签时，我们应对青少年的"客我"和"主我"的互动予以重点关注。[①] 应以发展的眼光看待青少年的一般

---

① 段红伟：《青少年网络犯罪诱因分析——基于符号互动论视野》，载《人民论坛》2010年第2期。

性越轨（非犯罪行为），要允许青少年犯错误，最大限度地理解、宽容、善待他们，不能随意贴标签，引发"次级越轨"。要告诫社会成员正视青少年犯罪行为的特殊性，对青少年的犯罪行为给予适当的理性回应，以帮助他们重返正常社会，避免青少年个体因"贴标签"行为由初级越轨者陷入无底深渊。因此，社会、学校、家庭三方应共助越轨青少年去标签①，公检法部门实施未成年人犯罪记录封存制度与未成年人前科消灭制度，以消除前科对未成年犯罪人的不利影响②。

三、坚持"四治融合"

党的十八大以来，枫桥干部群众坚持以习近平新时代中国特色社会主义思想为引领，适应时代要求，发扬优良作风，创新基层群众工作方法，不断赋予"枫桥经验"新的时代内涵，善于运用法治思维和法治方式解决社会矛盾和问题，探索创新了自治、法治、德治及智治的"四治融合"，以自治为基，以法治为本，以德治为先，以智治为用，为基层社会治理注入内生力、硬实力、软实力与新动力。

青少年新型违法犯罪预防的数字治理，也应当坚持"四治融合"，以自治增活力、以法治立规矩、以德治扬正气、以智治提效能，体现青少年违法犯罪预防工作的多元主体合作共治、多元规范优化合治和多重环节系统融治的整体性特征。③ 其中，智治作为"新起之秀"，必须着重强调、优先重视。即新时代的青少年违法犯罪预防工作应当坚持精细化、标准化、常态化的理念，推动违法犯罪预防工作与网络信息技术的高度融合。针对越来越多的青少年违法犯罪"智能化、低龄化、隐蔽性高"等特征，以检察

---

① 项亚光:《西方社会越轨理论与青少年犯罪的预防和控制》，载《外国中小学教育》2010年第6期。

② 赵秉志、廖万里:《论未成年人犯罪前科应予消灭——一个社会学角度的分析》，载《法学论坛》2008年第1期。

③ 高其才:《健全自治法治德治相结合的乡村治理体系》，载《光明日报》2019年2月26日，第16版。

院为主体的相关部门应当通过大力推动公共安全视频监控建设和联网应用（雪亮工程），深入推广和落实移动电话用户和出租房民宿电竞酒店等实名登记制度，用数据说话，用数据管理，用数据创新。要充分利用犯罪"热力图""关键词搜索"等技术，加强网络检测，强化分级分类，特别是对重点人员购买重点物资、前往重点地区、涉及重点事务和重点领域等问题，进行大数据的关联性分析，落实全方位、多层次的预警管理。

四、坚持"四防并举"

人防、物防、技防、心防"四防并举"，是新时代"枫桥经验"实现网上和网下相衔接、传统与科技相结合的题中应有之义，也是提高风险防控预见性、精准性、高效性的重要手段。坚持发展新时代"枫桥经验"，运用"枫桥经验"开展青少年违法犯罪预防数字治理工作，就是要运用最新科技成果织密各类风险防控网，切实把矛盾风险消除在萌芽状态。基于青少年新型违法犯罪预防的特点，违法犯罪预防工作不仅要重视传统的人防、物防方式方法，更要重视心防和技防建设。从道德教化、心理治疗、情感依赖、职业训练等不同层面加强行为人的自我控制，增强犯罪预防之"心防"工程。[①] 同时，坚定不移地推进数字化改革，合理运用大数据、人工智能等新科技，提高青少年新型违法犯罪预测预警的科学性和违法犯罪预防效能。

五、坚持共建共治共享

2015年5月，习近平总书记在浙江调研时强调，"社会建设要以共建共享为基本原则，在体制机制、制度政策上系统谋划，从保障和改善民生做起，坚持群众想什么、我们就干什么，既尽力而为又量力而行，多一些雪

---

① 刘军：《预防性法律制度的理论阐释与体系构建》，载《法学论坛》2021年第6期。

中送炭，使各项工作都做到愿望和效果相统一"①。2015年10月，党的十八届五中全会通过《中共中央关于制定国民经济和社会发展第十三个五年规划的建议》，明确提出"人人参与、人人尽力、人人享有，构建全民共建共享的社会治理格局"，其中"全民共建共享"为"共建共治共享"的形成奠定了思想基础。②2017年，党的十九大报告正式提出"打造共建共治共享的社会治理格局"。从此，"共建共治共享"成为新时代社会治理的发展方向和基本格局，其中共建是基础，共治是关键，共享是目的。

新时代"枫桥经验"打开了共建共治共享的通道，体现了大社会观和大治理观。党的十九届四中全会提出建设人人有责、人人尽责、人人享有的社会治理共同体。人人有责、人人尽责表明社会治理共同体首先是实践共同体、责任共同体、价值共同体，人人享有则表明这一共同体还是利益共同体、权利共同体、命运共同体。这与共建共治共享逻辑一致，人人有责是本质、人人尽责是前提、人人享有是结果。共建共治必然指向共享，评价社会治理成效的根本标准就是共同体成员能否公平合理地分享社会建设和社会治理的成果。坚持发展新时代"枫桥经验"，就是唱响党委政府、市场主体、社会组织的"大合唱"，形成各方力量积极参与基层治理的强大合力。有鉴于此，青少年新型违法犯罪预防工作也应充分调动市场主体、社会组织的力量，充分发挥互联网企业的资源和力量，并孵化培育各类社会组织参与其间。青少年违法犯罪预防工作是宏大的系统工程，完全依赖政府的投入和力量无法满足预防工作的需要。在复杂的网络社会条件下，应最大限度地形成司法机关、行政机关以及平台企业三方合力，只有形成合力，才能有效地抵御风险社会中网络犯罪普遍化的危害。③构建共建共治共享的社会治理大格局，不仅是社会治理的总目标，也是青少年新型违法犯罪预防的根本保障。

---

① 《人民日报丨沿着总书记的足迹·浙江篇：践行"八八战略"打造"重要窗口"》，载浙江日报网，https://baijiahao.baidu.com/s?id=1734602419753007574&wfr=spider&for=pc.
② 张文显：《新时代"枫桥经验"的核心要义》，载《社会治理》2021年第9期。
③ 冯引如、夏春竹：《现代社会与犯罪治理——中国犯罪学学会第二十九届学术研讨会会议综述》，载《犯罪研究》2021年第1期。

第二章

青少年新型违法犯罪现状与成因的实证分析

青少年新型违法有着犯罪手段新、成因新等新特征，与传统青少年违法犯罪存在显著不同，其深层次的原因与新时代传播媒介多元化、青少年人际交往复杂化、心理生理发展早熟化、学校教育缺位及预防主体单一等多种因素密切相关。对青少年新型违法犯罪的现状及其成因进行客观的实证调研和分析，是制定预防策略和开展数字治理的基本前提。

第一节 青少年新型违法犯罪的基本情况

青少年新型违法犯罪，是相对于传统犯罪而言，涉罪青少年使用新的手段、新的技术、新的方法或针对新的对象实施的各种犯罪的总称，包括利用网络、电信服务、计算机信息技术、虚拟货币等新型支付结算方式实施的，以及传播新型毒品、"笑气"等新型成瘾性物质的犯罪等。其中数量较多的为电信网络诈骗犯罪、网络赌博犯罪、"套路贷"及"软暴力"催收犯罪、提供"两卡"犯罪、侵犯计算机信息系统安全犯罪、网络涉黄犯罪等。

一、青少年新型违法犯罪概况

在对我国 Z 省全省范围内已满 12 周岁不满 25 周岁的违法犯罪青少年进行问卷调查和召开座谈会的基础上，进行系统的数据分析后得出以下结论。其一，青少年违法犯罪手段新。2018—2020 年，电信网络诈骗、网络赌博、套路贷及软暴力催收、"两卡"犯罪、网络涉黄等新型犯罪人数占青少年犯罪总人数的平均比例达到 32%。其中，电信网络诈骗、套路贷及软暴力催收等犯罪类型在青少年新型犯罪中占比最高，分别为 39% 和 21%（见图 1）。其二，青少年违法犯罪人员占比高。以 Z 省 S 市为例，2018 年至 2020 年三年犯罪人数为 35379 人（S 市犯罪人数为 8000 人），其中青少年犯罪人数 8136 人（S 市犯罪青少年人数 1992 人），占比 23%（S 市占比 25%），每年青少年犯罪人数的占比基本相同，相当于近 4 个罪犯当中就有 1 个是青少年罪犯，远高于该年龄段与全年龄段的比例。其三，青少年违法犯罪占比增长快。青少年新型犯罪人数占青少年所有犯罪比例逐年递增，2018 年共 571 人，占比为 24%，2019 年共 950 人，占比为 30.5%，2020 年共 1080 人，占比为 40.9%，青少年新型犯罪人数占比的平均增速达到 35.21%（见图 2）。

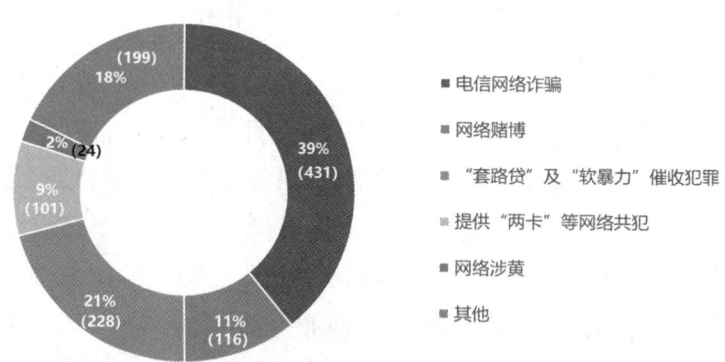

图 1　2020 年 Z 省常见青少年新型违法犯罪类别

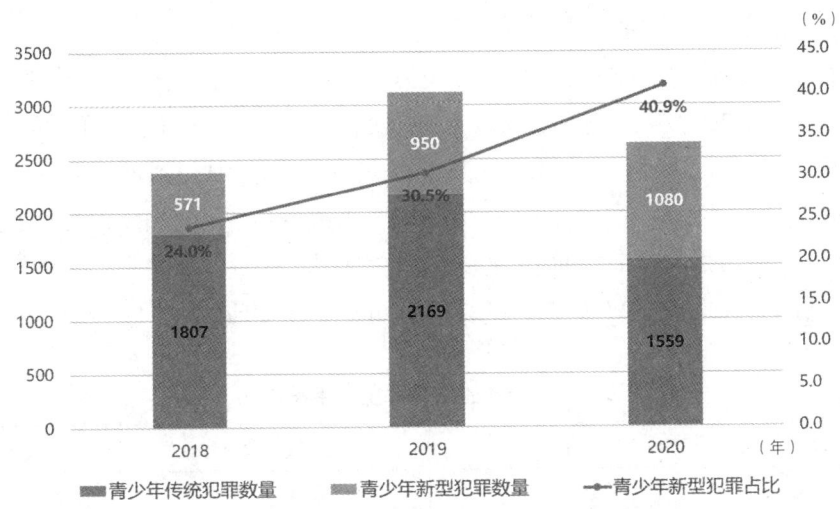

图 2 2018—2020 年 Z 省青少年犯罪中新型犯罪比例

二、青少年新型违法犯罪的基本特征

（一）青少年新型违法犯罪的手段特征

近几年，随着社会转型不断深入，城镇化进程快速发展，农村劳动力向城镇转移，人口流动性增强，社会管理中的新问题、新矛盾突出，青少年犯罪类型也愈加多样化。由表 1 可知，传统青少年违法犯罪类型中，暴力手段最为常见，其他出现频率较高的依次为强制、欺骗、盗窃、恐吓，行为主体双方的对抗性意味明显，这与传统违法犯罪中青少年心智发育不成熟、情感倾向易冲动的特征相符合。而新型青少年违法犯罪类型中，欺骗手段高居第一，利诱方式位居第二，其他依次为暴力、盗窃、恐吓，且占比出现明显下降。此类强烈差异对比与当前青少年违法犯罪总体态势中"两卡"犯罪、毒品犯罪、涉黄犯罪增长的特征相符合。

随着科技的发展，青少年的心智和情感受到网络的影响日益突出，互联网负面信息越来越成为许多青少年违法犯罪案件中的重要诱因。一方面，正如犯罪学习理论表明，青少年尚处于模仿学习阶段，在网络信息更易获取和传播的背景下，青少年更易受到网络有害信息特别是犯罪信息的影响，模仿成年人犯罪的手段和方法。另一方面，互联网作为信息交换的媒介，成为难以监管的青少年违法犯罪人互相联络的工具或实施犯罪的场合。如表 2 至表 6 所示，微信、支付宝或其他网络支付平台中利用他人身份信息进行网络支付的占比从 6.3% 上升至 10.5%，通过网络买卖公民个人信息的从 1.2% 上升至 6.8%。以上数据占比变化虽然不大，但反映的是互联网正成为青少年新的犯罪联络或实施犯罪的聚合之处这一大趋势。

表 1　青少年违法犯罪主要手段情况

违法犯罪类型	犯罪手段	数量	百分比
传统犯罪	暴力手段	254	32.2
	盗窃手段	75	9.5
	欺骗手段	69	8.7
	恐吓手段	73	9.3
	强制手段	93	11.8
	教唆手段	30	3.8
	煽动手段	29	3.7
	利诱手段	69	8.7
	其他	97	12.3
	总计	789	100.0
新型犯罪	暴力手段	51	8.5
	盗窃手段	39	6.5
	欺骗手段	181	30.1
	恐吓手段	37	6.1
	强制手段	22	3.7
	教唆手段	23	3.8
	煽动手段	34	5.6
	利诱手段	144	23.9
	其他	71	11.8
	总计	602	100.0

表2 是否取得、使用或交易过"比特币"等虚拟数字货币

违法犯罪类型	是否使用	数量	有效百分比
传统犯罪	是	15	2.5
	否	592	97.5
	合计	607	100.0
新型犯罪	是	39	8.0
	否	447	92.0
	合计	486	100.0

表3 是否参与过网络赌博

违法犯罪类型	是否参与	数量	有效百分比
传统犯罪	是	98	16.2
	否	507	83.8
	合计	605	100.0
新型犯罪	是	139	28.6
	否	347	71.4
	合计	486	100.0

表4 是否因参与网络赌博而欠债

违法犯罪类型	是否因网络赌博而欠债	数量	有效百分比
传统犯罪	是	20	3.3
	否	586	96.7
	合计	606	100.0
新型犯罪	是	47	9.7
	否	439	90.3
	合计	486	100.0

表5　是否曾在微信、支付宝或其他网络支付平台上利用他人身份信息进行网络支付

违法犯罪类型	是否利用他人身份信息支付	数量	有效百分比
传统犯罪	是	38	6.3
	否	568	93.7
	合计	606	100.0
新型犯罪	是	51	10.5
	否	435	89.5
	合计	486	100.0

表6　是否曾通过网络买卖公民个人信息

违法犯罪类型	是否买卖公民信息	数量	有效百分比
传统犯罪	是	7	1.2
	否	599	98.8
	合计	606	100.0
新型犯罪	是	33	6.8
	否	452	93.2
	合计	485	100.0

（二）青少年新型违法犯罪的行为主体特征

首先，传统青少年违法犯罪与新型青少年违法犯罪中，无业（失业）青少年的占比均最高，分别为40%和44.2%，呈现出"家长管不住，社会无人管，小小年纪便混迹社会"的特点，同时由于缺乏有效的法治和思想道德教育、正确辨别是非的能力和交友能力，在这个群体中极易滋生"哥们儿"义气和不良生活习气，进而造成非死即伤的违法犯罪案件。此外，青少年新型违法犯罪中学生比例较传统犯罪较低，公司职员的比例明显高于传统犯罪（见表7）。其次，传统青少年违法犯罪中，18周岁以下违法犯罪人员数量"独占鳌头"，其余年龄段犯罪人员的数量随着年龄增长心智成熟，呈明显阶梯式下降特征。青少年新型违法犯罪中18周岁以下违法犯罪人员的比例为33.3%，比传统犯罪低了近24个百分点；已满19周岁不满22周岁和已满23周岁不满26周岁两个年龄段初次犯罪的比例快速提升，尤其已满19周岁不满22周岁年龄段人员违法犯罪比例逐渐成为最高；同时四个年龄分段之间犯罪率的差距正在缩减（见表8）。

综合来看，青少年新型违法犯罪在保持犯罪低龄化同时，刚成年的青年受到的家庭和社会约束急剧减少，已发展成为青少年新型违法犯罪的主体。并且就其犯罪能力和反侦查能力来说，势必也将同步提升，为案件的破解审判带来新的难题。

表7 违法犯罪时的身份对比分析

违法犯罪类型	身份	数量	有效百分比
传统犯罪	无业（失业）	243	40.0
	学生	131	21.5
	农民	8	1.3
	工人	83	13.7
	公司职员	74	12.2
	个体工商户	30	4.9
	私营企业主	6	1.0
	其他	33	5.4
	合计	608	100.0
新型犯罪	无业（失业）	216	44.2
	学生	76	15.5
	农民	5	1.0
	工人	40	8.2
	公司职员	106	21.7
	个体工商户	22	4.5
	私营企业主	6	1.2
	其他	18	3.7
	合计	489	100.0

表 8 初次违法犯罪时的年龄对比汇总

违法犯罪类型	年龄	数量	百分比
传统犯罪	18 周岁以下	349	57.2
	19—22 周岁	153	25.1
	23—26 周岁	93	15.2
	27 周岁以上	15	2.5
	合计	610	100.0
新型犯罪	18 周岁以下	163	33.3
	19—22 周岁	186	38.0
	23—26 周岁	120	24.5
	27 周岁以上	20	4.1
	合计	489	100.0

（三）青少年新型违法犯罪的行为动因特征

在青少年时期，不少青少年已经开始半独立甚至独立生活，需要一定的经济投入，而这种经济投入不是青少年个人所能完全承受或者解决的，再加上青少年人员受到盲目攀比和追求超前享受等的诱惑，容易在生活需要方面失衡甚至走向违法犯罪的道路。根据表 9 违法犯罪时的主要动机调查可知，传统青少年违法犯罪中，谋财、维护友情、追求刺激三大动机占据主要，共占比 49.1%，且分散平均，分别为 18.9%、16.9%、13.3%。新型青少年违法犯罪中，维护友情占比降至 10.1%，追求刺激降至 9.0%，谋财占比升至 47.2%，接近前述三者总和，占所有违法犯罪动机近一半。这一变化表明，虽然青少年违法犯罪中"追求刺激"和"维护友情"的因素仍存在，但已不是主要动因，与青少年相关的"哥们儿情谊式"激情犯罪正逐渐减少，财产性预谋犯罪正逐渐增多，未来如何恰当地解决青少年的异常经济需求和有效地开展青少年的违法犯罪预防工作，将成为我国青少年工作的重心之一。

表9 犯罪时的主要动机

违法犯罪类型	动机	数量	百分比
传统犯罪	谋财	169	18.9
	追求刺激	119	13.3
	维护友情	151	16.9
	好奇心	93	10.4
	维护尊严	82	9.2
	报复	30	3.4
	性满足	87	9.7
	发泄不满	73	8.2
	其他	90	10.1
	总计	894	100.0
新型犯罪	谋财	299	47.2
	追求刺激	57	9.0
	维护友情	64	10.1
	好奇心	110	17.4
	维护尊严	12	1.9
	报复	6	0.9
	性满足	23	3.6
	发泄不满	18	2.8
	其他	44	7.0
	总计	633	100.0

详细来看,由表10、表11可知,青少年新型违法犯罪行为开始前,已有55.9%的青少年新型犯罪行为人是通过他人传授掌握了犯罪方法,这一比例远远高于传统犯罪,同时取得了与所涉犯罪相关的计算机等级证、会计证等专业水平证书或职业资格证书的新型犯罪行为人的比例并没有明显变化。这与新型犯罪的新手段、新方法、新对象的特征是相符合的,也说明传授犯罪方法在此类犯罪中的推进作用,还说明新型犯罪的实施并不需

要过高的知识技能，也与新型犯罪手段的易掌握性有关。由表12、表13可知，相对于传统犯罪，青少年新型犯罪行为人有网贷的比例高出近14%，同时不能及时还款的比例略高，这说明新型犯罪的经济因素较明显。在此影响下，青少年新型犯罪行为人因无法及时偿还网络贷款而产生其他犯罪行为的比例也上升。

表10　犯罪方法了解途径

违法犯罪类型	犯罪方法来源	数量	百分比
传统犯罪	通过资料或网络自学	118	18.8
	他人传授	239	38.2
	自己或与他人研发	148	23.6
	其他	121	19.3
	总计	626	100.0
新型犯罪	通过资料或网络自学	94	18.3
	他人传授	288	55.9
	自己或与他人研发	87	16.9
	其他	46	8.9
	总计	515	100.0

表11　是否取得与所涉犯罪相关的专业水平证书或职业资格证书

违法犯罪类型	是否取得	数量	百分比
传统犯罪	是	20	3.3
	否	589	96.7
	合计	609	100.0
新型犯罪	是	27	5.5
	否	461	94.5
	合计	488	100.0

表 12　网络贷款及还款情况

犯罪类型	是否网络贷款	数量	百分比
传统犯罪	没有	459	75.2
	有，能及时还款	114	18.7
	有，不能及时还款	37	6.1
	合计	610	100.0
新型犯罪	没有	299	61.3
	有，能及时还款	147	30.1
	有，不能及时还款	42	8.6
	合计	488	100.0

表 13　因无法及时偿还网络贷款而产生其他犯罪行为情况

犯罪类型	是否因网络贷款引发犯罪	数量	百分比
传统犯罪	是	20	3.3
	否	589	96.7
	合计	609	100.0
新型犯罪	是	44	9.0
	否	443	91.0
	合计	487	100.0

总体上看，在青少年新型违法犯罪行为开始后，相较于传统犯罪，青少年新型犯罪行为人的违法性认识比较模糊。由表14、表15可知，"想过，但不认为是违法犯罪""想过，但认为自己只是违法，不是犯罪"两项的比例高于传统犯罪，"想过，也知道是违法犯罪""根本没想过是违法犯罪"比例低于传统犯罪，这与网络时代违法犯罪与非违法犯罪的界限逐渐模糊的规律也是相符的。如新型青少年犯罪行为人中，有45.4%人会因"良心谴责"放弃犯罪，此比例明显高于传统犯罪，这意味着此类犯罪人追求刺激之下的犯罪动机并不坚定，更易受到抑制，犯罪人格更易得到矫正。

表 14　行为时对行为性质的认识

违法犯罪类型	主观认知	数量	百分比
传统犯罪	想过，但不认为是违法犯罪	112	18.5
	想过，也知道是违法犯罪	96	15.9
	根本没想过是违法犯罪	272	45.0
	想过，但认为自己只是违法，不是犯罪	124	20.5
	合计	604	100.0
新型犯罪	想过，但不认为是违法犯罪	103	21.3
	想过，也知道是违法犯罪	67	13.8
	根本没想过是违法犯罪	184	38.0
	想过，但认为自己只是违法，不是犯罪	130	26.9
	合计	484	100.0

表 15　放弃正在进行的犯罪情况

违法犯罪类型	放弃犯罪理由	数量	百分比
传统犯罪	被害人反抗	95	12.5
	被他人发现	156	20.5
	良心谴责	278	36.6
	其他	231	30.4
	总计	760	100.0
新型犯罪	被害人反抗	58	9.5
	被他人发现	126	20.7
	良心谴责	276	45.4
	其他	148	24.3
	总计	608	100.0

（四）其他特征

当前我国青少年了解法律的渠道已实现多元化。经过四十余年发展建设，我国青少年法治教育工作取得较为丰硕的成果，普法渠道涉及学校、报纸杂志、电视广播、互联网等多平台。在了解法律的渠道及年龄分组的调研中（见表16），共880名青少年参与，其中18周岁以下为87人，18周岁以上为793人。通过数据分析可以看出，18周岁以下青少年了解法律的渠道主要为学校，占比为34.5%，之后依次为互联网、朋友、法治课堂、同学、司法行政机关、报纸杂志等；而18周岁以上的青少年了解法律的渠道主要为互联网，占比为27.9%，之后依次为学校、广播电视媒体、朋友、司法行政机关、报纸杂志，上述特征也与大多数青少年所处环境相符合。对此，应当根据各自特征，持续优化学校普法工作和课程建设，净化互联网信息，用好数字新媒体工具，最大限度地营造学法知法懂法的良好普法环境。

同时，上述情况还反映出当前在青少年法律知识的获取途径方面，存在一些问题。一是青少年获取法律知识的途径多元化程度不高。青少年了解法律的渠道应当是多元且均衡的，各个渠道占比虽有侧重但不应过高过低，但根据调研结果显示，青少年法律知识的获取过度依赖学校与互联网。在当前法律课程不够完善和互联网信息斑驳复杂难以分辨的背景下，青少年了解获取法律知识的途径应当更加多元。二是在青少年获取法律知识的途径来源方面，官方占比较少，非官方占比相对较多。根据调研结果显示，去除学校外，法治课堂、司法行政机关、报纸杂志等正式信息来源占比均较低，网络报道等非官方来源较多。

表16　了解法律的渠道年龄分组及占比

年龄分组	18周岁以下	18周岁及以上
学校	30	159
	34.5%	20.1%
法治课堂	6	49
	6.9%	6.2%

续表

年龄分组	18周岁以下	18周岁及以上
同学	6	20
	6.9%	2.5%
朋友	11	75
	12.6%	9.5%
司法行政机关	5	55
	5.7%	6.9%
报纸杂志	5	49
	5.7%	6.2%
广播电视媒体	4	92
	4.6%	11.6%
互联网	17	221
	19.5%	27.9%
移动终端	3	45
	3.4%	5.7%
其他	0	28
	0%	3.5%
总计	87	793

第二节 青少年新型违法犯罪与传统类型的成因对比分析

　　基于青少年新型犯罪与青少年传统犯罪对比分析的视角，从个人、家庭、学校和社会等方面的因素入手，对青少年新型犯罪的成因进行系统分析，可以发现新型犯罪青少年与传统犯罪青少年在个人、家庭、学校等大多数相关因素方面情况趋同，但是在部分因素方面还是存在较为明显的差异，在青少年新型违法犯罪预防工作中值得关注。

一、个人因素比较分析

（一）性别

对于性别因素在青少年新型违法犯罪中的影响，表17的统计数据显示，在性别差异方面，实施传统犯罪的男性青少年占86.1%，女性占13.9%；实施新型犯罪的男性青少年占比为72.4%，女性占比为27.6%。由此可见，第一，无论是传统青少年犯罪还是新型青少年犯罪，其实施主体均以男性为主。这与男女青少年在生理、心理以及社会性特征等方面的差异基本契合。第二，对比分析显示，实施新型犯罪的女性青少年的占比，较实施传统犯罪的女性青少年的占比高出很多，前者几乎是后者的两倍。这说明在互联网时代，伴随着男女青少年在互联网的可获得性、网络技术的掌握程度以及网络社会生活的涉入程度等方面的差距日益缩小，性别因素作为重要的个人背景变量，其在新型犯罪中的影响力正逐渐减小，女性青少年参与新型犯罪的可能性逐渐增加。为此，应对女性青少年参与新型网络犯罪的情况给予足够的重视。

表17 性别因素在青少年违法犯罪中的影响

犯罪类型		人数	百分比
传统犯罪	男	525	86.1
	女	85	13.9
	合计	610	100.0
新型犯罪	男	354	72.4
	女	135	27.6
	合计	489	100.0

（二）年龄

在分析年龄对青少年违法犯罪的影响时，据表18统计数据显示，在传统青少年犯罪中各年龄段的犯罪人数大致相当，但18周岁及以下的人占比最多。但在新型犯罪中，18周岁及以下的青少年仅占13.3%，比例最低。23—26周岁年龄段的人占比最高，达到50.8%，远高于传统犯罪的31.7%。由此可见：第一，在两类犯罪中，年龄均是重要的影响因素。第二，在新型犯罪中，青少年违法犯罪的年龄分布在整体后移，犯罪年龄的均值和中位数不断增大，18周岁及以下的青少年已不是主体，18周岁以上青年的违法犯罪预防工作亟须加强。

表18 违法犯罪年龄对比分析

犯罪类型	年龄	数量	百分比
传统犯罪	18周岁及以下	209	34.7
	19—22周岁	166	27.6
	23—26周岁	191	31.7
	27周岁及以上	36	6.0
	合计	602	100.0
新型犯罪	18周岁及以下	64	13.3
	19—22周岁	130	27.0
	23—26周岁	245	50.8
	27周岁及以上	43	8.9
	合计	482	100.0

二、家庭因素比较分析

（一）案发时生活或工作地

据表19的统计数据显示，在实施违法犯罪时的生活或工作环境方面，传统与新型违法犯罪在县城（县级市）和市区均属高风险或高发区。传统违法犯罪中，县城（县级市）和市区的占比分别为31.6%、32.1%，新型违法犯罪中，县城（县级市）占比下降10个百分点，为21.6%，市区占比上升16.4个百分点，为48.5%。这一变化反映出青少年违法犯罪并未因为所接触到的物质生活、精神生活的丰富程度的改善而改善，反而恶化，二者呈现出一定的负相关性，这也与青少年违法犯罪的"两卡"犯罪、套路贷犯罪、电信网络诈骗犯罪、网络赌博犯罪的总体态势相吻合。

表19 违法犯罪时工作环境

犯罪类型		数量	百分比
传统犯罪	农村	70	11.5
	乡镇	110	18.1
	县城（县级市）	192	31.6
	市郊区	40	6.6
	市区	195	32.1
	合计	607	100.0
新型犯罪	农村	46	9.5
	乡镇	65	13.4
	县城（县级市）	105	21.6
	市郊区	34	7.0
	市区	235	48.5
	合计	485	100.0

（二）案发时的主要生活来源

由表20的统计数据可知，在青少年违法犯罪案发时的主要生活来源上，传统违法犯罪与新型违法犯罪中均为自己工作所得与父母供给，二者占比有所不同，传统青少年违法犯罪中自己工作所得与父母供给分别为48.9%与36.7%，新型青少年违法犯罪中则分别为53%与23.8%，这与新时代青少年早熟化、社会化特征相符。

二者比重的不同，与犯罪所得在生活来源中的占比有关，传统犯罪组犯罪所得占 8%，新型犯罪组为 15.7% 接近于传统犯罪组的两倍，这说明，新时代青少年违法犯罪案件中，越来越多青少年将违法犯罪的赃物赃款作为日常生活主要来源，形成出于经济需求而违法犯罪的恶性循环。

表 20　违法犯罪时主要生活来源

犯罪类型	生活来源	数量	百分比
传统犯罪	父母供给	219	36.7
	自己工作所得	292	48.9
	朋友接济	25	4.2
	犯罪所得	48	8.0
	其他	13	2.2
	合计	597	100.0
新型犯罪	父母供给	112	23.8
	自己工作所得	249	53.0
	朋友接济	30	6.4
	犯罪所得	74	15.7
	其他	5	1.1
	合计	470	100.0

（三）家庭成员及朋友违法犯罪情况

在以违法犯罪青少年的周边人员为调研对象展开分析时，如表 21、表 22 的统计数据所示，传统违法犯罪中，青少年易受周边的违法犯罪人员的负面行为影响。此种负面行为往往具有感染性和辐射性，从而带动青少年从事违法犯罪行为。但在新型违法犯罪中，这一占比有降低趋势，从 25.1% 下降至 23.9%，这从侧面说明，新时代青少年违法犯罪的独立性开始提高，青少年往往独立产生违法犯罪思想、习得违法犯罪方法。

在家庭这一具有密切人身依附关系的环境中，家庭成员的违法犯罪行为又与青少年的违法犯罪行为呈正相关关系，新型违法犯罪类型中家庭成员有吸毒人员的比传统违法犯罪类型的占比更高，说明家庭成员的状况和家庭氛围对青少年的成长产生重要影响。因此，应强调家庭环境和家教的重要性，需要通过社区、学校和社会组织等多方的努力，针对"问题家庭"开展工作，以健康幸福家庭的培育，促进和保障青少年的健康成长。

表21 周边人员有无违法犯罪行为

犯罪类型		数量	百分比
传统犯罪	没有	454	74.9
	有1个	61	10.1
	有2个以上	91	15.0
	合计	606	100.0
新型犯罪	没有	369	76.1
	有1个	49	10.1
	有2个以上	67	13.8
	合计	485	100.0

表22 家庭成员有无吸毒人员

犯罪类型		数量	百分比
传统犯罪	有	2	3.6
	没有	53	96.4
	合计	55	100.0
新型犯罪	有	5	7.7
	没有	60	92.3
	合计	65	100.0

三、学校因素比较分析

（一）逃学、辍学情况

在分析逃学、辍学与青少年违法犯罪的关系时，表23、表24的统计数据显示：其一，无论是传统犯罪还是新型犯罪，青少年逃学率均高达50%，说明学校作为青少年的主要活动场所，其管理义务并未完全落实，极可能因此导致青少年接受法治教育的缺位，增加与校外违法犯罪人员接触的机会，提高涉嫌违法犯罪活动的可能；其二，无论是传统违法犯罪还是新型违法犯罪，青少年因故辍学现象突出，尤其是初中阶段辍学严重，占比分别达43.8%和36.1%，说明学校教育在预防和减少青少年违法犯罪中大有可为；其三，与传统犯罪相比较，新型犯罪组初中阶段辍学的比例较低，反而高中阶段的辍学比例较高，因此在青少年新型违法犯罪预防工作中，不仅要关注初中阶段的辍学问题，也要密切关注高中阶段的辍学问题。

表23 在校期间逃学情况

犯罪类型		数量	百分比
传统犯罪	没有	330	54.3
	有过，离校时间累计小于1周	130	21.4
	有过，离校时间累计在1周到3个月之间	77	12.7
	有过，离校时间累计超过3个月以上	71	11.7
	合计	608	100.0
新型犯罪	没有	270	55.8
	有过，离校时间累计小于1周	126	26.0
	有过，离校时间累计在1周到3个月之间	54	11.2
	有过，离校时间累计超过3个月以上	34	7.0
	合计	484	100.0

表24 辍学情况

犯罪类型		数量	百分比
传统犯罪	小学	61	10.3
	初中	260	43.8
	中职学校	44	7.4
	高中	64	10.8
	高职院校	34	5.7
	高中或高职之前没有辍学	130	21.9
	合计	593	100.0

续表

犯罪类型		数量	百分比
新型犯罪	小学	52	11.2
	初中	168	36.1
	中职学校	39	8.4
	高中	57	12.2
	高职院校	31	6.7
	高中或高职之前没有辍学	119	25.5
	合计	466	100.0

（二）师生关系满意度

在在校时师生关系的总体满意度上，由表25中的统计数据可知，传统违法犯罪中对师生关系的满意度为42.4%，低于"一般"选项，不满意度为9.2%，保持在较高占比，说明传统违法犯罪中师生关系的不和谐往往成为青少年实施违法犯罪行为的重要因素之一。而新型违法犯罪中，对师生关系的满意度高达51.3%，积极态度占据主流，不满意度下降3个百分点，为6.2%，这说明新型违法犯罪青少年具备更高水平知识储备、积极的心态和更好的社会适应能力，更易通过矫正预防再犯。

表25 在学校时师生关系的总体满意度

犯罪类型		数量	百分比
传统犯罪	非常满意	68	11.2
	满意	190	31.2
	一般	295	48.4
	不满意	30	4.9
	非常不满意	26	4.3
	合计	609	100.0

续表

犯罪类型		数量	百分比
新型犯罪	非常满意	64	13.2
	满意	185	38.1
	一般	206	42.5
	不满意	19	3.9
	非常不满意	11	2.3
	合计	485	100.0

（三）在校期间遭受学校处分情况

据表26的统计数据显示，在两类犯罪中，三成左右的受访青少年表示在校期间曾受到学校处分。相比较而言，实施传统犯罪的青少年中，受到学校处分的人员占比高于实施新型犯罪的青少年，这说明实施新型犯罪的青少年与实施传统犯罪的青少年相比，在学校表现稍好，接受教育矫正的难度也较小。

表26 在校期间受学校处分情况

犯罪类型		数量	百分比
传统犯罪	是	206	33.9
	否	402	66.1
	合计	608	100.0
新型犯罪	是	131	27.0
	否	354	73.0
	合计	485	100.0

四、社会原因比较分析

(一) 网络成瘾

据表27、表28的统计数据显示,在因筹集上网或玩网络游戏的费用而犯罪的人员方面,实施传统犯罪与新型犯罪的青少年占比几乎不存在差异。但是,相较于传统犯罪,实施新型犯罪的青少年有明显网瘾的人员占比略高,说明实施新型犯罪的青少年对网络有更大的依赖。

表27 有无网瘾

犯罪类型		数量	百分比
传统犯罪	有	97	16.0
	没有	511	84.0
	合计	608	100.0
新型犯罪	有	87	17.9
	没有	399	82.1
	合计	486	100.0

表28 筹集上网或打网络游戏的费用是否系导致犯罪的原因之一

犯罪类型		数量	百分比
传统犯罪	是	30	5.0
	否	574	95.0
	合计	604	100.0
新型犯罪	是	29	6.0
	否	455	94.0
	合计	484	100.0

(二) 吸毒情况

据表29—表31的统计数据显示,与传统犯罪相比,实施新型犯罪的青少年的涉毒比例更高，具体体现为，身边朋友吸毒的比重高出传统犯罪 5.7 个百分点，自身有吸毒史的比重高出传统犯罪 6.1 个百分点，为筹集毒资而犯罪的比重高出传统犯罪 14.6 个百分点。这主要源于青少年的辨别能力尚存在不足，而实践中大量出现的新型毒品对青少年极具诱惑力，在青少年中传播很快，由于染上毒瘾，导致青少年走上犯罪道路。

表 29　周围人员吸毒记录

犯罪类型		数量	百分比
传统犯罪	有	103	17.0
	没有	504	83.0
	合计	607	100.0
新型犯罪	有	110	22.7
	没有	375	77.3
	合计	485	100.0

表 30　是否吸毒

犯罪类型		数量	百分比
传统犯罪	是	28	4.7
	否	573	95.3
	合计	601	100.0
新型犯罪	是	52	10.8
	否	431	89.2
	合计	483	100.0

表 31　筹集毒资是否系犯罪的原因之一

犯罪类型		数量	百分比
传统犯罪	是	4	12.9
	否	27	87.1
	合计	31	100.0
新型犯罪	是	14	27.5
	否	37	72.5
	合计	51	100.0

第三节　青少年新型违法犯罪的成因分析

当前我国正处于社会转型时期，这一时期社会矛盾与社会问题众多[①]，传统与新生事物相互交织，线下与线上活动相互影响，多种价值观并存，社会传播媒介多元，人际交往复杂。青少年作为违法犯罪现象的特殊主体，受限于生理、心理的不稳定不成熟，固然会引发越轨行为的产生。只有正确地认识和分析社会转型时期青少年新型违法犯罪问题的特殊成因，探索其犯罪演变规律，才能找到有效预防和减少青少年违法犯罪的对策。

一、外在因素

（一）社会结构的变迁

当前我国已完成从传统的农业国家向现代化的工业国家、从封闭的计划经济国家向开放的市场经济国家的转型，且改革开放程度继续加深，我国正加快构建以国内大循环为主体、国内国际双循环相互促进的新发展格局。[②] 这种转型在促进生产力发展和综合国力提高的同时，也引发了诸多问题。在新旧体制转轨的过程中，对人们行为加以调整的传统社会规范、道德习俗、社会舆论越来越无法适应新时代的新要求。而新的文化规范因落后于实践迟迟未能形成，人的欲望也就无法得到社会控制的有效制约。与成年人相比，青少年面对不断变化的社会，更加显得茫然不知所措。新生事物的不断涌现，将他们的欲望结合猎奇心理膨胀至顶端，有限的能力下

[①] 申艳琴、张黎：《社会转型期青少年违法犯罪问题探析》，载《继续教育研究》2008年第5期。

[②] 《（两会受权发布）规划纲要草案：形成强大国内市场 构建新发展格局》，载新华网，http://www.xinhuanet.com/politics/2021-03/05/c_1127172953.htm?baike。

违法犯罪似乎成为一种选择。

传统线下社会生活的丰富，借助中国的中庸之道、家族观念以及四平八稳与祥和亲睦的文化，极大提升了社会控制能力，即青少年违法犯罪预防的社会面预防。然而在激烈的市场转型中，这种传统的文化以及非正式的社会监督却有土崩瓦解之势，主要表现为网络虚拟空间的建立削弱了对青少年的社会面约束。经济的建设促进了城乡人口的流动，从农村迁徙至城市的流动性青少年，往往缺乏相应的技能适应现代社会的竞争，逐渐发展成为城市社会边缘的一个新的群体。在消费需求严重失衡的内心冲突驱使下，这些青少年往往会选择犯罪。

（二）不良文化的污染

综合国力的提升意味着中外交流的频繁，随之而来的是中外文化的交融交锋。传统的价值观与西方的价值观也就不可避免在人们内心中造成激烈的心理冲突，这种冲突对于尚未定型的青少年的行为取向有很大的影响，在一定程度上妨碍了青少年的社会化进程。

一方面，西方不良文化带来冲击。传统的儒家思想是重义轻利、重德轻法，强调以"仁义"为中心，主张不能见利忘义，更不能趋义逐利。与之相反的是西方的利本位，强调个人私有财产神圣不可侵犯。在这一不同文化之下产生了完全不同的政治体制和经济结构。但部分青少年对这一内在因素了解不深，仅停留在对"利"表面的理解，带来的就是对金钱的欲望和奢靡生活的追求不断增强，拜金主义、享乐主义、极端个人主义横行，信奉这种价值观的人无视道德与法纪，以一己私欲为行动的准则。青少年处于价值观尚未完全形成的时期，涉世未深，辨别能力弱，很容易受这些消极思想的不良影响，如果他们的欲望和需求得不到满足，就有可能产生违法犯罪的念头。另一方面，网络不良文化隐蔽渗透。根据美国犯罪部门的抽样调查，65%的青少年暴力犯罪行为直接受到传媒不良信息尤其是暴力信息的影响。① 随着电视、计算机、手机等现代传播工具和通信工具的普及，青少年接触各种信息的机会大大增加。青少年最容易对新事物产生好奇心，接受新事物的能力也强，充斥着暴力和色情的网络游戏、不健康内容的网络聊天室、内容恶俗低下的手机网页吸引着部分青少年，对其产生负面的心理影响，刺激其犯罪心理的产生。

（三）传播媒介的多元

传播媒介是指所有的联络形式，它凭借技术的传播手段，缩短了时间和空间的距离，在传播者和收听、收视者不发生直接交流的情况下，将报告的内容传递给各处的受众。报刊、书籍、杂志、电影、网站、电台、电视、影碟等都属于传播媒介，只不过形式不同，对受众的影响力也不同，但是就其传递功能而言，他们在本质上是没有区别的。传播媒介对青少年的社会化过程起着不可忽视的作用，青少年的很多行为举止都可能是从新闻媒介中学习的结果。在某种程度上，一些传媒垃圾对于青少年犯罪有很强的诱发作用。

1. 传媒暴力

虽然对于传媒暴力是否与青少年犯罪存在直接的关系还没有定论，但是一般认为，传媒暴力的泛滥是诱发青少年犯罪的重要因素之一。对于成年观众而言，传媒暴力不至于引发他们对这种行为的效仿，但是对于天性爱好模仿、不喜欢循规蹈矩的青少年而言，他们很可能效仿传媒所宣扬的暴力行为。一方面他们可以学习到一些犯罪的技巧，另一方面他们也可以把传媒暴力作为自己正当化行为的根据。导致在他们看来：既然整个世界充斥着暴力，既然有时暴力是实现正义的手段，那么自己的暴力行为也是无关紧要的。

2. 淫秽文化

淫秽对青少年犯罪有着直接的诱发作用。很多青少年实施的性犯罪都

---

① 吕刚：《传播暴力：青少年犯罪的重要诱因》，载《山西青年管理干部学院学报》2001年第3期。

是由于受淫秽文化的刺激所致。美国威斯康星大学的心理学家 E. 多纳斯坦曾专门研究了色情描写对青少年的危害性，结果发现，观看了侵犯性色情描写的对侵犯性性行为反应更为强烈。造成这种现象的原因主要有以下几点。其一，青少年本身的身体特点。青少年在身体发育的过程中，逐渐产生了对异性的朦朦胧胧的性意识，他们对性有一种好奇的探索欲，这是一种正常的生理现象。但是，由于他们的自我控制能力较低，在淫秽文化和肉体的刺激下，很可能难以抑制自己的生理躁动，从而会实施一些性越轨甚至犯罪行为。其二，性教育的滞后。由于长期以来，性一直是被禁锢的名词，是不能轻易跨越的"雷区"，青少年根本无法通过正常的渠道去了解这个让他们本来就感到神秘的东西。如果这个时候，淫秽文化进入青少年的视角，也就自然而然成为他们接受性教育的启蒙渠道。据调查，很多青少年都是主要通过网络、观看黄色录像和黄色漫画、与同学交流"荤笑话"等非正规渠道获取性知识的。但是，这些淫秽文化所宣扬的只是一些纯粹给人低级感观刺激的性文化，它并不能让青少年树立对性的正确态度，反而让他们的心理畸变，纯洁的心灵遭受毒化。于是那些控制能力较弱的青少年，在淫秽文化影响下，很可能为了追求感官刺激而实施活动。其三，网络的发达造成淫秽文化的泛滥。近年来随着网络的普及，淫秽文化的传播愈加泛滥；对有条件接触计算机的青少年而言，以往他们也许要偷偷摸摸获得淫秽信息，心中存有顾忌，但是现在只要鼠标一点就能够获得淫秽信息，这更加激化了青少年的性越轨行为。

（四）不良交往的影响

交往是指人们通过语言或者其他手段所发生的全部心理活动相互作用的过程。所谓不良交往则是指个体所进行的、可能妨害其心理健康的交往活动。人的社会化过程是一个不断交往的过程，正确的交往对于青少年的社会化过程有着积极的促进作用；不良的社会交往则可能对青少年的社会化起到一定阻碍作用，甚至会引发青少年的越轨或犯罪行为。

一般而言，不良交往可以分为两类：一是结成青少年团伙；二是与不良成年社会成员的交往。但无论是哪种交往形式，对于青少年犯罪都有着促发作用，这主要表现为以下方面。其一，不良交往会使青少年形成违法犯罪的动机。许多青少年一开始并没有犯罪意识和犯罪动机，而往往是由于朋友的引诱、唆使，才产生犯罪的动机。其二，不良交往会强化青少年的违法犯罪心理。青少年可以通过与不良朋友之间的交往，消除犯罪过程的恐惧情绪，通过与群体成员一起犯罪，他们还会有一种法不责众的错觉，会消除其犯罪的不安和紧张感。许多案件都表明，一些单独作案的青少年犯罪人，在实施犯罪时有比较明显的恐惧心理，但如果是团体作案，就能互相壮胆，消除那种紧张情绪。其三，不良交往还可能加剧青少年犯罪的发生。一是它可能导致违法犯罪的青少年人数的增加；二是它还可能导致犯罪情节、手段、后果变得复杂和恶劣。通过不良交往，青少年之间也可能互相交流违法犯罪经验，从而导致深度感染和交叉感染，从偶犯变成惯犯。在这其中，互联网扮演了非常重要的角色。传统青少年的不良交往因为时间和空间的双重束缚，多为垂直式或层级式形态，即不良青少年接触的也多为同等层次的不良青少年。但网络的出现，大大扩展了青少年违法犯罪信息交流的途径，一种扁平化无视空间和时间属性的交流方式开始出现，违法犯罪意识的萌发、巩固、都得到了空前加强，即青少年更容易产生犯意实施行为。

（五）学校教育的缺失

由于我们的学校在教育内容、教育方法和态度以及管理工作上存在一些缺陷和不足，这严重影响了青少年的社会化过程，并对青少年犯罪有着一定的诱发作用。具体说来，当前学校对青少年犯罪的诱发主要表现为以下几个方面。其一，应试教育。应试教育造就了一大批也许在智力上高能，但在人格上、品德上的低下者。另外，当前我们的法治教育也严重滞后，很多学校不会开设法治课程，并不能让青少年真正培养起良好的法治意识。其二，学校处分。学校处分能够使犯有错误的学生接受教训，不致再犯，它还可以威慑一般的学生，让他们自觉遵守学校的规章制度。但是如果学校处分适用不当，也可能使犯错的学生更加堕落，甚至彻底走向违法犯罪，其中尤其要注意的就是"贴标签"行为。其三，性教育的缺乏。随着生理

的发育成熟，青少年开始产生性的生理冲动，并萌发性意识。这时候他们渴望了解有关性的知识，如果能够传授给学生正确的性知识和性道德，就能够最有效地预防青少年的性越轨行为。

学校应试教育过于重视学生的成绩而不关注学生的心理健康，忽视法制教育，淡化培养学生的道德意识。现阶段学校的法治教育与网络时代对学校法治教育的新要求之间存在着相当大的差距。造成差距的原因主要有：一是缺乏既精通业务又懂网络技术的法治教育工作者，以致不能及时帮助青少年认识网络，使其摒弃不文明不健康的网上活动，及时中止网络犯罪活动。二是各级各类学校和组织忽视网络法治和道德教育工作。很多学校本来就不重视德育和法治教育，更别说涉及网络礼仪、网络伦理和网络法律法规的法治教育，学校教育本身的预测、引导、评价职能等难以得到应有的发挥。学校的教育和引导不足，在一定程度上导致了青少年网络犯罪数量的增加。

（六）家庭教育的缺位

家庭是社会的细胞，预防青少年犯罪家庭本应该起到重要作用，然而，家庭破裂、双下岗家庭等的出现，使家庭的功能受到削弱。青少年得不到家庭温暖，只能在网络中寻求虚拟的幸福与快乐，容易导致一部分青少年对伦理道德和整个社会规范产生怀疑甚至漠视，很可能因此误入网络违法犯罪的歧途。

1. 家庭破裂

家庭破裂是造成青少年违法犯罪的一个重要因素。造成家庭破裂的原因有夫妻双亡或一方亡故、分居、离婚等情况。家庭结构的破裂对青少年的不良影响难以估计，如家庭关爱的缺失可能导致青少年心灵的扭曲、经济失去保障、容易受到不良因素的影响等，他们过早地失去了父母的关爱、家庭的温暖，有的甚至失去了经济依靠，无法享受正常家庭的温暖和关心。这一切都严重阻碍了青少年健康成长，诱发了青少年违法犯罪。

2. 家庭暴力

家庭暴力是指夫妻之间、父母与子女之间、家庭及其成员之间的暴力。

如果家庭成员整天争斗不休，习惯用暴力来解决问题，那么无疑会使青少年形成一种用暴力来处理问题的思维定势，使他们习惯于暴力攻击行为。更为严重的是，由于很多父母习惯采取粗暴野蛮的教育方式，会形成孩子与父母的尖锐对立，习惯了暴力文化的青少年，甚至也会采取暴力手段去处理与父母之间的矛盾冲突。

3. 错误教育

不当的家庭教育与青少年犯罪有着直接的关系。其一，家长过分溺爱子女。在这种教育环境下长大的孩子或者性格脆弱，无法接受任何挫折；或者任性、自私、以自我为中心；或者好逸恶劳、贪图享乐。他们无法形成社会所希望的性格取向，因此，他们不仅无法适应竞争化的社会，反而会在欲望无法满足的情况下，实施违法犯罪。其二，家长对子女放任不管。这主要表现为父母忙于自身的工作、应酬等，无暇顾及子女，放任自流。这种教育环境下长大的孩子在父母身上感受不到亲情的温暖，一旦遇到不良因素的引诱，就容易滑向犯罪的深渊。

4. 简单粗暴的教育方式

这种教育方式会产生很多恶劣后果，首先，它会使孩子学会用暴力解决问题，还会产生与父母的尖锐对立，甚至会有极端之举。其次，在这种家庭成长的孩子，有些会感到家庭冷酷无情，于是选择离家出走，这无疑增加了越轨的可能。另外，在父母的长期打骂中，孩子也可能会丧失自尊，从而破罐破摔、甘于堕落。最后，许多家长自己没有学习计算机网络的兴趣，或根本不懂网络知识，也就无法教育和引导青少年正确利用计算机知识，青少年使用网络是在一种家庭监督缺失的情况下进行的，其结果可想而知。

二、内在因素

青少年时期是人生的剧变时期，在这一阶段，青少年在生理上和心理上都产生了激烈的变化。他们生理发展迅速，个人意识逐渐增强，好奇心加剧，喜欢模仿。但是青少年的心理并没有完全成熟，涉世不深，易冲动，缺乏理智，自我约束能力不强，法治观念淡薄，缺乏辨别是非的能力[1]，因此常被犯罪心理学家认定为"危险年龄"期。换言之，青少年处于生理上的"发育期"、心理上的"断乳期"、行为上的"叛逆期"，很容易误入歧途，走上违法犯罪的道路。

（一）生理早熟的需求

年龄是影响犯罪的最大因素，一般认为已满12周岁不满18周岁的孩子处于犯罪的"危险期"。据英国学者罗纳德·布莱克本研究，犯罪发生率从10周岁开始急剧上升，在已满15周岁不满18周岁之间到达一个高峰，21周岁后逐渐下降。之所以出现这种情况，一个很重要的原因就在于青少年生理发展的特殊性，由于处在生长发育阶段的青少年，体力逐渐强壮，精力旺盛，但他们的大脑、神经系统尚未完全成熟，缺乏自制力、判断力，很容易冲动，导致实施一些越轨甚至犯罪行为。

一方面，青少年发育到18周岁时，基本具备了成年人的模样。在青少年阶段，由于他们新陈代谢旺盛、精力旺盛、朝气蓬勃、喜欢运动，此时如果通过健康的体育锻炼、文化活动释放他们多余的能量，能够帮助他们健康成长。但是如果对他们的旺盛的体能不能进行很好的引导，很可能会以违法犯罪等有害的方式释放多余的能量。另一方面，性意识逐渐成熟。随着人们生活水平的提高，青少年的性成熟期也有所提前。伴随着性的成熟，青少年逐渐出现了性的意识和冲动，思恋和眷顾异性的倾向日益显露和加强。但由于专业与系统的性教育的相对匮乏，青少年对于性尤其是性道德的理解多停留于表面，处于一知半解、朦朦胧胧状态。青少年自身控制能力低下，在网络负面信息的刺激下，部分青少年可能会有越轨行为发生。

---

[1] 姜玉、尹辰：《我国青少年网络犯罪成因及预防对策》，载《吉林省教育学院学报（下旬）》2012年第2期。

（二）心理满足的需要

青少年随着生理上的迅速发育成熟，产生了强烈的自我实现的需要。但由于年龄、生活阅历、知识水平及其他条件的限制，青少年在现实生活中自我实现的需要常常不能得到满足，但互联网的出现使自我需求的实现轻而易举。

其一，平等需求的需要。青少年是一个由幼年少年转向成年的过程，尤其是刚满18周岁的成年人，迫切需要在生理达到成年人条件的同时，获得心理上成年人的同等对待。而互联网的一大特点是平等，在网上，不管身份如何、阶层如何、民族如何，大家都以符号的形式出现，网络的平等性为青少年创造出自我实现的新空间。

其二，被承认的需要。网络技术的另一特征是专业化程度高，现实生活中被看作受教育对象的青少年，在网络世界有着自己开辟的精彩世界，在这里他们有着更多实现自我价值的机会。这种技术特征易造成青少年对单一的技术崇拜。[①] 例如有的青少年苦心钻研计算机技术，为了引起别人注意，得到别人的承认，他们甚至通过在网络上制作、传播网络病毒，入侵他人计算机等违法犯罪手段来挑战权威、挑战自我，使他人感受到自己的存在和重要性，并以此作为向他人炫耀的资本，从而使其心理上得到被承认的满足。近年典型案例如美国国防部曾多次遭黑客侵入，在美国联邦调查局、司法部、航空航天署等很多有关部门会同国外警方的一次调查中，将一名年仅18岁的以色列年轻人抓获。据说这名18岁的年轻"黑客"，曾数次进入美国国防部的计算机系统，但没有进行过实质性破坏。其声称他并不存在什么主观恶意，更没有险恶的犯罪动机，在进入该系统时，还为系统弥补了几个安全上的漏洞。他感觉这样做"很棒"，甚至还觉得自己是高技术领域的"罗宾汉"。

其三，好奇心理的需要。从生理上看，青少年进入青春期后，生理发育非常迅速，常常是几年下来，身高、体重、生理机能达到或接近成人的

---

① 彭科莲：《论青少年网络犯罪的心理成因及对策》，载《公安教育》2003年第6期。

水平。但是，由于知识水平、生活阅历等条件的限制，青少年的心理发展相对缓慢。这样生理上的成人感与心理上的不成熟感驱使他们对周围的世界充满了好奇、求知的心理。他们希望与成年人站在同一高度看世界。而互联网具有全球性、开放性和平等性特征，它完全打破了国界，连通了地球上任意一个可以连通的角落。"鼠标一点，世界在你面前打开"。网络信息的全球交流和共享，使青少年可以不再受时空的限制自由交往。这样开阔了他们的视野，拓宽了青少年的求知途径。但是，由于青少年心理发展相对滞后，特别是青少年思维独立性、批判性及辨别是非的能力较差。对于在网上什么可以做、什么不能做、哪些行为是违法犯罪并不是很清楚；即使有的明知其行为是违法犯罪的，但由于自我控制能力弱，在没有他人的监督下，受好奇、冒险心理的驱使，也可能会实施犯罪行为。

开展预防青少年新型违法犯罪的实证研究，澄明青少年新型违法犯罪成因和相关因素的特殊性，是开展预防青少年新型违法犯罪及其数字治理的前提条件。针对青少年新型违法犯罪新特征新类型的实证分析，为构建普遍性预防、干预性预防与延续性预防三级预防机制，明确了预防工作的重点对象、重点领域和重点内容，同时也为数字治理指明了数据采集的要点和融合的范围，提供了数据分析和算法设计的基本思路，保障了数字治理的科学性、合理性和实效性。

第三章

预防青少年新型违法犯罪数字治理的构建思路

预防青少年新型违法犯罪数字治理是数字治理理论与青少年犯罪预防理论的有机结合,其根植于数字时代背景下青少年犯罪预防的数字技术需求,本质在于打造治理新变革、形成治理现代化新模式。数字治理的构建思路关乎预防体系的搭建进程及成效,本章从数字治理的基本要求与任务出发,构建数字化预防体系以及多跨协同流程,推进预防青少年新型违法犯罪数字治理的健康发展,加速预防体系的构建进程。

第一节 预防青少年新型违法犯罪数字治理的基本要求与任务

"数字治理"所倡导和关注的是治理主体与客体之间的信息互动以及社会公众利用技术参与公共事务的能力。[①] 因此,预防青少年新型违法犯罪数字治理通过优化预防体系结构、再造预防工作过程、丰富预防工作模式来构建机关部门与社会力量相互补位、高效协同、共建共治共享的整体性治理格局。

---

① 黄璜:《对"数据流动"的治理——论政府数据治理的理论嬗变与框架》,载《南京社会科学》2018年第2期。

一、预防青少年新型违法犯罪数字治理的基本要求

预防青少年新型违法犯罪数字治理是数字化改革的重要组成部分，应当遵循数字化改革的基本要求，突出一体化、全方位、制度重塑、数字赋能和现代化。要以重大任务为切入点，以破解问题为工作导向，建设跨部门多场景协同应用场景，强化治理的科学性、系统性和实效性。

（一）数字治理指导思想

预防青少年新型违法犯罪数字治理应当以加强和创新社会管理、深化平安建设、预防未成年人犯罪等重点工作需求为导向，以应用场景建设、数字治理和联合创新为基础，打造犯罪预防、权益保护、社会协同三位一体的预防青少年新型违法犯罪数字治理应用场景，构建精准帮护青少年健康成长、全面预防青少年新型违法犯罪的数字治理平台体系。

最高人民检察院发布的《"十四五"时期检察工作发展规划》中强调，检察机关在"十四五"时期要创新未成年人检察工作形式，规范推进未成年人检察业务统一集中办理，形成全面综合保护格局；要加强未成年人国家司法救助工作的力度；推动完善罪错未成年人分级干预制度，依法惩戒、精准帮教；加强青少年法治教育；推动未成年人司法保护协作机制和社会支持体系建设，促进帮教维权平台建设。《关于加强新时代未成年人检察工作的意见》明确提出要推进"智慧未检"建设，加快推进未成年人帮教维权平台建设，注重未成年人检察大数据建设与应用，提升未成年人检察工作的智能化水平。未成年人保护法、预防未成年人犯罪法（以下简称"两法"）进一步完善了未成年人保护和犯罪预防工作体系，明确指出了家庭、学校、社会、网络、政府、司法六大主体的职责与任务，要求六大主体更加相互配合，协同落实"两法"。

2022年6月29日，全国检察机关数字检察工作会议在浙江杭州召开。会议深入学习贯彻习近平法治思想和习近平总书记关于数字中国建设的一系列重要指示精神，深入落实《中共中央关于加强新时代检察机关法律监督工作的意见》，对加快数字检察建设，以"数字革命"驱动新时代法律监督提质增效,更好地以检察工作高质量发展服务经济社会高质量发展作出部署。①数字检察是未来检察工作的重要模式,其核心要义是"重塑变革"②,通过数据赋能、算法赋能、科技赋能,统筹数字化技术、数字化思维、数字化认知,加强新时代数字能力建设,推进数字化治理能力的提升,充分发挥检察机关的法律监督职能作用,建立健全工作体系。

检察机关是国家的法律监督机关,也是全过程参与未成年人司法保护的政法机关,既是"两法"修订工作的积极参与者、推动者,也是"两法"贯彻落实的法定责任者、监督者,承担着新时代涉及未成年人诉讼活动保护与重新犯罪预防工作的特殊重要责任。③因此,检察机关主导的预防青少年新型违法犯罪数字治理工作应当依照"十四五"时期检察工作的规划,以预防、干预、帮教为起点,以大数据平台的建设和应用为主线,以创新检察机关青少年犯罪预防及青少年权益保护工作为落脚点,落实"两法"赋予检察机关的未成年人保护的法律监督职责,推进新时代检察工作与数字化改革深度融合,构建预防青少年新型违法犯罪的应用场景。

(二)开展数字治理的必要性分析

一是应对预防治理工作形势的需要。近年来,青少年犯罪呈现出占比高、手段新、增速快等特点,预防青少年新型违法犯罪工作存在未完全掌握犯罪手段和方式的痛点。最高人民检察院《未成年人检察工作白皮书(2021)》中指出,"2019年、2020年、2021年检察机关分别起诉未成年人涉嫌利用电信网络犯罪2130人、2932人、3555人,同比分别上升37.65%、21.25%"。2018—2020年,Z省电信网络诈骗、网络赌博、套路贷及软暴力催收、提供"两卡"网络共犯、网络涉黄等青少年新型犯罪人数分别为571

---

① 邱春艳:《深入贯彻习近平法治思想 以"数字革命"驱动新时代检察工作高质量发展》,载《检察日报》2022年6月30日,第1版。

② 史兆琨、范跃红:《数字检察:一场法律监督模式的重塑变革——全国检察机关数字检察工作会议侧记》,载《检察日报》2022年6月30日,第4版。

③ 史卫忠、范向利:《"两法"施行背景下未成年人检察工作高质量发展路径探析》,载《中国检察官》2021年第11期。

人、950人、1080人，同比分别上升6.5%、10.4%，青少年新型犯罪人数占比的平均增速达到35.21%。同时，由于青少年新型犯罪危害性相比传统犯罪更高、范围更广、传播速度更迅速等特点，青少年新型违法犯罪问题已经成为当下社会需要广泛关注并加以预防控制的紧迫难题。

二是整合预防治理工作力量的需要。预防青少年违法犯罪工作涉及单位多，存在数据获取归集难度大、数据信息共享未完全、工作力量整合未完全的痛点。在多源数据汇集工作中，预防青少年违法犯罪工作需要收集、录入的青少年数据量大，类型多样，标准不统一，数据涉及多个部门、系统，难度大，工作繁杂。在数据共享工作中，机关部门数据平台与大数据中心之间数据不流通、数据比对不及时、传递效率不高，跨部门、跨层级、跨区域的多方主体之间信息资源互通共享未完全实现，监管合力不足。在协同预防工作中，司法机关、政府部门、社会组织各自开展活动、资源分散，协同效率低，青少年的预防方案系统化、数字化不足，针对性不强，效果不理想。

三是构建预防治理工作闭环的需要。面对层出不穷的青少年新型违法犯罪手段，司法机关掌握不全面，学校、家庭前期预防不及时，往往在违法犯罪事件发生后才采取应对补救措施。当前，青少年新型违法犯罪预防工作还存在预防关口未完全前移、精准预防未完全实现、预防链条未完全闭环的痛点。社会的每一个组成部分，大到国家，小到社区、学校、家庭都有责任相互配合，共同行动，构建互联共通、协调配合、高效运作的工作机制，构建业务部门与社会力量、专业与综合、预防与救助等方面一体化工作闭环，不断研究、补充、修改和更新完善预防方针，实现青少年违法犯罪预防工作从"防"到"救"闭环链条，形成环环相扣、高效联动的预防闭环机制。

（三）数字治理的基本要求

通过数字化治理手段提升预防治理能力，积极探索创新预防青少年新型违法犯罪机制，构建预防青少年违法犯罪多跨协同联动工作体系，实现青少年新型违法犯罪案件数量、青少年新型违法犯罪增速、青少年违法犯罪的社会影响"三个下降"。

首先,针对当前青少年新型违法犯罪"案件总量递增化、手段形式新型化、累犯再犯连续化、交叉感染群体化"[1]的形势,检察机关除了案件办理外,还需要结合数字治理平台的深度学习功能对犯罪态势进行分析研判、反馈,积极参与数字治理;通过算法模型进行类案分析,有效预测未来新型违法犯罪态势并精准预警,积极参与系统治理,确保青少年新型违法犯罪预防工作见成效。

其次,针对整合预防治理工作力量的需要,各机关部门需要通过业务协同和数据集成,加强数据收集和汇聚整合,重点实现对多源异构全量青少年数据的统一汇集整合,并进行分析、分级,提升预防治理工作的精准性和有效性。统筹各方力量,强化数字治理的业务协同功能,推进各项预防工作的数据协同、业务部门协同、社会力量参与等的实施,实现跨部门、跨层级、跨区域的业务应用互联互通、融合交互和流程改造,深化多元共治、协同联动的青少年新型违法犯罪预防治理工作格局。

最后,针对构建预防治理工作闭环的要求,必须尽快建立科学有效的青少年新型违法犯罪的全方位预防工作机制。针对全量青少年,预防工作方式应当从以事后惩治措施为主转变为以道德教育、被害预防、救助服务等教育和预防措施并举,将预防关口前移,突出超前预防,从而降低青少年不良行为的发生率。针对倾向性青少年,倡导把干预工作前移至违法犯罪行为发生之前,通过数字化手段提供包括异常信息感知、干预阻断以及防范性干预等在内的犯罪风险预测和精准预防方案,降低青少年违法犯罪的发生率。针对罪错青少年,应当坚持"教育、感化、挽救"的方针[2],运用社会工作理念,及时有效地开展矫治教育、社区矫正等教育帮助和再犯

---

[1] 顾洁丽、李蕾蕾:《绍兴:高质量融合数字化改革与新时代"枫桥经验"》,载《浙江法制报》2022年5月30日,第12版。

[2] 1979年中共中央《关于提请全党重视解决青少年犯罪问题的报告》中首次提出了"教育、挽救、改造"的方针。1991年未成年人保护法、1999年预防未成年人犯罪法将其完善为"教育、感化、挽救"的方针(六字方针)和"教育为主,惩罚为辅"的原则(八字原则),并予以法定化。

预防工作,降低青少年重新犯罪率。

二、预防青少年新型违法犯罪的基本任务

首先需要明确,通过"V字工作法"来搭建预防青少年新型违法犯罪数字治理场景,是预防青少年新型违法犯罪的基本任务。"V字工作法"是通过下行任务分解和上行综合集成完成核心任务的工作方法,是搭建预防青少年新型违法犯罪数字治理场景的基本方法。对于下行任务分解,"V字工作法"要求在明确核心任务基本内容后,按照业务协同模型将任务逐层拆解至最小任务项,按照"一类事项由一个部门统筹、一个场景由一个部门负责"的原则确定不同业务场景中的牵头部门与协同部门,围绕任务效果和进度评价要求来构建统一整体的指标体系,围绕每个最小颗粒度事项形成数据目录,并确定数源系统、对接方式及相关数据接口,最终完成核心任务的细化分解。对于上行综合集成,需要在绘制业务协同流程图、数据集成流程图后,依托一体化智能化公共数据平台完成集成工作;对于经数据集成收集的数据,在梳理基础信息、协同处置、风险态势、工作绩效后研究、设计、分析、研判功能,并结合全环节跟踪监控要求为督察监管、评价考核提供数据支撑,最终通过对任务进度和改革成果进行整体评估,实现任务综合集成。

根据"V字工作法",明确预防青少年新型违法犯罪的基本任务是构建预防青少年新型违法犯罪数字治理场景的重要工作内容。在预防青少年新型违法犯罪的任务中,粗颗粒度表明任务的执行方案笼统不具体,不利于具体预防工作的推进,只有将任务分解成最小颗粒度,才能细化预防工作,助力青少年新型违法犯罪工作的具体落实。只有在明确基本任务后,才能以"V字工作法"对基本任务进行进一步的拆解,最终拆解至最小颗粒度工作任务和量化指标(见图1)。

第三章 预防青少年新型违法犯罪数字治理的构建思路

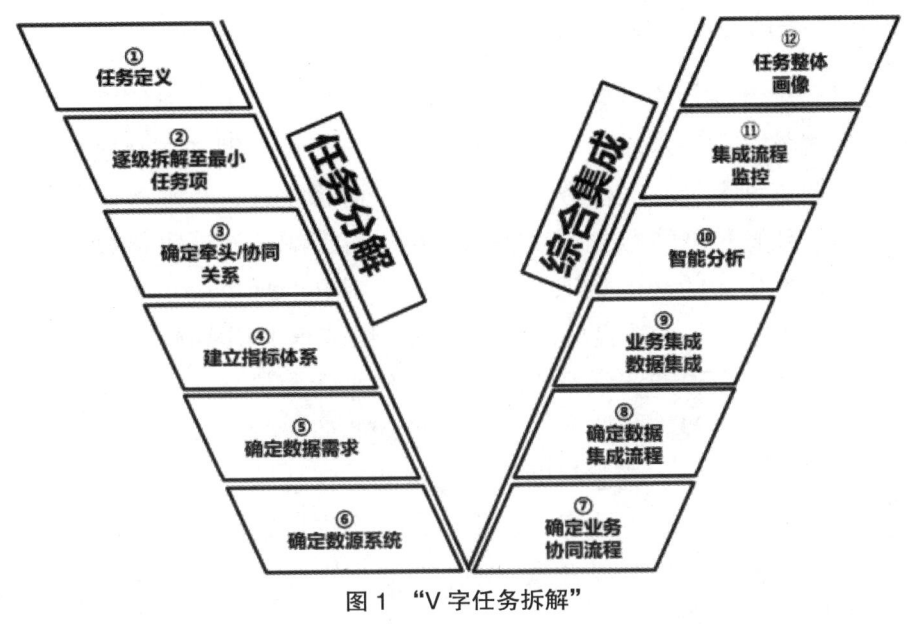

图1 "V字任务拆解"

基于预防青少年新型违法犯罪的核心任务和不同的青少年群体特征，可以将青少年群体划分为全量青少年、倾向性青少年、违法犯罪青少年三类任务对象。设立针对全量青少年开展以教育服务为重点的普遍性预防；针对倾向性青少年开展以关爱引导为重点的干预性预防；针对违法犯罪青少年开展以预防再犯为重点的延续性预防三个一级任务（见图2）。

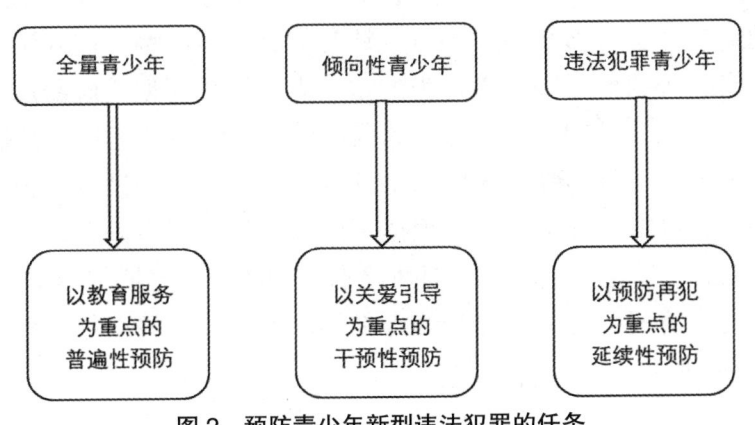

图2 预防青少年新型违法犯罪的任务

（一）普遍性预防的工作任务

在以全量青少年为预防对象的普遍性预防任务之下，能够拆解出普法教育、道德教育、心理教育、家庭教育指导、困难救助、强制报告、线索举报、入职查询 8 个二级任务。普法教育、道德教育、心理教育和家庭教育指导以搭建宣传教育数据库、提供宣传教育课程、开展宣传教育监督为方式，增强青少年的法治意识和道德素养，提升心理健康水平，并以家庭教育的方式为青少年营造良好的家庭氛围，防范青少年实施新型违法犯罪。困难救助、强制报告和线索举报以数字治理平台为依托，以有关青少年被侵害或可能被侵害线索的收集、分流、处理和监督为方式，为青少年提供心理救助、法律帮助、就业帮助、司法援助等帮扶服务，加强对青少年的社会帮助。入职查询通过数字治理平台向社会提供违法犯罪人员信息的查询渠道，将对青少年具有侵害风险的人员阻隔在与青少年密切接触的行业之外，保护青少年健康成长。

（二）干预性预防的工作任务

在以倾向性青少年为预防对象的干预性预防任务之下，可以拆解出异常信息感知、干预阻断、跟踪反馈、管控监督 4 个二级任务。具体来看，就是依托一体化数字平台及全量青少年数据库，从重点人、重点物、重点领域、重点场所等四个维度，通过感知预警模型分析与青少年新型违法犯罪相关的高频不良行为及高发场所。针对具有沉迷网络、进入法律规定未成年人不宜进入的场所等不良行为的重点人，针对新型成瘾物质、虚拟货币等重点物，旅馆、KTV、酒吧等重点场所，网络贷款、校园招聘等重点领域，通过事件风险预警、区域风险预警、分层级地图展示、公布关联事件详情等方式进行预警推送，并根据不同预警等级分类处置。在风险预警处置工作完成后，通过结果反馈对风险名单中的个体定期进行管控与回访，掌握风险变化情况，对风险提升的青少年设置管控预警以便利管理人员对管控过程进行监督。

（三）延续性预防的工作任务

在以违法犯罪青少年为预防对象的延续性预防任务之下，可以分解出矫治教育、监督考察和社区矫正3个二级任务。在开展矫治教育、监督考察和社区矫正数字治理建设工作时，构建违法犯罪青少年统一数据库，以"复犯"为核心指标对违法犯罪青少年进行分级分类，通过数据分析对不同等级的违法犯罪青少年制订针对性的帮扶计划、设置科学化的教育内容，在考评期满后分析评估其考核结果并作出调整措施。通过延续性预防数字应用平台对违法犯罪青少年进行精准帮扶教育、精准定位监管，降低违法犯罪青少年的重新犯罪率，帮助其顺利回归社会。

在一级任务的基础上，需要继续拆解出二级、三级任务，并继续同步拆解出四级任务，找到工作任务的最小颗粒度，形成最小执行单元，帮助青少年新型违法犯罪预防工作的具体落实。例如，浙江省诸暨市在"浙里预防青少年新型违法犯罪"应用平台的建设过程中，以普遍性预防、干预性预防、延续性预防"三场景"作为一级任务，围绕多维度普法教育、多维度数据研判、线上线下协同处置等业务逻辑，继续拆解出二级任务14个、三级任务41个，直至拆解出最小颗粒度工作任务144个，明确80项量化指标（见表1）。

表1 "浙里预防青少年新型违法犯罪"应用任务拆解

一级任务	二级任务	三级任务
1.普遍性预防	1.1 社会教育管理	1.1.1 普法教育
		1.1.2 思想道德教育
		1.1.3 心理健康教育
		1.1.4 就业帮助
	1.2 家庭教育管理	1.2.1 家庭关系引导
		1.2.2 家庭矛盾调处

续表

一级任务	二级任务	三级任务
1. 普遍性预防	1.3 学校教育管理	1.3.1 普法教育
		1.3.2 日常行为规范教育
		1.3.3 在校青少年心理健康教育
	1.4 网络安全教育监管	1.4.1 网络安全教育
		1.4.2 网络安全监管
2. 干预性预防	2.1 数据归集、前端感知	2.1.1 掌握各类青少年信息
		2.1.2 掌握青少年重点行为信息
		2.1.3 掌握青少年家庭信息
		2.1.4 掌握青少年违法犯罪案件信息
		2.1.5 掌握社会热点事件信息
		2.1.6 掌握重点场所信息
	2.2 分析评估	2.2.1 对青少年的分析评估
		2.2.2 对案件类型的分析评估
		2.2.3 对关联场所的分析评估
	2.3 预警推送	2.3.1 对倾向性青少年预警推送
		2.3.2 对新型案件类型预警推送
		2.3.3 对高发场所的预警推送
	2.4 分类处置	2.4.1 对预警青少年实行分级处遇
		2.4.2 对新型违法犯罪易发重点场所处置
		2.4.3 对新型案件类型的处置
	2.5 结果反馈	2.5.1 干预结果评估
		2.5.2 干预结果反馈
	2.6 跟踪回访	2.6.1 社区民警走访
		2.6.2 网格员走访
		2.6.3 学校跟踪回访

续表

一级任务	二级任务	三级任务
3. 延续性预防	3.1 观护帮教	3.1.1 诉讼权利保障
		3.1.2 教育感化
	3.2 教育矫治	3.2.1 违法青少年教育矫治
		3.2.2 附条件不起诉未成年人帮教考察
		3.2.3 判处实刑青少年监狱、少管所教育改造
		3.2.4 青少年缓刑社区矫正
	3.3 违法犯罪青少年引导安置	3.3.1 违法犯罪青少年衔接管理
		3.3.2 违法犯罪青少年社会救助
	3.4 跟踪回访	3.4.1 社区民警走访
		3.4.2 网格员走访

第二节 新时代"枫桥经验"指导下预防体系的搭建

新时代"枫桥经验"在传承中发展，形成了"社会化、法治化、智能化、专业化"[①]的新内涵，对于预防青少年新型违法犯罪数字治理的体系搭建具有现实的指导意义。"社会化"要求体系架构应当契合社会治理多元协同的要求，有利于社会力量的参与，推进青少年新型违法犯罪预防数字治理能力和治理体系的现代化；"法治化"要求数字治理体系的搭建应合乎网络安全、数据安全和个人信息保护等方面法律法规和相关标准的要求，充分尊重青少年个体的合法权益；"智能化"要求技术应用和体系搭建不仅要做到科学性、系统性和一定程度的前瞻性，追求数字技术在青少年新型违法犯罪预防工作中的实效，而且对数字伦理、算法伦理提出了新课题、新

---

① 中国法学会"枫桥经验"理论总结和经验提升课题组：《"枫桥经验"的理论构建》，法律出版社2018年版，第176页。

要求；"专业化"要求体系搭建由专业化的队伍开展工作，这支专业化的队伍包括数字应用技术人才、违法犯罪预防法学人才、数字治理管理人才等多样化的复合型人才，互相协同配合，共同完成任务。

一、一体化智能化公共数据平台架构

2021年上海市、深圳市、浙江省分别发布《上海数据条例》《深圳经济特区数据条例》《浙江省公共数据条例》，进一步在数字治理方面聚焦社会热点，保障数字化改革，促进数据依法有序自由流动。《浙江省公共数据条例》是全国首部公共数据领域的地方性法规，是数字化改革的重大理论和制度成果，为充分激发公共数据新型生产要素价值、推动治理能力现代化提供了具有全国引领性的浙江解法。一体化智能化公共数据平台[①]，是浙江省数字化改革的一大创举，该平台是党政机关整体智治、数字政府、数字经济、数字社会、数字法治五大系统的数据底座。

《浙江省公共数据条例》提出六个方面一体化建设要求，第一个要求是建设一体化数字基础设施即按照"四横四纵"架构体系，统筹建设一体化智能化公共数据平台。在新时代"枫桥经验"的指引下，基于一体化智能化公共数据平台的架构设计，搭建"113N"预防青少年新型违法犯罪数字治理平台，是构建预防青少年新型违法犯罪数字治理应用场景行之有效的基本路径。

（一）"四横"

1. 基础设施层

基础设施层为信息化平台提供了基础网络服务、存储服务、业务服务等底层基础性服务，是整个系统的基石，保障整个系统的有序、高效，为

---

① 《浙江省公共数据条例》第9条规定："省公共数据主管部门应当会同省有关部门，统筹规划和建设以基础设施、数据资源、应用支撑、业务应用体系为主体，以政策制度、标准规范、组织保障、网络安全体系为支撑的一体化智能化公共数据平台（以下简称公共数据平台），促进省域整体智治、高效协同。"

系统运行提供稳定的基础支撑。

从架构上看，预防青少年新型违法犯罪数字治理平台的基础设施层应包含两个方面的内容，即面向青少年和使用者的微信小程序和面向系统开发者和检察机关的后台管理系统。

作为全国数字经济先发省和国家信息经济示范区，浙江省大力建设数字政府，将数字政府作为数字经济和数字社会的基础性工程。① 浙江省首先提出电子政务建设，构建"四张清单一张网"② 即政府权力清单、企业投资项目负面清单、政府部门专项资金管理清单、政府责任清单和浙江政务服务网；实施电子政务"云基础设施"战略，顺应"万物感知、万物互联、万物智能"趋势，按照"统一规划、统一平台、统一标准、统一建设、统一管理、统一运维"的整合导向，加快建设跨部门、跨地域、跨系统的"政务一朵云"，依托"政务一朵云"建立具有多样化数据存储、处理、分析能力的大数据中心，实现跨部门、跨层级、跨地域的信息整合与共享，形成大平台共享、大数据智治、大系统共治的顶层架构。

浙江省政府在政务服务改革，尤其是在数字化政务服务的建设方面是全国政府数字化转型的先进典型。③ 以浙江省为样本深入剖析其数字治理平台的建设路径，对推进建设预防青少年新型违法犯罪数字治理平台具有参照价值和借鉴意义。

2. 数据资源层

数据资源层是存储应用系统数据、本地数据等各类数据的数据库，底层是各种子场景应用所需的硬件、软件等。④ 预防青少年新型违法犯罪数字

---

① 蒋敏娟：《地方数字政府建设模式比较——以广东、浙江、贵州三省为例》，载《行政管理改革》2021年第6期。

② "四张清单"主要指政府权力清单、政府责任清单、企业投资项目负面清单、政府部门专项资金管理清单；"一张网"指的就是浙江政务服务网。

③ 龚艺巍、谢诗文、施肖洁：《云技术赋能的政府数字化转型阶段模型研究——基于浙江省政务改革的分析》，载《现代情报》2020年第6期。

④ 邓何、刘一凡、郭清顺：《基于Widget技术的EC 2.0的个人门户设计》，载《中国高等教育学会教育信息化分会第十次学术年会论文集》（2010年），第283—289页。

治理应用场景的数据资源层包含全量青少年基础数据、青少年违法犯罪数据、帮教任务完成数据、帮教人员数据等数据内容和为后台提供数据存储服务的数据库服务器，为应用场景的功能模块提供数据基础。

数据资源层从全量青少年数据的再分类技术和存储方式入手，不仅要由平台对信息初步筛选归类，对网络层封装好的信息服务进行二次收集和再分类，选取有效信息纳入平台，进行高质量的管理与保存，还要提供连接多种网络系统和数据资源层的信息共享服务，服务器之间使用 SSL（Security Socket Layer）通信协议、MAC（Multiple Access Control Protocol）数据校验，从而打造系统的数字资源层。数据资源层是整个大数据平台的核心资源，基于分布存储等网络技术保存信息服务平台内的大量信息数据。

3. 应用支撑层

应用支撑层能够将分散、异构的应用和数据进行聚合，提供各类基础工具、共性服务和管理功能，形成一个统一的为应用提供集成服务的支撑环境。①在预防青少年新型违法犯罪应用场景建设中，需要来自其他各机关部门、社会力量的大量信息数据资源共享，但信息收集共享阻力大，数据孤岛现象严重，同时各个系统间也存在重复建设、资源浪费的问题。应用架构的中台系统既能实现系统集成、规范数据资源共享、增强部门联动、推动资源整合、消除数据孤岛，又能将多个应用系统需要的、共性的功能抽象出来便于复用，减少各类平台重复建构导致的资源浪费。

应用支撑层的中台系统主要由数据中台、AI 中台和业务中台三部分组成，预防青少年新型违法犯罪数字治理场景应用支撑层同样应以数据中台、AI 中台和业务中台为核心构建应用支撑体系，抽象出业务流程运转和数据处理方式的共性，形成通用的业务服务和数据服务能力，实现青少年新型违法犯罪预防的运作效率提升。

（1）数据中台。数据中台的架构包括数据交换、治理、挖掘和服务，

---

① 台伟、李歆等：《基于应用支撑平台的长江委信息化顶层设计探讨》，载《人民长江》2015 年第 5 期。

预防青少年新型违法犯罪数字治理场景应用以数据中台为支撑，通过实时的青少年新型违法犯罪信息数据交换和挖掘，开展数据分析服务，对青少年各类基础数据进行去标签化和指标清洗等加工处理工作。应用场景从各部门获取的相关青少年数据利用 Hadoop 生态组件进行处理，建设数据仓库，利用系统加工能力及数据能力，组建青少年数据专题在业务系统间进行共享使用，并为大数据应用服务和青少年分析模型的建立和预测预防机制的形成提供支撑。

（2）AI 中台。AI 中台主要承担复杂的学习预测类智能功能研发，即数据处理、模型训练、模型优化、模型发布、AI 预测等一系列与 AI 相关的能力支持模块。AI 中台是应用支撑层的重要组成部分，以数据中台为基础，实现 AI 能力的高效生产和集中化管理，向业务中台输出 AI 服务。[①]

预防青少年新型违法犯罪数字治理应用场景以数据分析为重要内容，以 AI 中台为支撑，通过运用全息档案、用户画像、机器学习、算法模型、人脸识别和知识图谱等技术手段，建立多个基于深度学习的智能预警模型，为青少年违法犯罪事件风险预警、区域风险预警、分层级地图展示等具体场景应用提供支撑。

浙江省诸暨市通过 AI 中台，重点打造了青少年个体分析模型、朋友圈分析模型、事件分析模型、网络行为分析模型、网络场所分析模型等 5 大模块，在预防、教育、挽救等层面实行整体运行智能分析，实现超前预警，强化重点群体的预警预测和违法犯罪形式趋势的预警预测，最终实现了全流程、全方位、全维度的智能化青少年新型违法犯罪预防，进一步提升了社会治理风险防控能力。

（3）业务中台。业务中台是支持多个前台业务的可复用的数字化系统，其核心是区域内数据能力复用。在预防青少年新型违法犯罪数字治理场景的具体建设中，用户中心、事件中心、对象中心、受理中心、任务中心、协同中心、研判中心、评价中心和组件中心等模块具有共性，将这些组件

---

① 百度智能云：《AI 中台白皮书》，载微信公众号"数据观"2022 年 2 月 27 日，https://mp.weixin.qq.com/s/DDIRF0R21rdIPcxKXC7fow。

沉淀抽象出来，形成预防青少年新型违法犯罪数字治理场景的业务中台，能够避免重复建设，提升场景建设效率和迭代速度，快速搭建各个具体应用场景。

4. 业务应用层

业务应用层是系统架构中最能体现核心价值的部分，它与整个系统所对应的领域逻辑有关，利用大量的网络处理技术、中间件、信息搜索等技术，充分实现对数据信息的储存和应用，其负责业务规则的制定、业务流程的实现等与业务需求有关的系统设计，最终为平台建设提供业务信息和应用。

业务应用层是预防青少年新型违法犯罪多跨场景建设数字化的核心，基于青少年新型违法犯罪建构的"113N"总体架构，实现对预防青少年新型违法犯罪数字治理场景建设中各个业务功能模块及集成信息的统一展示。具体包括智能风险预警分析、预警闭环管控、PTNC驾驶舱这三大功能模块。

（1）智能风险预警分析。通过模型设计、正向样本数据集建设、算法训练、模型优化等多步骤形成风险预警模型，实现风险预警、分色管理、预警名单管理、全息画像这四大功能。

智能风险预警分析设计是基于全量青少年信息库，使用以人工智能、大数据为基础的深度学习算法，构建青少年个体分析模型，对少年的身份、学历、学校、监护人、家庭状况进行分析；构建青少年朋友圈分析模型，对青少年的爱好、习惯、社交、通信进行分析；构建青少年热点分析模型，对青少年沉迷游戏、网络赌博等行为进行分析；构建青少年网络行为分析模型，针对青少年的爱好、习惯、社交、通信进行分析；构建青少年网络场所分析模型，重点排查网吧、黄色网站等，形成全息画像，自动分析出所在区域的倾向性青少年的候选个体列表等信息，利用分色赋码功能，按照全体青少年的自身情况以及行为程度，实现对全体青少年使用绿色、蓝色、黄色、红色进行四色赋码，对于绿码的一般青少年和红码的违法犯罪青少年直接进行分类处理，对于蓝色和黄色的倾向性青少年则通过预警闭环管控进行进一步的分析研判，采取相应的措施。

对于绿码的一般青少年，在家庭教育层面引导家庭关系、处理家庭矛盾，在学校教育层面要进行普法教育、日常行为规范教育、心理健康教育，同时针对日趋增多的新型网络犯罪，对其加强网络安全教育和网络安全监管。对于红码的违法犯罪青少年要基于现有的平台，采取法律援助、合适成年人到场、社会调查等诉讼权利保障措施和基于法庭教育、亲情会见、针对性法治教育的教育感化措施来加强观护帮教。针对不同类型的违法犯罪青少年，采取不同的矫正措施，对违法青少年进行教育矫治，对附条件不起诉犯罪青少年进行监督考察，对判处实刑青少年进行监狱和少管所教育改造，对判处缓刑的青少年进行社区矫正，同时注重衔接管理和社会救助。最后，通过社区民警走访、网格员走访和学校对帮教活动进行跟踪反馈，以此来确保犯罪青少年真正地重新融入社会。

（2）预警闭环管控。预警闭环管控是顺接智能风险预警分析的功能模块。预警闭环管控主要包括分析评估、分类处置、趋势分析、预警推送、跟踪反馈、管控监督等功能。

在对智能风险预警分析产生的倾向性青少年预警名单进行分析研判确定其危险性后，对蓝码和黄码的倾向性青少年进行个体预警推送，对高发场所进行预警推送，对新型案件进行预警推送。在预警推送后，针对个体、场所和案件进行分类处置，对不同色码的青少年进行分级处置。针对蓝码和黄码的倾向性青少年采取不同的关爱、帮扶措施；针对新型违法犯罪易发重点场所进行整顿；针对新型案件进行专题处理。相关部门应该对开展关爱、帮扶和跟踪关注等措施的干预结果进行线上反馈，对被帮扶的在校青少年的在校表现改良趋势、被帮扶的闲散青少年改良趋势等干预结果进行评估反馈，同时管理者要对风险名单中的个体进行定时专门管控并及时掌控风险变化动态情况，最后通过社区民警、网格员走访、学校老师家访对青少年的情况进行跟踪反馈。

在管控监督模块，对长期未设置排查任务、长期未核实或核实后风险提升的倾向性青少年设置专门的管控预警措施，确保实现风险管控的闭环管理。可设置各类预警风险的管控部门、管控方式和管控人，管理人员可对管控过程进行监督。

（3）PTNC驾驶舱。"PTNC驾驶舱"搭建的目标是通过开发动态分析模型对全量青少年的数据和行为进行分析，全方位预警、预测青少年新型违法犯罪，从而围绕分析数据精准把控青少年新型违法犯罪的态势，以此设置普遍性预防、干预性预防、延续性预防三大场景开展预防工作。

（二）"四纵"

1. 政策制度体系

政策制度体系是构建预防青少年新型违法犯罪应用场景顶层设计的基础，即依据相关法律法规及未成年人保护、未成年犯罪预防、社区矫正实施等相关政策规定来指导各部门落实预防工作。在推进青少年违法犯罪预防数字治理体系构建的同时，实现政府数字化转型、检察业务数字化改革的总体目标。

关于青少年违法犯罪预防工作，国家法律层面主要包括未成年人保护法、预防未成年人犯罪法、刑法、刑事诉讼法、劳动法、社区矫正法、行政处罚法；行政法规主要包括《法律援助条例》《劳动保障监察条例》《禁止使用童工规定》《社会救助暂行办法》；司法解释主要包括《最高人民检察院关于加强新时代未成年人检察工作的意见》《最高人民法院关于适用〈中华人民共和国刑事诉讼法〉的解释》《人民检察院刑事诉讼规则》《人民检察院办理未成年人刑事案件的规定》《最高人民检察院、中华全国妇女联合会关于建立共同推动保护妇女儿童权益工作合作机制的通知》《关于依法处理监护人侵害未成年人权益行为若干问题的意见》《关于建立侵害未成年人案件强制报告制度的意见（试行）》《关于建立教职员工准入查询性侵违法犯罪信息制度的意见》。为进一步贯彻落实对违法犯罪未成年人"教育、感化、挽救"的方针及"教育为主，惩罚为辅"的原则，中央综治委预防青少年违法犯罪工作领导小组、最高人民法院、最高人民检察院等发布了《关于进一步建立和完善办理未成年人刑事案件配套工作体系的若干意见》《未成年人法律援助服务指引（试行）》。

各省市也根据情况颁布相应的地方政府规章，例如浙江省发布了《浙江省家庭教育促进条例》《浙江省法律援助条例》《浙江省精神卫生条例》

《浙江省社会救助条例》《浙江省未成年人保护条例》等关于预防青少年犯罪的条例。同时浙江省还制定了相关的政策,《关于进一步深化预防青少年违法犯罪工作的意见》《关于预防青少年新型违法犯罪工作的实施意见（征求意见稿）》中指出，坚持预防为主，突出临界干预，找准青少年新型违法犯罪的源头成因，切实解决苗头性、倾向性问题。

在数字治理中的数据开放及安全方面，网络安全法、数据安全法、个人信息保护法、《民法典》等法律为落实数据保护提供纲领性指导；《关键信息基础设施安全保护条例》《互联网信息服务管理办法》《征信业管理条例》等行政法规为地方提供符合具体情况和实际需要的合规纲领；《上海市数据条例》《深圳经济特区数据条例》《浙江省公共数据条例》等地方政府规章提供契合当地实际的数据保护指导意见；《大数据安全管理指南》《个人信息安全规范》《网络安全等级保护基本要求》等国家及行业标准为信息数据合规提供了具体标准。

2. 标准规范体系

标准规范体系是与项目建设相关的一系列技术标准和规范[①]，是用于支撑综合开放平台建设和运行的基础和保障。

预防青少年新型违法犯罪应用场景建设必须坚持标准规范先行，通过分析预防青少年新型违法犯罪应用场景的特征和数据特点，尽快制定和完善各个部门应用场景建设的数据共享规范要求，推动已有的技术成果固化和转化，加快数据资源合作共享，形成统一的数字治理平台系统数据标准，实现应用协同、系统扩展、数据资源共享、业务协同等多项工作效率的同时提升。树立大平台、大数据、大系统建设理念，建立涵盖治理平台总体架构、业务协同、数据共享、安全保障等多层次的数字治理平台标准规范体系。[②]

（1）数据标准。数据标准管理是预防应用场景建立、维护中应用数据

[①] 徐元晓、马乐、余超:《基于云原生数字中台的指挥调度平台探索与实践——以溧水智慧城市项目为例》，载《信息技术与信息化》2020年第4期。

[②] 北京大学课题组、黄璜:《平台驱动的数字政府:能力、转型与现代化》，载《电子政务》2020年第7期。

标准的过程，为跨平台、跨系统的数据提供了一致的标准，明确了各系统数据管理部门及职责，并建立了数据标准落地实施的持续机制。根据《国家电子政务标准体系建设指南》的规定，预防应用场景数字治理平台的数据标准主要由以下几个部分组成（见图3）。

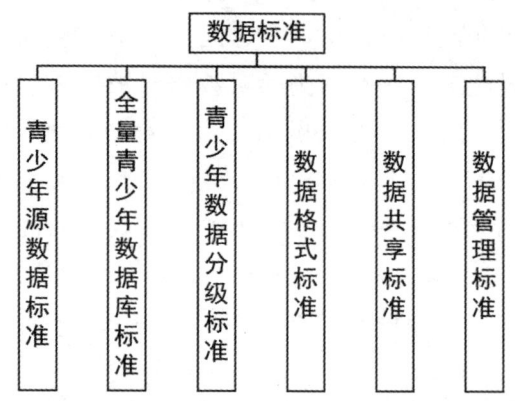

图3　预防青少年新型违法犯罪应用场景数据标准体系

自检察机关开始信息化建设以来，从最初的门户系统到政务系统以及大量的业务系统陆续上线，各大系统都有着自己的数据标准。数据标准的不统一，给数据融合造成了极大的影响，导致各系统数据无法顺利融合使用。因此，预防青少年新型违法犯罪应用场景可以依照各省级的数字化标准，例如浙江省可以按照《浙江省数字化转型标准化建设方案》总体框架，加快构建数字政府标准体系，明确政府数字化转型建设的总体要求及数据共享、业务管理、技术应用、政务服务、安全运维、系统集成等内容要求。重点推进数据标准体系建设，对数据汇集、数据平台建设、数据安全保障、数据应用等关键领域，优先制定相应技术标准。围绕公共数据资源目录编制、公共数据管理、基础数据库建设和浙江政务服务网电子材料管理等，制定统一的基础标准规范。构建社会公共服务标准库，提升社会治理标准化水平。①

---

① 《浙江省深化"最多跑一次"改革》，载《中国建设信息化》2020年第3期。

数据管理标准主要对各部门的青少年数据管理能力以及青少年个人信息管理等方面进行规范。数据共享标准主要明确青少年信息共享的数据要求、技术要求、管理要求等，明确青少年违法犯罪等数据交换的层级结构和交换方式，支撑建立时效性强、安全性高的数据资源交换体系。数据分级标准主要包括青少年数据分类规定，青少年违法犯罪数据分级指南等标准。数据格式标准是数据储存、数据共享、数据应用的基础类标准，为各应用场景的数据库建设提供依据，为青少年数据的应用提供保障。

（2）业务标准。业务标准就是预防青少年新型违法犯罪应用场景各项业务需要遵循的规则，作用是规范业务流程、保证各项业务的顺利衔接。标准化是预防青少年新型违法犯罪应用场景落实和推广的基础和前提，是预防应用场景的重要组成部分。根据《国家电子政务标准体系建设指南》的规定，在预防青少年新型违法犯罪应用场景中，业务流程标准用于规范预防工作的流程，指导线上、线下各级预防工作的有序开展。业务系统标准对不同应用场景的设计、搭建、管理和相关技术进行规范，实现各应用场景工作流程的优化和规范化，支撑政务部门业务信息化建设（见图4）。

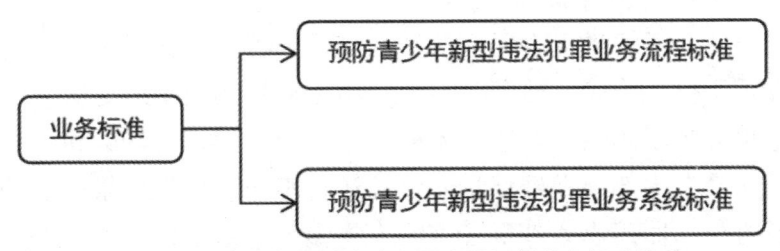

图4　预防青少年新型违法犯罪应用场景业务标准体系

3.组织保障体系

组织保障是一种基础性的保障，完善的组织保障需要各个机构的协调配合，每个机关都要发挥重要作用，相互协调奠定组织保障的基础。

例如，浙江省依据"最多跑一次"改革和政府数字化转型的要求成立大数据发展管理局，全面负责推进政府数字化转型和大数据资源管理等工作，旨在进一步加强互联网与政务服务的深度融合，统筹管理公共数据资源和电子政务，推进政府信息资源整合利用打破信息孤岛、实现数据共享。2019 年正式成立了由阿里巴巴集团、浙江金融控股集团、浙江日报报业集团、浙江广播电视集团共同出资建立的一家国资控股的混合所有制企业——数字浙江技术运营有限公司，为浙江全面数字化转型和"整体＋智治"政府数字化转型提供顶层设计、平台建设、业务创新、运维保障及运营等服务。①

预防青少年新型违法犯罪应用场景的组织保障体系主要包括政法委、检察院、公安局、司法局、人社局、金融办、大数据中心、科学技术公司和其他相关部门，各机构分别发挥如下作用：

政法委负责牵头抓总，做好与各部门沟通对接以及对项目推进、迭代、推广、运行完善等方面进行协调督查等。

检察院负责"预防青少年新型违法犯罪应用"总场景的立项、建设、运行、迭代、推广，以及子场景青少年再犯预防应用、青少年帮扶监督应用的建设、运行、迭代、推广，做好相关制度体系、理论体系的梳理；协助其他子场景牵头部门做好场景建设、运行工作，提供场景所需数据及业务协作；负责工作专班的日常运作。

公安局负责子场景青少年违法帮教应用、青少年住宿风险预防阻断应用的建设、运行、迭代、推广等工作，制定场景建设、运行所需的制度文件，做好相关制度体系、理论体系的梳理；配合做好总场景建设工作，协助其他子场景牵头部门做好场景建设、运行工作，提供场景所需的数据及开展业务协作；抽调业务骨干，落实人员参与专班工作，为场景建设提供业务支撑。

司法局负责子场景青少年学法用法应用的建设、运行、迭代、推广等工作，制定场景建设、运行所需制度文件，做好相关制度体系、理论体系的梳理；配合做好总场景建设工作，协助其他子场景牵头部门做好场景建设、运行工作，提供场景所需数据及业务协作；抽调业务骨干，落实人员

---

① 陈宏彩：《数字化改革与整体智治：浙江治理现代化转型》，中共中央党校出版社 2021 年版，第 164 页。

参与专班工作，为场景建设提供业务支撑。

人社局负责子场景校园网络招聘风险预防阻断应用的建设、迭代、运行、推广等工作，制定场景建设、运行所需制度文件，做好相关制度体系、理论体系的梳理；配合做好总场景建设工作，协助其他子场景牵头部门做好场景建设、运行工作，提供场景所需数据及业务协作；抽调业务骨干，落实人员参与专班工作，为场景建设提供业务支撑。

金融办负责子场景校园网贷风险预防阻断应用的建设、迭代、运行、推广等工作，制定场景建设、运行所需制度文件，做好相关制度体系、理论体系的梳理工作；配合做好总场景建设，协助其他子场景牵头部门开展场景建设、运行工作，提供场景所需数据，协同配合其他部门工作；抽调业务骨干，落实人员参与专班工作，为场景建设提供业务支撑。

科学技术公司负责做好项目技术支撑，做好立项、预审、招投标、资金保障等方面工作；做好平台的迭代升级工作，编写代码处理各种数据；做好数据对接、推广应用、技术支撑等工作；负责数据仓库、大数据平台等系统的搭建、调优和数据维护，保证数据的稳定性和准确性；配合做好总场景建设工作；负责全量青少年数据清洗、加工、分类等开发工作，并能随时响应预防工作人员对数据提取的要求；使用数据挖掘、统计学习、机器学习等技术，进行青少年数据的业务逻辑分析、自然语言处理；负责监控平台所有节点和服务的状态，以及按计划进行扩容。

其他部门配合做好总场景建设工作，协助其他子场景牵头部门做好场景建设、运行、推广等工作，提供场景所需数据及业务协作；抽调业务骨干，落实人员参与专班工作，为场景建设提供业务支撑。

4. 网络安全体系

网络安全体系由网络安全法律体系、网络安全管理体系和网络安全技术体系三部分组成，它们相辅相成。其中，政策、法律、法规是安全的基石，是建立安全管理的标准和方法，网络安全技术是重要的保证。① 预防青

---

① 王淑清、齐景嘉:《兴安证券网上交易安全方案》，载《金融理论与教学》2006年第1期。

少年新型违法犯罪应用场景主要通过采用防火墙、漏洞扫描系统、抗CC攻击设备、堡垒机、防入侵系统、防篡改系统等网安系统，搭建金融级"安全体系"以确保安全。

（1）网络安全法律体系。网络安全法律体系是指针对预防青少年新型违法犯罪应用场景搭建过程中保障网络安全所依据的法律、行政法规和部门规章等多层次规范相互配合的法律体系。网络安全政策和标准是对网络安全策略的逐层细化和落实，包括管理、技术和运作三个不同层面，在每一层面都有相应的安全政策和标准，通过落实标准政策规范管理、技术和运作，以保证其统一性和规范性。

（2）网络安全管理体系。网络安全管理体系主要是建立预防青少年新型违法犯罪应用场景搭建过程中的制度、规范、流程和规程构成的网络安全管理制度标准体系，覆盖网络安全组织管理、人员管理、建设管理、运维管理、应急响应和监督检查等工作。网络安全管理是体系框架的上层基础，对预防场景应用数字治理平台运作至关重要，从人员、意识、职责等方面保证网络安全运作的顺利进行。

（3）网络安全技术体系。网络安全技术体系主要用于提升应用平台网络安全基础防护能力、监测分析和应急响应网络安全态势感知预警及应急处置能力，特别是针对青少年违法犯罪数据、青少年个人隐私等内容的安全保护能力的提升。网络安全运作需要网络安全基础服务和基础设施的及时支持。先进完善的网络安全技术可以极大提高网络安全运作的有效性，从而实现网络安全保障体系的目标，实现整个应用场景数字治理平台的风险防范和控制。主要包括数据分类保护、数据隔离保护、运维安全（事前审批、事中记录、事后可追随）、内容分级、安全删除。例如，采用AEC标准对未成年人敏感信息进行数据加密存储保护（见图5）。

第三章 预防青少年新型违法犯罪数字治理的构建思路

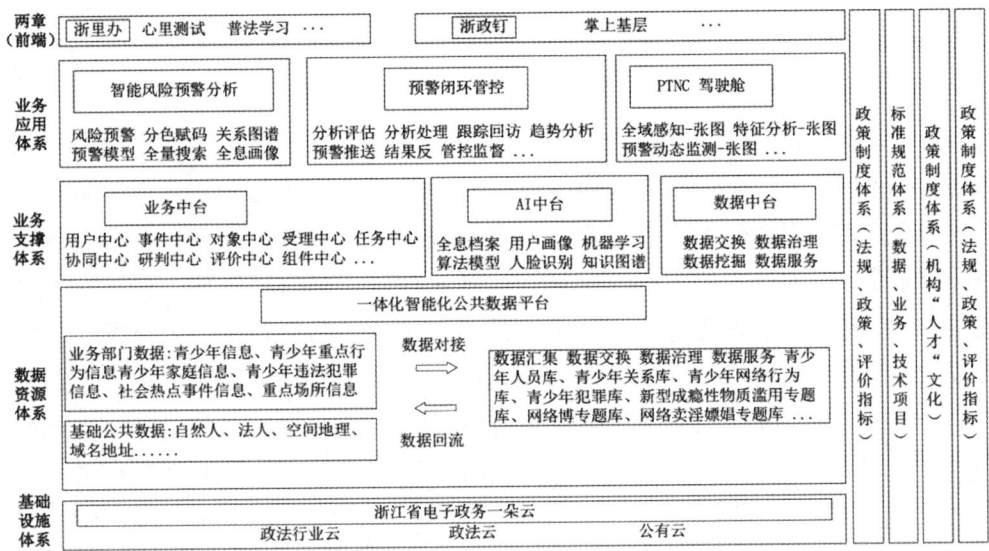

图 5 浙江省预防青少年新型违法犯罪"四横四纵"整体架构

二、"113N"系统整体架构

根据一体化智能化公共数据平台架构和"V 字工作法"任务拆解，可以搭建类似于"113N"的预防青少年新型违法犯罪治理架构，即依据数据治理的原则，针对青少年新型违法犯罪的预防新模式，按照政府数字化改革一体化智能化公共数据平台架构设计而搭建。"113N"包括"1 个一体化领导驾驶舱；1 个全量青少年信息库；3 类预防应用场景；N 个智能预警模型"（见图 6）。

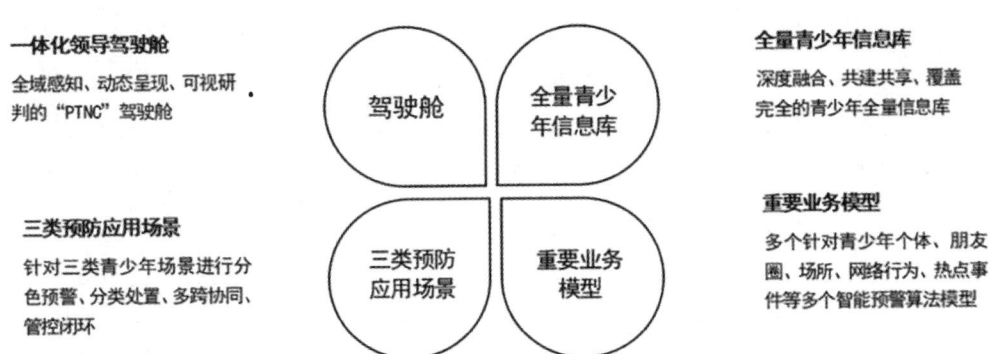

图 6 预防青少年新型违法犯罪"113N"系统整体架构

（一）"一舱"：一体化领导驾驶舱

1. 领导驾驶舱概述

领导驾驶舱当前分为数据仓库、管理驾驶舱、数据大屏。① 数据仓库（Data Warehouse）是面向主题的、集成的、随时间变化的、非易失的数据集合，用于支持管理层的决策过程。管理驾驶舱是以驾驶舱的形式，通过各种常见的图形化工具（仪表盘、速度表、音量柱等）向后台管理人员标示系统运行的关键指标，直观地监测各系统的运营情况，为后台管理人员即时了解各项数据的变化状态、准确把握当前系统内的状况及发展趋势提供有效的技术支持。数据大屏是以大屏为展示载体的数据可视化应用，其借助丰富的图形化手段形象地揭示数据内在信息和规律，提供企业运营实时全景概览，协助管理层快速解读企业经营全貌，为快速响应和决策分析提供依据。其一般服务于政府机关、企业等广泛主体对外宣传、对内管控类的业务场景。②

2. "PTNC"驾驶舱

从政务实践层面来看，数字驾驶舱在浙江多地的实践正是数据赋能、智慧化治理的生动展现。例如，浙江省杭州市在政府执法监管方面，通过建立全域感知网络，对于交通违法事件、城市占道经营、危化品车辆管控等提供实时的追踪与处置；城市风险管控方面，通过接入公安、城管、消防、应急管理等部门的监测数据，对于区域内的各种风险来源进行分析研判，推动风险治理由以人为主向人机融合转变、由事后处置向事前预防转变；城市服务优化方面，通过嵌入交通出行、便民查询、办事服务、生活缴费、智慧医疗等城市服务模块，城市管理部门在掌握大量群众服务诉求的基础上有针对性地优化服务场景、提升老百姓的服务体验。③ 浙江南湖的"政务服务驾驶舱"，以数字化手段的探索和精准运用，提升政府服务水平、为企业排忧解难，促进地区经济健康稳定发展，"企业投资"页面客观展现

---

① 程旺：《企业数据治理与 SAP MDG 实现》，机械工业出版社 2020 年版，第 279 页。
② 程旺：《企业数据治理与 SAP MDG 实现》，机械工业出版社 2020 年版，第 279 页。
③ 陈宏彩：《数字化改革与整体智治：浙江治理现代化转型》，中共中央党校出版社 2021 年版，第 183 页。

全区企业经济运行态势，切实推进政府优化区域营商环境，激活了当地经济发展的源动力。

针对预防青少年违法犯罪预防数字治理工作的驾驶舱应用，应当在检察机关主导下根据预防青少年新型违法犯罪的任务和要求搭建显示全量青少年数据和行为的"PTNC 数据驾驶舱"。

"PTNC 驾驶舱"即构建一体化领导驾驶舱实现全域感知、全程可控、动态呈现、可视研判的统一业务一张图，全面展示应用场景的预防成效。简单来说，就是检察机关等管理人员可通过应用场景数字治理平台，实时监控应用驾驶舱、统一掌握青少年违法犯罪预防工作的运行数据的"一站式"管理中心系统。

驾驶舱左上角是案件现状和趋势，系统根据数据库中的数据智能分析模型通过条件筛选直观展示全域青少年新型违法犯罪特征的研判分析情况，包括按年龄段、职业、学历、性别、区域、违法犯罪事件、青少年类型等维度分析，对预防未成年人犯罪工作开展起到决策参考作用。中间是平台管理的所有未成年人的定位位置，依靠定位手表可以实时查看未成年人定位，该定位功能与公安人脸识别监控系统、旅馆住宿系统相通，如果平台管理的未成年人进入了网吧、酒吧、娱乐会所、酒店旅馆等场所，"驾驶舱"的右上角则会实时跳出警报，并自动发送警报短信到监护人、配对的义警的手机，提醒他们将未成年人带离。

同时，"PTNC 驾驶舱"还具备预警功能，比如事件风险预警功能和区域风险预警功能。事件风险预警功能就是通过系统研判分析各类预警事件，如遇重大事件或潜在高风险事件，系统地图会自动弹窗警告，显示事件详细信息及其问题关键因子，并关联相关子事件，以时间轴形式动态展示事件的可能发展态势及风险概率。区域风险预警功能是对各区域总体预警事件研判分析，以风险事件发生概率为指标形成区域风险指数，将高概率事件频发的区域在地图上重点显示。

（二）"一库"：全量青少年信息库

"一库"即基于青少年全景生活跨多个部门、多个系统，围绕青少年

"人、事、物、行为、领域"五大标签为特征值，打造的青少年全量数据库，是系统的根基。

预防青少年新型违法犯罪综合集成应用系统使用 MySQL 数据库，MySQL 是一种关系型数据库管理系统，将数据保存在不同的表中，而不是将所有数据放在一个大仓库内，提升了速度与灵活性。①

预防青少年新型违法犯罪综合集成应用系统为青少年建立数据库，需要将青少年实施的所有违法犯罪行为数据以及分布于政法委、公安、检察院、法院、司法、网信、教体、妇联、民政、文化广电旅游局、应急管理局、市场监管局、精卫办等多个部门、多个系统的青少年数据进行抽取，通过制定的数据编码规范及治理流程，利用大数据治理平台，配置并完成数据的清洗、转换和自定义分析工作，将成果数据汇聚形成包含青少年人员库、青少年关系库、青少年网络行为库、违法犯罪青少年库等多个子库的全量青少年信息库。

（三）"三场景"：三类预防应用场景

针对不同类别青少年的分级预防主要是依据"分级处遇"②的制度、"分级预防"的体系，将针对青少年的预防分为三级，针对全量青少年、倾向性青少年以及违法犯罪青少年分别建立普遍性、干预性、延续性三级预防体系。

"三场景"是根据全量青少年上述三级预防体系而建立的应用场景，即针对全量青少年开展的以教育服务为重点的普遍性预防、针对倾向性青少

---

① 兰旭辉、熊家军、邓刚：《基于 MySQL 的应用程序设计》，载《计算机工程与设计》2004 年第 3 期。

② 《2018—2022 年检察改革工作规划》中明确提出探索建立罪错未成年人分级处遇和保护处分制度，第 15 条规定："完善未成年人检察工作机制。以全面综合司法保护为导向，规范'捕、诉、监、防'一体化办案工作机制，探索未成年人检察特殊业务案件化办理。深化涉罪未成年人的教育感化挽救工作，探索建立罪错未成年人临界预防、家庭教育、分级处遇和保护处分制度，推行未成年被害人'一站式'询问、救助机制，建立健全性侵害未成年人违法犯罪信息库和入职查询制度。促进'法治进校园'活动制度化，进一步推进检察官担任法治副校长、未成年人法治教育基地建设等工作。开展未成年人检察社会支持体系建设试点工作，推动专业化和社会化的有效衔接。"

年开展的以关爱引导为重点的干预性预防、针对违法犯罪青少年开展的以预防再犯、矫治和帮教为重点的延续性预防三个集成子场景。

1. 普遍性预防场景

普遍性预防场景是针对全量青少年构建的包含宣传教育、帮扶监督和入职查询的预防青少年新型违法犯罪数字治理应用场景。

2. 干预性预防场景

干预性预防场景是结合倾向性青少年的特点，从重点人、重点物、重点场所、重点领域出发构建的预防青少年新型违法犯罪数字治理应用场景。

3. 延续性预防场景

延续性预防场景是针对违法青少年及犯罪青少年分别部署、侧重不同的两大以帮教为主的预防青少年新型违法犯罪数字治理应用场景。

（四）"N"应用

"N"应用即基于"大场景、小切口"的改革理念，根据前期青少年违法犯罪数据分析和青少年易被侵害的类型分析，初步筛选出青少年易涉及的新型违法犯罪场景，确定以预防基于网络产生青少年新型违法犯罪为重点的 N 个子场景。例如，浙江省诸暨市检察院预防青少年新型违法犯罪应用场景中的"N 应用"即围绕干预性预防综合集成场景，针对青少年个体、朋友圈、网络行为、热点事件等多维度开发 N 个小切口的实战应用，包括针对青少年使用枪支弹药、爆炸物、新型精神活性物质（笑气、电子上头烟）等违规违禁品的青少年新型成瘾性物质阻断应用、针对青少年网络卖淫嫖娼、购买毒品的青少年网络涉黄涉毒阻断应用、针对青少年频繁办手机卡、银行卡、登录借贷网站的青少年网络赌博及"两卡"阻断应用等 8 个小切口实战应用。

第三节 新时代"枫桥经验"指导下多跨协同的推进

多跨协同指的是多元参与、协同治理。多元参与可以为预防青少年新型违法犯罪数字治理汇聚社会各方力量,为其提供更加广泛强大的支持;协同治理则有利于推动预防工作的顺利进行,提升工作效率,提高工作质量。"枫桥经验"指导下多跨协同围绕着三个集成子场景,通过省、市、县、镇、村、网格六级联动,贯通了政法委、公安局、检察院、法院、司法局、教体局、卫健局等部门,连通了省矛调协同应用系统、公安警综平台等数源系统,实现了数据共享、业务协同、制度重塑和流程再造,对青少年新型违法犯罪数字治理平台建设意义重大(见图7)。

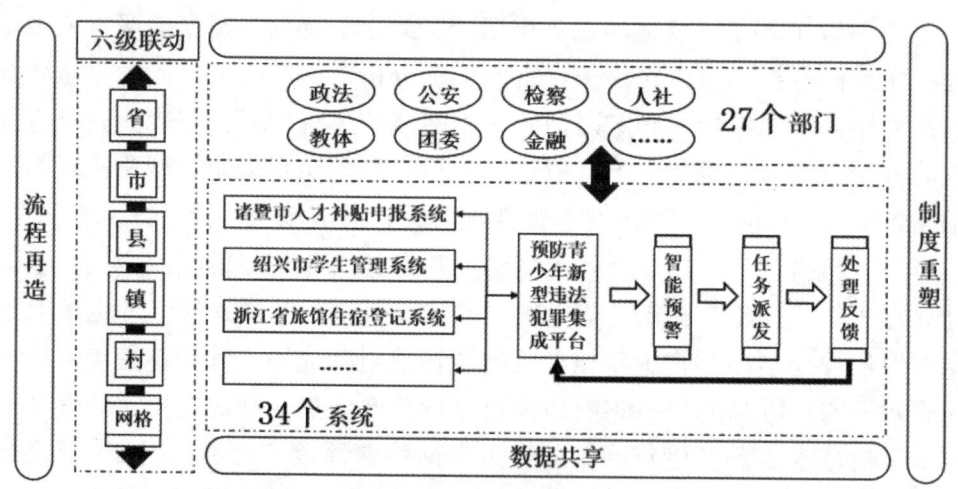

图7 浙江省诸暨市预防青少年新型违法犯罪场景应用的多跨协同流程

一、业务协同流程

预防青少年新型违法犯罪数字治理的构建围绕着三个集成子场景,聚焦治理和服务双轮驱动发展,以基层治理四平台为主干道,整合多部门职能，并融入学校、医院、村居委等基层力量，建立司法社工、义警、五老、心理咨询等分级帮教团队，将预防工作延伸至网格员、辅导员等"最小细胞"，推动政府侧、学校侧、社会侧和个人侧的高效协同，推进完善三大预防场景下的风险闭环管控大平安体系。通过这种业务协同机制实现各个部门、组织职能效用的最大发挥，推动工作有序进行，在最短的时间内实现效率最大化，最大限度保障青少年的合法权益。

（一）普遍性预防的业务协同

在普遍性预防场景中，各机关部门运用数字治理平台，开展宣传教育、被害预防、救助服务和社会交互工作。民政部门、教育部门牵头针对全量青少年进行家庭教育管理，对家庭关系进行引导，帮助处理家庭矛盾；教育部门、普法办则牵头开展普法教育、日常行为规范教育、心理健康教育，对全量青少年进行学校教育管理；普法办、宣传部、卫生部门牵头基于"法润青苗"业务平台开展普法教育、思想道德教育、心理健康教育，同时人社局牵头对全量青少年进行就业帮助，从而完成对全量青少年的社会教育管理；教育局和乡镇街道作为牵头单位主要负责开展网络安全教育，网信办、公安机关作为牵头单位则负责开展网络安全监管工作，实现对全量青少年的网络安全教育监管。

（二）干预性预防的业务协同

在干预性预防场景中，在平台针对青少年群体、场所和事件进行预警后，各机关部门根据各自职责开展分类处置、结果反馈和跟踪回访工作。根据倾向性青少年不同的风险等级，各部门的业务协同流程也不尽相同。在对倾向性青少年进行的关爱、帮扶工作中，政法委、卫生部门、教育部门牵头针对倾向性青少年开展专业的心理辅导和行为干预；卫生部门牵头负责心理帮扶；民政部门牵头进行家庭帮扶、家庭教育指导；人社、公安等牵头进行维权帮扶；教育部门牵头进行就学安置帮扶；人社局则牵头采取就业安置帮扶。在对倾向性青少年进行的教育矫治和跟踪关注任务中，政法委、教育部门牵头予以训导，要求倾向性青少年遵守特定行为规范；教育部门、普法办牵头根据倾向性青少年的具体行为开展针对性专题教育；宣传部牵头带领倾向性青少年进行义务劳动、志愿服务。在上述干预、帮教措施实施后，政法委、教育部门牵头对在校学生进行干预结果的评估与反馈；公安、政法委、教育部门牵头根据帮扶矫治方案和评估结果定期回访。

（三）延续性预防的业务协同

在延续性预防过程中，公安机关、检察机关、法院、司法行政部门通过数字治理平台开展矫治教育、社区矫正和监督考察工作。公安机关、检察机关、法院、司法局牵头保障违法犯罪青少年的诉讼权利，并对其进行教育感化；司法机关会同公安机关、监狱、少管所、卫生部门、人社局等部门，运用数字治理平台对违法犯罪青少年开展教育矫治工作，并协同完成对违法犯罪青少年的引导安置工作。在前述工作都结束后，由教育部门、公安和乡镇街道牵头，分别委派社区民警、网格员走访村（社区）、家庭、监护人工作单位，了解实际情况；教育局牵头，学校派老师进行家访，了解青少年思想行为情况，从而确保对违法犯罪青少年的帮教效果，并在平台详细记录走访情况。

二、数据集成流程

数据集成是把不同来源、格式、特点的数据在逻辑上或物理上有机地集中，从而为数据主体提供全面的数据共享，通过将互相关联的数据源集成到一起，使用户能以透明的方式访问这些数据资源。① 数据集成能够提供可靠的数据传输，实现"信息孤岛"之间的连通；解决数据分布性问题，实现数据的集中和汇总；解决数据的异构性问题，实现不同格式、不同数据管理系统中的数据能够相互转换和交流，保持已有系统的自治性以使得数据集成的同时不影响已有系统的正常运行，具有良好的可扩展性和适应性，能够适应应用需求的不断变化。② 构建模型的前提是获取数据，预防青

---

① 欧阳剑：《大数据视域下人文学科的数字人文研究》，载《图书馆杂志》2018年第10期。
② 张德文、徐孟春、马慧：《基于多中间件的数据集成方案》，载《计算机工程与设计》2007年第21期。

少年新型违法犯罪数字治理场景建设以构建模型开展数据分析为核心，需要海量数据的获取与碰撞来建立和修改模型，对数据的需求量极大。完善数据集成流程，加强数据集成领域的多跨协同推进，对于青少年新型违法犯罪数字治理场景建设意义重大。

数据集成流程是对数据集成场景的逻辑表示，由许多相关的流程节点组合而成[①]，具体包含数据采集、数据清洗、数据转换和数据加载等步骤。

（一）数据采集

数据采集是数据处理过程的一个环节，是把分散的、没有秩序的数据收集起来，整理成用户所需要的形式，以满足数据加工和存储等需求。[②] 预防青少年新型违法犯罪数字治理场景的数据采集需要多渠道并行，以检察机关与其他国家机关的内部数据采集和面向公众开展的知情同意外部数据采集为主要采集方式，全方位收集有关信息数据。

1. 检察机关与其他国家机关的内部数据采集

内部数据的数据源来自涉密网各个业务系统，如统一业务应用平台、政务大数据中心、政务系统门户网站、政务综合平台等。但由于信息的敏感性和各部门业务的独立性，内部数据采集目前还仍处于初步阶段。公检法数据、政府部门数据交换方面，目前基本是以案件流程的形式进行数据的交流，各自建立的数据库之间缺乏共享融通，仍然无法实现数据互通。除此之外，在预防青少年新型违法犯罪数字治理场景建设过程中，重新收集同类数据，不仅无法充分发挥数据效能，还会导致数据采集工作的重复进行。因而，与其他国家机关开展数据对接工作是预防青少年新型违法犯罪数字治理场景数据收集的重要渠道。

预防青少年新型违法犯罪数字治理场景依托政务云基础设施，通过数据库对接、数据接口、人工交换、受限共享等方式实现与公安数据库、民

---

① 范菁、熊丽荣、徐聪：《分布式企业服务总线平台数据集成研究及应用》，载《计算机科学》2014 年第 2 期。

② 张复英主编：《预算会计辞典》，辽宁人民出版社 1992 年版，第 469 页。

政数据库、人社数据库、综合治理数据中心大数据平台等数据资源的信息互通共享，汇集来自公安机关、法院、司法行政部门、教育行政部门等机关单位的信息数据，建立起青少年人员库、青少年关系库和青少年行为库等统一数据库，减少重复建设，打通数据壁垒。以浙江省诸暨市"浙里预防青少年新型违法犯罪"应用为例，平台通过数据采集，归集了看守所、戒毒所、监狱服刑人员数据，强制医疗人员数据，农村留守儿童管理系统数据，救助平台数据，学生心理健康管理数据，重性精神疾病患者数据，旅馆住宿登记系统数据，婚姻登记系统数据等34个数源系统数据，在此基础之上建立起了全量青少年数据库，为普遍性预防、干预性预防和延续性预防应用场景运行提供大数据支撑。

2. 面向公众开展的知情同意外部数据采集

国家机关及各部门现有数据资源涉及青少年主体和新型违法犯罪情况，涵盖青少年人员、青少年关系、青少年人行为、青少年犯罪、新型成瘾性物质、网络赌博等各个方面，具体信息数据虽然已十分丰富但仍然不全面。另外，考虑个人信息的保护问题，部分敏感信息无法直接向各机关部门采集，需要获得本人的知情同意。因此，数字治理应用场景的数据集成还需要向社会公众采集，形成平台和社会互动的大数据采集机制。例如，在校园招聘重点领域干预性预防应用场景建构中，需要获取诸如身份证号、手机号码等高校学生个人敏感信息，数字治理应用场景建设主体应在说明数据使用目的后向学生采集信息数据。

（二）数据清洗、转换和加载

数据采集后，还需要经清洗、转换和加载，才能载入数据库，完成数据集成流程。数据清洗，即处理原始数据中的噪声数据、无关数据、缺失值、脏数据、孤立点等。① 数据转换是对数据进行合并、清理和整合，使得

---

① 王改花、傅钢善：《网络学习行为与成绩的预测及学习干预模型的设计》，载《中国远程教育》2019年第2期。

不同数据源的数据在格式和语义上一致。①数据加载是对经清洗和转换后的数据，按照预先定义好的数据仓库模型，将数据全量或增量载入事实表和维度表的过程。②

在预防青少年新型违法犯罪数字治理场景建设的数据集成工作中，由于所采集的数据来源于不同数据库，甚至还有从网络公开信息中获取的低价值密度数据，拼写错误、空值、重复值等残缺数值、错误数据、重复数据、格式不相同等问题无法避免。这部分数据需要清洗，基本方法有：属性错误清洗、不完整数据清洗、相似重复记录清洗。③数据清洗保证最终入库数据的可用性和统一性，便于数据挖掘、数据建模等，为后续更精准、智能化的数据应用（如 PTNC 驾驶舱、全量青少年数据库、各类场景应用等）提供基础支撑（见图 8）。

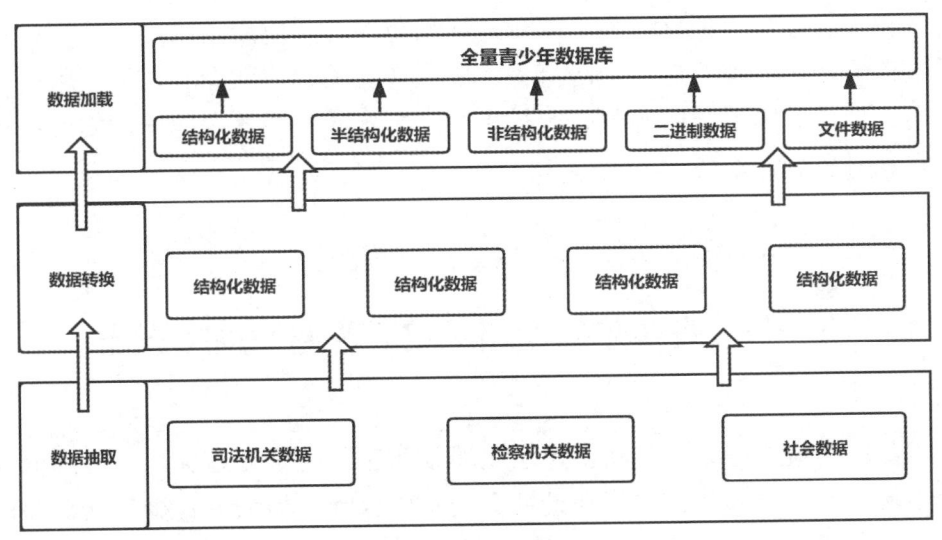

图 8　数据集成流程

---

① 霍小军、袁飚、舒春燕：《新形势下地方政府电子政务数据规划与建设研究》，载《电子政务》2016 年第 11 期。

② 霍小军、袁飚、舒春燕：《新形势下地方政府电子政务数据规划与建设研究》，载《电子政务》2016 年第 11 期。

③ 吴信东、董丙冰、堵新政、杨威：《数据治理技术》，载《软件学报》2019 年第 9 期。

第四章

青少年新型违法犯罪普遍性预防的数字治理

"普遍性预防"源于犯罪三层预防模式中的"一般预防",它包括宣传教育、被害预防、救助服务、社会交互四个方面,其中被害预防包含强制报告和入职查询两部分内容。在普遍性预防的三大应用场景中,检察机关通过搭建数字治理的初步预防流程,依托各机关部门的业务协同,借助各社会力量,形成了全面的制度运行机制,为各地开展普遍性预防实践提供了有效的制度参考。

第一节 青少年新型违法犯罪普遍性预防概述

普遍性预防是青少年新型违法犯罪预防工作的第一道关口,是降低青少年新型违法犯罪率、构建和谐社会的基础保障。加强对青少年新型违法犯罪的普遍性预防,有助于实现国家、社会对青少年的教育和保护职能,减少青少年新型违法犯罪活动的发生,保障青少年的健康成长,维护社会的安全稳定。

一、青少年新型违法犯罪普遍性预防的概念和特征

（一）青少年新型违法犯罪普遍性预防的概念

青少年新型违法犯罪普遍性预防旨在降低青少年新型违法犯罪率，由家庭、学校、国家机关、社会公众、社会组织等主体，对已满12周岁不满25周岁的全量青少年开展违法犯罪预防活动，主要包括宣传教育、被害预防、救助服务和社会交互等工作内容。

因青少年身心发育尚未完全成熟，自我控制能力较差，易受到网络信息的诱惑，再加上利用网络信息技术实施犯罪不必然要求过高的知识技能，因此，实践中青少年对犯罪技能的获取多表现为相互传授，使得青少年新型违法犯罪存在传播方式快、易实施、难以控制的特点。此外，新型违法犯罪还具有隐蔽性更强、司法机关难以及时发现的特点，故仅在其有犯罪倾向或者实施违法犯罪行为后才进行预防，无法有效控制违法犯罪行为对青少年的影响，难以实现对青少年最佳保护的效果。因此，需防范于未然，要做好源头预防、提前预防，充分利用普遍性预防的超前性特征，构建起全量青少年与新型违法犯罪行为之间的第一道屏障。

普遍性预防是指在青少年尚未出现犯罪倾向时，由社会各方面、各行业、各部门针对全量青少年在预防犯罪方面所采取的各种措施。其中普法教育和道德教育是需要特别关注的手段。[1] "一般预防"在犯罪学领域中与"临界预防""再犯预防"共同构成预防青少年犯罪的三层预防体系。[2] 刑法学领域中的"一般预防"指向刑罚的目的，通过对犯罪人适用刑罚，防止未实施犯罪的社会大众实施犯罪，其与"特殊预防"相对应。将全量青少年新型违法犯罪预防场景定义为"普遍性预防"，一方面是为了与刑法学上的"一般预防"进行区分，避免混淆；另一方面也强调了对象的"普遍性"即全量青少年，以及预防内容的"广泛性"，包括新型违法行为和犯罪行为

---

[1] 肖建国、姚建龙等：《建设和谐社会与构建预防青少年犯罪体系》，载《犯罪学论丛》（第五卷），中国检察出版社2007年版，第178—179页。

[2] 姚建龙：《论〈预防未成年人犯罪法〉的修订》，载《法学评论》2014年第5期。

两个方面。

（二）青少年新型违法犯罪普遍性预防的特征

1. 对象的普遍性

普遍性预防将青少年新型违法犯罪预防工作的关口前移，针对的对象为已满12周岁不满25周岁的全量青少年。与干预性预防和延续性预防相比，其特点在于对全部的青少年开展广泛的违法犯罪预防工作，做到全量无遗漏。其对象不仅包括已满12周岁不满18周岁的未成年人，也包括已满18周岁不满25周岁的青少年；不仅包括在校学生、工作青少年，也涵盖了辍学学生、闲散青少年等人群。

2. 预防的源头性

普遍性预防是一种超前预防手段。从犯罪成因的角度看，未成年人实施违法犯罪行为的诱因是多元复杂的，需要全面把握、系统防控。从未成年人人格发展的角度看，违法犯罪人格的形成是递进的、漫长的过程，需要动态调整、过程干预，不能因为青少年未表现出违法犯罪倾向而轻视预防工作。因此，需要在青少年违法犯罪迹象尚未发生前即采取措施，使法治力量向引导端和疏导端用力，加强对青少年教育关怀和救助服务，避免青少年因得不到合适的教育和保护而实施违法犯罪行为，从源头上有效预防青少年违法犯罪行为的发生。

3. 主体的广泛性

普遍性预防的对象普遍性和预防源头性决定了其参与主体的广泛性。一方面，普遍性预防针对的对象涵盖全量青少年，只有借助多元的社会力量，才能满足对不同类型青少年的预防需求，故参与主体包括学校、企事业单位、社区、司法行政机关等各方力量。另一方面，不同于干预性预防和延续性预防主要借助司法机关的监督、矫正措施，普遍性预防需要借助社会多元力量的广泛参与来推动相应社会政策的顺利实施，以实现源头治理，在良好的社会氛围下达到治理社会、预防违法犯罪的目的。

4. 效用的待补充性

预防违法犯罪是一个多层次、全方位的整体性实践活动，与其补救于已然，不如防范于未然。但是诱发青少年新型违法犯罪的家庭因素、社会因素、环境因素是复杂的、不断发展变化的，普遍性预防工作也不可能"包治百病"。对于预防青少年新型违法犯罪中重点领域、重点人群等工作内容，还需要"干预性预防"提前介入，对于已经实施违法犯罪的罪错青少年更需要开展"延续性预防"进行后续矫治教育以防止复犯。

二、青少年新型违法犯罪普遍性预防的理论基础

（一）新时代"枫桥经验"

1. 坚持源头治理

"源头治理"是"枫桥经验"的重要组成部分，是指从根源上防范风险、化解矛盾，在第一时间以最小成本解决问题。[①] 其优势在于抓早、溯源，通过对源头性、基础性、根本性问题的关注，实现疏源固本、标本兼治，最大限度地提升青少年的法律意识，规范个人社会行为，阻断青少年新型违法犯罪事件的发生。同时抓早才能抓小，将苗头问题在源头解决，将矛盾化解在萌芽，及时消化，防止问题进一步扩大。

普遍性预防坚持从源头预防青少年违法犯罪，其中，宣传教育通过法治教育、道德教育、心理教育、家庭教育指导的方式将法律和道德规范内化于青少年的内心，帮助青少年树立正确的行为价值准则，塑造青少年遵纪守法的处世观念，实现青少年违法犯罪的源头预防。强制报告、入职查询制度以防止未成年人从被害人向加害人转化为目的。强制报告制度要求负有特定职责的人及时向有关机关报告其发现的未成年人遭受侵害的线索，增强对未成年被害人的保护，防止其转化为加害人。入职查询将潜在的犯罪人员阻挡在与未成年人密切接触的单位之外，从避免潜在犯罪人进入容易实施犯罪的环境这一源头抑制涉青少年违法犯罪的发生。救助服务作为一种具有福利性质的青少年保护手段，能够帮助处于困境的青少年回归正

---

① 王斌通：《新时代"枫桥经验"与矛盾纠纷源头治理的法治化》，载《行政管理改革》2021年第12期。

常生活，实现社会治安稳定，防止青少年因处于生活困境无法适应社会而实施违法犯罪行为。在社会交互环节，社会大众通过收集线索，及时发现可能存在的问题，实现发现在早、防范在先、处置在小，防止问题碰头叠加、蔓延升级①，将矛盾纠纷化解在源头。因此，普遍性预防的工作内容都体现了预防青少年违法犯罪关口前移的"源头治理"理念。

2. 坚持群众路线

为了群众、依靠群众是"枫桥经验"的价值核心。②通过组织群众、发挥人民的力量，并创新群众工作方法，实现专群结合、群防群治，形成共建共治共享的治理局面。"枫桥经验"抓住了和谐社会建设的根本，把维护群众根本利益作为建设和谐社会的重中之重，引导群众以各种方式广泛参与社会治理，培养主人翁意识，培育民主和法治精神，实现了社会公众参与社会治理渠道的拓宽和社会公众对于违法犯罪预防参与度的提高，有利于在保护青少年合法权益和预防青少年新型违法犯罪工作中得到人民群众的广泛支持。

宣传教育工作需要依靠群众进行，充分利用学校、社会、司法机关的多元参与，动员全社会力量提供针对青少年的法治教育、道德教育和心理教育宣传，以及针对父母、其他监护人的家庭教育指导。在强制报告制度中，联合社会基层力量与机关单位，及时报告并掌握未成年人遭受侵害的情形，构筑社会安全防控体系，保护未成年人的安全健康。对困境青少年的救助，通过开设的服务平台、服务站点等方式综合运用全社会的力量对其提供法律咨询、就业培训、职业教育等服务。在社会交互环节充分发挥基层和群众的监督力量，动员广大群众、各相关行业及时举报身边发生的或疑似发生的涉及青少年安全问题的相关线索。社会公众作为社会的中坚力量，存在于社会的各个领域、地点与时间段，对于信息的获取最直接、最快速，能够及早发现、及早干预青少年违法犯罪行为，帮助检察机关及

---

① 中共中央党史和文献研究院：《习近平关于"三农"工作论述摘编》，中央文献出版社 2019 年版，第 131 页。

② 中国法学会"枫桥经验"理论总结和经验提升课题组：《"枫桥经验"的理论构建》，法律出版社 2018 年版，第 35 页。

时掌握相关情况并核实处理，使得侵害事件留在当地、解决在当地，减少"热搜办案"的情形，共创良好社会。

3. 贯彻"四治融合"

"四治融合"是指在基层治理中综合运用自治、法治、德治、数治四种方式，实现自律和他律、刚性和柔性、治身和治心的结合。① "四治融合"理念在普遍性预防的宣传教育工作中的体现最为突出。

首先，宣传教育工作体现了自治为基的特点。《预防未成年人犯罪法》第 25 条规定，"居民委员会、村民委员会应当积极开展有针对性的预防未成年人犯罪宣传活动，协助公安机关维护学校周围治安，及时掌握本辖区内未成年人的监护、就学和就业情况，组织、引导社区社会组织参与预防未成年人犯罪工作"，村（居民）委员会在对辍学、闲散青少年教育管理、家庭教育指导等方面都发挥了重要作用。其次，宣传教育工作体现了法治为本的特点。宣传教育以对青少年的普法教育为主，增强青少年的法治意识，减少青少年"不知法而为罪"的案件数量。再次，宣传教育工作体现了德治为先的特点。道德教育是宣传教育工作的重要内容，其通过加强青少年对社会主义核心价值观的学习，提高青少年的道德水平，增强青少年对于犯罪的自我控制能力。最后，宣传教育工作体现了数治为核的特点。宣传教育工作以线上数据资源库为平台，依托数据挖掘技术分析各类人群不同的法治需求，预测未来可能高发的新型违法犯罪类型，据此研发、提供相关宣传教育产品，提升宣传教育工作的精准性和有效性。

（二）犯罪学理论基础

"犯罪三级预防"理论中第一层次的预防主要指改善和控制有利于犯罪产生的自然和社会环境，这是普遍性预防的理论来源。普遍性预防在其基础上进一步将预防关口前移，在内容上进行了延伸。

---

① 人民日报评论员：《努力建设更高水平的平安中国》，载《人民日报》2019 年 1 月 18 日，第 1 版。

1. 自我控制理论

"自我控制理论"由戈特弗雷德森和赫希于 1990 年出版的《犯罪的一般理论》一书中首次提出,他们认为自我控制能力作为个体行为人的一种内在特质,是预测犯罪行为的唯一因素。① 在戈特弗雷德森和赫希看来,低自我控制和特定的犯罪机会最终引发了犯罪行为,其他因素要通过低自我控制对青少年犯罪发挥作用。② 杨丽珠教授将"自我控制"定义为"个体主动对自身行为以及心理加以掌握,通过对目标的自觉选定,以不受外部监督为前提,遏制冲动与诱惑,对自身行为加以控制,进而确保实现目标的一种综合系统。"③ 相比高自我控制能力的人,低自我控制的人更容易实施违法犯罪行为,有实证研究已发现低自我控制是直接诱发我国青少年通过数字信息媒介,在互联网或移动自媒体等设备平台中实施不适当、不道德或轻微违法行为的显著预测因子。④ 自我控制能力的高低与青少年的生理、心理特征以及社会因素都密切相关,在社会因素中,家庭因素又占据了最重要的地位。

提高青少年的自我控制能力正是开展普遍性预防的目标所在。宣传教育工作包含法治教育、道德教育、心理教育、家庭教育指导四方面。社会价值观的内化是自我控制能力发展的必要条件之一⑤,法治教育和道德教育帮助青少年树立正确的行为价值准则,自觉抵制诱惑;心理教育能够加强青少年对自己情绪和情感的控制、调节能力;家庭中父母的管教态度、教

---

① Gottfredsonm、Hirschit,A General Theory of Crime,Stanford:Stanford University,1990. 转引自许博洋、周由、夏一巍:《社会控制对青少年网络被害的影响——有调节的链式中介模型》,载《中国人民公安大学学报》2021 年第 5 期。
② 屈智勇、邹泓:《家庭环境、父母监控、自我控制与青少年犯罪》,载《心理科学》2009 年第 2 期。
③ 杨丽珠、吴文菊:《幼儿社会性发展与教育》,辽宁师范大学出版社 2005 年版,第 102—115 页。
④ 许博洋、周由、LennonChang:《青少年网络越轨行为的发生过程及原理——基于自我控制理论和差别交往理论的视角》,载《中国青年社会科学》2021 年第 3 期。
⑤ 屈智勇、邹泓、段晓英:《自我控制、价值观与青少年犯罪的关系》,载《青年研究》2006 年第 5 期。

育观念、家庭矛盾以及亲子沟通都直接影响孩子的自我控制能力,家庭教育指导以家长为主要教育对象,不断提高家长的教育素质、改善其教育方式,帮助营造良好的家庭氛围。抑制青少年犯罪动机的产生是增强青少年自我控制的前提,在救助服务工作中,通过向困境青少年提供法律服务、心理疏导等物质或精神上的帮助,避免陷入困境的青少年因社会适应不良而产生违法犯罪动机。在被害预防、社会交互场景中,充分发挥政府部门、企事业单位、社会公众等对侵害未成年人行为的监督作用,在保护被害未成年人的过程中提高环境空间的可视性,抑制青少年犯罪动机的滋生,提高青少年的个体法治素养,进而提升青少年的自我控制能力。

2. 被害预防理论

被害预防是指为防止青少年遭受侵害而采取的各种综合方法和措施。广义的被害预防包括对犯罪的预防和对被害的预防,因为犯罪是被害发生的主因,没有犯罪就没有被害,防止和减少犯罪行为的发生,也就防止和减少了被害的可能性和现实性。狭义的被害预防主要是指对被害人的防范。研究表明,被害人自身往往存在着某种易于诱发犯罪或被害的因素和条件,即被害性。这种被害性通过被害人的行为和活动表现出来,犯罪人在准备实施犯罪行为时,恰恰利用了被害人的这种被害性,才能使其犯罪行为容易得逞。[1] 这里所称的被害预防特指广义的被害预防。

青少年被害预防是指通过消除或分解人的行为或个性中有助于致害和犯罪得逞的消极因素,降低、减少被害可能性或被害可能性的重现来预防犯罪。[2] 涉青少年违法犯罪数据显示,被害与加害之间的动态互动关系是其犯罪行为产生的主要原因,针对青少年的犯罪的预防,主要是指被害与犯罪的互动关系,防止青少年受害人的"恶逆变"[3]。产生"恶逆变"主要包括

---

[1] 杨春洗、康树华、杨殿升:《北京大学法学百科全书:刑法学 犯罪学 监狱法学》,北京大学出版社 2001 年版,第 41 页。

[2] 陈和华:《被害性的犯罪心理学分析》,载《犯罪学论丛》2009 年第 7 期。

[3] 学界通常将这种被害人与加害人互换角色的现象称为被害人与犯罪人的角色转换,将犯罪人转换为被害人的现象称为逆向转换,并将被害人转换为犯罪人的现象称为正向转换。这种正向转换形式又被称为被害人"恶逆变"。

被害人自身、被害事实和被害救助三个方面的原因。① 首先，被害人作为受侵害的对象，是犯罪侵害后果的直接承受者。在犯罪行为发生后，被害人不仅要承担犯罪所造成的人身或财产损害后果，还易产生情感迫害，这就导致被害人原有的外在平衡和心理平衡受到巨大冲击，被害人的失衡状态持续存在。此时，被害人产生三个方面的心理需求：一是希望自己遭受的损失能得到赔偿；二是希望未来的伤害不再继续；三是希望犯罪分子受到法律的制裁。被害人实现上述需求的措施往往取决于加害者造成的侵害程度。实际上，被害人通过合法途径满足需求的可能性较小，更多被害者倾向于选择同态复仇，如此便由受害者角色转换为加害者。其次，在被害事实方面，"恶逆变"的主体主要是指持续性犯罪行为的受害人。如被囚禁的青少年，其人身自由甚至生存由加害者控制，其交往对象与情感依托甚至也是加害者，这使得被害人与加害者之间存在着极不平衡的互动关系。被害者不仅难以通过合法途径获得救济，更多因害怕报复等原因而在犯罪人的控制之中失去了合法私力救济的可能。最后，在被害救助方面，犯罪行为的隐蔽性往往是救助不及时的原因。青少年新型违法犯罪的实施场所大多是娱乐场所、网络虚拟空间等，且以虚拟财产、网络赌博等特定圈子为主，侦查机关难以主动发现，大多数青少年因救济不及时丧失了对公力救济的信心，转而采取私力救济的方式。可见，国家或社会的及时帮助对减少被害人产生"恶逆变"具有重要意义。当青少年被犯罪侵害后能够得到社会足够的关爱支持时，可以有效弥补其心理创伤。正如卡伦所说："社会支持具有缓冲器的功能；接受社会支持会培养一个人利他的观念或行为；给予他人社会支持也可以降低犯罪可能性。"②

3. 犯罪成因理论

青少年实施违法犯罪行为的原因是多方面的，并非某单一因素，而是来自家庭、学校等社会环境以及其个人心理层面，是多种因素共同作用的

---

① 兰跃军、廖建灵：《作为一种犯罪现象的被害人"恶逆变"》，载《伤害法学研究》集刊（2019年第3卷），第236页。

② 曹立群、任昕：《犯罪学》，中国人民大学出版社2008年版，第93—95页。

结果。①如德国近代刑法学李斯特教授对复杂的犯罪成因提出了犯罪二元论：个人因素和社会因素。其中，李斯特更强调社会因素对犯罪发生的作用，他指出，最好的社会政策也就是最好的形势政策。

（1）个人因素。青少年正处于人格与性格的上升期，自我意识发展较快，行为控制能力较弱，独立性和批判性思维易产生片面性和表面性倾向。在强烈的情感体验下，青少年对事物的判断力下降，加之其人生观、价值观正处于形成时期，一旦错误观念构成了青少年心理结构的核心，就将对心理结构中的其他成分产生支配和调节作用，通过行为外化后，就表现为违反社会规范的越轨行为。如果不能及时发现和纠正青少年世界观与社会现实之间的矛盾状态，这种矛盾心理的长期堆积就会以叛逆形式表现出来，久而久之养成辍学、沉溺网络游戏、与不良少年交往等行为，越来越背离社会主流人群，最终走向犯罪。

（2）社会因素。社会层面包括家庭、学校、社会等多方原因。首先，家庭结构的变化、恶劣的家庭环境以及家庭教育方式不当等原因都会导致青少年形成冷漠、粗暴等不良性格，容易被他人利用、欺骗而走向违法犯罪。其次，部分学校忽视法治教育、道德教育、心理教育，片面追求升学率，易使青少年形成畸形的人生观、价值观和世界观，缺乏自我约束能力，无法抵御社会上消极因素的影响，从而加大其实施违法犯罪行为的可能性。最后，不良社会风气、不安全的社会环境对青少年的思维、习惯和行为都有潜移默化的影响，诱使青少年滋生负面甚至病态心理，促使违法犯罪行为的发生。

综上所述，青少年违法犯罪成因是一个由多种内外因素构成的有机整体。普遍性预防作为青少年新型违法犯罪预防的第一道关口，应同时关注导致青少年实施违法犯罪行为的个人和社会因素。其中，社会预防体系，是预防、控制青少年犯罪的堡垒。社会预防是一个系统工程，家庭、社区、

---

① 罗大华、郑红丽：《青少年犯罪成因实证研究》，载《青少年犯罪问题》2008年第6期。

学校、政府部门都有责任。① 因此，在普遍性预防中，一方面，应从个人因素出发，运用宣传教育手段进行普法教育、道德教育、心理教育，提高青少年的法治和道德素养；另一方面，应大力发挥社会的引导和监督功能，充分利用家庭、学校、社区的共同教育引导青少年加强自我修养和调节，培养良好的素质；通过强制报告、入职查询手段加强社会管控，提高犯罪人进入青少年生活学习场所的难度，构建严密安全的青少年防护墙；通过救助服务、社会交互等方式建立健全对于青少年的困难帮扶和社会监督体系，构建长效的普遍预防机制。

三、青少年新型违法犯罪普遍性预防的工作内容

青少年新型违法犯罪普遍性预防，是针对全量青少年开展的一般性预防工作。根据工作内容的不同，可以分为宣传教育、被害预防、救助服务和社会交互四个部分。

宣传教育以全量青少年及其监护人为对象，以将法治理念、道德原则内化为青少年的内在行为准则为目标，通过心理教育、家庭教育指导提升对青少年的环境控制、提高其自我控制能力，开展无差别、一般性的教育和指导工作，具有普遍性预防的特征。被害预防以未成年被害人为保护对象，通过强制报告和入职查询制度，在"保护与预防的一体两面性"的指引下，向潜在违法犯罪人员进行警示和震慑，以实现对未成年人的专门保护，防止其向加害人转化。救助服务向不具有违法犯罪征兆的青少年提供求助渠道，在劳动部门、教育部门等机关部门的参与下，向青少年提供法律援助、劳动技能指导等服务，以解决其面临的困境，防止青少年滑入违法犯罪的深渊。社会交互重视人民群众的参与治理作用，以向社会公众收集侵害或可能侵害未成年人合法权益线索的方式，发挥社会力量为未成年人健康成长保驾护航，防止其实施违法犯罪行为。四类预防以不同的预防

---

① 任啸辰、吕厥中：《当前青少年犯罪的现状、成因与消解》，载《中国青年研究》2016 年第 6 期。

方式，对没有违法犯罪倾向或罪错的全量青少年开展普遍性的预防工作，全方位从源头阻断青少年违法犯罪。

（一）宣传教育

青少年新型违法犯罪普遍性预防工作中的"宣传教育"与日常所指的"普法宣传"不同，专指涵盖普法教育、道德教育、心理教育和家庭指导教育等工作内容的一种普遍性预防措施。"宣传"，即运用各种传播媒介表达一定的观点以影响他人的思想和行为的社会活动。[①]"教育"是影响他人身心发展的社会实践活动。[②]习近平总书记曾多次强调道德教育、心理教育和家庭教育指导的重要性。2014年习近平总书记在北京大学师生座谈会中指出："青年的价值取向决定了未来整个社会的价值取向，而青年又处在价值观形成和确立的时期，抓好这一时期的价值观养成十分重要。"[③]2016年在全国高校思想政治工作会议上，习近平总书记充分关切高校学生心理健康，强调"培育理性平和的健康心态，加强人文关怀和心理疏导"[④]。2018年，习近平总书记在全国教育大会上指出："家庭是人生的第一所学校，家长是孩子的第一任老师，要给孩子讲好'人生第一课'，帮助扣好人生第一粒扣子"[⑤]。因此，尽管对青少年的宣传教育一般指法治宣传教育，但道德教育、心理教育和家庭教育指导也具有青少年新型违法犯罪的预防作用，且完全符合"宣传教育"所具有的影响他人思想、行为和身心发展的特征，应当属于宣传教育的工作内容。

---

① 邱沛篁、吴信训、向纯武等主编：《新闻传播百科全书》，四川人民出版社1998年版，第20页。

② 谢剑南、范跃进：《全球教育治理的内涵、效度及中国参与路径》，载《大学教育科学》2022年第3期。

③ 徐京跃、霍小光：《习近平在北京大学考察时强调：青年要自觉践行社会主义核心价值观 与祖国和人民同行努力创造精彩人生》，载《人民日报》2014年5月5日，第1版。

④ 吴晶、胡浩：《习近平：把思想政治工作贯穿教育教学全过程 开创我国高等教育事业发展新局面》，载《人民日报》2016年12月9日，第1版。

⑤ 张烁：《习近平：坚持中国特色社会主义教育发展道路 培养德智体美劳全面发展的社会主义建设者和接班人》，载《人民日报》2018年9月11日，第1版。

宣传教育一方面向青少年开展以普法教育为主、兼顾道德教育和心理教育的宣传工作，提升青少年的自我控制力，另一方面向青少年的父母或监护人提供家庭教育指导，发挥家庭在预防青少年新型违法犯罪中的作用。具体来看，宣传教育的对象包括两类人：一是已满12周岁未满25周岁的全量青少年。针对这部分人群，各级政府、司法局、学校、村（社区）等主体应开展普法教育、道德教育和心理健康教育工作，提升青少年法治意识、道德水准，维护青少年心理健康，增强其自我控制能力。二是已满12周岁未满25周岁的青少年父母及其他监护人，尤其是已满12周岁未满18周岁未成年人的父母及其他监护人。要落实法律相关规定，为父母或其他监护人提供家庭教育指导，通过改善亲子关系、家庭氛围，形成预防青少年新型违法犯罪的家庭约束环境。

1. 宣传教育的法律依据

将宣传教育作为普遍性预防的工作内容之一，具有充足的法律和政策依据。法律层面，《未成年人保护法》第4条第6项规定，涉及未成年人事项应当将保护和教育相结合。依据本条法律规定，对于未成年人不能一味地强调保护，教育和保护是一体两面的，预防未成年人犯罪必须开展对未成年人的教育工作。《未成年人保护法》第5条、第15条、第82条，《预防未成年人犯罪法》第15条，《基本医疗卫生与健康促进法》第28条，《家庭教育促进法》等法律规定了针对未成年人的普法教育、道德教育和心理健康教育和家庭教育指导工作开展的依据。

政策方面，国务院及各部委下发了诸多相关文件。中共中央、国务院印发的《中长期青年发展规划（2016—2025年）》在预防青少年犯罪的规划部分，强调了要加强法治宣传教育。2021年教育部办公厅发布《关于加强学生心理健康管理工作的通知》（教思政厅函〔2021〕10号），要求各中小学和高校加强心理健康课程建设，培育学生积极心理品质，做好心理测评工作。2022年4月13日，全国妇联、教育部等11部门印发《关于指导推进家庭教育的五年规划（2021—2025年）》就家庭教育水平提升的重点任务作出了安排与指引。

此外，各地方也开展了一系列宣传教育工作的地方立法实践。以浙江省为例,现已出台浙江省《浙江省家庭教育促进条例》《法治宣传教育工作规定》等规范,明确了宣传教育各项工作的原则和任务安排等内容。

2. 宣传教育的具体内容

根据内容的不同,宣传教育可以具体分为普法教育、道德教育、心理教育和家庭教育指导四部分工作内容。宣传教育工作从法律、道德、心理入手,促进青少年遵纪守法,推动青少年将道德和法律规定内化为个人行为准则,增强青少年的心理素质,提高青少年的自我控制能力。同时通过对父母或其他监护人的教育推动良好家庭氛围的形成,加强对青少年的社会控制,并帮助家长以良好举止潜移默化地对青少年产生正面影响。

(1)普法教育。普法教育是在公民中普及法律常识的教育活动。[①]青少年新型违法犯罪普遍性预防中的普法教育,是向青少年普及有关新型违法犯罪的法律常识的教育活动。普法教育对于新型违法犯罪预防具有重要作用,它能够增强青少年的自我控制能力,使青少年丰富法律知识,提高守法意识,减少违法犯罪。普法教育需要行政、司法等机关部门,联合学校、村(社区)、家庭等社会力量,通过微信公众号等普法推送、AR普法课程制作、设置校园法治副校长职位、"法治进校园"全国巡讲等创新形式,开展禁毒、网络犯罪和虚拟货币等方面的法治宣传教育,帮助青少年了解新型违法犯罪的危害、学习法律知识、树立法治观念。

以禁毒教育为例,禁毒教育需依靠政府各职能部门和社会力量开展禁毒业务培训和禁毒教育,提高禁毒教育的针对性,重点开展对于青少年这一涉毒的高危群体的教育工作,彻底转变青少年关于新型毒品的错误观念,切实提高并不断强化青少年的禁毒意识。司法、行政机关应用鲜活的典型案例教育广大青少年,强化发布涉嫌毒品违法犯罪的指导性案例和普法宣传案例制度,通过以案释法、举案说法等方式,运用网络、广播、宣传栏等形式深入开展普法宣传活动。需要充分发挥各大门户网站、"两微一端"等新媒体的影响力,多层次、多角度、立体化开展毒品违法犯罪预防宣传,

---

[①] 胡健:《中小学法制教育的价值、目的及基本内容》,载《教学与管理》2013年第27期。

用典型案例引导、用警示教育作品发声，切实提升预防宣传的效果。有关部门应组织力量编写供学生阅读的防毒、禁毒教育读物，在各类学校中开设正规的禁毒教育课程、讲座，提高青少年辨认毒品、抵制毒品、预防毒品侵害的意识和能力。

村（社区）借助"无毒社区"的建设，持续深入地开展新型毒品预防宣传教育。一方面，改善社区公共娱乐场所的文化氛围，把具有潜在吸毒倾向的高危人群吸引到健康的文化娱乐活动中来。另一方面，加强对村（社区）禁毒工作的组织领导，强化村（社区）组织在宣传普及禁毒知识、普查发现吸毒、贩毒情况等方面的职能，积极利用传统媒体和新媒体向青少年特别是流动、闲散青少年开展禁毒教育和法治教育，增强青少年对毒品相关法律法规的了解，号召青少年远离毒品和毒品违法犯罪。

（2）道德教育。道德教育是在一定社会里，一定阶级或社会集团，将自己的道德原则和规范，有计划、有组织地施加给人们，使人们接受这种道德原则与规范，转化为自己的内心信念和道德品质，从而在实际行动中，自觉地维护一定阶级或社会集团的利益的道德实践活动。[①] 道德教育通过提升青少年道德品质增强其自我控制力，以潜移默化的力量让青少年远离新型违法犯罪。在社会快速发展的背景下，瞬息万变的社会环境产生了多元的社会价值观。面对不同价值观的比较和选择，青少年心智尚不成熟，需要思想道德教育的引导才能培育积极向上的价值观，将社会主义核心价值观内化为自身行为准则。

我国通过向未成年人免费开放爱国主义教育基地、历史遗址教育基地等公益文化设施，向在校学生开设思想品德等道德教育课程等方式，取得了青少年道德教育的较大成果。当前，社会、家庭和学校三方未能形成道德教育合力，导致道德意识和是非观念模糊青少年，可能被三方所述不相同甚至冲突的道德内容所困扰，这极易造成道德教育成果流失。单独依靠某一主体开展道德教育工作无法实现道德教育的目标效果，对青少年的道

---

① 杨春洗、康树华、杨殿升主编：《北京大学法学百科全书·刑法学 犯罪学 监狱法学》，北京大学出版社2001年版，第103页。

德教育需要调动学校、家庭等社会各方力量以形成道德教育合力。以网络违法犯罪为例，学校、家庭和村（社区）都需要在各自负责的领域加强对青少年群体的金钱观、生命观、伦理道德教育，通过人格养成教育使青少年自觉地遵守作为一个公民必须具备的道德准则，同时加大计算机技术知识和电子信息网络技术知识的普及力度，培养青少年对计算机和电子信息网络的正确观念。通过三方合力，使青少年充分认识到网上世界是现实世界的一部分，意识到在网上世界的一切行为都必须遵循现实社会中既有的道德规范和法律制度。

（3）心理教育。根据教育部1999年8月13日发布的《关于加强中小学心理健康教育的若干意见》，中小学心理健康教育是根据中小学生生理、心理发展特点，运用有关心理教育的方法和手段，培养学生良好的心理素质，促进学生身心全面和谐发展和素质全面提高的教育活动。青少年新型违法犯罪普遍性预防中的心理教育，是根据青少年生理、心理发展特点，运用有关心理教育的方法和手段，通过培养青少年良好的心理素质，促进青少年身心全面和谐发展和素质全面提高，增强青少年的自我控制能力，以防范青少年因心理问题走向犯罪。

心理健康和犯罪之间具有十分密切的关联。从青少年个人意志来看，青少年有时缺乏明确的目标和宏伟的指向，意志力容易消沉，一旦遇到挫折和困难，涉世未深的青少年就可能不知所措、一蹶不振，进而自暴自弃，走向违法犯罪的深渊。从青少年的心理需求来看，青少年对于个人能力、家庭环境等方面都有着一定的要求和渴望，当要求和渴望难以满足时很容易产生负面情绪。以对亲情的心理需求为例，父母离异等家庭结构特殊的青少年可能无法获得来自父母的真挚关怀，这很容易造成青少年缺乏归属感和安全感，产生孤独感和社会排斥感。这些悲观情绪极易成为违法犯罪的心理诱因。根据实证研究结果，我国青少年的精神卫生状况不容乐观，这部分人群行为问题检出率已接近20%。[①] 因此，对青少年开展心理教育既

[①] 原所秀：《关于青少年犯罪新动向及预防对策的探讨》，载《辽宁警察学院学报》2020年第2期。

有违法犯罪预防的必要性，也具有情势的紧迫性。在普遍性预防的宣传教育工作中，需要各主体有针对性地开展心理健康教育，打消大众对心理教育的偏见，教导青少年正确对待挫折、及时调节情绪，增强自我控制能力。

（4）家庭教育指导。家庭教育指导是指由家庭外的社会组织及机构组织的，以家长为主要对象，以提高家长的教育素质、改善其教育行为为直接目标，以促进青少年身心健康成长为目的的一种教育过程。①

家庭教育得当与否，对青少年的心理意识的形成具有决定性作用。家庭是预防青少年犯罪的前沿阵地，然而当前家庭教育存在教育方式不当、亲子关系不良等问题，可能对青少年的人格完善产生负面影响。以诸暨市为例，在2019年以来的诸暨市未成年人违法犯罪案件中，单亲家庭、留守儿童等问题家庭占 50% 以上，且大多存在不同程度的管教失当、管教不力、教育缺失等情况。通过宣传教育为家庭提供家庭教育指导，能够防止家庭对青少年新型违法犯罪预防产生负面影响，发挥家庭的力量实现普遍性预防。

家庭教育指导包括家庭监护指导和亲职教育两方面的教育内容。一方面，家庭教育指导教导父母及其他监护人发挥家庭的引导、教育作用。"犯罪的预防要从未成年人做起，而对未成年人的工作则须从家长做起"②，有效的家庭监护在预防未成年人犯罪方面发挥着不可替代的作用。青少年缺乏自律性，强制性措施、立法技术以及网络技术往往无法真正发挥效用，需要家长对青少年的引导和监护。以网络违法犯罪为例，家庭教育指导帮助家长了解和掌握青少年使用网络的用途、教导家长如何协助青少年分配网络的使用时间，防范青少年沉迷网络和不当使用网络；同时向家长提供有关网络违法犯罪法律知识和防范方式的课程指导，帮助家长为青少年及时过滤网络有害信息。另一方面，家庭教育指导针对父母及其他监护人开展亲职教育，教授家长养育子女的理念、知识和技能。良好的家庭教育方式、

---

① 李洪曾：《近年我国学前家庭教育的指导与研究》，载《学前教育研究》2004年第6期。

② 李玫瑾：《从犯罪心理学角度分析他为什么犯罪？》，载《人民公安》2013年第20期。

家庭氛围能够加强对青少年的社会控制，降低青少年实施新型违法犯罪的倾向。各级政府、政府各部门、司法机关、学校、社区和相关社会组织等主体，可以发挥各自在家庭教育指导中的作用，为父母及其他监护人提供科学完备的家庭教育指导，帮助父母及其他监护人改变不科学的教育方式，加强与青少年的沟通交流，营造良好的家庭氛围，以促进家庭教育的科学化。

（二）被害预防

被害预防是以未成年人的父母或其他监护人，以及与未成年人密切相关的单位和工作人员为对象，以保护未成年人为出发点，通过赋予特定主体法定义务、限制具有特定违法犯罪记录的人员从事与未成年人密切接触的行业，防止未成年被害人向加害人转化，实现违法犯罪预防目的的普遍性预防方式。

保护与预防是一体两面的，被害预防通过保护未成年人开展预防工作。具体来看，主要包括强制报告制度和入职查询制度两部分，前者以高效的社会监督为手段，加强了社会的可视性，增强对涉未成年人违法犯罪的威慑力，以遏制潜在违法犯罪人员的犯罪冲动，实现对未成年人的保护。后者通过阻止具有违法犯罪记录的人员从事与未成年人密切接触的行业，从源头上防范针对未成年人的违法犯罪行为，保护未成年人合法权益。

1. 强制报告制度

强制报告制度的主体是对未成年人权益保护负有特定职责的人，包括未成年人的父母或其他监护人和与未成年人密切接触的单位及其工作人员。①这类主体在日常生活或工作过程中发现未成年人身心健康受到侵害、疑似受到侵害或者面临其他危险情形时，应当立即向有关机关报告，及时

---

① 依据《未成年人保护法》第130条之规定，与密切接触未成年人的单位是指学校、幼儿园等教育机构；校外培训机构；未成年人救助保护机构、儿童福利机构等未成年人安置、救助机构；婴幼儿照护服务机构、早期教育服务机构；校外托管、临时看护机构；家政服务机构；为未成年人提供医疗服务的医疗机构；其他对未成年人负有教育、培训、监护、救助、看护、医疗等职责的企业事业单位、社会组织等。

关护帮助未成年被害人，防止其转化为加害人。

强制报告制度源于《未成年人保护法》第4条确立的特殊、优先保护未成年人的基本原则。在这一原则之下，《反家庭暴力法》第12条和《未成年人保护法》第20条强调了对于父母或其监护人不得采取暴力侵害的教育以及对于未成年人的保护职责。《未成年人保护法》第11条赋予了对于密切接触未成年人的单位及其工作人员在发现未成年人疑似遭受侵害时的强制报告职责义务，以及在未成年人出入旅馆、酒店等公共场所或实施违法犯罪行为应及时报告并联系其父母或监护人的保护职责。最高人民检察院等9部门联合颁布的《关于建立侵害未成人案件强制报告制度的意见（试行）》（以下简称《强制报告意见》）进一步细化明确了强制报告制度的单位职责、报告内容以及法律责任等内容。

强制报告制度符合未成年人利益最大化的原则。强制报告行为的对象局限于未成年人，主体却扩大至与未成年人密切接触的单位及其工作人员，首先是因为未成年人作为特殊群体，对其进行的保护不仅局限于遭受侵害后进行的救助和心理疏导等措施，还包括其遭受侵害前的提前预警和干预程序。根据未成年人受侵犯的秘密性、严重性等特点，通过设立强制报告制度这一特殊安排，来实现对未成年人的平等法律保护。其次，未成年人社会生活经历较少、生活范围较小，因此对其进行侵害的多是与其有着密切联系甚至是具有亲缘关系的人。该类犯罪行为具有较高的隐蔽性和较长的持续性，为此，国家为保护受侵害的未成年人、实现未成年人的利益最大化，通过国家公权力介入的方式[①]，强制要求与未成年人有密切接触的单位及工作人员在发现未成年人疑似遭受侵害的情况下向公安机关等机关部门报告。此外，"与未成年人密切接触"一词既限定了主体范围，强调了与未成年人相关的鲜明特点，又表明了其涵盖范围的广泛性，高度覆盖了未成年人利益最大化的要求。同时，对于侵害未成年人的情形采取"列举+概括"的方式，呼应了《未成年人保护法》第3条的规定，实现了对未成

---

① 自正法:《侵害未成年人案件强制报告制度的法理基础与规范逻辑》，载《内蒙古社会科学》2021年第2期。

年人生命、健康、发展权等权利的实质对接。最后，未成年人遭受侵害，表明其处于不良的生活环境中，长期以往将直接影响到未成年人的行为方式、价值观等行为价值准则的养成，强制报告制度及时进行帮助干预、加强社会的救助关怀，能够减少不良生活环境对未成年人实施违法犯罪行为的推动、暗示作用。

当前强制报告制度实践中呈现出了责任主体不明晰、报告内容不细致、报告时间不及时等现实问题。《强制报告意见》第4条第9款采用兜底式立法技术规定了严重侵害未成年人身心健康的"其他"情形，为报告内容预留了弹性空间。因此，可以在数字治理平台中丰富新型违法犯罪内容，针对近年来社会关注度高、影响大的热点、难点问题，并结合司法实践中出现的典型案例进行"等外"拓展探索，以弥补列举规定的不足，进一步丰富强制报告的具体内容。同时，将强制报告制度与校园内信息系统平台相链接，强化信息沟通，形成完善的协同工作机制。

2. 入职查询制度

入职查询是指检察机关联合法院、公安机关、教育部门等部门，通过对密切接触未成年人的单位的工作人员进行风险隐患排查，禁止曾实施过性侵害、虐待、拐卖、暴力伤害等违法犯罪行为的人员从事与未成年人密切相关的职业，从源头处阻断他们对未成年人犯罪的可能性。[①]

未成年人保护法和《关于建立教职员工准入查询性侵违法犯罪信息制度的意见》为入职查询制度的建立提供了法律依据。首先，《未成年人保护法》第62条、第98条、第126条、第130条规定了国家建立性侵害、虐待、拐卖、暴力伤害等违法犯罪人员信息查询系统，并向密切接触未成年人的单位提供免费查询服务，禁止上述犯罪人员从事密切接触未成年人的职业。其次，最高人民检察院联合教育部、公安部发布《关于建立教职员工准入查询性侵违法犯罪信息制度的意见》，明确中小学校、幼儿园新招录教职员工前、教师资格认定机构在授予申请人教师资格前，应当进行性侵

---

① 《未成年人保护法》第98条规定："国家建立性侵害、虐待、拐卖、暴力伤害等违法犯罪人员信息查询系统，向密切接触未成年人的单位提供免费查询服务。"

违法犯罪信息查询。对具有性侵违法犯罪记录的人员，不予录用或者不予认定教师资格，把"大灰狼"挡在校园之外，有效预防性侵未成年人犯罪发生。

当前，我国各地针对教职工准入查询性侵违法犯罪作出了较为全面的尝试。针对性侵害未成年人犯罪重犯率高、熟人作案比例高的特点，2016年5月，浙江省慈溪市人民检察院制定《性侵害未成年人犯罪人员信息公开实施办法》。随后，上海市闵行区人民检察院探索建立入职查询新路径，于2017年8月在全国率先建立涉性侵害违法犯罪人员限制从业机制，收集辖区内近5年涉性侵害违法犯罪人员名单及基本情况，建立"黑名单"信息库。辖区内与未成年人有密切接触的行业招聘时，在信息库中进行查询比对，对于有前科的人员不予录用。此后，江苏淮安淮阴区、浙江宁波鄞州区等地检察机关均探索建立相应制度。2019年2月，最高人民检察院印发《2018—2022年检察改革工作规划》要求"建立健全性侵害未成年人违法犯罪信息库和入职查询制度"，进一步推动这项探索。此后，上海、重庆、贵州、河南等省级检察院先后推动建立性侵害未成年人违法犯罪信息库和入职查询制度。

（三）救助服务

救助服务的针对的对象是青少年群体。在青少年陷入困境、主动向外界寻求帮助但又没有具体明确的渠道时，救助服务部门可向其提供法律咨询、权益维护等法律帮助或者对困境青少年实施救助等服务，构建起系统的青少年保护工作体系。

救助服务以《未成年人保护法》第3条、第97条、第104条为法律依据，充分保障了未成年人的生存权、发展权、受保护权、参与权等权利。青少年正处于青春期以及社会上对青少年风气的整体评价较低等因素导致大多青少年在遭遇困难时，不敢或不愿向外界求助，而是选择通过网络匿名发帖的方式寻求网友的帮助。但网络环境鱼龙混杂，极易使本就处于困境中的青少年在畸形价值观的影响下作出错误的选择，滑入违法犯罪的深渊。因此应当适应青少年倾向于网络求助、依赖网络的特点，开设线上咨询和困难求助渠道，并采取匿名的方式保护青少年的隐私和人格尊严。通过开设服务热线、服务平台、服务站点等方式，结合行政机关和社会基层主体的力量共同为青少年开展一般性的法律帮助服务和心理疏导服务等；联合司法机关和法律援助机构为青少年提供针对性的一对一式的法律援助、司法救助等；并同时对未成年人的律师开展指导和培训，以符合未成年人身心特点的方式开展救助服务。

在这其中，社会流动青少年的就业困难等问题尤为重要，因为流动青少年大多来自偏远农村或者经济落后地区，文化程度低，甚至没有完成义务教育①，对社会信息接收慢，甚至可能伴有自卑心理，因此要加强关注帮扶，保障受教育权、畅通流动青少年诉求帮助渠道，积极有效地开展对青少年的法律咨询、维护权益、司法援助等工作，如追索工钱、追讨侵害赔偿等法律服务，降低流动青少年因合法权益受侵害而无法及时维护产生的无助感，避免报复性犯罪心理的滋生。中共中央、国务院印发的《中长期青年发展规划（2016—2025）》也明确提出要对于有就业意愿、存在就业困难的青少年提供就业援助、落实免费公共就业服务，创新就业信息服务方式方法，注重把解决思想问题与解决实际问题相结合。对其社会化过程中出现的不适情况，及时干预调整，针对不同青少年求助内容的不同，加强对其情绪和心态的研究、管控和疏导，引导青少年形成合理预期，主动防范和化解群体性社会风险。

（四）社会交互

社会交互也称社会调查，是借鉴"枫桥经验"中人民主体这一核心要义，依托广大人民群众，充分发挥社会公众的监督力量，接收来自社会成员反馈的不利于青少年身心健康或侵犯未成年人合法权益的各类线索，对青少年新型违法犯罪及侵害青少年权益案件及早发现、及时治理，高效及时地保护青少年，是预防青少年新型违法犯罪的普遍性预防工作方式。

---

① 朱磊：《流动青少年犯罪时多处闲散状态》，载《法制日报》2013年10月2日，第1版。

依据法律根据的不同，可以将社会公众的举报线索大致分为针对侵害青少年的举报线索和对于密切接触未成年人的不良环境的举报线索。《未成年人保护法》第11条为社会公众的线索举报和途径提供了法律依据，第57条、第58条、第59条、第60条则特别规定了针对未成年人密切接触的场所的线索举报制度，比如对于学校周边设置的酒吧、网吧等营业场所、向未成年人销售烟酒的经营店铺，社会公众有权向主管部门举报。传统的线索举报以热线、短信、邮寄等方式为主，存在信息延时性高、实践应用性低、消息阻塞片面等缺陷。以学校为例，当在校学生受到侵害或者出现校园欺凌现象时，学校大多隐瞒不报，采取"大事化小、小事化了、不了了之"的措施，后续的监管和责任落实不力，使受侵害青少年得不到及时救助、违法犯罪青少年逃脱法律制裁，进而激发违法犯罪心理。因此需要通过社会公众的自然监视等线索举报制度，在强制报告主体不履行相关责任义务时，及时发现与青少年具有亲缘关系的人的高隐蔽性的侵害行为，加强对青少年的保护工作，向青少年提供救助服务。

社会交互通过国家机关与社会公众的互动，极大地调动了人民群众的积极性，充分发动人民群众的力量，随时随地对侵害未成年人的行为及环境开展监督，既能够及时处理已发生的侵害行为，保护被害未成年人；同时又能提高环境空间的可视性①，通过社会公众的自然监视加强社会控制力，遏制青少年内心潜在的犯罪冲动，防止侵害行为的发生或进一步扩大，把全社会打造成安全可控的空间。社会交互制度本质上是社会公民参与社会治理的体现，是共治共建共享在普遍性预防中的适用。青少年作为社会公众的一部分，在该制度下积极参与社会治理，可以提高自身的参与感、归属感，自觉提升对于维护社会环境的信心和责任感，降低实施违法犯罪行为的可能性。与此同时，在全社会的自然监视之下，社会公众对于侵害青少年行为和环境的高度警惕和关注，实质上提高了环境的文明程度，保障了具有潜在犯罪倾向的人不会实施违法犯罪行为，而且文明的环境也会使得犯罪现象逐渐减

---

① 曾敏玲、毛媛媛、廖良：《"问题修复"和"提前介入"：法国广场设计中对环境犯罪预防的探索及其启示》，载《国际城市规划》2020年第3期。

少，提升社会治理的信心。①

第二节　青少年新型违法犯罪普遍性预防应用场景的建构

普遍性预防在青少年新型违法犯罪预防中发挥着不可替代的作用。运用技术手段，根据普遍性预防的工作内容，可以针对全量青少年构建起包含宣传教育应用场景、帮扶监督应用场景和入职查询应用场景的青少年新型违法犯罪普遍性预防应用场景。

一、宣传教育应用场景的建构

（一）宣传教育应用场景概述

宣传教育应用场景通过数字技术归集各地特色青少年学习资源，建立网络平台集成数据资源库，采用线下线上相结合的手段开展对青少年个人的普法教育、道德教育、心理教育和对青少年父母及监护人的家庭教育指导，并为主管部门提供监督社会力量宣传教育工作落实的便利渠道。

1. 宣传教育应用场景的内容

宣传教育应用场景的内容具体包括两方面。一方面，提供法治教育、道德教育、心理教育和家庭教育指导四类教育学习资源库；另一方面，为有关机关部门监督和社会力量宣传监督工作的开展情况提供便捷平台。

2. 宣传教育应用场景的优势

和传统普遍性预防中的宣传教育相比，宣传教育应用场景有四方面的优势。

其一，传统宣传教育方式的资源来源往往较为分散，宣传教育应用场

---

① 伍德志：《论破窗效应及其在犯罪治理中的应用》，载《安徽大学学报（哲学社会科学版）》2015年第2期。

景集成了来自检察院、法院等司法机关和行政部门的信息资源，吸收了社会中宣传教育的优秀成果，能够提供集成性普法教育、道德教育、心理健康教育和家庭教育指导的资源数据库，有效破解以往普法资源分散、普法资料零散、普法成果难以长期展示等困局，实现平台一站式学习。

其二，传统宣传教育方式凭借经验主义对青少年开展统一化教育，缺乏科学性和针对性，宣传教育平台不仅能够按照不同年龄、学历、性别、专题类型向青少年提供学习资源，还能运用大数据挖掘预测未来新型违法犯罪类型，并根据预测情况有针对性地开展预防工作。

其三，传统宣传教育方式的教育效果只能凭经验估计，无法量化，而宣传教育平台可以较为直观地监测学习对象的学习情况，通过与违法犯罪数据的比对分析能清晰明了地展现宣传教育工作的实施效果。

其四，传统宣传教育中社会力量的宣传义务并不能得到有效监督，学校、村（社区）等单位的宣传教育工作流于形式。宣传教育应用场景提供宣传教育情况的定期报告模块，为各主管部门开展对社会力量履行宣传教育义务情况的监督工作提供便利。

（二）宣传教育应用场景的具体建构

宣传教育应用场景构建包含四类教育资源的宣传教育线资源数据库，通过线上学习平台向青少年及其家长提供四类教育课程，并为主管部门设置监督社会力量宣传工作落实情况的功能模块，实现宣传教育工作的数据治理。

1.搭建宣传教育资源数据库

平台可以整合四类教育资源，设置违法犯罪预防专题学习模块。一方面，推动平台与中国庭审公开网、中国裁判文书网等网络平台的信息共享，建设全国统一的法律、法规、规章、行政规范性文件、司法解释和党内法规信息平台，及时更新数据，免费向公众开放。汇集公安、检察院、法院等司法机关和行政部门的宣传教育资源，建立起涵盖四类教育内容、覆盖新型毒品违法犯罪、网络违法犯罪、虚拟货币违法犯罪等新型违法犯罪预防的宣传教育资源库。另一方面，鼓励公众创作个性化的优质宣传教育作品，并吸收到宣传教育资源数据库中，向青少年、父母及其他监护人提供更有趣的学习课程。以浙江省绍兴市诸暨市的具体实践为例，诸暨市为了开展预防青少年违法犯罪的宣传教育工作，汇聚了1963法润直播、护苗行动等青少年普法资源，以及红色文化学习、革命历史传承等道德教育资源，有效破解了以往宣传教育资源分散、资料零散、成果难以长期展示等困局。

2. 提供宣传教育课程

平台可以向青少年、父母或其他监护人和与青少年关系密切的单位提供宣传教育课程。首先，平台向青少年提供法律法规查询和新型违法犯罪法治教育、校园欺凌防治教育、网络素养宣传教育等普法教育、道德教育、心理健康教育课程，并以学习测试检验青少年学习情况，利用大数据可视化技术实现青少年参与宣传教育计划从制订到考评考核的过程闭环。其次，平台向父母或其他监护人提供家庭教育指导学习资料，提供有关青少年心理健康、思想道德发展、良好行为的形成、良好亲子关系的建立、家庭氛围的营造等各方面的专题内容指导，创建帮助未成年人父母或其他监护人提高监护能力、增强保护意识的综合学习平台。

结合线下宣传教育工作，平台为学校、村（社区）等具有宣传教育义务的主体提供宣传教育在线预约通道，预约上课时间、上课地点、课程内容，选择法治教育讲师，并告知受众年龄、性别、人数等，实现"菜单式"预防，通过平台线上定制教育课程。广州市人民检察院开发的"检爱同行"智慧未检平台即提供了"法宣预约"功能，学校可以通过该功能提交法治基地、法治宣讲的预约申请，并指定法治宣讲的主体和课程形式。[①]

3. 开展宣传教育监督

宣传教育的开展工作不能仅依靠行政机关和司法机关，学校、村（社区）等社会力量在青少年违法犯罪预防工作中具有重要地位。宣传教育应用场景可以设置宣传教育成果报告模块，要求具有宣传教育职能的主体定期在单位客户端上汇报期间内的履职情况（上报的时间期限可由有关机关

---

① 《"检爱同行"智慧未检平台是啥？能干啥？带你秒懂！》，载微信公众号"广州检察"2020年5月21日，https://mp.weixin.qq.com/s/A_b4UTtXLa9gA6HOeg5-MQ。

具体制定文件予以明确），可同时要求上传证明材料。在宣传教育主体上报履职情况后，定期推送至各主管机关，便利各机关开展监督管理工作。根据平台推送的各个单位宣传教育效果和教育开展情况，相关部门可以将宣传教育情况纳入年终考核，确保各单位落实宣传教育工作。以学校为例，预防未成年人犯罪法第 23 条的规定，教育部门应当将预防犯罪教育的工作效果纳入学校年度考核内容。学校定期向平台报告宣传教育工作后，平台将各个学校的宣传教育汇报内容推送至教育部门。教育部门通过平台监督可视化考核各学校宣传教育工作开展情况，通过制定年度考核标准将开展情况量化纳入年度考核内容。

4.宣传教育应用场景中大数据技术的运用

在宣传教育应用场景的构建中，应注重通过对数字技术的运用，提升宣传教育的针对性。

（1）运用新技术分析各类人群不同的法治需求，提高宣传教育产品供给的精准性和有效性。根据学习人员年龄、身份、学历、专题类型等特征，提供具有针对性的虚拟货币违法犯罪、新型毒品违法犯罪等宣传教育课程内容。

（2）预测未来可能高发的新型违法犯罪类型，针对性设置教育课程。充分利用大数据分析方法，强化动态大数据应用挖掘。宣传教育应用场景构建需要收集违法犯罪判决文书等数据材料、百度等搜索引擎的搜索关键词频次等公开数据，利用聚类分析、相关关系分析等大数据算法开展全景数据挖掘，全面准确地分析青少年新型违法犯罪的具体情况，预测青少年群体中未来可能高发的新型违法犯罪类型。根据这一预测结果，动态设置宣传教育学习内容，提升平台宣传教育课程的针对性。

（3）利用数字技术了解青少年宣传教育课程需求。根据交互的犯罪预防观，法治宣传的课程提供需要了解青少年、父母及其他监护人群体自身的教育需求。除线上线下问卷调查等传统手段外，还可以运用大数据分析搜索引擎关键词、App 下载量等数据，分析青少年群体密切关注的法律、道德、心理健康和家庭教育问题，针对性设置对应的课程专题。

5.数据安全和个人信息保护

在宣传教育资源数据库建设和宣传教育工作监督过程中需要注意数据

安全和个人信息的保护。在数据库的存储中需要做好数据安全防范工作,防止数据库被入侵,信息资源被删除、更改,或增添具有负面影响的学习资源。在平台用户注册后,还需要对用户注册用的个人信息保密,防止被恶意攻击或非法拷贝。

二、帮扶监督应用场景的建构

(一)帮扶监督应用场景概述

帮扶监督应用场景依托科技赋能,充分发挥数字治理的技术优势,搭建数字化治理平台。在该平台中,根据信息来源主体的不同,可以分为救助服务、强制报告和社会交互三个子应用场景,贯彻"枫桥经验、源头检察、融合式监督"的工作内涵。

1. 帮扶监督应用场景的内容

(1)救助服务模块。通过在线咨询、互动留言等方式,积极为有求助需求的青少年提供帮助,解决面临的问题,其下设法律帮助子场景和困难求助子场景。法律帮助子场景主要为青少年提供权益维护和法律咨询等相关帮助服务,青少年可通过应用平台咨询涉及切身利益或者相关权益保护相关的问题,由未检部门的检察官实时进行一对一解答。此外还可以通过平台实时查看检察机关发布的信息动态,学习相关的法律法规、典型案例、精品法治课程等,增强自我保护的能力。困难求助子场景主要提供就业帮助、职业培训、心理疏导等救助服务,对于青少年面临的就业问题、心理压力、焦虑等困境进行"一对一"救助疏导服务。开展普及性培训和"一对一"辅导相结合的创业就业培训活动,完善政策咨询、融资服务、跟踪扶持、公益场地等孵化功能。

(2)强制报告模块。主要针对未成年人的父母或其他监护人和与未成年人密切接触的单位及其工作人员。在日常生活或工作过程中发现了未成年人疑似面临危险情况时,可以将相关的线索上传至数字化治理平台,在检察机关核实处置时,应当积极协助和配合。

（3）社会交互模块。主要开设"随手拍、随时传"功能，减少了传统举报制度中烦琐的程序，操作简便，任何组织或个人在发现存在不利于未成年人身心健康或者侵犯未成年人合法权益的情形时，都可以将相关线索进行拍照记录，从而上传至该数字化治理平台。

2. 帮扶监督应用场景的优势

（1）数字化治理平台具有动态预测的优点。平台依托智能化、大数据可视化技术和相关关系分析等手段，对涉及青少年违法犯罪行为的信息以及救助服务的内容倾向等进行整合分析，阶段性地总结青少年不同时期违法犯罪行为的特征并将其纳入普法资源库，对青少年的普法教育内容进行动态更新，实现青少年新型违法犯罪的全面系统预防。

（2）数字化治理平台具有便利和花费少的优点。平台提供线上青少年求助渠道和公众举报渠道，通过数据传输的方式解决问题、展开救助、进行保护，节约了时间成本，减少了面对面交流中的阻碍。

（3）数字化治理平台有效创新了社会公众的参与方式。线索举报模块具备随时随地举报线索的特点，相较于传统的举报模式，借助互联网信息技术，构建网格化管理和即时举报的模式，极大地提高了公民参与社会治理的积极性。

（4）建立统一的数字化治理平台契合了信息的时效性特点，实现信息的互联互通。救助服务模块中的一对一线上帮扶高效及时地解决了青少年的困惑；强制报告和线索举报模块可以在第一时间发现和掌握青少年疑似遭受侵害的情形，便于后续的提取、固定证据等，在有效保护青少年的同时，遏制相关违法犯罪行为的蔓延。

（5）数字化治理平台有效提高了部门间协同工作的效率。相较于传统部门之间壁垒多、过程长、时间慢的交流模式，数字化治理平台通过网上数据传输促进各部门的协同交流和职责监督，满足了数字时代职责最清、公示最透、反应最快，多元化参与、闭环化流转、精细化管理、亲情化服务、数字化支撑、刚性化考核等对青少年新型违法犯罪预防工作的总体要求，有效缓解了传统交流模式的困境。

（二）帮扶监督应用场景的具体建构

帮扶监督应用场景通过打通部门工作壁垒，将预防关口再前移，充分发挥基层和群众的监督力量，实现信息互联互通，构建集信息收集、分流处理、跟踪监督等功能于一体的闭环数字化青少年违法犯罪预防平台（见图1）。

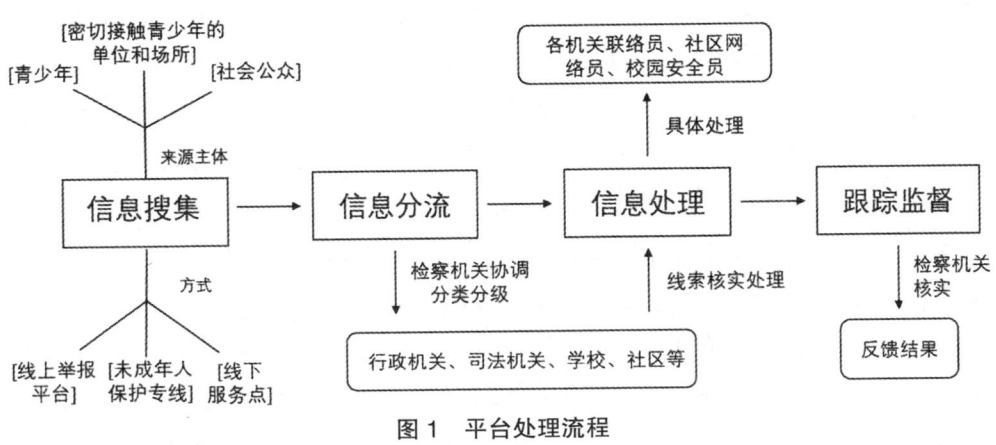

图 1　平台处理流程

1. 信息收集

（1）信息收集的方式。信息收集的方式为建立"热线+网络+线下站点"全覆盖的线索收集渠道，全面收集涉青少年违法犯罪的报告信息。如开设未成年人保护专线或利用12345市长热线，将热线收集到的青少年求助信息以及后续的处理流程与数字化治理平台共享同步，实现一站式服务、全平台应用。

（2）信息收集的来源。救助服务模块为需要帮助和救助的青少年主动申请国家机关和其他有关单位的帮助提供线上渠道。数字化平台通过收集相关的青少年困难救助问题信息，在社会组织、学校、医院、社区及村委会设立线下服务站点，为青少年提供法律咨询、维权帮助、困难救助等，加强未成年被害人综合多元救助，在服务站点分配信息员，将了解收集到的青少年求助信息录入至数字化治理平台，完善数据库信息。以困难救助应用子场景为例，困难救助应用子场景为被害青少年提供救助渠道，针对青少年在被侵害后不敢告知家长、不敢正式报案等情形，平台设置"树洞"功能或者救助通道，鼓励未成年人倾诉自己受到的侵害。通过预设常见侵害选项及引导词，根据未成年人勾选反馈的侵害类型，告知未成年人受到侵害后的正确做法，如遭受性侵后不要清洗身体、保留内裤衣物等证据、拍摄现场照片、及时报警等引导未成年人勇于保护自我，并进行第一时间的心理疏导安慰。值得注意的是，由于该功能内容的重要性与紧急性，必须实名注册才能使用。针对帮扶监督模块，各地都进行了相应的探索，例如当前实践中"一站式"办案机制建设被广泛应用。全国共建成未成年被害人"一站式"询问、救助办案区1622个，累计完成询问15671人。重庆、云南、江苏、上海、浙江等地均形成较为成熟的"一站式"办案机制和工作模式。全年共开展司法救助1.1万件，发放救助金1.6亿元，协助提供生活安置7471人次，开展心理疏导17638人次。①

强制报告模块中的信息，来源于负有特定职责的国家机关及其工作人员通过该平台报告的有关未成年人疑似受到侵害的相关线索。未成年人的父母或者其他监护人发现未成年人身心健康受到侵害、疑似受到侵害或者其他合法权益受到侵犯时，除向公安、民政、教育部门报告之外，还可选择通过平台报告了解到的相关信息线索及时采取保护措施。密切接触未成年人的单位及工作人员在工作中发现未成年人身心健康受到侵害、疑似受到侵害或者面临其他危险情形的，应当立即向公安、民政、教育等有关部门报告。尤其是民政部门、医疗机构、居（村）委会等机构。对于密切接触未成年人的单位及其工作人员，不要求其对线索、情形进行核实后报告，也不要求其线索必须符合《关于建立侵害未成年人案件强制报告制度的意见（试行）》第4条列举的情形，而是存有怀疑即可报告。医疗机构、旅馆酒店可以采取在诊疗系统中以及入住人员信息系统中嵌入报告技术模块的方式，在发现疑似未成年人遭受侵害的状况时应当保持高度警惕，按规定书写、记录和保存相关病历、随行人员信息资料，并自动上传至该平台，为检察机关将相关线索分流至公安机关或者直接进行核实处置节约时间成

---

① 《未成年人检察工作白皮书（2021）》，最高人民检察院2022年6月发布。

本、提高预防质量。如湖州市试点推广的医疗机构强制报告制度，医生在填写未成年人诊疗记录时，系统会自动弹窗，出现强制报告自动预警单元，医生必须进行线上勾选和填写，否则无法进入下一流程。①

社会交互模块通过群众的"随手拍、随时传"功能向平台提供有关青少年遭受侵害或违法犯罪的线索。用户在发现未成年人被侵害事件后，可通过专区实时上传图片、视频、现场定位等线索信息，对于侵害未成年人的情形进行即时举报，系统接收后将第一时间进行转处分流。此外还可通过主管部门要求学校、医院、村居委、娱乐场所等密切接触青少年的单位和场所，在发现青少年从事吸食新型成瘾性物质、电诈、套路贷等新型违法犯罪及疑似受到性侵、校园欺凌、家庭暴力等被侵害线索时，及时通过平台进行举报。依托社会组织、学校、医院、社区及村委会设立线下服务站点，安排专人受理登记信息，全面收集涉未成年人的投诉举报信息。借鉴浙江经验，创设支付宝"检察监督线索举报"和微信"童心守护"小程序②，加速科技赋能，畅通线索发现渠道。

2.信息分流

发挥平台服务窗口功能和转接职能。平台收集线索后，对信息初步筛选归类，剔除要素不全、无价值的信息。在此过程中可借助大数据技术，针对平台收集到的数据，通过数据分析技术对数据进行检测、清洗、转换、建模等处理，并提出结论和决策支持。③根据涉及侵害青少年的行为类型和危害青少年身心的严重程度等进行分类分级，对于分类后的数据信息自动分流至对应部门处理。在该过程中，通过对海量数据的收集分析而后分流，利用数据挖掘技术对处理后的数据进行分析得到规律，进而可以建立预测模型并进行验证和评价。为防止遗漏，可同时设置管理员在平台自动分流

---

① 《浙江湖州：借力数字智慧压实强制报告责任》，载正义网 2022 年 6 月 2 日，https://news.jcrb.com/jsxw/2022/202206/t20220602_2408907.html。

② 《全国首个！杭州检察机关推出侵害未成年人线索举报小程序》，载国务院妇女儿童工作委员会网 2020 年 1 月 16 日，https://www.nwccw.gov.cn/2020-01/16/content_278570.htm。

③ 李思辰、张公社、纪国法：《基于大数据挖掘技术的页岩气井压裂液产出规律分析》，载《科学技术与工程》2019 年第 25 期。

的基础上手动调整派发。

对于一般性的法律咨询、心理问题疏导等信息，可以进行简单的直接答复。涉及法律帮助、司法援助等复杂问题的可安排面询商谈。比如，对收集到的仍在就学或未完成九年义务教育的未成年人信息，平台将学生名单推送到教育部门，由教育部门监管学校对辍学学生进行劝返，并配合平台对该未成年人开展重点教育。针对需要就业帮助的青少年，由劳动部门提供职业能力培训，同时严格查处无营业执照或者未经依法登记、备案的单位及其非法使用童工等非法用工行为。对于专业性强或是存在对应工作职能部门的信息，平台将其转介至对应部门并设置联络员提醒机制，及时对相关信息进行核实处理。例如，在针对未成年被害人因犯罪侵害造成的心理创伤开展心理救助工作时，联合医疗机构的心理门诊、心理卫生协会，共同组建"涉案未成年人心理援助中心"，开展危机干预、心理疏导，疗愈心理创伤。对遭受犯罪侵害而陷入经济困境的被害人，与其他部门联动开展经济救助和司法救助。对于严重侵害青少年相关权益的，检察机关内部送达至相关的部门或者联动公安机关对该信息核实处理。如某市检察院在接到区救助站儿童督导员线上反映的北田街办 6 岁智障儿童宋某某遭遗弃案后，第一时间转公安临潼分局北田派出所、北田街办联合调查取证，后宋某某被父亲妥善安置。

3. 信息处理

依据《未成年人保护法》第 11 条的规定，有关部门在接收到检察机关转介流入的涉及未成年人的线索后，应当及时受理、核实、处置，对于青少年遭受侵害的信息，应当及时联系父母或者其他监护人询问相关的情况，发现未成年人父母或者其他监护人不依法履行监护职责，或者侵害未成年人合法权益的，应当予以训诫或者责令其接受家庭教育指导。经教育仍不改正，情节严重的，应当依法依规予以惩处。

各成员机关单位应当安排专门的联络员，社区内设置网格员，校园内设置安全管理员等，实现家庭—校园—社区—机关的联动机制，对流转入的线索进行核实、调查、处理，在规定期限内将报告线索的处理结果上传至数字治理平台，告知管理员。后续根据主要的线索类型进行分类处理，对于家庭监护缺失的信息处理，检察机关在平台接到有关家庭监护缺失的举报线索并经核实处置后，可以通过平台发送"督促监护令"，加强对家庭监护的监督。发挥社区的基层网格化管理作用，通过社区网格员的走访摸排、信息掌握情况等工作，对青少年遭受侵害的情形进行初步核实，并将相关材料上传至数字化治理平台，同步抄送至公安机关，为公安机关立案侦查提供初步材料，提高侦查效率。公安机关在立案侦查后应当依照法定程序固定、收集证据，同时加强与检察机关的联系和配合，将处理结果及时上传平台，并通过提醒机制告知检察机关的工作人员，对处理结果进行监督反馈。通过数据化平台的一站式处理，提高各机关之间沟通联系的效率，保质高效地处理有关青少年的线索信息。对于未成年人被害的相关信息，公安机关应当及时核实处置，依照法定程序，及时、全面收集固定证据。对于严重侵害未成年人的暴力犯罪案件、社会高度关注的重大、敏感案件，检察机关与公安机关应当加强办案中的协商、沟通与配合，通过平台确定并联系报案人员或者单位，调取指控犯罪所需要的处理记录、监控资料、证人证言等证据时，相关单位及其工作人员应当积极予以协助配合，并按照有关规定全面提供。对于群众举报的关于危害未成年人的不良环境相关的线索，检察机关应当根据该不良环境所处的地点、具备的性质等联合其他国家机关、人民团体、社会组织、企业事业单位、居民委员会、村民委员会、学校、家庭等各负其责、相互配合，共同做好预防未成年人犯罪工作，及时消除滋生未成年人违法犯罪行为的各种消极因素，为未成年人身心健康发展创造良好的社会环境。

此外，在信息处理过程中，由检察机关指派专人登记初核建立台账并严格保密。[1] 联络员、网格员、安全管理员等对接收到的侵害未成年人线索，签订信息保密协议，严禁通过互联网或者以其他方式进行传播。对违法窃取、泄露报告事项、报告受理情况以及报告人信息的，依法依规予以严惩。

---

[1] 《检爱同行共护未来》，载《西部法制报》2021年6月5日，第4版。

4. 跟踪监督

通过数字化治理平台可以即时高效地实现信息处理与监督反馈，实现信息处理的科学化，对于青少年相关的线索信息处理提质增效。

对于平台汇集整理的信息，有关机关、社区、学校等将分流的信息处理结果上传至平台后，检察机关应当对该结果进行核实查证，并将反馈结果上传，提醒相关的部门、社区、学校及时整改。同时，检察机关与各部门业务衔接，进一步明确涉青少年线索的受理、移送和答复流程，严格执行"七日内回复、三个月答复"的相关规定[①]，对处理过程进行跟踪监督、对处理结果反馈评价。后台专设"事项信息管理数据库"，每一条线索处理进程中按节点自动跳出"质量评价"栏，提醒相关部门即时查看检察机关对其处理结果、流程作出的包括质量等级、特殊建议等方面的滚动式评估，提升平台服务精准度，构建起上下一体、协作联动、及时有效的工作格局。

对于检察机关下派的线索信息，检察机关应当进行跟踪监督，平台对超期未处理的任务进行预警提示，预警后仍未处理的由检察机关督促办理。要强化责任落实，提升监督力度，采取多种方式督促家庭、学校、社区加强管理、严格执行相关制度。针对线索处理中发现的共性管理问题久置不理或者对于检察机关的结果反馈不进行整改的，平台设置预警标识，检察机关根据标识，通过线上线下相结合的方式，针对公职人员存在的不重视线索处理工作、不按规定对线索进行核实处理、立案侦查的情形，先通过平台发出预警提醒，其预警机制设立三级警示标志。在三级警示后，相关单位人员仍不处理或整改的，根据其情节、后果等情况，依法对相关单位人员问责，情节严重的，移送纪检监察机关调查处理，同时发送检察建议予以书监督纠正。

此外，对于因及时报告使未成年人得到妥善保护、犯罪分子受到依法惩处的，公安机关、人民检察院、民政部门应及时向其主管部门反馈相关情况，单独或联合给予相关单位、机构、组织或个人奖励、表彰。以医疗

---

① 王春霞：《建设专门法治通道　强化未成年人司法保护》，载《中国妇女报》2019年10月28日，第1版。

机构的强制报告为例，在医疗机构的强制报告制度中，当医生将未成年人的就诊信息在前端填录完成后，异常诊疗记录会自动进入数据分发平台，第一时间线上向公安机关推送报案信息，并同步推送检察机关监督、卫健部门备案。公安机关接收到信息后，将会按照报警程序启动调查核实，在未成年人权益保护部门接到报告后，首先要对报告的事件进行核实登记，并采取将未成年人强制带离家庭、寻求寄养家庭、对父母进行教育培训等措施，直到未成年人受到的侵害危险被解除。当前这一领域较为先进的做法主要是诸暨市人民检察院开发的"浙里预防青少年新型违法犯罪应用"平台下设的"检助"子平台，该平台可全面统一收集涉青少年新型违法犯罪的线索报告信息，流转至对应部门处理；同时，向社会公众提供法律咨询、家庭教育指导、困境青少年救助、权益维护以及教职工入职查询等服务[①]，构建起横向到边、纵向到底的青少年保护工作体系，对青少年新型违法犯罪及侵害青少年权益案事件实现了及早发现、及时治理。

三、入职查询应用场景的建构

（一）入职查询应用场景概述

入职查询应用场景是指由检察院牵头，联合公安、法院、教育、人社、卫生等部门，通过统一的侵害未成年人违法犯罪入职查询平台，依托数字信息技术建立的覆盖全国具有性侵害、虐待、拐卖、暴力伤害等前科违法犯罪人员的免费信息查询系统。平台采用分级分类管理方法，建立违法犯罪人员总库与各类违法犯罪人员信息分库，为相关单位提供便捷查询方式。

1. 入职查询应用场景的内容

入职查询平台主要面向司法机关、行政职能部门、司法社会服务中心、未成年人法定代理人等人员，提供在线申请查询、形成人员信息清单、统计各地区分布等功能。其主要内容包括两方面。一方面，为与未成年人密

---

① 杨蔚平：《预防青少年新型违法犯罪，"浙里"有"神器"》，载《浙江法制报》2022年3月17日，第2版。

切接触的各单位提供员工职业资格准入查询；另一方面，检察机关联合公安机关、法院、教育局、人社局、卫生局等部门对用人单位已入职人员定期开展从业资格审查，就其中发现的存在违法犯罪记录、不具备从业资格的人员，建议教育部等部门依法及时处理。在建立数据库和提供查询过程中提升信息化水平，打破数据信息壁垒，形成可复制、可推广的性侵害等违法犯罪信息入职查询机制，破解打击滞后、保护不及时等问题。设置隔离带，把好入职关，积极构筑未成年人健康成长的"防火墙"，为推进市域治理体系和治理能力现代化展现检察担当。

2. 入职查询应用场景的优势

相较于公开违法犯罪人员信息，建立信息查询系统进行入职查询更具合理性。信息查询系统不会产生违法犯罪人的信息遭受泄露等问题，该信息库仅对特定人员开放仅供入职查询使用，对犯罪人员的信息保护比较到位，不会对其家庭及子女造成伤害，同时可以明确地把有性侵害、虐待、拐卖、暴力伤害等前科的违法犯罪人员排除出特定职业，效果显著。当前已经步入大数据时代，检察机关只有不断破除数据壁垒，才能促进智能化、专业化、现代化建设，实现新时代检察工作在参与基层治理中的质量变革、效率变革、动力变革。入职查询平台运用大数据自动甄别、收集违法犯罪人员信息，实现信息共享和检察机关的日常监督。同时，其架设了信息互通、数据共享的桥梁，推动司法机关业务协同一体化应用平台以及与行政机关之间"两法衔接"平台建设，实现数据在各部门之间的共建共享，减少重复劳动，提高办事效率。

（二）入职查询应用场景的具体建构

入职查询应用场景中，检察机关会同公安机关、法院、教育部门、卫生部门等部门，建立覆盖全国的具有性侵害、虐待、拐卖、暴力伤害等违法犯罪前科人员的基本信息数据库，并向用人单位及主管行政部门提供违法犯罪人员基本信息免费查询服务。入职查询应用场景的建构包括建立数据库、信息查询、信息公告及个人信息保护四个模块。

1. 建立数据库

检察机关通过与公安机关、法院等机关部门的密切合作，依托全国"公安重点人员动态管控系统"和"全国违法犯罪人员信息资源库"等数据库筛选侵害未成年人的违法犯罪人员的信息，并与法院裁判文书网加以整合，建立覆盖全国的有性侵害、虐待、拐卖、暴力伤害等前科的违法犯罪人员基本信息数据库，向密切接触未成年人的用人单位及其主管行政部门提供免费查询服务。

违法犯罪人员基本信息数据库应当涵盖犯罪人员及被害人全面详细的信息，主要包括基本信息、识别信息、犯罪信息和保护信息。基本信息包括犯罪人员的姓名（别名、曾用名等）、性别、出生日期、身份证号、民族、籍贯、住所地、经常居住地、工作单位等。识别信息是指犯罪人员的生物识别信息和一般的体貌特征信息，包括照片、指纹、血型、文身、毛发、DNA 样本以及体表特征等。犯罪信息是指犯罪人经过正式审判后定罪的具体信息，包括刑事起诉书、刑事判决书等刑事诉讼文书记载的信息，以及逮捕、起诉、审判、宣判等刑事程序的准确时间信息，还包括假释、缓刑或社区矫正的起止时间和状态等信息。保护信息是指犯罪人侵害对象的相关信息，包括被害人的信息、家庭关系与社会关系等。[①]

在数据共享融通方面，为避免出现共享渠道不畅通、数据标准不统一等问题，可以借助区域青少年一体化保护格局，与政府职能部门、学校、企事业单位等行业开展深入合作，在充分利用公安机关的打防控系统、宾馆入住信息系统和基层的网格巡查系统等多系统数据的基础上，以地区时空数据共享平台建设为契机，利用该平台能汇聚身份信息、交通、住宿、就医、教育、环境等数据的优势，形成涉未成年人信息数据资源池，通过关键词提取、智能筛选、自动流转、分析研判进行入职查询平台建设，实现准入资格查询流程畅通、问题发现处置及时、保护监督全覆盖。

在数据库收集范围方面，为全面保护未成年人身心健康，应收集至少

[①] 刘军：《性犯罪记录制度的体系性构建——兼论危险评估与危险治理》，知识产权出版社 2016 年版，第 91—92 页。

近10年的因强奸、强制猥亵、侮辱、威胁拐卖儿童、虐待、故意伤害未成年人等犯罪行为被处以刑罚或因猥亵行为被行政处罚的人员信息。同时，数据库的构建需要整合已有和后续的侵害未成年人犯罪信息。对于已有的信息，应充分利用现有资源，将相关信息录入数据库；对于后续的信息，应建立规范化的录入规则，要保证数据库的及时性和更新性。① 此外，入职查询数据库的建立，可以为国家犯罪记录数据库的建立积累经验，未来国家犯罪记录数据库建成后，入职查询数据库将成为其子数据库。以诸暨市人民检察院的"检助"平台为例，该平台建立了覆盖全国的有性侵前科违法犯罪人员基本信息数据库，将因强奸、强制猥亵、猥亵儿童判刑人员统计入库，以及强奸、强制猥亵、猥亵儿童不起诉人员和因猥亵受行政处罚人员。同时，为密切接触未成年人的用人单位及主管行政部门提供查询服务，包括学校拟聘用人员入职前查询、教职工在职查询和教师资格准入查询。这一信息库共有信息约37万条，涵盖近10年内18—60周岁因强奸、猥亵儿童等犯罪行为被处以刑罚或因猥亵行为被行政处罚的不具有从业资格的人员信息。

2.信息查询

（1）查询对象。入职查询的对象是指对未成年人负有监护、教育、培训、救助、医疗等特殊职责的企事业单位、社会组织行业内的从业人员。上述行业主要包括学校、幼儿园等教育机构；特殊教育、专门职业等校外培训机构；未成年人救助保护机构、儿童福利机构等未成年人安置、救助机构；婴幼儿照护和未成年人早教服务机构；校外托管、夏令营等临时看护机构；为未成年人提供医疗服务的医疗机构等。行业内的从业人员应以"与未成年人有密切接触"为标准来确定，这里的"接触"是指人与人之间的物理性接触。具体可分为四类：一是工作内容本身直接为未成年人服务，如教师、儿科医生、婴幼儿护理人员、保姆等；二是工作场所是与未成年人有密切接触的，如学校的教辅人员、食堂工作人员、清洁人员、修理人

---

① 田刚：《性犯罪人再次犯罪预防机制——基于性犯罪记录本土化建构的思考》，载《政法论坛》2017年第3期。

员、校内装修工人等；三是与未成年人有定期或者经常性接触的，如校车司机、学校保安、小区门卫、儿童福利机构工作人员等；四是从事与未成年人相关但无接触可能性的工作，如受聘于学校但是工作地点不在学校的人事管理、网络服务等工作人员等。①

（2）查询主体。未成年人所在村（社区）、教育培训机构等和未成年人监护人等负有未成年人保护、监管责任的相关单位或者个人，可以向检察机关提出书面入职查询申请。司法机关、教育局等行政机关在审查相关人员从业资格时，应当查询确认其有无实施性侵、虐待、拐卖、暴力伤害未成年人行为的犯罪记录。

（3）查询形式。查询形式分为依申请查询和依职权查询。依申请查询包括两种模式，一是检察机关将实体查询中心设在12309检察服务中心大厅，相关单位或个人既可以在线下查询中心申请查询，也可以通过微信公众号、小程序、计算机PC端提交线上查询申请。查询中心工作人员获得权限后，输入被查询人的姓名、身份证号等信息，系统自动生成被查询对象在规定时间内有无实施性侵、虐待、拐卖、暴力伤害未成年人的信息。二是相关单位提交查询申请后，由检察机关或者教育部门直接将查询结果通过邮件或者网络平台反馈给用人单位。单位或个人对查询结果有异议的，有权提出异议，检察机关或教育部门应及时处理。依职权查询中，司法机关、行政机关等部门直接对用人单位的已入职人员定期开展从业资格审查，就其中发现的违法犯罪前科、不具备从业资格人员，建议教育部门等部门依法及时处理。

针对信息查询这一制度，当前全国多地已初步探索出经验。如浙江省诸暨市人民检察院对于从事未成年人服务的教育单位、培训机构、医疗机构、救助机构、青少年活动中心等与未成年人有密切接触的单位或者部门，加强入职人员审查，严禁录用有涉性侵违法犯罪记录的人员。又如宁波市鄞州区人民检察院在全国首创"检医合作、检警一体"未成年人一站式办

---

① 余频：《我国性侵害未成年人犯罪入职查询的制度构建》，载《山东青年政治学院学报》2019年第6期。

案机制、"鄞州智慧未检"等基础上,针对多地探索实践中只收录本辖区性侵害犯罪信息的不足,加强与公安和法院的合作,2019年4月联合九家单位出台涉性侵害违法犯罪人员信息查询工作制度,率先建立覆盖全国的涉性侵害违法犯罪人员基本信息数据库,规定辖区内与未成年人密切接触的单位或者部门,应当对入职人员加强审查,对有涉性侵害违法犯罪记录的人员严禁录用。

(4) 查询内容。入职查询内容是指有查询权的单位或个人可通过违法犯罪人员基本信息数据库获取到的信息范围。犯罪记录查询范围与犯罪记录数据库的录入范围是两个概念,并不是数据库的所有数据都可以被随意查询。我国入职查询制度的内容可以根据犯罪人员的行为危害程度和再犯危险性分等级确定。对于最严重等级的犯罪人员,相关单位或个人可以获取其最全面详细的信息,包括犯罪行为的种类、情节,以及与未成年人安全相关的违法行为、犯罪时主观罪过等。在此过程中应当有限制地提供保护信息,以确保查询对象无再次侵害未成年人的可能。由于保护信息会涉及个人隐私特别是未成年人的个人隐私,因此出于保护隐私权的考虑,对于次严重等级的查询对象,单位或个人一般不可获取保护信息。对于最轻级,单位或个人可获取的信息应限于当事人的基本信息和从事相关工作的资格和能力信息。①

3. 信息公告

对符合条件的实施特别严重性侵害、虐待、拐卖、暴力伤害未成年人的犯罪人员,通过各发文单位的门户网站、微信公众号、微博等渠道对其个人信息进行公开,方便公众随时查询,预防未成年人再次受到侵害。

4. 个人信息保护

首先,在制定入职查询具体实施办法时,应严格限制查询单位身份,一般由学校、机构等单位向检察机关提出申请,检察机关在规定期限内将查询结果书面告知单位。个人进行查询时,应注意对违法犯罪人员个人信息的保

---

① 余频:《我国性侵害未成年人犯罪入职查询的制度构建》,载《山东青年政治学院学报》2019年第6期。

护，检察机关应让其签署保密协议并告知泄露隐私信息的法律后果。其次，应对单位或个人获取的信息设置一定有效期，超过有效期的信息即失去证明效力，需要再次提交申请。最后，信息技术部门应注意违法犯罪个人信息数据库的网络安全和数据安全。设置防止非法入侵数据库、篡改违法犯罪人员身份信息数据的技术措施和保密措施，实时监控，防止个人信息泄露。

第三节 普遍性预防应用场景的工作机制

普遍性预防应用场景的建设和运行有赖于国家机关的依法履职和社会力量的广泛参与。青少年新型违法犯罪的普遍性预防应用场景建设，需要建立宣传机关、行政机关和司法机关之间的部门业务协同工作机制，建立包含家庭、学校、村（社区）、社会组织与企事业单位和最广大人民群众等主体的社会力量参与机制，并注重借助网格化管理制度推动社会多元主体和机关部门在普遍性预防工作中的协同。

一、业务协同工作机制

（一）宣传机关的业务协同工作机制

宣传部是主管意识形态方面工作的综合职能部门。[1] 在普遍性预防应用场景建设中，宣传部牵头开展思想道德教育，和卫生部门共同牵头开展心理健康教育。宣传部牵头协同检察机关、司法行政部门、卫生部门、教育部门等司法机关、行政部门推动有关道德教育和心理健康教育的宣传教育资料数据库建设，牵头协同各机关部门运用宣传教育应用场景平台做好青少年爱国主义教育等道德教育和心理健康教育工作，同时推进未成年人保

---

[1] 《中宣部是中共中央主管意识形态工作的综合职能部门》，载国务院新闻办公室网，http://www.scio.gov.cn/xwfbh/xwbfbh/wqfbh/2010/0630/zy/document/688182/688182.htm。

护法律法规和政策措施的宣传工作，引导全社会树立未成年人特殊优先保护理念。

（二）行政机关的业务协同工作机制

1. 司法行政部门的业务协同工作机制

司法行政部门负责制定法治宣传教育规划，组织实施普法宣传和对外法治宣传工作。在青少年新型违法犯罪普遍性预防的普法教育工作中，司法行政部门牵头协同法院、检察院、教育部门等其他普法成员单位进行宣传教育场景建设，积极开展法治宣传活动。首先，司法行政部门牵头主导宣传教育应用平台的建设、运行、迭代、推广，制定平台建设、运行所需制度文件，做好相关制度体系、理论体系的梳理。协同公安机关、法院等机关部门汇集来自各部门的违法犯罪人员信息、裁判文书信息数据，运用大数据分析预测新型违法犯罪趋势，有针对性地开展青少年法治宣传教育工作。其次，司法行政部门协同公安、检察院、法院、教育部门组建多部门联合普法讲师团及社会志愿者组织，通过平台法宣预约功能向学校、社区等普法主体提供宣讲服务。再次，司法行政部门牵头开展法治教育工作，做好网络安全教育。最后，司法行政部门在应用场景建设中设置便利监督的功能模块，为行政机关督促指导各普法主体的普法工作完成情况、检察机关监督各行政机关督促指导工作的完成情况提供便利渠道。

在被害预防、救助服务和社会交互工作中，司法行政部门配合宣传部、检察机关、卫生部门、民政部门等牵头机关部门的工作，开展普遍性预防工作。在检察机关的牵头下，司法行政部门帮助建立完善的违法犯罪人员数据库。对于帮扶监督应用场景分流的法律援助任务，司法行政机关要完善未成年人法律服务体系建设，加强未成年人法律援助工作，依法对需要法律援助的未成年人给予相应帮助。

2. 卫生部门的业务协同工作机制

卫生部门负责协调、督促指导、组织推进有关疾病预防、医疗照护、心理健康和关怀服务等事关青少年身心健康的工作。在宣传教育工作中，卫生部门和宣传部共同牵头开展青少年心理健康科普网站建设，协同教育部门等机关部门开展青少年心理健康教育。①

在被害预防、救助服务和社会交互工作中,卫生部门配合牵头机关部门督促指导医疗机构及其工作人员履行侵害未成年人案件强制报告职责。对于受到侵害或心理健康状况存在风险的青少年,卫生部门根据帮扶监督平台分流的各项任务,指导各地做好未成年人心理健康服务,组织开展未成年人心理咨询和诊疗等卫生健康服务。

3. 妇女儿童工作委员会的业务协同工作机制

妇女儿童工作委员会②牵头开展家庭教育指导工作。根据《家庭教育促进法》第6条之规定,县级以上人民政府负责妇女儿童工作的机构负责组织、协调、指导、督促有关部门做好家庭教育工作。各级妇女儿童工作委员会是家庭教育促进法中所称县级以上人民政府负责妇女儿童工作的机构③,其牵头协同公安、司法行政、人力资源和社会保障、文化和旅游、卫生健康、市场监督管理、广播电视、体育、新闻出版、网信等有关部门在各自的职责范围内做好家庭教育工作。

4. 民政部门的业务协同工作机制

在被害预防、救助服务和社会交互工作中,民政部门配合检察机关等牵头部门的工作,针对农村留守儿童、孤儿等困境青少年,督促指导基层群众性自治组织、未成年人救助保护机构、儿童福利机构、社会工作服务机构履行强制报告职责;对于被遗弃或处于长期无人照料状态的未成年人,及时进行临时生活照料;对于因监护侵害行为或者监护缺失而导致陷入生活困境的未成年被害人及家庭,及时给予临时救助或落实低保等社会救助

---

① 2016年国家卫生计生委、中宣部、中央综治办等部门联合发布的《关于加强心理健康服务的指导意见》(国卫疾控发〔2016〕77号)规定:"卫生计生部门牵头心理健康服务相关工作,制订行业发展相关政策和服务规范,指导行业组织开展工作,并会同有关部门研究心理健康服务相关法律及制度建设问题。"虽然卫生计生委已被撤销,但其工作内容被卫生健康委员会承接,青少年心理健康教育工作应由卫生部门牵头进行。

② 妇女儿童工作委员会是政府内设负责妇女儿童工作的议事协调机构,办公室设在妇联。

③ 郭夏娟、郑熹:《国外反家庭暴力政策框架变迁及其对我国的启示》,载《浙江大学学报(人文社会科学版)》2017年第2期。

政策；督促指导基层群众性自治组织、未成年人救助保护机构、儿童福利机构、社会工作服务机构落实工作人员违法犯罪记录准入查询和定期查询制度。

5.教育部门的业务协同工作机制

教育部门配合牵头机关部门开展青少年新型违法犯罪普遍性预防工作。

在宣传教育工作中，在司法行政部门、卫生部门、宣传机关、妇女儿童工作委员会的牵头下，教育部门要运用宣传教育应用场景平台，通过法治宣传活动督促指导学校加强学生和教师的普法教育、网络安全教育和日常行为规范教育，把思想品德教育和心理健康教育列入各类学校教学内容。教育部门还要建立健全家庭、社会、学校教育相互配合的宣传教育工作机制，督促指导学校加强在校青少年心理健康教育，构建德智体美劳全面培养的教育体系。同时，教育部门也要配合司法行政部门组建多部门联合普法讲师团及社会志愿者组织，提供法宣预约的讲师团资源。

在被害预防、救助服务和社会交互工作中，教育部门督促学校等教育单位落实侵害未成年人案件强制报告制度；针对平台分发的有关未成年辍学、校园周边不良环境的线索，做好青少年的权益保护工作；持续推进控辍保学工作，帮助留守、困境、残疾青少年接受义务教育，综合治理校园周边环境；统筹、指导下级教育部门及教师资格认定机构实施教职员工准入查询制度；督促指导学校、幼儿园等教育单位加强安全管理和工作保障，做好教职员工准入查询和定期查询违法犯罪记录工作。

6.人社部门的业务协同工作机制

人社部门配合检察机关开展被害预防、救助服务和社会交互工作。对于帮扶监督应用平台收集和分流的有关青少年就业困难的信息，人社部门提供就业帮助；对于非法用工的信息，人社部门监督查处用人单位非法招用童工的行为；对招收已满16周岁不满18周岁未成年人的用人单位的劳动时间、强度等条件是否符合国家规定进行监督；为未成年人提供良好的工作社会环境，保障未成年人合法权益；在入职查询工作中，指导密切接触未成年人的用人单位落实入职查询制度，对从业人员入职时开展准入查询，定期查询在职人员违法犯罪记录。

(三)司法机关的业务协同工作机制

1. 检察机关的业务协同工作机制

检察机关基于法律监督职能推进业务协同。在普遍性预防应用场景中检察机关以牵头组织为主,主要负责组织协调建立统一数据库、协调监督各部门开展青少年新型违法犯罪普遍性预防工作,这也是检察机关法律监督职责的体现。

(1) 在帮扶监督和入职查询应用场景中,由检察机关牵头,协调其他部门共同开展相关工作。在帮扶监督应用场景中,检察机关牵头,协同各部门开展强制报告、救助服务和社会交互工作。在帮扶监督应用场景中的业务协调大致分为检察机关牵头进行线索收集和信息处理工作两种情况。第一,检察机关牵头进行线索收集。检察机关运用平台设置强制报告、救助服务、社会交互线索收集渠道,协同教育部门、民政部门、卫生部门收集需要关爱、帮护的青少年信息。尤其是对于强制报告线索,检察机关对于负有强制报告义务的单位及其工作人员负有全程的监督义务,协调各部门建立联席会议机制,明确强制报告制度中各部门单位的联系人,畅通联系渠道,加强工作衔接和信息共享,推进、完善侵害未成年人案件强制报告制度,通过检察建议书等方式督促有关部门、密切接触未成年人行业的各类组织及其从业人员严格履行报告义务。第二,检察机关牵头协调信息处理工作。检察机关通过平台协同其他部门开展被害预防、救助服务和社会交互工作,通过应用平台任务推送功能,牵头协调各个单位部门对职责范围内的青少年开展救助服务和违法犯罪人员处置工作。全面落实"一号检察建议"①,加强与教育部门等主体的沟通配合,落实"一站式"办案机制和工作模式,加强对被害未成年人的综合多元救助。检察机关对于帮扶监督应用场景中信息处理的流程、结果负有法律监督义务,根据帮扶监督平

---

① 2018年10月,最高人民检察院向教育部发送高检建〔2018〕1号检察建议书。这是最高人民检察院认真分析办理的性侵幼儿园儿童、中小学生犯罪案件,针对校园安全管理规定执行不严格、教职员工队伍管理不到位,以及儿童和学生法治教育、预防性侵害教育缺位等问题,历史上首次以最高人民检察院名义发出的检察建议。

台任务，全程跟踪监督公安机关、司法行政部门、教育部门等机关部门的任务完成情况。对于未成年人监护人怠于履行监护责任的信息，检察机关根据情节轻重，通过批评教育、训诫、发出"督促监护令"、开展家庭教育指导、启动监护权撤销程序等方式督促履行监护职责。

在入职查询应用场景中，检察机关牵头，协同公安机关、法院、司法行政部门等机关部门建立完善的违法犯罪人员数据库，通过建立普遍性预防统一数据库，减少重复建设，打通数据壁垒，为入职查询应用场景的平台构建提供数据支持。建立教职员工等特殊岗位入职查询性侵害等违法犯罪信息制度，保障入职查询制度在学校、医院等单位的落实。加强与公安、教育等职能部门的配合协作，建立统一协调的联络制度，明确查询程序，由检察机关与各部门对接并出具查询结果告知书。同时，检察机关监督各部门履职情况，因未查询或主管部门怠于履行管理监督职责的，造成已在"信息库"人员再次实施侵害未成年人违法犯罪行为的，检察机关应追究相关人员责任。

此外，检察机关协同各机关部门开展应用推广工作，对其他各机关应用推广的全过程依法进行监督。检察机关协同公安机关、司法行政部门、教育部门等机关部门推广宣传教育、帮扶监督和入职查询应用平台，监督各机关部门应用宣传推广的职责履行情况。

（2）在宣传教育应用场景中，检察机关主要起协作配合作用。在司法行政部门的牵头下，检察机关为宣传教育应用场景平台提供相关数据，助力大数据分析预测新型违法犯罪趋势，协助司法行政部门组建普法讲师团及社会志愿者组织，建设宣传教育应用场景平台。利用宣传教育应用场景平台，检察机关发布青少年新型违法犯罪典型案例，以案释法开展新型毒品等新型违法犯罪普法教育工作，突出法治教育宣讲重点，丰富宣讲形式，研发建设"标准化""菜单式"课程库，促进法治宣传教育提质增效。

在妇女儿童工作委员会的牵头下，检察机关在办理涉未成年人案件中全面开展家庭教育指导工作，开展家庭教育评估，对存在主体意识不强、教育方式不当、法治意识淡薄等突出问题的家庭，强制开展家庭教育指导。积极参与家庭教育促进法普法宣传，引导全社会重视家庭教育，为家庭教育促进法深入实施营造良好环境。①

在整个宣传教育应用场景中，检察机关监督教育部门等政府机关的宣传教育工作开展情况，若行政部门不作为，未针对宣传教育开展工作，检察机关可以开展法律监督工作督促纠正。

2. 公安机关的业务协同工作机制

公安机关作为普遍性预防的协调机关，应配合检察机关、司法行政部门等牵头机关部门基于普遍性应用场景开展预防工作。

在宣传教育工作中，在司法行政部门的牵头下，公安机关和法院通过以案释法，利用宣传教育平台开展新型毒品、网络赌博、网络安全教育等领域的普法宣传活动。公安机关提供违法犯罪人员信息，帮助宣传教育应用场景平台运用大数据分析预测新型违法犯罪趋势；配合司法行政部门组建多部门联合普法讲师团及社会志愿者组织。在民政部门的牵头下，公安机关在职责范围内做好家庭教育工作。

在强制报告、救助服务和社会交互工作中，在检察机关牵头下，公安机关及时对接应用平台，将其收集的强制报告线索上传至平台，进入平台信息处理流程。在接到疑似侵害未成年人权益的报案或举报后，公安机关立即接受并问明案件初步情况，根据案件具体情况作出受案调查、立案侦查、案件移送决定。对于有关性侵害、暴力伤害未成年人的信息，公安机关会同有关部门、人民团体、社会组织对未成年被害人及其家庭实施必要的保护措施。对于未成年人监护人怠于履行监护责任的信息，公安机关通过批评教育、训诫、启动监护权撤销程序等方式督促履行监护职责。

在入职查询工作中，公安机关在检察院的牵头下提供违法犯罪人员信息，建立健全违法犯罪人员信息查询系统，落实密切接触未成年人行业人员入职查询规定。

3. 法院的业务协同工作机制

在普遍性预防应用场景建设中，法院并非牵头机关，在预防工作中配合检察机关、司法局等牵头机关部门开展普遍性预防工作。

---

① 参见《未成年人检察工作白皮书（2021）》，最高人民检察院 2022 年 6 月发布。

在宣传教育工作中，法院在司法行政部门的牵头下，提供裁判文书信息数据，帮助建立完善的违法犯罪人员数据库，并为大数据分析预测新型违法犯罪趋势提供数据支持；配合司法行政部门组建多部门联合普法讲师团及社会志愿者组织；同时，做好青少年法治宣传教育工作，利用宣传教育平台开展新型毒品、网络赌博等有关新型违法犯罪的法律知识宣讲活动。

在强制报告、救助服务和社会交互工作中，法院在检察机关的牵头下，会同有关部门、人民团体、社会组织，对遭受性侵害或者暴力伤害的未成年被害人及其家庭实施必要的保护措施。

在入职查询工作中，法院在检察机关的牵头下，提供司法裁判信息数据，帮助建立完善的违法犯罪人员数据库，为入职查询应用场景的平台构建提供数据支持。

二、社会力量参与机制

《未成年人保护法》第8条和《预防未成年人犯罪法》第4条、第8条规定，各社会团体、基层群众性自治组织应当协助各级人民政府、人民检察院和人民法院做好未成年人保护与预防违法犯罪工作，为未成年人的健康发展提供良好的社会环境。未成年人保护工作是国家机关、多元社会力量的共同责任。青少年新型违法犯罪普遍性预防需要充分发挥村家庭、学校、村（社区）等社会力量，在各牵头单位协调监督的业务协同机制之下，建立起普遍性预防的社会力量参与机制。

（一）多元社会主体的参与

预防青少年新型违法犯罪不能单纯依靠国家力量，家庭、学校、村（社区）、社会组织、企事业单位和最广大人民群众等社会力量都需要有所参与。

1. 家庭

家庭作为社会力量参与青少年违法犯罪预防工作具有明确的法律依据。《中国儿童发展纲要（2011—2020年）》中提出，要提高父母和其他监护人的责任意识、建立以家庭监护为主体的监护制度。《关于加强和改进流浪未成年人救助保护工作的意见》进一步强化了青少年的监护主体责任,"坚持家庭尽责"成为家庭监护的首要原则。未成年人保护法设立"家庭保护"专章详细规定了父母和其他监护人的义务,将该章置于学校、社会、政府、司法保护之前,突出强调家庭在青少年新型违法犯罪预防工作中的主体作用和重要地位。

家庭作为宣传教育工作的前沿阵地[①],父母及其他监护人需要意识到自身在青少年成长过程中的重要作用,不能将青少年的教育、保护等工作全部丢给学校、社会,要积极主动地接受家庭教育指导,科学教育青少年,形成良好、和睦、文明的家庭环境。应当加强对未成年人家庭监护的监督和干预,健全强制报告、应急处置、评估帮扶、监护干预等在内的保护机制,在发现青少年遭受或疑似遭受不法侵害或者面临不法侵害危险时,父母或者其他监护人必须立即报案或举报。若父母存在监护不当、保护不力等监护缺位问题或者侵害青少年的行为,有关部门可以责令监护人接受家庭教育指导,并向法院申请人身保护令,甚至剥夺其监护权。

2. 学校

未成年人保护法设置了学校保护专章,规定了学校宣传教育、强制报告、入职查询等制度,《中长期青年发展规划(2016—2025年)》也规定了学校主体在预防青少年违法犯罪中的重要性,为学校开展青少年新型违法犯罪预防工作的提供了法律依据。

在宣传教育工作中,学校应当将预防犯罪教育纳入学校教学计划,采取多种方式对未成年学生进行有针对性的法治教育、心理健康教育和道德教育。作为对青少年开展教育工作的重要主体,学校应全面贯彻国家教育方针,实施素质教育,提升青少年法治素养、思想道德修养,注重青少年心理健康,开展心理健康辅导。学校应积极主动学习宣传教育指导课程,提升教育质量,主动定期上报工作开展情况,接受司法行政机关和教育部

[①] 金泽刚:《"尊龙名社"案之忧思——关注网络"网罗"青少年违法犯罪现象》,载《青少年犯罪问题》2010年第2期。

门的监督指导。

被害预防工作中，在发现性侵等严重侵害未成年人身心健康情形或未成年人正在面临不法侵害危险时，学校必须依据强制报告制度通过帮扶监督平台向有关机关部门报告。对于需要帮助的青少年学生，学校应提供关怀帮助，联合家庭、村（社区）力量共同构建青少年关爱团队，协助政府机关做好青少年控辍保学、关爱帮助工作。

入职查询工作中，学校作为与青少年联系最密切的单位，对入职人员更应严格把关，全面防范。除教职工外，校内其他部门工作人员如宿舍管理员、后勤保障等部门人员同样应进行职业准入查询和定期违法犯罪人员排查。学校应主动报告工作情况并接受司法机关和教育部门的监督，保护未成年人合法权益不受侵害。

3. 村（社区）

未成年人保护法强调了村（社区）在青少年违法犯罪预防工作中的重要性，新时代"枫桥经验"注重健全以村（社区）为主体，社会各方广泛参与的社会治理体系，青少年新型违法犯罪预防工作是全社会的工作，要充分发挥村（社区）的中坚力量。

当前村（社区）的宣传教育功能并没有完全发挥，对于违法犯罪宣传教育工作，更多强调的是国家、学校以及家庭的责任。但考虑到村（社区）在基层社区治理中的重要地位，针对青少年尤其是因辍学等原因而成为社会流动人员的闲散青少年群体，更要加强所在村（社区）的宣传工作，加强对于新型毒品、虚拟货币、网络赌博等新型违法犯罪的预防宣传，提高青少年法律意识，防止其因"不知法、不畏法"而犯法。

在被害预防、救助服务和社会交互工作中，村（社区）要做到：实现网格化管理，及时了解和制止村（社区）中青少年的违法犯罪，保护网格内青少年；建立健全社区公约、村规民约，做到"民事民议、民事民办、民事民管"①；在相关信息收集过程中群策群力，切实增强村（社区）居民的

---

① 《中共中央办公厅、国务院办公厅印发〈关于加强和改进乡村治理的指导意见〉》，载《农村工作通讯》2019 年第 14 期。

参与感、归属感与幸福感。社区工作人员要针对闲散青少年定期定点进行摸排寻访，持续关注社会闲散青少年的流动情况、日常生活轨迹；还要联合社会就业帮助机构等社会组织，开展就业指导、技能培训等职业培训教育，并且及时联系相关单位，向闲散青少年提供就业机会，降低其再次流动的可能性；同时也要积极开展"友爱邻里"等计划，增强居民之间的和谐友爱氛围，消减居民对于流动青少年的歧视和漠然，构建平等、和谐的社会关系，让流动青少年成为社会稳定的参与者和推动者。

4. 社会组织与企事业单位

社会组织与企事业单位等社会力量也需要协助各机关部门开展青少年新型违法犯罪的普遍性预防工作。根据预防未成年人犯罪法、家庭教育促进法的相关规定，妇联等社会组织和校外活动场所应当协助司法机关和行政部门做好预防青少年新型违法犯罪的宣传教育工作；职业培训机构、用人单位对未成年人进行职业培训时，应当将预防违法犯罪教育纳入培训内容。为了提升宣传教育质量，各单位需要运用宣传教育应用场景平台主动上报工作开展情况，接受主管部门的监督。

妇联、医院、校外培训机构等密切接触未成年人社会组织与企事业单位应主动参与各机关部门的被害预防工作，强化强制报告的意识和责任，接受相关的指导和培训，在日常教学、诊疗过程中发现未成年人疑似遭受侵害的情形时，主动将相关信息报告给有关部门或者上传至数字治理平台。同时，还应积极配合工作人员进行职业准入查询和定期违法犯罪人员排查，配合各机关部门落实入职查询制度。

在救助服务和社会交互工作中，社会组织和企事业单位运用社会服务需求机制和帮扶监督应用平台的"咨询互动"功能，积极主动地向青少年提供服务。首先，社会组织和企事业单位运用检察机关和社会服务机构建立的"一键发布""一门受理"的社会服务需求机制，积极参与资源匹配，为青少年提供心理救助、法律援助等关爱服务。以未成年人性侵案件为例，在检察机关通过上述功能发布对未成年被害人的心理疏导服务后，相关社会组织和企事业单位积极参与服务资源匹配，通过优选匹配为被害人选择合适的服务资源，保障未成年被害人接受及时有效的心理疏导，帮助其尽

快走出阴霾。帮扶监督应用平台设置有"咨询互动"功能，社会组织和企事业单位积极通过咨询互动服务，及时为群众解答各类涉及未成年人权益保护的问题。

5. 人民群众

"枫桥经验"的核心要素是以人民为中心，坚持群众路线，其中包括社会自治和社会参与。①一方面，社会公众通过基层群众性自治组织参与社会管理，实现对涉青少年新型违法犯罪的预防工作的治理；另一方面，社会公众通过社会交互向机关部门提供青少年新型违法犯罪线索，发挥群众的监督力量预防新型违法犯罪。通过社会交互提高对身边青少年的关注度，以社会公众的自然监视促进青少年保护与违法犯罪预防工作的开展。

（二）社会多元主体与机关部门的协同

社会力量和机关部门之间在青少年新型违法犯罪普遍性预防中的职责并非完全相互隔绝，预防工作的有效开展需要社会力量和机关部门联合，共同进行网格化管理。

网格化管理"是以街道、社区为范围，将服务管理对象按照一定的标准划分成若干网格单元，配备专（兼）职网格员队伍，及时准确掌握网格内的群众需求、事项和问题，借助网格化服务管理综合信息系统进行协调安排，实现信息共享、资源整合和协同工作"②的一种新型基层治理模式。习近平总书记在 2020 年基层代表座谈会上提到，要强化网格化管理和服务，完善社会矛盾纠纷多元预防调处化解综合机制，切实把矛盾化解在基层，维护好社会稳定。③在青少年新型违法犯罪普遍性预防的社会治理中，需要推动建立家庭—学校—村（社区）—检察机关的联动机制，依靠监护人—村

---

① 薄谊萍：《坚持党的群众路线与创新社会治理——以北京市西城区为例》，载《理论与改革》2015 年第 5 期。

② 伊庆山：《基层治理中网格化服务管理的实践经验与问题破解》，载《领导科学》2022 年第 2 期。

③ 《习近平在基层代表座谈会上强调　把加强顶层设计和坚持问计于民统一起来　推动"十四五"规划编制符合人民所思所盼》，载《人民日报》2020 年 9 月 20 日，第 1 版。

（社区）网格员—校园安全管理员—检察机关专职联络员开展"校内建网、村（社区）借网、检察机关联网"的网格化管理。通过网格化管理落实宣传教育工作任务，加强对未成年人信息的全面了解和精准把握，及时掌握、汇总来自青少年学校、家庭和村（社区）信息，精准开展对青少年的救助服务工作，及时发现、及早制止未成年人遭受侵害和未成年人的违法犯罪行为，及早保护网格内未成年人。

1. 普遍性预防中的网格化管理制度

普遍性预防中的网格制度通过校内建网和村（社区）借网，联通学校、村（社区）、家庭，实现对网格内青少年的全面、深入、精准把握。

第一，校内建网。校内建网指建立校园学生信息系统平台，并将学生的学习情况、校园活动情况、日常表现等信息录入数据平台，做到对学生校园信息全掌握。校内建网将校园内网大数据青少年信息平台与村（社区）基层治理信息平台相贯通，使未成年人的信息落实到村（社区）网格内，实现青少年个人信息情况、家庭情况、校园安全情况等数据的互联互通、精准把握。在此过程中要严格执行保密原则，实现"安全月报、即事即报、精准研判、交办报送、分类归档"[1]台账信息化，补齐校内、校外重点人员基础信息交流短板。

第二，村（社区）借网。村（社区）借网是指推进村（社区）网格化数字管理建设，加强村（社区）的网格化管理，根据基层群众性自治组织的特点，将村（社区）内青少年登记在册。村（社区）借网要充分利用村规民约、社区章程等基层自治方式，在村（社区）基层治理信息平台上传未成年人相关的家庭信息状况等信息，利用网格员"人熟、地熟、情况熟"[2]的特点，实现对所管辖的村（社区）内青少年及其家庭情况的精准把握。网格员发现针对青少年实施的违法犯罪行为、父母或者其他监护人实施的侵害未成年人行为后，应当立即上传至网格化管理平台。在网格化管

---

[1] 《诸暨市教体局全面推进"枫桥式"师生安全网格化管理》，载浙江职成教网，http://www.zjzcj.com/show.php?id=51590。

[2] 程镝：《城市社区精准化治理的优化路径》，载《人民论坛》2021年第14期。

理平台信息收集过程中,检察机关可协同公安机关与"天眼"联动,全方位把握青少年的校园行为并加强对教职工行为的监督。

本书第二章特别强调了无业青少年、辍学青少年、流动青少年新型违法犯罪的严峻态势,村(社区)借网必须重视对此三类青少年人员信息、家庭状况、行踪轨迹等信息数据的掌握。必须以村(社区)为单位,充分运用现代信息技术,建立完善的动态化信息采集,做到底数清、情况明、信息灵,将无业青少年、辍学青少年、流动青少年的信息录入统一数据库。[①]同时加强流入地、流出地管理部门的合作配合,做到科学管理。

当前我国在村(社区)借网领域已具备较为先进经验的是浙江省诸暨市,诸暨市将村(社区)划分为精细化的网格,每个网格由若干名网格员责任包干,整合基层各类协管人员,建立起由网格长、专职网格员和兼职网格员组成的网格队伍,明确网格员工作职责,实现一员多用,履行上下联络、信息采集、隐患排查、矛盾调解等职责。网格员每日进行巡查走访,对于发现的小问题、小矛盾,尽力当场解决,不能当场解决的,第一时间将相关信息上传信息平台,由有关责任人员协调解决。通过智能手机作为终端,网格员的巡查轨迹会被自动定位并记录,信息采集上报、受理、流转、办理、结案,处处留痕。网格员身兼政策法规宣传员、民情信息采集员、社情民意联络员、矛盾纠纷调解员、社会事务管理员等多种角色,成为平安建设和基层治理的重要力量,做到了"大情小事不出网格,服务覆盖每个角落"[②]。该市还促成镇乡(街道)的各类网格整合,拓宽网格功能,实现多元合一,推进基层社会治理"一张网"建设(见图2)。

[①] 徐凤英:《社会管理创新:预防流动青少年犯罪之根本》,载《东岳论丛》2012年第8期。

[②] 冯卫国、苟震:《基层社会治理中的信息治理:以"枫桥经验"为视角》,载《河北法学》2019年第11期。

第四章 青少年新型违法犯罪普遍性预防的数字治理

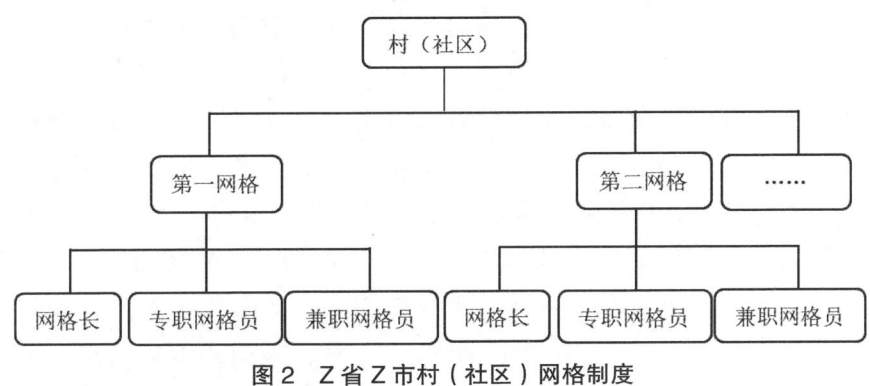

图2 Z省Z市村（社区）网格制度

2.网格化管理制度在具体应用场景中的应用

在普遍性预防三大应用场景中，入职查询应用场景强调司法机关和政府部门的主导地位，企事业单位等社会力量更多地扮演着行政相对人的角色，需要遵守法律规定对职工开展违法犯罪记录查询活动。因此，入职查询应用场景不涉及社会多元主体与机关部门协同问题。而其余两大应用场景都必须联合机关部门和社会多元主体的力量，充分运用网格制度开展预防工作。

（1）宣传教育应用场景中，网格员组织联合司法所等政府部门，以及网格内学校、企事业单位、社会组织等社会力量，共同开展宣传教育工作。在村（社区）网格开展宣传教育时，必须发挥司法所、村（社区）、学校的力量，重点针对无业青少年、辍学青少年、流动青少年开展普法教育、道德教育、心理健康教育，对其家庭开展家庭教育指导，加强对青少年的关爱和教育。

（2）帮扶监督应用场景中，社会力量和机关部门共同处理网格员收集的各类线索。第一，各社会力量参与处理各类线索。家庭、学校、志愿者、村（社区）等社会力量联合机关部门，依托"一站式"办案机制及时对有需要的青少年提供心理健康咨询、职业技能培训等服务，推动青少年新型违法犯罪的普遍性预防工作落实。村（社区）发挥自治作用，制定针对青少年新型违法犯罪预防的村规民约。例如，对于不履行监护职责的青少年的父母及其他监护人，民政部门应以国家力量介入干预，同时村（社区）

也可给予警示、提醒和通报,发挥道德监督作用参与社会治理。第二,各机关部门介入处理各类线索。检察机关牵头建立的帮扶监督应用平台在信息收集时,同步收集网格员发现的有关青少年权益受侵害或可能受侵害的线索。在掌握线索后,检察机关利用帮扶监督应用平台向各机关部门推送任务,并全程跟踪监督任务完成情况。例如,根据未成年人保护法的规定,在未成年人被委托监护时,应当对被委托人的信息进行登记、数据存储,若发现被委托人的生活习惯方式对未成年人存在不良影响时,应当及时上报并告知未成年人的父母。① 对于网格员收集的流动青少年信息,还应加强区域协作,利用情报资源,及时向社会发布本地流入青少年的数量、用工数量、用工条件和用工种类等信息。应当将各类信息及时向流出地传达,帮助流出地有关部门针对流入地需求流出青少年,减少流动的盲目性、无序性。②

---

① 《未成年人保护法》第23条规定,未成年人的父母或者其他监护人应当及时将委托照护情况书面告知未成年人所在学校、幼儿园和实际居住地的居民委员会、村民委员会,加强和未成年人所在学校、幼儿园的沟通;与未成年人、被委托人至少每周联系和交流一次,了解未成年人的生活、学习、心理等情况,并给予未成年人亲情关爱。未成年人的父母或者其他监护人接到被委托人、居民委员会、村民委员会、学校、幼儿园等关于未成年人心理、行为异常的通知后,应当及时采取干预措施。

② 徐凤英:《社会管理创新:预防流动青少年犯罪之根本》,载《东岳论丛》2012年第8期。

第五章

青少年新型违法犯罪干预性预防的数字治理

本章基于新时代"枫桥经验"预测预警预防、专群结合治理、环境犯罪、犯罪断念等理论,围绕青少年新型违法犯罪干预性预防,从重点人、物、场所、领域四个方面构建应用场景,进行全方位超前预警,实现有效预防。同时,依托各机关部门的业务协同和各社会力量参与,构建全面的制度运行机制,为各地开展干预性预防实践提供有效的制度参考。

第一节 青少年新型违法犯罪干预性预防概述

青少年新型违法犯罪干预性预防的数字治理,是对表露出涉及新型毒品犯罪、虚拟货币犯罪、电信网络诈骗犯罪等新型违法犯罪行为倾向的青少年,借助数字化手段和平台,通过构建应用场景,按照异常信息感知、干预阻断、跟踪反馈、管控监督四方面对青少年新型违法犯罪进行全方位超前预警,强调协调共建多元共治的一种社会治理机制。

一、青少年新型违法犯罪干预性预防的概念与特征

（一）青少年新型违法犯罪干预性预防的概念

近年来，涉及网络贷款、校园网络招聘、网络赌博、新型成瘾性物质等方面的青少年违法犯罪频发。源于互联网高度的虚拟性、隐身性等特点①，此类犯罪隐蔽性强、智能化手段高，预防难度大，尤其需要精准预防。与普遍性预防和延续性预防相比较，干预性预防的难度更大，专业化要求更高。

（二）青少年新型违法犯罪干预性预防的特征

1. 对象的特定性

不同于普遍性预防的对象为全量青少年，干预性预防的对象是特定的，包括那些具有违法或犯罪倾向但是未实施违法犯罪行为的青少年。这些青少年通过自己的行为已经表现出其特定的人格状态和一定的人身危险性，需要对其进行干预阻断，以防止其实施违法犯罪行为。

2. 手段的特殊性

干预性预防的手段具有特殊性，其主要从重点人、物、领域、场所等四个维度出发，针对青少年表露出的具有新型违法犯罪倾向的行为，借助青少年新型违法犯罪高发场所设置的监管模型，按照异常信息感知、干预阻断、结果反馈、管控监督四方面进行预防。

3. 依据的法定性

与修订前的预防未成年人犯罪法相比，现行预防未成年人犯罪法更注重对青少年进行早期干预与矫治，防止青少年实施更加严重的社会越轨行为，一方面可以有效维护社会秩序，另一方面也可以帮助其回归正常成长轨迹。②根据预防未成年人犯罪法的规定，对于未成年人新型违法犯罪的预

---

① 朱松岭、王颖：《青少年网络暴力的治理路径初探》，载《中国青年社会科学》2020年第3期。

② 陈玮璐：《青少年犯罪防治与最低刑事责任年龄规定之修改》，载《中国青年研究》2021年第2期。

防,要坚持预防为主,提前干预。① 干预性预防针对表露出新型违法犯罪倾向行为的青少年进行全方位超前预警,具有法定性。

二、青少年新型违法犯罪干预性预防的理论基础

(一)新时代"枫桥经验"

1. 预测预警在先思想

预测预警在先是新时代"枫桥经验"在青少年新型违法犯罪干预性预防的体现。新时代"枫桥经验"的鲜明特色之一,就是强调对社会纠纷的及时发现、提前介入、早期治理。②"四前"③工作法强调"预测工作走在预防前","四先四早"④工作机制也强调"预警在先,苗头问题早消化;教育在先,重点对象早转化",这与青少年新型违法犯罪干预性预防的内涵是契合的。

没有正确的法治理论引领,就不可能有正确的法治实践。⑤ 将"枫桥经验""抓早、抓小、抓源头"的理念融入检察工作之中,抓住青少年新型违法犯罪预防中的源头性、基础性、根本性问题和矛盾,改进工作方式方法,找准工作切入点,突出源头性问题在源头解决,疏源固本,加强溯源治理,才能提高青少年违法犯罪预防的精准度、有效性,让广大人民群众收获安全感、获得感和幸福感。而预测与预警的效果是以扎实有效的信息工作为

---

① 《预防未成年人犯罪法》第2条规定:"预防未成年人犯罪,立足于教育和保护未成年人相结合,要坚持预防为主、提前干预,对未成年人的不良行为和严重不良行为及时进行分级预防、干预和矫治。"

② 冯卫国、苟震:《基层社会治理中的信息治理:以"枫桥经验"为视角》,载《河北法学》2019年第11期。

③ "四前"是指:坚持组织建设走在工作前、预测工作走在预防前、预防工作走在调解前、调解工作走在激化前。

④ "四先四早"是指:预警在先,苗头问题早消化;教育在先,重点对象早转化;控制在先,敏感时期早防范;调解在先,矛盾纠纷早处理。

⑤ 《习近平在中国政法大学考察时强调立德树人德法兼修抓好法治人才培养,励志勤学刻苦磨炼促进青年成长进步》,载《人民日报》2017年5月4日,第1版。

前提的①，因此应当充分运用好数字治理手段，全面收集分析研判青少年新型违法犯罪规律和倾向相关的数据信息，为干预性预防奠定基础。

2. 专群结合治理理念

现代社会矛盾逐渐复杂化，必须通过专业化分工，让专门人才解决专业问题。提高社会治理专业化水平，要加强专业化人才队伍建设，建设高素质专业化干部队伍和社会治理人才队伍，夯实社会治理基础。青少年新型违法犯罪干预性预防数字治理的专业化人才，不仅要熟知犯罪学理论，而且要熟悉相关的数字技术应用。在强调专业化建设的同时，始终坚持群众路线是十分必要的。干预性预防工作如果脱离了人民群众，社会层面的信息就无法通过数字治理平台进行汇集，更无法进行精准的分析研判。在实践中，要坚持专群结合的治理理念，充分发挥专业队伍的技术优势和凸显人民群众的主体地位，构建青少年新型违法犯罪预防多跨协同工作平台，完善各类应用场景，提升预测预警能力，做好青少年新型违法犯罪干预性预防工作。

（二）犯罪学理论基础

1. 环境犯罪理论

环境犯罪学特别强调控制与犯罪发生具有直接关系的犯罪机会，提出了"相比于降低人的犯罪动机，控制机会是更为可行的犯罪预防策略"②。环境犯罪学学说中的抵抗性、领域性、监视性三要素为青少年新型违法犯罪干预性预防提供了一种新的预防犯罪思路，即改变此前对犯罪行为施加刑罚从而威慑罪犯及社会的方法，通过提前对犯罪可能发生的环境、场所、领域进行控制。该学说强调仅仅依靠传统的刑事司法体系来预防和减少犯罪是不可行的，尤其是对心智尚不健全的青少年来说，周边环境对其的影

---

① 冯卫国、荀震：《基层社会治理中的信息治理：以"枫桥经验"为视角》，载《河北法学》2019 年第 11 期。

② Ronald v. Clarke, "Situational" crime prevention: Theory and practice, 20: 2 British Journal of Criminology 136（1980）. 转引自阮重骏：《环境犯罪学的兴起：从观察到实验的发展路径》，载《青少年犯罪问题》2021 年第 4 期。

响是巨大的。预防青少年违法犯罪,不仅需要充分依靠政府各部门协调工作,对青少年的已经发生的不良行为进行及时的预警、阻断,还需要政府联合学校、家庭以及社区等基层组织为青少年营造健康良好的社会环境。在青少年新型违法犯罪干预性预防工作中,通过对具体的重点人、重点物、重点场所、重点领域应用场景的构建,充分运用数字化思维、数字化手段,实现大数据前端感知,针对青少年违法犯罪趋势预警、网络不良信息和陷阱预警、青少年个体行为异常预警,对具有不良行为以及容易受侵害的青少年群体进行准确定位。应用平台将各部门采集的具有犯罪倾向的青少年数据进行汇总分析,各职能部门进行处置落实后对上述具有不良行为以及容易受侵害的青少年群体采取针对化措施,最终实现对青少年新型违法犯罪的有效预防。

环境犯罪学中的情景犯罪学强调任何人都可能犯罪,犯罪人和非犯罪人之间几乎没有什么差别,只是在有无犯罪机会方面存在差别,即便是良好公民,只要有适当的环境和机会,也会实施犯罪。[①]这一理论对青少年新型违法犯罪干预性预防提供了"去标签化"理论支撑,反驳了此前的犯罪理论具有歧视性的标签化理念,否认了此前犯罪理论对不同人群可能违法犯罪所持的不同态度。以往的犯罪理论认为应重点关注农村留守儿童和进城务工人员未成年子女、贫困家庭子女、流浪未成年人、社会闲散青年五类青少年群体,认为这五类人群犯罪倾向较高,更易于作出违法犯罪行为,这与国家现在强调的注重保护青少年权益观念有所冲突。与以往对不同人群可能违法犯罪所持的态度不同,环境犯罪理念强调对具体存在不良行为的青少年予以规制,强调对易于诱发青少年违法犯罪的环境监控监管,健康良好的社会环境更有利于保护重点青少年人群心理健康。

2."犯罪断念"理论

犯罪断念理论,即将有限的犯罪预防资源投入引导青少年拒绝犯罪的

[①] [日]大谷实:《刑事政策学》(新版),黎宏译,中国人民大学出版社2009年版,第314—315页。转引自黎宏:《情境犯罪学与预防刑法观》,载《法学评论》2018年第6期。

断念激励之中,用以引导青少年减少反社会行为。① 一方面,犯罪断念通过对青少年的行为规律和心理模式研究,能够有效识别可能实施不良行为、易受侵害等青少年人群,针对具体人群布置相应的预防犯罪措施。另一方面,应用平台通过大数据对青少年在互联网以及其他领域接触到的不良信息、实施的不良行为进行抓取,针对不同年龄阶段的青少年进行不同侧重的场景构建,有效制止青少年实施沉迷网络、进入娱乐场所、滥用新型成瘾物质等不良行为,同时也有助于青少年避免受虚假网络招聘、违规网络贷款等风险侵害。通过建立统一的住宿、娱乐监管平台,遏制青少年出入娱乐场所沾染不良风气,降低青少年实施不良行为的机会与频率,增加其参与常规娱乐休闲、家庭聚会、校园活动、社区志愿服务等正当活动的机会。青少年参与到社会生活,花费精力到学校、家庭甚至社区活动中,就会较少有实施犯罪行为的意志与机会。②

断念理论相较于单一的司法部门对青少年违法犯罪进行预防,更注重社会力量的参与以及互相之间的协同配合,强调专业化与社会化相结合的保护体系。首先要发挥家庭保护基础作用,尽可能完善学校的工作机制。其次应当督促旅馆、宾馆、酒店、营业性娱乐场所等场所的经营者承担起相应的责任,禁止未成年出入。最后要求网络运营商为青少年营造清朗的网络空间,净化青少年网络环境。社会力量配合和多部门协同以加强对具有不良行为的青少年的教育、管理和服务,营造有利于青少年权益维护和犯罪预防的社会环境,有效预防青少年新型违法犯罪。

三、青少年新型违法犯罪干预性预防的工作内容

秉承"枫桥经验"预警在先的理念,应结合青少年新型违法犯罪的特点来确定干预性预防工作的内容。在实践中,通过预警分析导出倾向性青

---

① Christopher Uggen, Irving Piliavin, Asymmetrical Causation and Criminal Desistance, Journal of Crminal Law and Criminology.Vol 88: 4.p.1399-1413(1998). 转引自崔仕绣:《我国青少年犯罪防控的体系性建构》,载《黑龙江省政法管理干部学院学报》2020年第1期。

② 蔡军:《青少年犯罪预防理论的新径路:犯罪断念》,载《求索》2008年第2期。

少年的候选个体列表，形成最终结果名单，构成派发任务单，通过"基层治理四平台"实现任务下发、任务流转、任务执行、任务反馈的流程闭环，确保预防青少年新型违法犯罪的工作措施落地。对于倾向性青少年采取预警推动（个体预警推送、场所预警推送、事件预警推送），分类处置（针对倾向性青少年主要采取开展关爱、帮扶、教育矫治等措施，对新型违法犯罪易发重点场所进行整顿，对新型案件类型的处置采取专题处理），结果反馈（干预结果评估、干预结果反馈），跟踪回访（社区民警走访、网格员走访、学校跟踪回访），实现管控流程闭环落地。

（一）异常信息感知

基于干预性预防的目的，结合青少年新型违法犯罪的特点，从重点人、物、领域、场所等四个维度出发对青少年高频不良行为及其高发场所进行异常信息感知。实践中，检察机关主要采取"个案办理—类案监督—系统治理"的基本工作方法。类案监督具有对事性、普遍性、建设性，能起到预防同类问题再次发生的作用，比个案监督更符合法律监督的本意。[1] 在类案监督中，检察机关根据法律监督职能的赋权，在相关领域对司法大数据中异常信息和可疑信息进行挖掘和筛查，是保障监督线索精准化的前提。[2] 对典型的青少年新型违法犯罪的个案进行分析，梳理案发规律，总结异常信息，进行数据共享归集、碰撞对比以及线索研判，从而实现对青少年新型违法犯罪的精准预防。虽然个案具有偶发性，但类案背后通常存在制度机制层面的漏洞，通过挖掘类案发生的深层次原因，能够精准发现漏洞，而这些漏洞是预防青少年实施新型违法犯罪的最佳切入口。

任何违法犯罪都有相对完整的信息链条，孤立地看链条上的每个信息点很难发现异常，但运用大数据筛查、比对、碰撞，信息点之间就有了交集、串连，问题线索就能显露出来。在青少年新型违法犯罪预防中，通过

---

[1] 李敏：《民事检察类案监督的界定及其实施路径》，载《中州学刊》2017年第7期。
[2] 余钊飞：《"四大检察"与执法司法制约监督体系之构建》，载《法律科学（西北政法大学学报）》2021年第1期。

数据挖掘技术，对海量数据进行排查、分析，科学总结、及时归纳出异常案件的特征，建立科学的类案监管模型，通过运用各类监管模型，利用信息技术手段挖掘异常信息，主动发现线索，从而实现对青少年新型违法犯罪的预防。

（二）干预阻断

1. 预警推送

对系统智能预警识别出来的倾向性青少年进行初步核查核实，确认主体是否确实存在风险。线下各部门基层人员进行线下处理，并将巡查结果通过网格化系统反馈给平台进行智能风险预警分析，由管理人员审核确认被排查主体的风险程度，并通过反馈的核实信息核实风险状态。如可参考网络谣言网格化预警模型，即"依据网络谣言的迷惑性程度与流传度范围设定不同的阈值标准，将网络谣言整体社会影响力进行网格化分隔。"[①] 实践中主要通过分布点关联事件详情和分层级地图展示的方式，进行事件和区域的风险舆情。

分布点关联事件详情是指构建风险预警机制，实现信息一体化管理。如高校通过建立起涵盖学生家庭属性、网络言论、生理原因、兴趣爱好、校园生活、人际关系等要素的指标体系，运用现代化的数据挖掘技术，可以提高分析预测学生个体、群体安全风险水平、等级的精准度，实现对管理对象的精准动态监测。[②] 系统根据信息举报频次等特征，将线索智能化归类为"普通预警"和"紧急预警"。同时，将达到预警标准的线索在遥感卫星地图上进行展示，用不同颜色的点来表示线索的预警程度，用不同大小的点来表示预警线索的数量，实现线索的可视化研判，并由专人根据研判结果向相关地区推送。地图上每个点都含有事件详情，可点击查看具体某一点的事件详细描述。分层级地图展示是指对不同层级的用户展示不同的

---

① 张桂蓉、董志香、夏霆：《突发公共卫生事件网络谣言网格化预警模型研究》，载《中国管理科学》2022年第7期。

② 何伟、薛琳、朱必法：《基于大数据挖掘的大学生安全管理预警模式构建》，载《学校党建与思想教育》2017年第20期。

GIS 图，例如市级管理员首页展示全市域范围内事件分布，区县管理员首页展示区县范围内事件分布，乡镇管理员首页展示乡镇范围内事件分布。

（1）事件风险预警。系统研判分析各类预警事件，如遇重大事件或潜在高风险事件，系统地图自动弹窗告警，显示事件详细信息及其问题关键因子，并关联相关子事件，以时间轴形式动态展示事件可能发展态势及风险概率。

（2）区域风险预警。对各区域总体预警事件研判分析，以风险事件发生概率为指标形成区域风险指数，在地图上重点显示事件高概率频发的区域。

2. 分类处置

针对倾向性青少年开展关爱、帮扶、教育矫治和跟踪关注等措施。包括卫健系统牵头采取心理帮扶，妇联牵头采取家庭帮扶、家庭教育指导，人社、公安等牵头采取维权帮扶，民政部门牵头采取经济帮扶，教育部门牵头采取就学安置帮扶，人社部门牵头采取就业安置帮扶，政法委、教育局牵头予以训导、要求遵守特定行为规范等。此外，建立三级预警机制，对前述感知的异常信息进行分级处置，根据严重程度，将异常信息分为红黄蓝三色进行三级预警，实行有区别的处置机制。

（三）跟踪反馈

1. 结果反馈

相关部门对开展关爱、帮扶、教育矫治和跟踪关注等措施的干预结果进行线上反馈，对被帮扶的在校青少年、闲散青少年的改良趋势等干预结果进行评估反馈，以便管理者对风险名单中的个体进行定时专门管控，并及时掌控风险动态变化情况。

2. 跟踪回访

对倾向性青少年，首先确定专人负责线下跟踪回访任务（如社区民警走访、网格员走访、学校教师家访等），其次执行专项跟踪回访任务的工作人员要进行回访记录登记并反馈每一次回访的结果。

（四）管控监督

对长期未设置排查任务、长期未核实或核实后风险提升的倾向性青少年设置专门的管控预警措施，确保实现风险管控的闭环管理。可设置各类风险预警的管控部门、管控方式和管控人以及对管控过程进行监督的管理人员。

第二节　青少年新型违法犯罪干预性预防应用场景的建构

结合青少年新型违法犯罪的特点，围绕"干预性预防"，从重点人、物、场所、领域四个维度出发构建应用场景，按照异常信息感知、干预阻断、跟踪反馈、管控监督四方面对青少年新型违法犯罪进行全方位超前预警。跟踪反馈、管控监督各个应用场景的要求基本相同，故在具体应用场景中不再提及，只进行概括性论述。

一、重点人预防的应用场景的建构

互联网开放、交互、平等、虚拟的特点，使得赌博、传播淫秽色情、非法交易等违法犯罪行为很容易通过网络实施。[①] 重点人预防模块主要是根据青少年可能出现的不良行为，进行相应的预防。根据《预防未成年人犯罪法》第 28 条的规定，不良行为有以下几种：（1）吸烟、饮酒；（2）多次旷课、逃学；（3）无故夜不归宿、离家出走；（4）沉迷网络；（5）与社会上具有不良习性的人交往，组织或者参加实施不良行为的团伙；（6）进入法律法规规定未成年人不宜进入的场所；（7）参与赌博、变相赌博，或者参加封建迷信、邪教等活动；（8）阅览、观看或者收听宣扬淫秽、色情、暴力、恐

---

① 孟强：《犯罪学视角下青少年网络犯罪原因分析及防控对策研究》，载《辽宁公安司法管理干部学院学报》2021 年第 3 期。

怖、极端等内容的读物、音像制品或者网络信息等；(9)其他不利于未成年人身心健康成长的不良行为。针对以上不良行为，第一、第二、第三、第五项主要由学校、家长以及社区工作者进行管理，在此不进行过多的赘述；第六项主要在重点场所模块进行预防；第七项主要在重点物模块进行预防；第四、八项在本模块进行预防。对于本模块，从青少年新型违法犯罪干预性预防的角度出发，主要针对以下几类重点人群构建应用场景。

（一）沉迷网络的青少年

随着网络时代的来临，自我控制力不强的青少年成为网络的最大受害者。青少年因沉迷网络而实施盗窃、暴力等具有严重社会危害性行为的案件不断出现。

针对青少年容易沉迷的网络活动如网络游戏、直播打赏、网络视频等，平台应制定真实身份登录、人脸识别、时长限制等规定；针对青少年上网时间过长的情况，相关平台在超过一定时间后就应关闭或提醒成年家属；对游戏充值、直播打赏限定额度、限定次数，每次消费均要求人脸识别身份；还可以通过计算机终端安装过滤软件、加强网络使用管理等方式，防止青少年过度使用网络[1]；针对青少年上网问题，应当建立网络分级制度[2]和统一的游戏管理平台[3]。确立实名认证制度和人脸生物特征识别技术，以切实限定青少年过度使用网络的时间和频率；确立定期向家长或其他监护人汇报制度。加强网络运营企业与监护人的网络监管合作，将网络沉迷问题

---

[1] 康亚通：《青少年网络沉迷研究综述》，载《中国青年社会科学》2019年第6期。
[2] 网络分级制度是指以网络信息和游戏为对象，根据其包含的语言和思想内容、性内容、暴力程度等进行分类，设置相应的年龄标签，并根据标签进行过滤的制度。
[3] 由国家网信部门主导建立统一的游戏管理平台，利用大数据技术统一识别未成年人的身份信息，合理控制他们的上网时间、网络消费和网络内容，有效防止青少年跨厂商、跨账号、跨终端等规避身份识别的行为。

扼杀在源头[①]；设置智能终端产品控制方式[②]。

（二）有过激言论的青少年

1. 过激言论的异常感知

针对民族歧视、暴恐、暴力激进等言论，拟采取"敏感词过滤、关键词搜索"等多种手段，对关键词进行过滤标记，一旦发现交流平台中出现异常词汇以及敏感词汇及时发出预警。此外，设置红黄蓝三级预警机制，平台对于发表1—5条过激言论的人员发出蓝色预警，对于发表6—10条过激言论的人员发出黄色预警，对于发表10条以上过激言论的人员发出红色预警。例如，针对暴恐言论青少年，加强对现代科技、大数据信息平台的利用，创建智能化的社会危险性评估工具。在当前信息化平台建设与大数据、人工智能等技术的推动下，可建立专门的全国涉恐犯罪人员信息库与线上的监管跟踪平台。这些信息化建设便于对涉恐青少年状况的整体特征分析，用量化的方式验证与涉恐相关的诸多因素，进而用数据构建出相对精确的评估预测模型，为社会危险性评估内容设计提供技术与数据支撑。线上的监管跟踪平台是将每次进行社会危险性评估的时间、内容、结果、变化情况等上传至专门工作网络，可针对涉恐青少年形成一条连贯的具有个体特征的评估记录，这便于掌握涉恐青少年在安置教育过程中的思想、行为转变情况，同时也有利于对评估工作开展状况进行监督，以便作出预警。[③]

2. 过激言论的干预阻断

平台针对发出的预警信息，发现类似链接、言语交流，及时进行阻断屏蔽。针对蓝色预警，通知家长进行核实，批评教育。针对黄色预警，通知家长、学校进行核实，社区进行走访调查，采取家庭帮扶、家庭教育指

---

① 康亚通：《青少年网络沉迷研究综述》，载《中国青年社会科学》2019年第6期。

② 《未成年人网络保护条例（送审稿）》第12条规定："智能终端产品制造商在产品出厂时、智能终端产品进口商在产品销售前应当在产品上安装未成年人上网保护软件，或者为安装未成年人上网保护软件提供便利并采用显著方式告知用户安装渠道和方法。"

③ 付凤、李世英：《论安置教育中涉恐青少年社会危险性评估》，载《湖北警官学院学报》2020年第6期。

导等措施。针对红色预警，进行专题普法教育，教育局牵头予以训导、要求遵守特定行为规范，对其进行专业的心理辅导和行为干预。

（三）网络涉黄的青少年

1. 网络涉黄的异常感知

线上拟采取"敏感词过滤、关键词搜索"等多种手段，对关键词进行过滤标记，一旦发现交流平台中出现异常词汇以及敏感词汇及时发出预警。线下，针对旅馆住宿场所进行监控，对青少年登记入住信息与户籍信息等进行自动碰撞分析，比对同住人员关系，对女性未成年人与无亲属关系成年男子同住、女青少年多次与不同无亲属关系男性同住等异常信息进行预警。

2. 网络涉黄的干预阻断

要进一步加强对广播影视、游戏娱乐、动漫动画、互联网络和直播平台的监管力度，建立未成年人影视网络分级过滤制度。对于涉及暴力、色情、血腥、犯罪等不良内容的，要禁止未成年人观看、阅读和浏览。[①] 此外，线上，平台通过关键词搜索，在社交软件、网站等发现类似链接、言语交流，即时进行阻断屏蔽。线下公安机关针对旅馆住宿场所进行监控，将旅馆接入平台，针对预警信息，进行现场核实。

（四）沉迷不良游戏的青少年

1. 不良游戏的异常感知

"参与网络游戏容易导致青少年模糊现实生活中的规则意识，动摇规则的权威性和确定性；疏离于现实，弱化青少年的社会参与意识和责任意识，不利于形成健康积极的法律意识。"[②] 由于这些游戏的隐蔽性很强，为了躲避监管往往会使用合法词汇作为伪装或者使用暗语进行交流，因此，平台要

[①] 高继超：《未成年人罪错行为预防机制的改革与完善——以"枫桥经验""群众说事、法官说法"为视角》，载《青少年犯罪问题》2018年第8期。

[②] 刘亚娜、胡悦、郭虹：《论网络游戏对青少年犯罪的影响》，载《东北师大学报》2014年第1期。

利用技术手段对敏感词句进行监控，一旦发现"触网"信息立即预警。政府部门与平台在对网络进行监管过程中，要经常更新"敏感"词汇库，及时发现伪装与暗语，对关键词进行过滤标记，一旦发现交流平台中频繁出现类似于暗语的非典型语词、异常词汇以及敏感词汇即时发出预警。

2. 不良游戏的干预阻断

对于青少年沉迷不良游戏，应当采取提前预判、强势介入、高度干预、综合防治的基本方针。① 要建立未成年人游戏网络分级过滤制度。对于涉及暴力、色情、血腥、犯罪等不良内容的，要禁止未成年人接触。此外，线上通过关键词搜索，在交流平台发现类似链接，即时进行阻断屏蔽；平台应当对预警社群进行复核监控并报告网监、公安等部门进行查控，及时进行干预阻断。

二、重点物预防的应用场景的建构

青少年新型违法犯罪不但体现在手段新，而且体现在利用新的"物"。可选取新型成瘾物质、虚拟货币这几个具有代表性的方面构建应用场景，进行全方位超前预警，干预阻断。

（一）涉新型成瘾物质应用场景

1. 新型成瘾性物质的异常感知

（1）异常物流预警。引入溯源技术，严控生产、运输及流通环节，通过"二维码"等技术，进行溯源追踪，一旦发现异常，即时进行预警。

（2）关键词抓取预警。梳理分析网络涉毒犯罪分子最新流行的"暗语""行话"，对关键词进行过滤标记，一旦发现微信、网络店铺等交流平台中频繁出现类似于暗语的非典型语词、异常词汇以及敏感词汇，即时发出预警。

---

① 刘亚娜、高英彤：《青少年沉迷网络游戏及引发犯罪的实证研究与应对机制》，载《山东大学学报》2020年第3期。

（3）社会群众举报预警。在平台上设立群众举报模块，接到群众举报后将相关信息推送至各个部门，进行预警。

（4）高频场所排查预警。加强对青少年经常出入的娱乐场所的检查、监管力度，将其接入青少年新型犯罪干预性预防平台，一旦发现异常，即时进行预警。①

2.新型成瘾性物质的干预阻断

针对笑气、电子上头烟等新型成瘾性物质，分阶段实行阻断。在生产、流通、销售环节采用溯源码等方式，对笑气流通全流程追踪。此外，购买人须提供食品经营许可证、营业执照、个体工商户执照等证据。在吸食环节，利用公安110报警系统、执法办案系统等获取吸食笑气青少年数据，与全量数据库中的旅馆住宿登记信息、娱乐场所人脸数据、交友信息等进行比对，及时对青少年再次吸食、贩卖笑气等行为予以阻断。相关措施包括通知当地派出所进行新型成瘾性物质核查，通知主管单位处罚违规销售单位，并开展新型成瘾性物质吸食者专题普法等。

（二）涉虚拟货币应用场景

1.虚拟货币②的异常信息感知

线上设置关键词搜索，在社交软件、网站等发现类似链接、言语交流，即时进行预警。针对高校学生申领3张以上信用卡、资金频繁流动以及大额资金来源不明等资金异常行为，开发以监测资金流转为重点的资金异常数字监管模型，对高校学生的银行卡、支付宝、微信钱包等支付工具上的

---

① 常进锋：《预防与惩治青少年涉毒犯罪的法治路径述评》，载《中国青年社会科学》2018年第5期。

② 目前，国际上尚未对虚拟货币形成统一的概念共识。虽然不同国际组织、各国监管机构对"虚拟货币"的界定有所区分，但多强调其非法定货币的属性，是一种通过分布式账本技术（如区块链）实现生成与权益记录，能够在特定社群中被接受与使用的数字化表现形式。2021年9月15日，人民银行等10部门联合发布的《关于进一步防范和处置虚拟货币交易炒作风险的通知》（银发〔2021〕237号，下文简称《2021年通知》）指出，比特币、以太币、泰达币等虚拟货币具有非货币当局发行、使用加密技术及分布式账户或类似技术、以数字化形式存在等主要特点，不具有法偿性。

资金流动进行定期监测形成有效预警。

2. 虚拟货币的干预阻断

针对虚拟货币这样具有较强技术性和匿名性的监管对象，仅从风险预警角度入手并不足以达到监管目的，①要及时进行干预阻断。通过关键词搜索，在社交软件、网站等发现类似链接、言语交流，即时进行阻断屏蔽。对明显违法的网页和非法信息及时删除或屏蔽，并积极报告主管部门，配合公安机关查处。加强与银行等金融机构的联系，银行可以通过定期排查以及对异常资金交易信息监测发现可疑的资金流通账户，将相关的线索提供给公安机关，并建立账户黑名单，防范不法分子利用银行支付结算平台进行虚拟货币相关的不法行为。对模型预警的频繁办理手机卡、银行卡，青少年银行卡异常流水等异常资金信息，平台及时将信息推送至金融机构，进一步核实学生的资金信息；对资金核实发现明显存在违法违规行为的，平台将信息推送至金融机构后暂时冻结高校学生的资金账户，阻断下一步操作，并同步推送相关部门、学校和家长，线下联动配合、调查处置。

三、重点场所预防的应用场景的建构

酒吧、歌舞娱乐厅、酒店旅馆、网吧等场所为人们生活增添色彩的同时，也为青少年违法犯罪提供了便利的场所。在利益的驱使下，一些娱乐场所违反规定，允许青少年进入，对青少年的违法犯罪行为不加制止，甚至包庇纵容，大大增加了青少年犯罪概率。针对这个问题，在青少年违法犯罪易发多发的重点场所建设应用场景，对其进行阻断。

（一）重点场所预防的异常感知

现实中执法部门受人力物力等方面的限制，不可能随时随地都对网吧进行巡查，相反大多数时候是采用运动式的执法模式，导致未成年人成为

---

① 常亚楠：《虚拟货币的法律属性审思与规制完善》，载《金融理论与实践》2022 年第 4 期。

营业性网吧的常客，法律中禁止未成年人进入网吧的规定形同虚设。① 为了防止青少年进入营业性娱乐场所、宾馆等不宜进入或不宜单独进入的场所，需要建立一个预防、治理的一体化平台，接入各方系统，实现精准预防。例如，接入旅馆业治安管理信息系统，将未成年人及同住人员的酒店、旅馆登记入住信息，实时传输至平台数据库；接入公安局执法办案系统，将人员违法犯罪记录数据，实时传输至平台数据库；接入人口信息系统，未成年人的户籍、亲属关系等数据传输至平台数据库。

1. 住宿场所

酒店、宾馆等住宿场所应当接入青少年新型犯罪干预性预防重点场所模块，在青少年入住时，对其信息进行分析，实现精准预警。

（1）经营人员手动预警。未成年人保护法明确规定，经营者接待未成年人入住时须问询其父母或其他监护人联系方式、同住人员身份关系。② 平台要求旅馆从业人员将登记信息及问询结果输入至平台内，同时平台设置未成年人醉酒、精神异常、意识不清、外伤等特殊情形选项，要求旅馆人员手动勾选，旅馆人员认为需要报告的，点击一键报警，平台将发出警报信息至110指挥中心报警系统，由公安机关前往确认。

（2）平台自动分析预警。设计分析模型，平台对未成年人登记入住信息进行自动碰撞分析，比对未成年人年龄、监护人联系方式、成年同住人员违法犯罪记录、同住人员关系。分析结果存在异常的，进行预警。

①经比对16周岁以下未成年人提供监护人联系方式正确，同住人员无亲属关系的，平台自动发送预警短信给监护人提醒。

②未成年提供的监护人联系方式错误、虚构亲属关系的，平台发出黄色预警，提醒旅馆人员再次确认信息。

---

① 胡江：《网络时代青少年违法犯罪预防的挑战及其对策》，载《理论月刊》2014年第6期。

② 《未成年人保护法》第57条规定："旅馆、宾馆、酒店等住宿经营者接待未成年人入住，或者接待未成年人和成年人共同入住时，应当询问父母或者其他监护人的联系方式、入住人员的身份关系等有关情况；发现有违法犯罪嫌疑的，应当立即向公安机关报告，并及时联系未成年人的父母或者其他监护人。"

③对未满 14 周岁女性未成年人且与同住异性无亲属关系的，或成年同住人员有性侵、暴力伤害违法犯罪记录且无亲属关系的，平台发出红色预警，提醒旅馆人员确认未成年人安全并进行保护，自动发出警报信息至 110 指挥中心报警系统。

2. 娱乐场所

酒吧、迪厅、KTV 等娱乐场所是青少年特别是不良青少年经常光顾的地点。因此，KTV、酒吧、网吧等娱乐场所应当接入青少年新型犯罪干预性预防重点场所模块，在青少年进入时，发出报警信息，实现精准预警。

未成年人保护法明确规定了营业性歌舞娱乐场所、酒吧、互联网上网服务营业场所等不适宜未成年人活动场所的经营者的责任。① 因此，经营者接待未成年人时须问询其年龄，并要求其出示证明其年龄的证件。对于未成年人，点击一键上报，由平台以短信形式将信息发送给监护人、老师、帮教人员或者从事未成年人保护的未检人员和公安人员，进行预警。

3. 新兴综合性场所

在新兴综合性场所之中，"电竞酒店"作为近年来迅速发展的新兴业态，因经营性质尚无明确界定，目前处于监管缺位状态。其本质上属于提供互联网上网服务的营业场所但却以酒店住宿之名无限制接纳未成年人上网，引发未成年人沉迷网络、夜不归宿等不良行为，还可能会导致违法犯罪。应当建议相关部门对电竞酒店实行"住宿＋上网"双登记制度，并构建数字化应用场景实时预警。

创新研发"电竞酒店"数字化监管模型，在相关部门落实检察建议为电竞酒店安装上网登记管理软件的基础上，获取电竞酒店的上网登记数据。同时平台通过对同房间同时段的上网登记数据与酒店住宿登记数据进行碰

---

① 《未成年人保护法》第 58 条规定："学校、幼儿园周边不得设置营业性娱乐场所、酒吧、互联网上网服务营业场所等不适宜未成年人活动的场所。营业性歌舞娱乐场所、酒吧、互联网上网服务营业场所等不适宜未成年人活动场所的经营者，不得允许未成年人进入；游艺娱乐场所设置的电子游戏设备，除国家法定节假日外，不得向未成年人提供。经营者应当在显著位置设置未成年人禁入、限入标志；对难以判明是否是未成年人的，应当要求其出示身份证件。"

撞对比，发现同房间同时段内的住宿登记信息与上网登记信息不一致的、住宿登记有未成年人但同房间仍开卡上网的，即有可能存在冒用他人身份登记、接纳未成年人上网等违规情形，应当实时向相关部门发出预警信息。另外，通过平台原有的场所定位功能，未成年人一旦进入电竞酒店，平台自动向监护人、帮教义警发送警报信息提醒带离，实现对未成年人不宜进入场所的实时监控。

（二）重点场所预防的干预阻断

1. 住宿场所

针对红黄蓝三色预警信息，平台采取不同预警手段。平台发出蓝色预警的，自动发送预警短信给监护人、老师进行风险提示，同时平台上的相关部门对于此种情况应当进行备案。平台发出黄色预警的，提醒旅馆人员再次确认信息，并将相关预警信息推送相关部门及其监护人，并同步开展线下核实处置工作。平台发出红色预警的，提醒旅馆人员确认未成年人安全并进行保护，自动发出警报信息至110指挥中心报警系统，公安部门前往现场进行及时干预与阻断，实现线上线下联动配合。此外，对于住宿场所违规接纳未成年人的，将其信息推送至主管部门，由相关部门进行查处。

2. 娱乐场所

针对平台上的预警消息、以短信形式发送给监护人、老师、帮教人员或者从事未成年人保护的未检人员和公安人员的报警信息，相关人员应当在平台上进行分类备案，进行核查处置，特别严重的应当立即去现场进行处置阻断。此外，对于娱乐场所违规接纳未成年人的，将其信息推送至主管部门，由相关部门进行查处。

3. 新兴综合性场所

构建电竞酒店数字化监管模型，对未成年人与成年违法犯罪人员、异性非亲属同住、多名罪错未成年人同住等电竞酒店上网住宿登记异常情形，实行"红黄蓝"三色预警，及时推送相关部门落地核查阻断风险。

四、重点领域预防的应用场景的建构

重点领域,主要是指青少年新型违法犯罪高频发生的领域,集中在校园网络招聘、校园网络贷款、网络赌博这几方面。针对上述领域存在的问题,应主动构建应用场景进行阻断,将露头的犯罪遏制在萌芽中。

(一)涉网络贷款应用场景

"校园贷"的野蛮生长以及频频爆发的恶性事件,将大学生这个群体推上了风口浪尖。① 近年来,高校中发生的不良校园贷严重危害了大学生的人身权和财产权,特别在新冠肺炎疫情期间,部分小额贷款公司通过和科技公司合作进行诱导性营销,发放针对大学生的互联网消费贷款,精准收割,导致部分大学生陷入高额贷款陷阱,造成恶劣的社会影响。② 针对此种问题,通过构建校园网贷风险预防阻断应用场景,对高校学生参与校园网络贷款和资金异常等行为实行全链条全周期全方位监测预警和智能预防阻断,实现风险闭环管控机制。为了构建较为完善的模型,进行精准预警,首先要打造一个全量数据库。通过关联政府就业服务等应用获取前端高校学生相关数据,并打通学校学籍系统、运营商系统、银行金融系统、征信系统等,构建一个具体包括高校学生身份证、通讯方式、资金账户、家庭情况、个人消费、网络行为数据、金融贷款公司信息等数据的全量数据库,为模型算法做好基础数据支撑。

1.网络贷款的异常感知

(1)平台不良贷款信息的异常感知。公司和个人通过非法手段获取到高校学生个人信息,通过微信、QQ、网页广告、短信、抖音、网络游戏等各种渠道,精准推送或者搭车推送具有诱惑性、欺骗性的借贷信息。针对不良贷款信息的传播,开发数字监管模型,对不良贷款信息进行甄别,同

---

① 胥青:《"校园贷"的风险防范与教育引导机制探究》,载《学校党建与思想教育》2017年第16期。

② 张维:《堵上"偏门"打开"正门"成为监管新思路》,载《法治日报》2021年4月2日,第6版。

时对接运营商、互联网公司、游戏公司等，动态锁定敏感字段、视频、图像等数据，借助大数据、人工智能等先进技术甄别标注不良贷款信息，形成有效预警。

（2）非法软件下载异常感知。目前，网络上存在很多针对高校学生的非法贷款软件，高校学生对其进行下载，就可能导致被骗。针对高校学生的网络下载行为，开发以管控非法软件下载为核心的软件资源数字监管模型，通过关联企业白名单、企业经营、企业征信等相关数据，对为高校学生提供软件下载源的企业或个人进行智能比对分析，按风险等级，形成有效预警。

（3）资金异常行为的感知。针对高校学生的贷款逾期、贷款行为与消费能力不符、申领3张以上信用卡、资金频繁流动以及大额资金来源不明等资金异常行为，开发以监测资金流转为重点的资金异常数字监管模型，对高校学生的银行卡、支付宝、微信钱包等支付工具上的资金流动进行定期监测，动态形成个人消费能力评估积分，对资金异常行为确定不同积分值，超出合理区间的，进行有效预警。积极创新以学校和金融机构为主体的联动机制，以高校为核心拓展个人征信数据，构建"校园贷"风险预警机制。学校与金融机构在征信数据上的合作不仅有利于构建更加全面系统的大学生征信体系，而且有利于对大学生贷款动向进行预判，为防范不良贷款风险构筑屏障。[①]

（4）异常放贷企业信息感知。针对无资质的非法放贷企业，开发以监管非法放贷企业为重点的数字监管模型，关联企业白名单、企业经营、企业征信等相关数据，针对非法放贷的企业进行监管，形成有效预警。公检法内部之间、与市场监管部门等外部之间的数据均要流动起来，构建办案、监管的协同平台。市场监管部门正在实行商事主体"智慧审批"，对企业的住所核验由以往的人工审核改为数据信息系统自动比对，加快了企业审批设立流程。商事主体设立转为以事前备案为主后，加强事中监管、事后追

[①] 吴鹤群、成晓越：《风险社会视域下"校园贷"问题的生成及应对》，载《当代青年研究》2018年第1期。

责、行刑衔接成为市场监管部门及与公安机关加强相互合作的课题。一些地区的市场监管部门已经建立了"市场监管风险洞察平台",整合了市场监管内部数据、其他委办局数据、专网信用数据、互联网数据等各类数据,对企业进行"画像",对高风险企业进行预警。公安部门应将电信网络诈骗犯罪嫌疑人设立企业套取对公账户用于诈骗资金转账、洗钱等风险特征,制作木马软件、诈骗用应用程序、帮助搭建犯罪用服务器、提供技术维护服务等所谓"科技"公司等情况,与市场监管部门进行数据信息共享,强化对互联网经济条件下的市场主体监管,从而防患于未然。①

2.网络贷款的干预阻断

在智能预警基础上,针对高校学生发生借还贷行为的信息获取、软件下载安装、放贷、消费、还贷等五个环节开发建设四项智能阻断。

(1)不良贷款信息智能阻断。在对前述不良贷款信息预警的基础上,利用屏蔽"黑名单"号段、关键词拦截等技术,对发送至高校学生的关于借贷方面不良信息进行智能阻断。对预警标注的确定不良信息,实现自动阻断屏蔽;对预警标注的疑似不良信息,实现短信、电话提醒。

(2)非法软件下载智能阻断。对模型预警风险等级较低的企业,将信息推送至行业主管部门进行调查核实,并同步提醒高校学生。对模型预警风险等级较高的或者由行业主管部门审核认定确实存在风险的涉贷企业,自动阻断其所发布的信息和软件下载源,有效弥补金融平台监管短板。

(3)资金流动异常智能阻断。对模型预警的高校学生资金消费异常行为,及时将信息推送至金融机构,进一步核实学生的消费行为。对资金核实由非法平台发放、合法平台违规超额发放、资金明显存在违法违规用途行为的,将信息推送至金融机构后暂时冻结高校学生的资金账户,阻断下一步操作,并同步推送相关部门、学校和家长,线下联动配合、调查处置。

(4)不合法贷款智能阻断。通过模型监测,发现涉贷企业或个人与高校学生传送敏感视频、图片及骚扰、恐吓等信息,及时将信息推送至金融

---

① 葛悦炜:《运用新时代枫桥经验治理电信网络诈骗研究》,载《辽宁警察学院学报》2021年第5期。

机构，暂时冻结高校学生资金账户，阻断下步操作，并同步推送至相关部门和学校，线下联动配合、调查核实（见图1）。

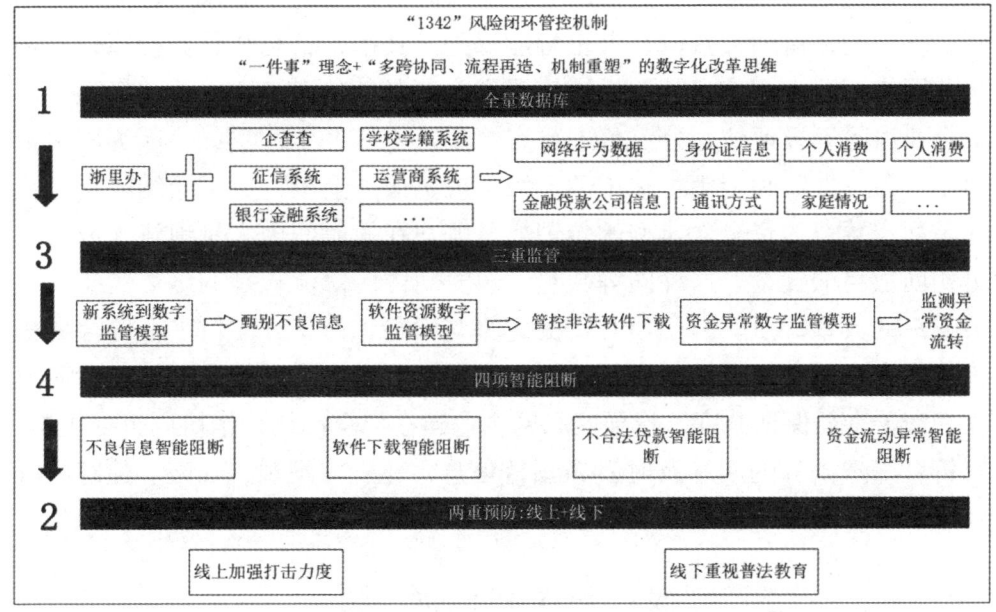

图1 诸暨市"金盾"校园网贷风险预防阻断应用

（二）涉校园网络招聘应用场景

构建校园网络招聘预防阻断应用场景，对高校学生参与校园网络招聘实行全链条全周期全方位监测预警和智能预防阻断，实现风险闭环管控机制。

1. 校园网络招聘的异常感知

为了构建较为完善的模型，进行精准预警，首先需要打造一个全量数据库。主要包含两个维度数据，高校学生个体层面主要关联到其身份信息、学籍、档案、手机号码、资金账户、个人行为等数据。招聘企业层面通过关联市场监督、法院、人社、银行、税务、电力、运营商等部门系统以及企查查、天眼查、58同城等涉企平台，锁定企业发布信息、资质、纳税信用、劳动纠纷、银行征信、新闻报道、"水电网"生产记录等数据，为模型

算法做好基础数据支撑。

（1）企业层面（企业风险智能监控预警处置模型）。针对企业，开发以监测招聘虚假信息、虚假招聘企业等风险为重点的企业风险智能监控预警处置模型，借助大数据、人工智能等先进技术，结合全量数据库，锁定企业网络招聘虚假信息相关敏感字段和企业其他信息，建立算法模型，形成企业风险等级评估，分三色进行有效预警（见表1）。例如，因为网络传销中"入会费"和传销组织中"下级"成员向"上级"成员缴纳的提成往往是固定数目的资金，典型的传销成员账户在短时间内大量地流入或者流出相同数目的资金。这种同等数量、短时间内多次流入是网络传销犯罪分子账户的典型特点。因此侦查机关应当与银行、第三方支付平台等金融机构通力合作，发现可疑信息及时发布预警。公安机关可帮助网络运营商建立和完善责任保证制度，指导互联网企业建立健全网络传销协同查处机制，对符合筛选条件的网站及时发布预警信息，建立"发现、屏蔽、追踪、查处"四位一体的打击网络传销监管体系。①

表1　企业风险预警的等级划分

风险等级	预警标准
低风险预警（蓝色）	企业存在1—5条经营异常信息
中风险预警（黄色）	企业存在6—10条经营异常信息
高风险预警（红色）	企业存在10条以上经营异常信息

（2）学生层面（求职倾向性风险监控预警处置模型）。针对高校学生，开发以分析学生网络求职行为为重点的求职倾向性风险监控预警处置模型，对高校学生的银行卡、支付宝、微信钱包等支付工具上的资金流动和上网求职、电话求职等行为进行监测和智能分析，刻画人物画像，形成求职倾向性风险等级评估，进行有效预警。

（3）信息层面（信息交互风险监控预警处置模型）。开发以检测不良信

---

① 刘坤:《网络传销犯罪特点与侦防对策研究》，载《北京警察学院学报》2015年第3期。

息通道为重点的信息交互风险监控预警处置模型，重点关注存在倾向性风险的学生和风险预警企业之间的信息互通，动态监管微信、QQ、邮箱等信息通道，对不同风险等级进行评估，进行有效预警。

2. 校园网络招聘的干预阻断

（1）企业层面。在企业层面，公安机关应建立涉众型经济犯罪信息与风险综合监测平台，主要收集涉金融公司企业的网络舆情动态、网络举报与信访记录、行政司法不良记录、法人代表、股东、关联（法）人的存疑涉罪情况，注意采集互联网公共环境中提供违法举报、恶意电话标记、互联网金融第三方资讯交流、互联网金融第三方社群交流等服务的平台公开数据。在对前述不良贷款信息预警的基础上，根据不同等级采取针对性处置，进行干预阻断。如预警等级为高风险的企业，系统将相关信息推送至主管部门进行核实处置，并智能阻断其不良信息输出。升级技术手段，综合多个业务部门数据进行深度学习分析，对网络招聘平台、用人企业和潜在受害青少年加强监督，结合线下人社、网格力量等提前干预，并将相关成果快速呈现在服务端，实现高效协同。

此外，适当关注互联网黑灰产业在经济领域的活跃方向，关注新立案件的犯罪模式，做好趋势监测。[①] 苏州市经济犯罪风险预警平台在2018年P2P"暴雷潮"中提前化解了全市430家"问题金融企业"风险，其非法集资风险预警系统在信息与风险监测的基础上实现了企业风险指数量化。公安机关可筛选监测数据中恶意、违法与犯罪人员的手机号、网络设备，形成"互联网金融黑名单"，保持关注与更新，动态掌握"黑名单"可达到预测犯罪的效果。同时，标记多次进入"黑名单"的人员，达到精准打击的效果。建立信息与风险综合监测平台也将便于日常办案和新案初查，可以简化以往多网站、多部门轮换查询的操作过程，借助平台关联分析，可为侦办案件提供思路，一并标记、消除关联风险。[②]

---

① 朱舒成:《互联网涉众型经济犯罪侦办中的云警务研究》，载《广西警察学院学报》2020年第3期。

② 朱舒成:《互联网涉众型经济犯罪侦办中的云警务研究》，载《广西警察学院学报》2020年第3期。

（2）学生层面。在对前述学生网络求职行为进行预警的基础上，根据不同的风险等级采取针对性处置，进行干预阻断。如对预警等级为较高风险的学生，系统将相关信息推送至学校、家庭，提醒予以关注求职风险，并精准推送相关宣传教育防骗资料。

（3）信息层面。在对前述不良信息进行预警的基础上，根据不同的风险等级采取针对性处置，进行干预阻断。当系统监测到倾向性学生与风险预警等级较低企业进行接触时，自动推送预警信息至学生、家长和老师进行风险提示；当系统监测到倾向性学生与风险等级较高企业接触时，自动阻断信息传递，并将相关预警信息推送学校、家庭，并同步开展线下核实处置；当系统监测到倾向性学生已经入职风险级别较高的企业时，自动推送预警信息至公安部门进行及时干预与阻断（见图2）。

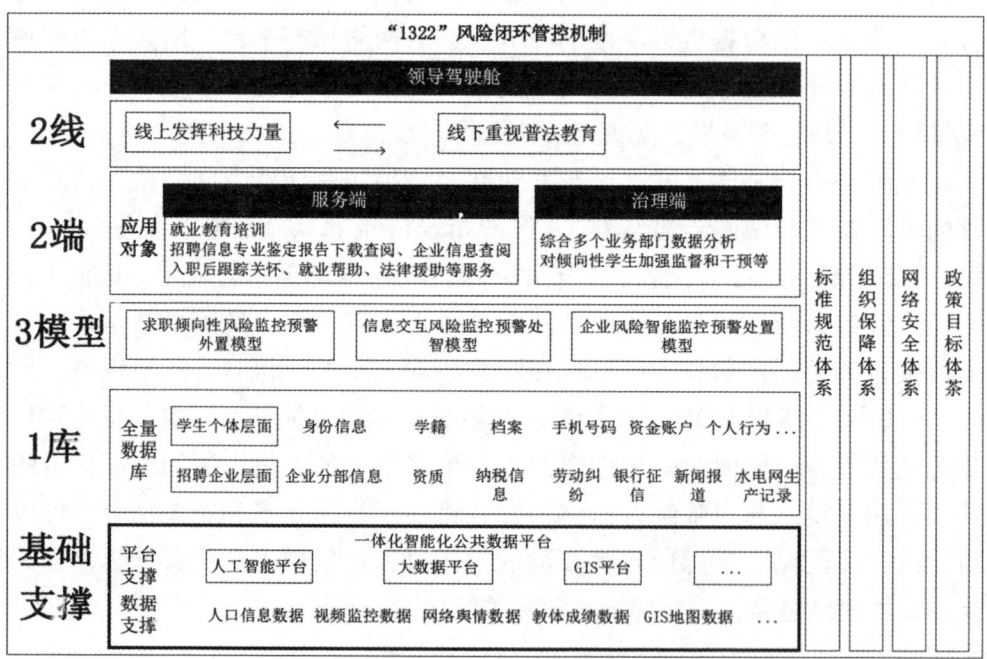

图2 诸暨市"乐业"校园招聘风险预防阻断应用

（三）涉网络赌博应用场景

1. 网络赌博行为的异常感知

（1）不良信息的异常感知。针对网络赌博等不良信息的传播，可采取"敏感词过滤""关键词搜索"等多种手段，开发以甄别不良信息为关键的信息通道数字监管模型，对接运营商、互联网公司，动态锁定敏感字段、网站，借助大数据、人工智能等先进技术甄别标注不良信息及网站，及时有效甄别网络赌博违法犯罪线索，形成有效预警。

（2）非法软件下载异常感知。目前，网络上存在很多非法赌博软件，高校学生对其进行下载，就可能导致被骗。针对高校学生的网络下载行为，开发以管控非法软件下载为核心的软件资源数字监管模型，一旦发现下载行为，立即形成告警信息，从而有效预警。

（3）资金异常行为的感知。针对青少年频繁办理手机卡、银行卡，青少年银行卡异常流水、贷款多次逾期等异常资金信息进行监控预警，开发以监测资金流转为重点的资金异常数字监管模型，对高校学生的银行卡、支付宝、微信钱包等支付工具上的资金流动进行定期监测，形成有效预警。

2. 网络赌博行为的干预阻断

在智能预警基础上，针对青少年网络赌博的行为开发建设以下几项智能阻断：

（1）不良信息智能阻断。线上通过关键词搜索，在社交软件、网站等发现类似链接、言语交流，即时进行阻断屏蔽。对明显违法的网页和非法信息及时删除或屏蔽，并积极报告主管部门，配合公安机关查处。在对前述不良信息预警的基础上，利用屏蔽"黑名单"号段、关键词拦截等技术，对相关不良信息进行智能阻断。对预警标注的事实不良信息，实现自动阻断屏蔽；对预警标注的疑似不良信息，实现短信、电话提醒。①

（2）非法软件下载智能阻断。设计管控非法软件下载为核心的软件资源数字监管模型，一旦识别其为非法赌博软件，立即进行阻断，禁止下载，同

---

① 谯冉、张小兵：《跨境网络赌博犯罪分析与预防对策——以近年来 H 省打击网络赌博犯罪为例》，载《山东警察学院学报》2017 年第 5 期。

时将预警信息推送至平台。抓住各地政府建设云计算中心的机遇，搭建大数据云存储平台，建设毫秒级别云查询、智能数据云碰撞等应用，及时有效甄别网络赌博违法犯罪线索。①

（3）资金流动异常智能阻断。公安机关要深化与银行、非银行的金融机构、第三方支付平台、通信管理等部门和单位的协作，建立健全与有关部门的可疑资金交易情报信息研判通报机制，并积极完善第三方支付平台监管制度。银行可以通过定期排查以及对异常资金交易信息监测发现可疑的赌资流通账户，将相关的线索提供给公安机关，并建立账户黑名单，防范不法分子利用银行支付结算平台从事赌博等非法支付业务。

围绕干预性预防，结合青少年新型违法犯罪的特点，对倾向性青少年按照异常信息感知、干预阻断进行全方位超前预警后，后续的跟踪反馈也十分重要。对倾向性青少年，指定专人负责线下跟踪回访任务（如社区民警走访、网格员走访、学校教师家访等），执行专项跟踪回访活动的工作人员进行回访记录登记并反馈每一次回访的结果。相关部门对开展关爱、帮扶、教育矫治和跟踪关注等措施的干预结果进行线上反馈，对被帮扶的在校青少年、闲散青少年的改良趋势等干预结果进行评估反馈，以便管理者对风险名单中的个体进行定时专门管控，并及时掌控风险动态变化情况。

此外，对倾向性青少年预防工作的管控监督同样要予以重视。对长期未设置排查任务、长期未核实或核实后风险提升的倾向性青少年设置专门的管控预警措施，确保实现风险管控的闭环管理。通过设置各类预警风险的管控部门、管控方式和管控人，管理人员可对管控过程进行监督，真正实现管控流程闭环落地。

---

① 谯冉、张小兵：《跨境网络赌博犯罪分析与预防对策——以近年来 H 省打击网络赌博犯罪为例》，载《山东警察学院学报》2017 年第 5 期。

第三节　干预性预防应用场景的工作机制

青少年新型违法犯罪干预性预防工作应当在各级人民政府组织下实行综合治理，统筹指导区域内各个违法犯罪预防数字治理支撑部门，不断提升基础设施建设水平和信息化水平，增强网络安全协同能力，构建起家庭、学校、社会、网络、政府、司法"六大保护"体系。

一、行政机关的业务协同工作机制

政府应当充分发挥对青少年新型违法犯罪干预性预防工作的领导和协调作用，围绕青少年新型违法犯罪等方面的综合性事务，进一步完善政策，落实措施，健全机制，发挥部门职能优势，为促进青少年全面发展、健康成长创造条件、提供支持。具体行政部门依据其职能负责主管具体应用平台建设运行、制度建设，做好制度体系、理论体系的梳理工作。提供网络场景平台运行所需数据和业务支撑，加强业务协作，做好青少年新型违法犯罪预防工作，及时消除滋生青少年违法犯罪行为的各种消极因素，为青少年身心健康发展创造良好的政策环境。

（一）政府的业务协同工作机制

1. 组织各部门工作，协调社会力量参与

根据预防未成年人犯罪法规定，政府应当"组织公安、教育、民政、文化和旅游、市场监督管理、网信、卫生健康、新闻出版、电影、广播电视、司法行政等有关部门开展预防未成年人犯罪工作"，承担起社会责任，协调各部门联合工作。家庭教育促进法中规定各级人民政府指导家庭教育工作，建立健全家庭学校社会协同育人机制。县级以上人民政府负责妇女儿童工作的机构，组织、协调、指导、督促有关部门做好家庭教育工作，制定家庭教育工作专项规划，将家庭教育指导服务纳入城乡公共服务体系和政府购买服务目录。人民法院、人民检察院发挥职能作用，配合同级人民政府及其有关部门建立家庭教育工作联动机制，共同做好家庭教育工作。民政部门需及时建立工作平台，收集青少年的服务需求，并争取和调配资源予以跟进，在满足服务需求的基础上建立有效的协调机制，以充分发挥功能和作用。

除此之外，民政部门作为未成年人保护协调部门，为未成年人司法保护和社会工作服务提供了保障。虽然我国个别地区是由民间的基金会开展未成年人司法社会工作服务，但就整体情况而言，政府是最重要的资源协调者和分配者，无论是社会工作者的岗位购买还是项目支持，都离不开政府提供相关资源。① 政府作为资源的提供和保障主体，应当为预防未成年人犯罪工作提供支持和保障。

2. 保障、监督立法实施

"两法"修改后，民政部门应在链接各类资源的基础上，建立有效的服务输送机制，建立各类未成年人司法社会工作服务机制，以确保孩子们的服务需求得到满足，同时也保障立法的顺利实施。② 政府应当对预防未成年人犯罪法的实施情况和工作规划的执行情况进行检查，起到跟踪监督作用。

（二）人社部门的业务协同工作机制

人社部门负责校园网络招聘风险预防阻断应用的建设、迭代、运行、推广等工作，制定场景建设、运行所需制度文件，做好相关制度体系、理论体系的梳理等工作。配合做好青少年新型违法犯罪的总场景建设工作，协助其他子场景牵头部门做好场景建设、运行工作，提供场景所需数据以及与其他部门进行业务协作，为场景建设提供业务支撑。

---

① 席小华：《"两法"修改背景下未成年人司法社会工作服务体系建设研究》，载《华东理工大学学报》2021 年第 5 期。

② 席小华：《"两法"修改背景下未成年人司法社会工作服务体系建设研究》，载《华东理工大学学报》2021 年第 5 期。

对虚假招聘信息、虚假招聘企业、高校学生向存在风险的企业求职、投递简历等异常信息进行预警，对模型预警风险等级较低的企业进行调查核实，并同步提醒高校学生，对模型预警风险等级较高的进行审核认定。对模型预警的高校学生向风险企业投简历等异常行为及时通知相关部门阻断下一步操作，并同步推送学校和家长，线下联动配合、调查处置。

（三）金融部门的业务协同工作机制

金融办负责校园网贷风险预防阻断应用的建设、迭代、运行、推广等，制定场景建设、运行所需制度文件，做好相关制度体系、理论体系的梳理等；配合做好青少年新型违法犯罪总场景建设工作，协助其他子场景牵头部门做好场景建设、运行工作，提供场景所需数据以及与其他部门进行业务协作，为场景建设提供业务支撑。

通过对具有诱惑性欺骗性的不良借贷信息、高校学生下载非法借贷软件、异常消费信息及企业异常放贷信息等进行预警。对模型预警风险等级较低的借贷企业进行调查核实，并同步提醒高校学生。对模型预警风险等级较高的借贷企业进行审核认定。对模型预警的高校学生资金消费异常行为，进一步核实。对核实资金由非法平台发放、合法平台违规超额发放、资金明显存在违法违规用途行为的，暂时冻结高校学生的资金账户，阻断下一步操作，并同步推送相关部门、学校和家长，线下联动配合、调查处置。

二、司法机关的业务协同工作机制

应当充分发挥各部门在预防青少年新型违法犯罪中的作用，加强对检察机关法律监督工作的支持保障，加快检察机关信息化、智能化建设，运用大数据、区块链等技术推进公安机关、检察机关等跨部门大数据协同办案。[①]以高度的责任感和使命感，齐心协力，科学谋划，狠抓落实，为青少

---

① 《中共中央关于加强新时代检察机关法律监督工作的意见》，2021年6月15日发布。

年创造远离违法犯罪、健康成长的社会环境。

（一）公安机关的业务协同工作机制

公安机关针对非法销售烟酒彩票、KTV网吧非法接纳未成年人等易于诱发青少年违法犯罪的情形做好场景建设，配合做好总场景建设工作，协助其他子场景牵头部门做好场景建设、运行工作，提供场景所需数据以及与其他部门进行业务协作，为场景建设提供业务支撑。

1.异常信息预警

公安机关构建预防、治理一体化平台，依托全量青少年数据库，综合青少年家庭、朋友圈、网络行为、出入重点场所等情况，构建感知预警模型。开发甄别不良信息、违法侵害信息的模型，如网络涉黄涉暴、网络赌博、购买虚拟货币、购买新型成瘾物质等关键信息数字监管模型，运营商、互联网公司动态锁定异常信息，借助大数据、人工智能等先进技术甄别标注异常信息，及时有效甄别违法犯罪线索。

为防止青少年进入营业性娱乐场所、宾馆等不宜进入或不宜单独进入的场所，对这类重点场所进行标注，平台通过公安人脸识别监控系统，配合旅馆住宿登记系统，发现纳入平台管理的青少年进入后自动向监护人、义警发出警报信息提醒带离，并通报相应政府主管部门对场所经营者作出处罚，防治青少年夜不归宿、拉帮结派、在不宜进入的场所聚集、沾染社会不良风气的问题。同时重点关注酒店旅馆等易发生未成年性侵犯罪的场所，实现未成年人入住旅馆风险预警功能。

通过公安、大数据中心协调，将青少年违法犯罪预防治理平台接入治安防控网，打通公安数据平台，公安机关将掌握的青少年违法犯罪信息实时通报给青少年违法犯罪预防治理平台，平台对人员信息进行完善、分级后，将获得授权的青少年信息反馈给公安数据平台，通过将青少年信息和人脸识别系统的数据进行比对即时获得具体的青少年信息，形成有效预警，防范倾向性风险发展成违法犯罪行为。

2.干预阻断

公安机关对平台预警的异常信息及时进行干预阻断，对明显违法的网页和非法信息进行查处。对于青少年新型互联网涉毒、涉赌等行为，公安机关应当深化与银行、非银行的金融机构、第三方支付平台、通信管理等部门和单位的协作，建立健全与有关部门的可疑资金交易情报信息研判通报机制。强化行业监管，落实主体责任，加强各行业监管力度，加大违法违规操作的个人和单位的惩罚力度。加强与银行、网络运营商等部门的合作，形成打击合力。

针对青少年沉迷网络，易受暴力、淫秽等不良游戏影响发生违法犯罪情况，部署开展网络游戏专项整治工作，对青少年使用频繁、用户数量大的网络游戏进行重点整治，对网络游戏网站、App定期开展网络安全监督检查，及时发现问题和漏洞，督促运营者整改，履行网络安全责任，加强"实名认证"管理措施，严格落实游戏账号实名注册和登录要求。[1]

针对重点监管的场所，如KTV、网吧、电竞酒店等娱乐场所，通过平台上报的青少年出入信息及时到场处理。针对酒店等住宿场所，重点关注未成年人性侵等违法犯罪行为。根据法律规定，住宿经营者接待未成年人入住时须问询其父母或其他监护人联系方式、同住人员身份关系，要求旅馆从业人员登记信息及问询结果。经营者记录未成年人存在醉酒、精神异常、意识不清、外伤等特殊情形并确认信息，对可能存在异常状况的青少年应当及时报警，公安机关应当及时前往确认，对可能发生侵害未成年人的违法犯罪行为进行及时的阻断干预。

3. 跟踪反馈

公安机关对存在不良行为的青少年、经常夜间涉足网吧、酒吧、KTV、台球室等与其个人经济能力不匹配的娱乐场所的青少年重点关注，走访家庭背景，及时与家庭、学校进行交流沟通，要求学校、家庭发现青少年出现不良行为等情形及时上报，预防青少年实施违法犯罪行为。

对于受网络贷款、违法校园招聘侵害的青少年，社区民警负责线下跟踪回访，进行回访记录登记并反馈每一次回访的结果。社区民警对开展跟

---

[1] 《全国公安机关强力推进专项行动净化未成年人成长环境》，载中国长安网2022年6月2日，http://www.chinapeace.gov.cn/chinapeace/c100007/2022-06/02/content_12633100.shtml。

踪关注等措施的干预结果进行线上反馈，以便管理者对风险名单中的个体进行定时专门管控并及时掌控风险变化动态情况。

4. 管控监督

《预防未成年人犯罪法》第30条规定："公安机关、居民委员会、村民委员会发现本辖区内未成年人有不良行为的，应当及时制止，并督促其父母或者其他监护人依法履行监护职责。"据此，公安部门也应当在防范青少年新型违法犯罪行为中发挥监督作用，重点对青少年父母及其他监护人的监护职责进行监督。

（二）检察机关的业务协同工作机制

检察机关作为防范青少年新型违法犯罪的主要部门，负责青少年新型违法犯罪干预性预防的总场景构建的立项、建设、运行、迭代、推广，以及子场景、运行、迭代、推广等工作。检察机关应牵头联合多部门，共同推进相关政策制定，健全与公安机关、法院、司法行及机关等部门的联席会议、信息通报等机制，会同开展涉及未成年人办案评价标准、实体或程序等重点难点问题研究工作，推动形成青少年司法保护工作体系。鼓励社会力量参与青少年违法犯罪问题治理，更好地防范青少年新型违法犯罪行为。

1. 管控监督

检察机关应当充分发挥法律监督职能，通过监督+数字化改革，以检察建议和司法案件为切口，通过数字赋能推动数据共享，实现监督效果"1+1＞2"。[①]加快数字检察建设，以"数字革命"驱动新时代法律监督提质增效[②]，推动各部门从源头做好青少年权益保护和犯罪预防工作，积极作出整改和调整。同时也需要注重对如家庭、学校、企事业单位等社会力量的监督监管。

第一，建立与家长联系制度。帮助不良行为青少年的家长提高青少年

---

① 范跃红、郑丹阳：《监督效果实现"1+1＞2"》，载《检察日报》2022年7月25日，第6版。

② 张晓东：《数字检察赋能监督促进治理》，载《检察日报》2022年7月21日，第3版。

维权意识和法治观念，充分发挥家长在青少年犯罪预防性维权中的作用；定期或不定期地举办依托学校、有青少年犯罪研究机构参与的家长学校[①]，提高青少年家长的预防素质，从而有效提升青少年犯罪预防的家庭效能，协同开展社会治理。

第二，提出检察建议。最高人民检察院在"12309"中国检察网设立未成年人司法保护专区，各地检察机关联合职能部门建立未成年人权益保护检察监督信息平台，及时接收涉未成年人刑事申诉、控告和司法救助线索。及时提出针对性检察建议，督促职能部门加强对公共服务场所的监管。通过"检察建议"等柔性监督手段，促进高校及相关职能部门规范化运作。[②]

第三，支持起诉。家庭教育促进法构建了家庭主责、国家支持、社会协同的家庭教育体系，对包括检察机关在内的司法机关作出了明确规定，同时也赋予检察机关支持起诉、责令监护人接受家庭教育指导等职能。检察机关依法能动履职，针对监护人存在的管教不当、监护缺位等问题，主动加强与法院、民政、妇联、关工委等职能单位的协作，通过开展支持起诉、制发督促监护令、分类开展家庭教育指导等方式，推动形成系统化保护合力。当前互联网普及率极高，一些未成年人沉迷网络游戏问题突出。检察机关聚焦未成年人网络保护方面的薄弱环节和突出问题，最大限度地发挥未成年人检察业务统一集中办理优势，综合运用支持起诉等多种手段，维护网络空间未成年人权益。与政府职能部门紧密协作，将案件从末端办理转向前端治理，构建未成年人网络保护闭环。《未成年人保护法》规定："未成年人合法权益受到侵犯，相关组织和个人未代为提起诉讼的，人民检察院可以督促、支持其提起诉讼；涉及公共利益的，人民检察院有权提起

[①] 家长学校是指以婴幼儿、中小学生家长为主要对象，以传授家庭教育的科学知识和方法为主要内容的一种业余教育形式。任务是促进家庭教育观念的更新；配合学校教育的实施；帮助家长掌握家庭教育的现代科学知识和方法；为子女的成长造就一个适宜的家庭教育环境。一般多由中小学校、妇联、妇幼保健院（所）、家庭教育研究会等部门兼办。

[②] 陈宏伟、史笑晓等：《高校"套路贷"的防控对策》，载《杭州周刊》2019年第34期。

公益诉讼。"检察机关贯彻最有利于未成年人原则,积极稳妥发挥未成年人保护公益诉讼检察职能,通过行使民事公益诉讼职责,督促相关机构履行社会责任。

2. 类案普法

落实"谁执法,谁普法"普法责任制,增设专门的"法治课堂"版块,定期发布法治小视频、未成年人保护相关法律、典型案事例等,引导青少年遵纪守法,增强自我防范意识,提升自我保护能力。充分利用检察官以案释法制度,针对有不良行为的青少年以及有犯罪倾向的青少年、易受网络违法侵害的青少年人群,依托"法治进校园"等平台,开展类案犯罪预防与学生自我防范法治教育工作。

三、社会力量参与机制

在青少年新型违法犯罪干预性预防中,应当强化未成年人司法保护,完善专业化与社会化相结合的保护体系。① 发挥家庭保护基础作用,认真落实家庭教育促进法;完善学校保护工作机制,加强检教协作配合,共同推动校园安全管理责任;提升社会保护成效,大力推进青少年检察社会支持体系建设,督促对旅馆、宾馆、酒店、网吧等场所的整改;净化青少年网络环境,推动健全网络综合治理体系有效预防网络犯罪,营造清朗的网络空间。坚持整体推进,突出重点,加强对具有不良行为、严重不良行为的青少年的教育、管理和服务,营造有利于青少年权益维护和犯罪预防的法律政策环境,夯实预防青少年新型违法犯罪工作基础。

(一)社会力量

1. 家庭

家庭教育促进法在所确立的"家庭责任、国家支持和社会协同"的宏观家庭教育格局中,明确规定父母或者其他监护人承担家庭教育的主责。

---

① 《中共中央关于加强新时代检察机关法律监督工作的意见》,2021年6月15日发布。

家庭教育是预防青少年违法犯罪的第一道防线，青少年犯罪与家境没有直接的关系，但与家庭教育、引导存在密切联系，家庭教育的缺失是导致青少年犯罪的常见因素。由于青少年身心发育不成熟，处于易冲动的年龄，认识水平较低，法律意识淡薄，辨认能力与控制能力弱，家庭对青少年的教育必不可少。应积极建立和维护和睦稳定的家庭环境，营造和谐家庭氛围。父母或者其他监护人应关注子女的身心健康和行为习惯，重视与子女的沟通交流，为其提供及时的物质帮助和精神支持；应当注重培养、提升青少年的法律素养，提高青少年的守法意识和自我保护能力。

2. 学校

（1）中小学。学校对有不良行为的未成年学生，应当加强管理教育，不得歧视。对拒不改正或者情节严重的，学校可以根据情况予以处分或者采取以下管理教育措施：

第一，予以训导。学校应当充分发挥本身的职能角色，对未成年学生首先要尽到教育的职责，对存在不良行为的未成年学生应当及时地进行训诫，引导学生往好的方向发展。

第二，要求参加特定的专题教育。未成年人的三观尚未完全塑造成型，需要及时地进行引导教育。学校除了对学生进行知识教育外，还应当定期进行高质量的法治宣传教育，对已经有不良行为的未成年更要加强法治教育，避免未成年学生误入歧途。

第三，要求接受社会工作者或者其他专业人员的心理辅导和行为干预。青少年新型违法犯罪干预性预防除了司政部门协调进行干预阻断外，社会力量也需要进行协调干预。如在对有不良行为的未成年人学生进行干预的工作中，学校应当和家庭加强沟通，建立家校合作机制，及时沟通未成年人在家在校状况，信息互通，对未成年人的异常或者不良行为尽早发现，尽早教育。学校决定对未成年学生采取管理教育措施的，应当及时告知其父母或者其他监护人。未成年学生的父母或者其他监护人应当支持、配合学校进行管理教育。同时也可与社会工作者或者专家团队进行联合协同，对有犯罪倾向的未成年人进行专业的心理疏导和行为干预，补足家庭和学校在相关专业方面对青少年的引导不足。

（2）高校。高校大学生作为青少年的重要组成部分，同时也属于青少年新型违法犯罪干预性预防的重要对象。大学生与学校的联系最为紧密，因此，在预防大学生违法犯罪中，高校应当承担起重要责任。高校应当与检察院互联互通，通过建立起涵盖学生家庭属性、网络言论、生理原因、兴趣爱好、校园生活、人际关系等要素的指标体系，运用现代化的数据挖掘技术，提高分析预测学生个体、群体安全风险水平、等级的精准度，实现对管理对象的精准动态监测。[①]将监测到的学生不良行为、违法犯罪行为及时上报到相关部门，配合相关部门进行干预阻断工作，将青少年违法犯罪倾向扼杀在摇篮里。

高校学生群体作为新型违法犯罪的重点侵害对象，尤其是利用网络贷款、网络招聘等对高校学生实施犯罪的现象突出，因此，为了避免高校学生群体成为此类犯罪的受害人，高校应当为大学生的安全管理提供前置干预机制。大学生安全管理的前置干预机制是考量大学生安全管理实效的重要一环，应当运用大数据对高度潜存于学生个体、群体中的校园、社会安全风险因素进行精准定位、量化评估，针对风险设立相应的预案，减少安全事故对个人、群体造成不必要的伤害。[②]首先，高校应完善勤工助学制度及奖助学金制度，为家庭经济困难的大学生提供支持。其次，高校应完善心理咨询室等校内服务设施的建设，确保大学生能够获得及时的心理疏导和帮助。最后，高校应聘任具有法学专业背景的教师开设面向全体在校生的法治教育课程，对涉及大学生的高发案件进行释法性解读及法律后果分析，提高大学生的法治意识。[③]

---

① 何伟、薛琳、朱必法：《基于大数据挖掘的大学生安全管理预警模式构建》，载《学校党建与思想教育》2017年第20期。

② 何伟、薛琳、朱必法：《基于大数据挖掘的大学生安全管理预警模式构建》，载《学校党建与思想教育》2017年第20期。

③ 张爱桐：《大学生犯罪特征、原因及预防对策研究》，载《中国高等教育》2020年第21期。

3. 村（社区）

作为青少年新型违法犯罪干预性预防的重要社会力量之一，村（社区）可以发挥重要作用。

（1）走访青少年家庭。居民委员会、村民委员会等基层群众性自治组织因其自身的特殊性，在预防青少年犯罪工作中发挥着不可替代的重要作用。基层群众性自治组织应当对其辖区内的青少年信息通过走访调查等摸排清楚，记录在档。定期走访青少年家庭住所，既可以对青少年动向保持关注，也可以督促家庭正确教育引导青少年。

（2）不良行为及时上报。村（居）委员会应当积极开展有针对性的预防青少年新型违法犯罪宣传活动，及时掌握本辖区内未成年人的监护、辍学和就业情况，组织、引导社区社会组织参与预防青少年犯罪工作。协助公安机关维护学校周围治安，对辖区内存在不良行为的青少年应当及时进行规制劝阻，及时地与其家庭、学校沟通，并督促其父母或者其他监护人依法履行监护职责，对不能处理、无法解决的行为及时上报到公安机关、检察机关并予以规制。针对服刑人员和被羁押人员的未成年子女因不能被福利机构接收而无人监护的问题，应落实未成年人福利保障工作，同时探索建立心理干预队伍，引导他们走出心理阴影，积极健康成长发展，既补足正常青少年家庭、学校之外的空缺，同时也可以对不受家庭学校管控的青少年进行社区教育、引导与管理。通过与相关部门、家庭、学校进行协同工作，做到尽早沟通，全面上报，及时干预，全面阻断青少年违法犯罪行为。

4. 社会组织、公益机构

充分发挥社会组织诸如社工、义警等人员的作用，协助民警对不良行为青少年进行管理、对相关部门对正在进行干预阻断的倾向性青少年进行跟踪反馈。加强法律服务志愿者队伍建设，扩大法律援助工作覆盖面，更好地维护青少年的合法权益。对易遭受性侵、网络招聘、网络贷款等不法侵害的青少年，及时地对他们进行法律援助，帮助青少年进行维权工作，谨防青少年由被害者向加害人转化。

5. 企事业单位

（1）网络运营商。《第49次中国互联网络发展状况统计报告》显示，未成年人表示曾遭遇网络安全事件的比例为27.2%，未成年人表示曾在上网过程中遭遇不良信息的比例为34.5%。[1] 据中国互联网络信息中心2020年3月发布的统计数据，大学生利用网络实施犯罪的案件占有较大比例。互联网成为青少年新型违法犯罪高发领域，青少年网络风险较之于普通的违法犯罪更需要关注与防范。未成年人保护法专门增设网络保护专章，明确规定网络游戏等网络服务提供者应当针对未成年人使用其服务设置相应的时间管理、权限管理、消费管理等功能。对网络保护的理念、网络环境管理、相关企业责任、网络信息管理、个人网络信息保护、网络沉迷防治等作出全面规范，力图实现对青少年的线上线下全方位保护，为降低青少年在互联网领域所受风险提供完善的法律保障。

第一，加强监管。互联网服务提供者应当承担起相应的社会责任，完善网络监管，净化网络环境，加强大学生网络空间法治教育。作为新兴通信技术的重要代表，互联网因其匿名性、开放性和虚拟性等特点给网络监管和犯罪预防带来了新的挑战。因此，建议完善网络监管，要求网络运营商履行基本的日常网络维护义务，对明显违法的网页和非法信息及时删除或屏蔽，并积极报告主管部门，配合公安机关查处。净化网络环境并加强对大学生的网络空间法治教育，避免大学生因受网络不良信息和网络亚文化的影响而走向犯罪。[2]

同时，由于互联网领域的企事业单位参与到青少年新型违法犯罪干预性预防工作中，互联网服务提供者应当尽到相应的保护监管职责，避免青少年受到信息泄露等风险的侵害。

第二，提供技术支持。作为拥有先进的大数据技术的企业，可以为政府部门建设互联网信息监管平台、联合研发防范预警青少年新型违法犯

---

[1] 《第49次中国互联网络发展状况统计报告》，中国互联网网络信息中心2022年2月发布。

[2] 张爱桐：《大学生犯罪特征、原因及预防对策研究》，载《中国高等教育》2020年第21期。

罪的数字治理提供技术支撑与运行维护，基于全量青少年信息库，使用以人工智能、大数据为基础的深度学习算法，构建青少年个体分析模型、青少年朋友圈分析模型、青少年热点事件分析模型、青少年网络行为分析模型和青少年网络场所分析模型等算法模型。做好平台的迭代升级工作，做好数据对接、推广应用等，配合做好预防青少年新型违法犯罪的场景建设工作。

（2）重点场所经营者。KTV、酒吧、网吧、电竞酒店等娱乐场所应当严格禁止未成年人进入，这些重点场所的经营者应当将出入经营场所的未成年以及青少年在经营场所内发生的涉毒、涉黄等违法犯罪行为对及时报告到公安机关，配合查处。酒店应当对入住的未成年人进行询问，对存在醉酒、神志不清等异常现象的未成年人，配合有关部门安装住宿登记报告应用并及时上报，接受监管，对异常情况进行信息确认、报警，配合公安部门进行处理。重点场所的经营者既要自觉对经营场所内的青少年进行分类管理，同时应当配合政府机关的工作，接受有关部门的监管，积极参与到青少年新型违法犯罪预防工作中，为青少年新型违法犯罪预防贡献社会力量。

6. 人民群众

相关工作人员通过悬挂宣传横幅、发放宣传单页、讲解相关法律知识等形式，围绕青少年新型违法犯罪的特点、原因、危害以及预防青少年新型违法犯罪对策等方面的知识向群众进行详细的宣传，普及相关的法律知识，提升群众对青少年新型违法犯罪的认知，营造广大群众共同关心、支持预防青少年新型违法犯罪工作的良好社会氛围。群众认识到青少年不良行为的表现后，能够及时发现相关苗头和线索，督促家长和学校承担起相应的责任，关注关心青少年的身心健康，积极对相关青少年进行思想教育。同时对发现的青少年不良行为，如进入网吧等禁止未成年人进入的娱乐场所的行为积极举报，消除犯罪隐患，防止青少年新型违法犯罪案件发生。

（二）多元社会主体与各部门协同治理

青少年新型违法犯罪干预性预防十分强调社会力量的作用，尤其是针

对未成年人,"两法"对社会组织、社会工作者参与未成年人保护和违法犯罪预防工作提出明确要求,提升未检社会支持体系建设的质效,需要各方面力量共同参与、共同努力。①

未成年人保护法、预防未成年人犯罪法等法律明确规定,父母或者其他监护人承担家庭教育的主责,构建司政部门、家庭、校园安全联动体系。应牵头建立校园、网络、娱乐场所等重点领域防范化解重大安全风险的工作研判协调机制,充分发挥课堂育人主渠道作用,多形式开展以宪法教育为核心、以社会主义核心价值观为主线的青少年法治宣传教育。坚持发挥课堂主渠道作用,大力开展针对新兴成瘾物质的宣传教育,推动禁毒宣传教育数字化、网络化,增强青少年抵御毒品危害的意识和能力,大力宣传普及禁毒知识,大力推动毒品预防教育。针对具有不良行为的青少年以及易受侵害的青少年,健全落实学校各环节、各岗位的安全管理制度和措施,提升校园安全防护能力。对在校学生的不良行为及时获取相关线索,及时发现、及时治理,有效预防青少年新型违法犯罪。

充分发挥村(社区)以及社工、义警等社会组织的优势,全面掌握辖区内具有不良行为的青少年群体情况,主动进行摸排走访,督促家庭发挥自身的教育作用。对公安机关、检察部门进行干预阻断的相关青少年进行跟踪反馈,对不受家庭、学校管控的青少年进行社区教育、引导与管理,通过与政府部门、家庭、学校进行协调工作,做到尽早沟通,全面上报,及时干预,全面阻断青少年违法犯罪行为。

在网络风险方面,一方面以法治进校园为载体,推动构建青少年司法保护大格局,同时要考虑如何丰富青少年的业余生活,积极拓展能够让青少年获得心理满足感的其他有效途径,防止青少年因无聊而沉迷于虚拟的游戏世界。②另一方面给青少年营造安全放心的网络环境,提升网络平台的规范化管理水平,对网络经营者履行主体责任开展检查。同时,对平台自

---

① 戴佳、郭荣荣:《打造未成年人检察社会支持体系建设新平台》,载《检察日报》2022年7月22日,第1版。

② 刘亚娜、高英彤:《青少年沉迷网络游戏及引发犯罪的实证研究与应对机制》,载《山东大学学报(哲学社会科学版)》2020年第3期。

治、协助政府监管、依法依规开展活动等提出明确要求，引导网络经营者履行主体责任，规范经营行为，推动形成企业自治、行业自律、社会监督、政府监管的社会共治模式，推进青少年新型违法犯罪干预性预防工作及时、有效地展开。

第六章

青少年新型违法犯罪延续性预防的数字治理

本章基于青少年新型违法犯罪延续性预防的基本概念特征、"枫桥经验"理论、社区矫正、社会控制和标签犯罪学理论,阐述构建青少年新型违法犯罪延续性预防的理论基础,并结合相关经验,构建延续性预防应用场景,梳理当前涉延续性预防业务部门及社会力量参与的工作机制。

第一节 青少年新型违法犯罪延续性预防概述

最高人民检察院颁布的《关于进一步加强未成年人刑事检察工作的决定》中提出要搭建"未成年人犯罪社会化帮教预防体系",延续性预防就是依据该举措发展出的青少年犯罪预防手段。青少年新型违法犯罪延续性预防体系就是以检察机关为主导、整合发动社会各方力量,对罪错青少年进行有针对性的帮扶和教育,使其融入社会,防止其重新犯罪的青少年犯罪社会化帮教预防体系。

一、青少年新型违法犯罪延续性预防的概念与特征

(一) 青少年新型违法犯罪延续性预防的概念

青少年新型违法犯罪延续性预防是指对实施了涉及新型违法犯罪的行为或者触犯刑法，但因年龄或情节等法定原因未被追究刑事责任或者被判处缓刑的青少年，由司法机关、相关职能部门和社会组织等依法进行教育、矫治和必要的强制性社区矫正，以预防其再次犯罪，帮助其顺利回归社会，保障青少年安全的一种保护行为，是在数字治理领域对罪错青少年全方位的"照顾"。

"延续性"在时间和空间上体现出一种可以持续存在的状态，具有较强的时空属性特征。① 正是在这种状态下，延续性预防的对象可以始终处在"可预防"的环境中，以此达到"减少"或者"免疫"犯罪的预期。而新型违法犯罪相较于传统犯罪，其手段隐蔽、智能化程度高、预防难度大，而且青少年自控能力差、社会控制能力差、再犯可能性极高，所以针对青少年新型违法犯罪必须进行延续性预防，通过多种手段和力量对违法犯罪青少年进行教育矫治。

(二) 青少年新型违法犯罪延续性预防的特征

1. 对象的特定性

延续性预防的对象仅包括实施严重不良行为违法行为的未成年人和已满12周岁不满18周岁犯罪的未成年人。从未成年人违法犯罪预防的角度，可以将其称为罪错未成年人。所谓罪错未成年人是从有效进行犯罪预防和对未成年人进行全面司法保护的角度出发，为方便犯罪学研究和构建完整的未成年人司法制度而使用的一个概念。最高人民检察院于2018年制定了《2018—2022年检察改革工作规划》，提出"探索建立罪错未成年人分级处

---

① 蒋双云:《"延续性动词"与"非延续性动词"》，载《中学生百科》2009年第23期。

遇和保护处分制度"。① 自此,"罪错未成年人"这一概念被正式提出来,也就是说,"罪错"这个词是主要适用于未成年的特有词汇。

将这类未成年群体作为延续性预防的对象主要是因为他们具有很强的可塑性,且其身心、行为特征决定了教育挽救的目标与遵循的程序都有别于成年人。将未成年人与成年人分开矫治可以避免交叉感染,②减少共同矫治给他们今后的学习、生活、工作带来负面影响,同时也便于司法、行政机关对未成年人的集中管理和教育。比如,近年来多地都在出台政策要减少对涉刑事案件的未成年被告人羁押必要性审查,严格控制对未成年被告人适用羁押性强制措施③,从严把握对未成年被告人的逮捕条件。

2. 内容的特定性

延续性预防工作内容主要以帮教和矫治为核心,其主要原因在于已满12周岁不满18周岁未成年人群体的生理、心理具有特殊性。为了贯彻落实"感化、教育、挽救"方针④,坚持"少捕慎诉慎押"⑤的刑事司法政策,所以采取帮教和矫治这种非监禁性的相对平和的工作手段,其本质在于对特定生命阶段之人基于宽容态度而采取的特殊措施。⑥主要通过法治教育、心理疏导、教育感化、社会适应性帮扶等多方面综合性的帮教,引导青少年树立正确的人生观、世界观、价值观,帮助未成年人解决复归社会的实际困难,从而消除罪错青少年回归社会的紧张状态,降低罪错青少年的再犯罪率,帮助其早日步入正轨,顺利融入社会。

---

① 黄明儒、张继:《涉罪未成年人救赎之路探究——以未成年人犯罪记录为切入点》,载《中南大学学报(社会科学版)》2022年第3期。

② 管元梓:《我国未成年人社区矫正制度之构建初探》,载《预防青少年犯罪研究》2012年第10期。

③ 王贞会:《未成年人严格限制适用逮捕措施的现状调查》,载《国家检察官学院学报》2019年第4期。

④ 郭翔:《犯罪学辞典》,上海人民出版社1989年版,第591页。

⑤ 少捕慎诉慎押是新时代重要的刑事司法政策,是宽严相济刑事政策在司法领域的具体化,是轻罪治理体系的必然要求,指对绝大多数的轻罪案件体现当宽则宽,慎重逮捕、羁押、追诉。

⑥ 侯艳芳:《未成年人保护处分制度的反思与改进》,载《法学论坛》2022年第4期。

3. 主体的法定性

青少年新型违法犯罪延续性预防的主体具有法定性，即只有通过法律明确授权的主体才能拥有并行使延续性预防这一权力。根据预防未成年人犯罪法、社区矫正法、刑法、刑事诉讼法等法律文件的规定，青少年新型违法犯罪延续性预防的主体为公安机关、检察机关、司法行政部门这三大部门。

二、青少年新型违法犯罪延续性预防的理论基础

（一）新时代"枫桥经验"

1. 恢复性正义理念

恢复性正义是20世纪下半叶逐渐兴盛起来的一个概念、理念或者说是一场运动。它代表了一种抗制传统司法模式弊病的优先于报应刑和目的刑等传统刑罚观念的一种全新的司法正义模式。[1]恢复性正义理念将正义界定为良好的关系，通过恢复性程序和恢复性结果来体现正义。其认为刑事司法的任务主要不是惩罚犯罪人，而是应将被犯罪行为所破坏的社会关系恢复到一种平等的理想状态。在犯罪人通过积极行为补偿被害人后，需要帮助犯罪人提高能力使其重新融入社区、回归社会；吸纳其他社区成员积极参与社区安全工作。增强社区对犯罪的认知和反应能力，提高社区的安全感和集体行动能力。[2]所以，恢复性正义理念不但关注被害人的合法权益的补偿问题还关注犯罪人的后续"修复"问题。

延续性预防实质上就是采取"教育、感化、挽救"方针对罪错青少年进行的一种"修复"，这一点与"枫桥经验"在犯罪方面的经验相契合，都体现了"恢复性"正义理念。在"枫桥经验"中，即便是将那些"在评审

---

[1] 刘军：《刑事和解的博弈论视角》，载《山东大学学报（哲学社会科学版）》2008年第2期。
[2] 于改之、吴玉萍：《多元化视角下恢复性司法的理论基础》，载《山东大学学报（哲学社会科学版）》2007年第4期。

中不低头认罪的"列为"重点对象",也没有放弃"依靠群众进行说理教育",并且注重对帮教对象的后续生活上的帮扶。这说明"枫桥经验"不是一个"惩罚经验",更不是一个"消灭经验",而是一个"挽救经验"和"恢复经验"。① 针对罪错青少年的延续性预防所蕴含的从报应刑到教育刑,同从关注犯罪到关注犯罪人的理念相契合,二者最终的目标都是在不对犯罪人适用报应刑的情况下,采取教育说服、关怀帮教等手段,感化犯罪人,使其认真悔过,并且帮助犯罪人重回生活正轨。

2. 以人为本治理理念

立足预防、以人为本是"枫桥经验"关于犯罪治理的基本理念,在"枫桥经验"的五十多年发展历程中,犯罪治理形成了独特的体系,形成了"四先四早"矛盾纠纷化解机制、"三帮三延伸"工作机制等优秀的工作方法,无论是教育人、转化人还是提高人、尊重人,以人为本始终都是贯穿"枫桥经验"产生和发展过程的一条主线。② 不仅强调对于矛盾纠纷的及时发现、提前介入、早期治理,对于重点对象要坚持教育在先、早转化,注重对犯罪分子的帮教工作,将帮教工作延伸到生产生活之中,而且还注重帮教质量和效果的提高,秉持着不但治标更要治本的理念,从根本上化解消极因素。与"枫桥经验"注重"以人为本""救人治本"相同的是,延续性预防也强调对于罪错青少年的帮教考察和社会适应性帮扶,针对不同的对象采取针对性的以教育为主的帮教措施,注重对帮教工作的评估,提升帮教工作的质量,帮助罪错青少年顺利步入正轨,从根本上消除其不良倾向。

3. 综合治理理念

"枫桥经验"注重社会治理的整体性与协同性,是一种多元主体良性互动的综合社会治理机制。在主体上,"枫桥经验"强调要牢固大社会观、大治理观,加强党委政府、市场主体、社会组织的协同,形成基层治理的强大合力,党委政府、市场主体、基层群众性自治组织、社会组织以及广大

---

① 马荣春、周建达:《"枫桥经验":预防犯罪观的重要启示》,载《南昌大学学报(人文社会科学版)》2019年第1期。

② 金伯中:《论"枫桥经验"的时代特征和人本思想》,载《公安学刊——浙江警察学院学报》2004年第5期。

人民群众同向发力,共同构成基层社会治理共同体。青少年新型违法犯罪延续性预防工作同样树立了大治理观,在普遍性预防、干预性预防的基础之上,针对罪错青少年的特殊性制订了更具个性的阶梯式教育矫正方案,调动了家庭、学校、村(社区)等单位的力量有序地开展了罪错青少年延续性预防工作。在手段上,基于传统的"枫桥经验",青少年新型违法犯罪延续性预防创新出了数字治理模式,强调线上线下相结合,利用数字科技为多元主体的协作提供平台。延续性预防工作同样也借鉴了"枫桥经验"的综合治理理念,探索出了新的预防罪错青少年再犯的模式,将数字治理融入多元主体协同中,提升了未检工作的现代化、法治化、智能化和专业化水平,完善了社会矫治体系,建立了系统的社会教育机制,形成了以党委为核心,以检察院为轴心并联合社会力量建立健全心理干预、矫治教育、社区矫正、监督考察的多元化、专业化、社会化工作机制。

(二)社区矫正理论基础

"社区矫正"(community correction,也称为 community-based correction)[1]是由美国犯罪学家安德鲁·斯卡尔在 20 世纪 70 年代中期开始倡导的,是对罪犯在社区中接受刑罚执行活动的称谓,欧洲部分国家也将其称为"社区惩罚"(community penalty)。社区矫正制度是教育刑理论的具体体现,是刑罚经济原则[2]的具体贯彻。李斯特的教育刑论认为,刑罚的本质应该是教育而不是惩罚,主张对罪犯进行教育改造,使其尽快复归社会。[3]

社区矫正理论认为对于犯罪人,应当根据其罪行的轻重依刑法判处一定刑罚,以体现对其罪行的报应,威慑社会上的潜在犯罪人。但如果要防止其重新犯罪,仅一味地强调监禁刑是不够的,只会给犯罪分子带来抗拒心理和仇恨情绪,必须要对其进行缓和的教育、矫正,才能有效地消除其人身危险性,弱化其抗拒心理。

---

[1] 林子坚:《域外社区矫正制度辨析及对我国的启示》,载《法学论坛》2015 年第 4 期。
[2] 刑罚经济原则,即以尽可能轻的刑罚收到尽可能大的改造效果以受刑人最小限度的忍受收到最大限度的改过自新的成效。
[3] 邱兴隆、许章润:《刑罚学》,群众出版社 1988 年版,第 44 页。

社区矫正制度区别于传统监禁刑的矫正工作的最显著的特点是采取更为缓和的非监禁刑，使社会危害性不大、再犯可能性较小的罪犯在社区里进行改造，使犯罪人早日得到社区的帮助，联合社会力量帮助其恢复家庭联系、获得就业和受教育的机会，使其顺利复归社会。青少年新型违法犯罪延续性预防正是考虑到被判处缓刑的青少年年纪较小，潜在的叛逆情绪和对抗心理较重，若采取强制性的监禁刑，会进一步激化其内在的对抗心理和仇恨情绪，因此采取较为宽缓的社区矫正。

同时，根据青少年犯罪情况的调研结果，大量青少年罪犯是在后天的社会化教育过程中因受环境中的不良因素的影响而逐步走上犯罪道路。由于被判处缓刑的青少年罪错程度低，危险性较低，将其与成年罪犯分开进行社区矫正，一方面符合他们的年龄特点，另一方面杜绝其在监狱环境下与其他罪犯之间的交叉感染，受到二次不良影响的可能性。延续性预防情景下的社区矫正工作使得被判处缓刑的青少年在不脱离社会的情况下，得以继续完成学业和工作，顺利融入社会，实现矫治教育的目标。

社区矫正制度将部分行刑资源转而投向社区，充分利用了社区资源，调动了社会力量的参与，丰富对罪犯的矫正和控制的手段，同时有利于建设社区基础设施、改善社区服务体系、改进邻里关系、发展社区预防犯罪体系等，提高对所有罪犯的改造质量，减少重新犯罪，维护社会稳定。延续性预防场景中对青少年的社区矫正，在进行社区矫正的同时要防止社区对罪错青少年"贴标签"，尊重青少年的人格尊严，使之能尽快健全缺失的社会人格，以实现为青少年创造良好社区环境的目的。

（三）犯罪学理论基础

1. 社会控制理论

社会控制理论亦称社会联系理论，是由美国犯罪学家赫希在其著作《少年犯罪的原因》中提出的以社会联系为核心且主要解释少年犯罪的理论，认为所有人都有潜在犯罪的可能，不犯罪是因为个人与社会的联系有效地阻止个人作出违反社会公共准则或秩序的越轨行为或犯罪行为；犯罪则是因为个人与社会联系弱化，社会联系对人的控制作用削弱，人便无约束地进行越轨①或犯罪行为。②

个人在社会交往中形成"依恋、奉献、参与和信念"③四种社会联系，这四种联系可用于解释少年犯罪的原因。依恋，即个人对父母、学校和同辈群体的感情依恋；奉献，即努力追求传统的生活目标；参与，即花费时间与精力参加传统的活动，如学术活动、体育活动等；信念，即对共同的价值体系和社会规范的尊重。④社会联系的四个方面相互独立又相互影响，当青少年与社会建立起一种强有力的联系时，其他社会纽带的联结也会更密切，从而可以通过这种社会控制防止青少年实施越轨行为。因此，青少年犯罪是个体自我控制弱、家庭控制系统弱、学校教育控制系统弱和社会控制系统弱共同促成的结果（见图1）。

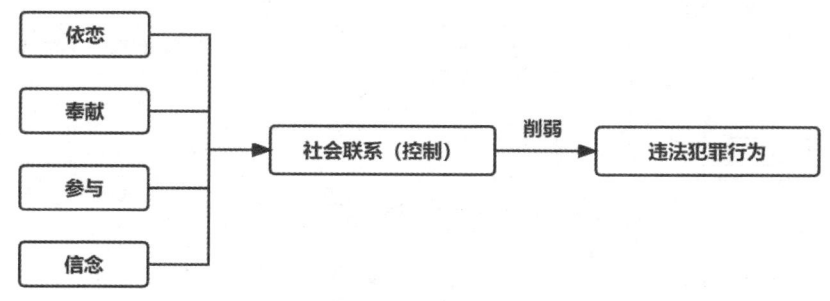

图1 社会控制理论下青少年犯罪成因分析

因此，青少年违法犯罪最基本的防治之道，就是重塑或归正社会联系。⑤青少年新型违法犯罪延续性预防必须采取柔和的多元化手段强化青少年与家庭、学校和村（社区）之间的纽带关系。一方面，要充分发挥村

---

① 越轨（deviance）行为指社会成员违反或偏离社会规范的行为，又称离轨行为、偏差行为等。
② 吴宗宪：《西方犯罪学》（第二版），法律出版社2006年版，第386页。
③ 吴宗宪：《西方犯罪学》（第二版），法律出版社2006年版，第386—392页。
④ 林崇德、杨治良、黄希庭：《心理学大辞典》，上海教育出版社2003年版，第1064页。
⑤ 李岚林：《"柔性"矫正：未成年人社区矫正的理论溯源与实践路径》，载《河北法学》2020年第10期。

（社区）及社会组织的作用，在社会服务或社区矫正中引入社会工作专业人员或机构。通过社会工作专业服务帮助处于困境的青少年预防和解决部分因家庭经济困难或不良生活方式而造成的学业、就业等生活问题，落实对罪错青少年的引导安置工作，提升青少年对社区的归属感和依赖感。另一方面，充分发挥学校、家庭的作用，社会工作专业机构可帮助监护人及学校树立正确的家庭教育观念，掌握科学的教育方法，促进他们与青少年的有效沟通，并给予情感上的帮助，充分发挥家庭、学校教育在罪错青少年矫正中的作用（见图2）。

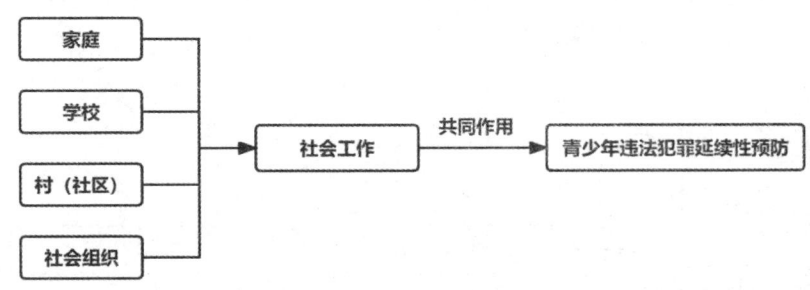

图2　社会控制理论下青少年犯罪延续性预防分析

2. 标签理论

标签理论（Labeling theory）是当代西方社会学和犯罪学解释越轨行为的一种理论，通常认为社会如果将一些实施了违反社会规范行为的人定义为"越轨者"或"犯罪人"，这种负面标签会对这些人产生持续的影响，一旦这些人认同、内化了这一负向标签，他们容易从实施初级越轨行为[①]发展到实施更严重的次级越轨行为，最终实施犯罪行为。[②]

因此，标签理论揭示了罪错青少年重新实施违法、犯罪行为的发生发

---

① 标签理论将越轨行为分为两级：初级越轨和次级越轨。初级越轨又称原始越轨或一级越轨，它是当事人偶然违反社会规范，未被发现，因而也未受到惩罚的越轨。次级越轨又称二级越轨、习惯性越轨或复发性越轨，它是指当事人卷入违规行为，并被他人标签为越轨者，受到斥责甚至惩罚的行为。

② 林崇德、杨治良、黄希庭：《心理学大辞典》，上海教育出版社2003年版，第68页。

展过程。由于初级越轨行为不易觉察，青少年不会认为自己越轨，当对青少年产生影响力的他人如社会、学校、家人、朋友等，将青少年的初级越轨行为公布于众或责罚，给青少年贴上"犯罪人"的标签时，青少年会逐渐对自己的"犯罪人"身份产生认同，并再次实施"越轨行为"，如此产生恶性循环，最终沦为罪犯。也就是说，犯罪标签对于倾向性青少年向罪错青少年或违法青少年向犯罪青少年的转变具有极大的负面诱导作用。同时，法院对其定罪量刑、执行监禁刑的过程会对导致罪错青少年与学校、家庭以及正常社会生活的联系的断裂，严重影响罪错青少年的心理矫正和社会复归，这个过程对青少年而言无疑是最具影响力的"标签化过程"（见图3）。

图3 "标签理论"对青少年的影响过程

根据标签理论，青少年犯罪是"贴标签"的结果，为了实现惩罚和保护青少年两个目的，预防青少年重新犯罪的第一步工作就是"去标签化"。但是，无论何种干预措施都会对罪错青少年进行一定的"区别对待"，也就是说，帮助罪错青少年复归社会的过程无法避免给青少年贴上"标签"。因此，在标签理论的影响与指导下，父母、朋友、社区、学校等社会力量都应当在对实施初次越轨行为的青少年进行批评、惩罚时慎之又慎。[①] 司法机关、行政机关等部门在对犯罪青少年进行矫治教育、社区矫正过程中都应当充分考虑青少年的身心发展特点、注重标签化司法的方式（见图4）。

[①] 王在山：《"越轨"的社会标签理论及其对预防违法、犯罪现象的启示》，载《青年研究》1999年第6期。

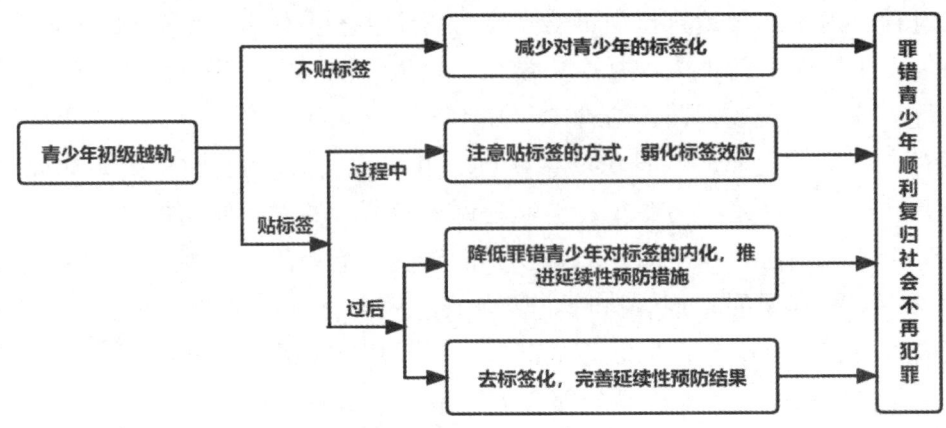

图 4　罪错青少年"去标签化"过程

实施新型违法犯罪的青少年自控能力差，易受社会、家庭以及学校环境的影响。因此，延续性预防更注重针对性的帮教、教育、考察等措施，最大限度消除罪错青少年的"标签"，从源头上避免标签的影响，尽量降低罪错青少年复归社会的难度。[①] "去标签化"过程的最终目标是帮助罪错未成年人重新建立自我认同、顺利复归社会，这不仅是延续性预防追求的目标，也是检验延续性预防是否有效的依据。

三、青少年新型违法犯罪延续性预防的工作内容

根据青少年新型违法犯罪延续性预防的概念和特征，青少年新型违法犯罪延续性预防的工作内容主要包括公安机关针对违法青少年进行的矫治教育、检察院针对不起诉青少年进行的监督考察、司法行政部门针对判处缓刑的犯罪青少年进行的社区矫正。

---

① 皮勇、黄琰：《青少年罪犯社区矫正初探》，载《中国犯罪学学会第十八届学术研讨会论文集》（上册）2009 年版，第 381—387 页。

（一）矫治教育

1. 矫治教育的概念

矫治教育是指专门国家机关及社会力量对有严重不良行为[①]以及因不满法定刑事责任年龄不予刑事处罚行为的未成年人实施的，包含道德与法治教育、行为与活动规制、心理与行为矫治或在封闭场所进行专门矫治教育等在内的，具有一定期限的一系列具有保护处分与教育处分双重性质[②]的补偿教育措施的总和。

在我国，针对未成年人的教育矫治并未有确切定义，一般分为广义和狭义两种。狭义未成年人矫治教育是指在专门的封闭场所实施的教育改造活动，包含对被矫治人员所实施的教育、帮助、管理等内容。该概念只包含封闭场所的教育矫治，而没有涵盖更为主要的社会力量广泛参与的开放式保护和教育措施。广义上的未成年人矫治教育是指对有违法犯罪行为的未成年人，按照法律规定予以教化使其尽快重新正常融入社会的方法和措施，包括刑罚和其他各项帮教措施。

矫治教育是对"教育为主，惩罚为辅"[③]原则的贯彻，未成年人心智不成熟，具有较大的可塑性，如果对未成年人的犯罪行为一律进行刑罚处罚，不但有违"教育、感化、挽救"的刑事政策，而且容易使其在监狱内受到

[①] 《预防未成年人犯罪法》第38条规定："本法所称严重不良行为，是指未成年人实施的有刑法规定、因不满法定刑事责任年龄不予刑事处罚的行为，以及严重危害社会的下列行为：（一）结伙斗殴，追逐、拦截他人，强拿硬要或者任意损毁、占用公私财物等寻衅滋事行为；（二）非法携带枪支、弹药或者弩、匕首等国家规定的管制器具；（三）殴打、辱骂、恐吓，或者故意伤害他人身体；（四）盗窃、哄抢、抢夺或者故意损毁公私财物；（五）传播淫秽的读物、音像制品或者信息等；（六）卖淫、嫖娼，或者进行淫秽表演；（七）吸食、注射毒品，或者向他人提供毒品；（八）参与赌博赌资较大；（九）其他严重危害社会的行为。"

[②] 吴静：《制度与出路：专门矫治教育制度困境与重构》，载《重庆社会科学》2021年第8期。

[③] 姚建龙：《长大成人：少年司法制度的建构》，中国人民公安大学出版社2003年版，第33页。

交叉感染，产生对抗心理，最终走向社会的对立面。①矫治教育涉案未成年人已形成的错位思想、扭曲心理、不良行为，绝非一招一式、轻而易举的过程，而是一项艰巨复杂的社会治理系统工程。因此，《刑法》第 17 条第 5 款规定："因不满十六周岁不予刑事处罚的，责令其父母或者其他监护人加以管教；在必要的时候，依法进行专门矫治教育。"与修订通过的预防未成年人犯罪法②相衔接。这一规定将收容教养修改为专门矫治教育，是未成年人犯罪治理科学化的重要体现，亦体现了预防未成年人犯罪"教育和保护"相结合的理念。矫治教育是未成年人检察社会支持体系的重要组成部分，是以"最有利于未成年人"健康成长的方式矫治违法犯罪的实践措施矫治教育，以维护和保障未成年人的合法权益为中心。

2. 矫治教育的主体

根据《预防未成年人犯罪法》第 41 条③的规定，教育矫治的主体主要是公安机关。根据《公安机关办理未成年人违法犯罪案件的规定》第 8 条的规定，公安机关对未成年人案件管辖范围不仅包括了刑事案件，还包括了涉罪免予刑事处罚的未成年人案件、未成年人违法案件，以及吸毒等不良行为案件。

3. 矫治教育的对象

广义上的未成年人矫治教育对象比较广泛，囊括了各种违反社会规范的未成人，不仅包括"不满 16 周岁不予刑事处罚"的涉罪未成年人，而且包括实施了《预防未成年人犯罪法》第 38 条规定的严重不良行为的未成年

---

① 李婕：《完善专门矫治教育适用程序》，载《检察日报》2021 年 6 月 17 日，第 3 版。

② 《预防未成年人犯罪法》第 45 条第 1 款规定："未成年人实施刑法规定的行为、因不满法定刑事责任年龄不予刑事处罚的，经专门教育指导委员会评估同意，教育行政部门会同公安机关可以决定对其进行专门矫治教育。"

③ 《预防未成年人犯罪法》第 41 条规定："对有严重不良行为的未成年人，公安机关可以根据具体情况，采取以下矫治教育措施：（一）予以训诫；（二）责令赔礼道歉、赔偿损失；（三）责令具结悔过；（四）责令定期报告活动情况；（五）责令遵守特定的行为规范，不得实施特定行为、接触特定人员或者进入特定场所；（六）责令接受心理辅导、行为矫治；（七）责令参加社会服务活动；（八）责令接受社会观护，由社会组织、有关机构在适当场所对未成年人进行教育、监督和管束；（九）其他适当的矫治教育措施。"

人。其行为主要包括两种：第一类行为即"有刑法规定、因不满法定刑事责任年龄不予刑事处罚的行为"，即《刑法》第17条第5款中"不满16周岁不予刑事处罚"的涉罪行为；第二类行为是《预防未成年人犯罪法》第38条明文列举的9种行为。由于这些行为尚未上升到严重犯罪的程度，实施这些行为的未成年人人身危险性不高，且心智尚未成熟，仍然有较大的矫正可能性。因此，对于这一部分未成年人，应该根据其学习生活情况、自身性格和意愿以及人身危险性的不同，更加有针对性地实施不同的矫治方案。①

4. 矫治教育的目标

（1）矫治严重不良行为。未成年人矫治教育贯彻"教育、感化、挽救"的方针精神，以"教育为主、惩罚为辅"为主导思想，其根本目标就是矫正、辅导、治疗、保护未成年矫治对象，打破违法犯罪人格与社会背离的恶性循环，使触法未成年人在专人的监督、教育、训诫和引导之下改善其不良行为，矫正其不良品性，恢复正常人格。

（2）帮助违法青少年回归社会。通过利用符合社会自有机制和规律的方式使经过教育改造的罪错少年有效复归社会，实现社会的有效接纳和罪错青少年自身的良好融入，使得罪错青少年不再对社会构成威胁，从而长效性保障社会整体秩序的恢复。

（二）监督考察

1. 监督考察的概念

监督考察在法律条文中有直接规定。根据刑法、刑事诉讼法、《最高人民法院关于适用〈中华人民共和国刑事诉讼法〉的解释》《人民检察院刑事诉讼规则》《人民检察院办理未成年人刑事案件的规定》《最高人民法院最高人民检察院公安部司法部印发〈关于依法惩治性侵害未成年人犯罪的意见〉的通知》《关于进一步建立和完善办理未成年人刑事案件配套工作体

---

① 刘双阳：《从收容教养到专门矫治教育：触法未成年人处遇机制的检视与形塑》，载《云南社会科学》2021年第1期。

系的工作意见》的规定，对于依法不起诉的青少年，人民检察院可以会同其监护人、所在学校、单位、居住地的村民委员会、居民委员会、未成年人保护组织等有关力量对依法不起诉的违法犯罪青少年定期布置帮教任务，进行监督考察，设置帮教积分，制定帮教评估报告，综合考察合格后解除帮教，反之则继续进行帮教的制度。

2. 监督考察的主体

未成年人保护法、预防未成年人犯罪法、刑事诉讼法、刑法明确了检察机关在监督考察工作中的主体地位，同时规定，未成年犯罪嫌疑人的监护人要对被附条件不起诉的未成年犯罪嫌疑人加强管教，配合检察机关做好监督考察工作。[①]检察机关作为监督考察的主体，应当建立好"谁承办、谁监督、谁考察、谁负责"的责任制，同时动员各种社会力量，建立信息融通共享机制，形成监督考察合力。

3. 监督考察的对象

监督考察的对象主要是依法不起诉的已满12周岁不满18周岁的未成年人，具体包括：虽已实施犯罪行为，但是犯罪情节轻微依法不需要判处刑罚或者免除刑罚的未成年人；涉嫌刑法分则第四、五、六章规定的犯罪，可能被判处一年有期徒刑以下刑罚，符合起诉条件，但有悔罪表现的检察机关认为可以不立即追究刑事责任时，给予一定考察期限进行考察再决定是否起诉的未成年人。

4. 监督考察的目标

监督考察践行对不起诉的青少年实行教育、感化、挽救的方针政策。检察机关联合其他的部门、社会力量，对处于考察期的未成年人落实监管措施，以了解其是否真诚悔罪，及时发现并督促其纠正不良行为。同时根据未成年人的生理、心理等特点制定有针对性的帮教措施，整合多方力量对其进行监管，掌握他们的思想动态、情绪动态、心理健康状况以及生活环境，督促其履行特定的义务，针对监督考察中未成年人的困难进行及时

[①] 赵力、赵红星：《未成年人附条件不起诉监督考察机制探索》，载《人民检察》2015年第17期。

的协调帮助。最后，针对监督考察结果进行评估，检验帮教、矫治的效果，从中吸取经验教训，不断提高预防工作水平。最终达成确保每个未成年犯罪嫌疑人都能够从中感受到司法的温暖和社会的关怀，确保每起未成年人案件都能取得良好的法律和社会效果的目标。

（三）社区矫正

1. 社区矫正的概念

2003年，最高人民法院、最高人民检察院、公安部、司法部联合制定的《关于开展社区矫正试点工作的通知》中将社区矫正作为行刑方式予以使用，并且明确了社区矫正的概念，即"社区矫正是与监禁矫正相对的行刑方式，是指将符合社区矫正条件的罪犯于社区内，由专门的国家机关在相关社会团体和民间组织以及社会志愿者的协助下，在判决、裁定或决定确定的期限内，矫正其犯罪心理和行为恶习，并促进其顺利回归社会的非监禁刑罚执行活动"。

2012年1月10日，最高人民法院、最高人民检察院、公安部、司法部联合制定《社区矫正法实施办法》，其中第33条对未成年人社区矫正作出了专门规定，明确"对未成年人实施社区矫正，应当遵循教育、感化、挽救的方针，对未成年人的社区矫正要与成年人分开进行，未成年社区服刑人员的矫正小组应当有熟悉青少年成长特点的人员参加，针对未成年人的年龄、心理特点和身心发育需要等特殊情况，采取有益于其身心健康发展的监督管理措施，采用易为未成年人接受的方式，开展思想、法制、道德教育和心理辅导，协调有关部门为未成年社区矫正人员就学、就业等提供帮助，督促未成年社区服刑人员的监护人履行监护职责，承担抚养、管教等义务"。

2. 社区矫正的主体

根据《社区矫正法》第8条的规定，县级以上地方人民政府司法行政部门为主管机关，人民法院、人民检察院、公安机关和其他有关部门为协同机关，人民检察院为法律监督机关，社区矫正委员会为统筹机关。

3. 社区矫正的对象

广义上的社区矫正分为成年人的社区矫正和未成年人的社区矫正，延续性预防场景下的社区矫正仅包括已满12周岁不满18周岁的青少年，18周岁至25周岁的青少年社区矫正不属于延续性预防的工作范围，这类群体主要由司法行政部门在线下对其进行社区矫正。而18周岁以下且符合社区矫正条件的判处缓刑的青少年在社会团体或民间组织以及社会志愿者的参与下，线上线下相结合，由国家专门机关对相关未成年人进行社区矫正，这样可以避免未成年人与成年人共同参加社区矫正产生的交叉感染。

4. 社区矫正的目标

（1）降低犯罪青少年再犯罪率。根据社会化理论，个体拥有着繁多的行为潜能，而这些行为潜能需要在其与其他个体、社会的相互作用中被激发，通过社会教化和个体内化进行发展，最终形成个人的内在品格和行为的规范，是一个生物体转化为人的过程。①而罪错青少年的成长过程偏离了正常社会化轨道，形成了不良的品行，没有一个正确的行为规范，为了矫正未成年罪犯的犯罪性人格，必须对其进行再社会化，而社区矫正制度就是对犯罪青少年进行再社会化的重要手段。

未成年人社区矫正制度通过社区和社会团体、社会组织及国家机关的协同，使得犯罪青少年处在不脱离社会、不脱离生活的情境下，依据其心理、生理、年龄等特征，对犯罪青少年进行针对性的法治教育、心理辅导和生活关照，注重与其进行平等的交流沟通，避免犯罪青少年交叉感染，使其感受到来自社会的温暖和尊重，从而认真悔过，对于重新犯罪的发生起到抑制作用。

（2）帮助青少年"无痕"回归社会。未成年人社区矫正制度除了对犯罪青少年进行帮教，以促进其再社会化外，还有很大一部分工作是对其进行社会适应性帮扶，以帮助被判缓刑的青少年回归社会。以往，犯罪青少年在回归社会时，人们往往会给其打上"犯罪标签"，有了这个标签之后，

---

① 常进锋、尹东风：《改革开放40年中国青少年犯罪的社会学理论阐释》，载《当代青年研究》2019年第4期。

无论是再次求学还是工作就业都会产生困难。基于此，未成年人社区矫正制度通过加强与有关部门的沟通协调，将职业技能培训、提供就业岗位等工作纳入地方管理就业体系，帮助有就业需求的对象实现就业。落实基本生活保障是加强与有关部门的沟通协调，帮助符合条件的青少年社区矫正对象申请社会救助、参加社会保险、获得法律援助。社区矫正委员会整合社会力量和资源，帮助其解决工作、学习、生活等方面遇到的实际困难，促进其顺利融入社会。通过以上手段使得违法犯罪青少年在社会中找到必要的归属感和认同感，促使其顺利回归社会。

第二节 青少年新型违法犯罪延续性预防应用场景的建构

根据前述理论基础及延续性预防的特征，本节将数字治理应用于青少年新型违法犯罪延续性预防，分别从应用场景建构思路、应用场景小程序和后台管理平台三个方面来论述青少年新型违法犯罪延续性预防应用场景的建构。

一、应用场景建构思路

（一）统一建库管理

平台通过与公安信息网对接、检察官录入等方式实现对罪错未成年数据的获取。通过与公安信息网系统对接，每日定时从公安执法办案系统中自动采集未成年人违法犯罪案件信息，包括人员姓名、身份证号、联系电话、案件名称、简要案情、案件承办派出所、承办民警、工作单位（学生或学校）、强制措施、行政处罚结果等案件基本信息和未成年被害人案件数

据。①此外，检察官还会将进入刑事诉讼程序，被检察院依法作出不起诉决定、被判处缓刑进行社区矫正的年满16周岁未成年人的信息录入平台，对这些录入的罪错青少年的信息统一建库进行管理。

（二）智能分级干预

平台数据库自动分析罪错行为，对严重不良行为、犯罪、涉罪不起诉的青少年以复犯为核心指标精准智能分级分类，设置阶梯式的矫治教育措施。②将实施单次严重不良行为、单次犯罪行为但未达到刑事责任年龄的未成年人设置为一类人员；将被检察机关或者公安机关进行确认的被作出不起诉决定的、实施两次以上严重不良行为的、实施两次以上犯罪行为但未达到刑事责任年龄、判处缓刑进行社区矫正的青少年列为二类人员。③针对一类人员主要采取推送线上学习内容、加强学校和家庭管教为主的柔性措施，对二类人员配备帮教团队开展全方位矫治教育，对有特殊需求的重点个案个性化配备心理咨询、教育、法律等专业人员。被标记为重点人员的未成年人，在进行帮扶计划的制订和考评的过程需要做特殊的考虑。不同级别的未成年人（尤其是被标记为重点人员的）其帮扶周期、帮扶计划和考评的规则会有所不同，需要根据系统的配置进行管理。

（三）精准定向教育

违法犯罪是一种复杂的社会现象，因而预防和治理违法犯罪也应该是多种形式，多道防线。矫治、帮教措施需要满足不同违法犯罪未成年人的个体需求，但现实中每个未成年人的个案是不同的，涉及的因素包括成长

---

① 《省政府新闻办举行新闻发布会，解读〈全省公安机关服务新旧动能转换20条工作措施〉》，载山东省人民政府网，http://www.shandong.gov.cn/art/2018/5/8/art_98255_344 057.html。

② 白星星、袁林：《未成年人行为矫治共建共治共享新格局构建》，载《北京社会科学》2022年第2期。

③ 刘梦、叶梅：《从统合到分层：罪错未成年人强制亲职教育之分级实施》，载《预防青少年犯罪研究》2021年第5期。

经历、行为原因、危害大小、精神状况、家庭背景、可教育改造的程度等，因此简单套用某一种措施，无法实现个案矫治目标。所以就需要把零散的各种样式的矫治措施综合起来，建立出一套完整详实、无缝衔接的体系，保证每个罪错未成年人都可以在该体系中找到适合自己的教育矫治方案。①

平台通过后台设计制作问卷调查表，通过任务派发模块下发调查问卷任务，对未成年人和监护人进行问卷调查，调研数据库内各未成年人的违法犯罪情况和个人信息。针对不同的未成年人和监护人的监护情况，制订个性化的教育矫治方案。

帮教任务由检察管理员移交未成年人司法保护中心、关工委，中心和关工委指定相应社工或五老②，社工或五老接受任务后与罪错未成年人绑定；如需专家介入，由检察机关管理员直接移交专业人员。

一类人员由于受家庭失管、成长年龄、生活方式等因素影响而出现违法犯罪动向的，可以把他们视为罪与非罪之间的"边缘化"未成年人。由于其罪错程度较轻，可以主要由公安机关责令监护人加强管教；由教育部门及所在学校，责令其完成九年义务教育，加强重点教育；检察机关督促其自主登录平台进行线上法治学习。

针对已经出现犯罪动向的二类未成年人员，通过借鉴"枫桥警务模式"的"五小"③警务理念，探索创新新时代"边缘化"未成年人的帮教新模式，结合算法逐级提高教育计划的合理性，从而实现控发案又达到帮教归正的双赢效果。针对二类人员，平台以未成年人及其监护人作为整体进行帮教，设置教育考评期，配备帮教团队，并且允许罪错青少年申请私教服务。

系统为罪错未成年人及其监护人均制定了相应的学习任务，希望通过

---

① 吴波：《试论未成年人罪错行为的分级教育矫治》，载《第三届全国检察官阅读征文活动获奖文选》2020年版，第334—354页。

② 根据中国关工委、中组部、教育部、民政部等《关于发挥"五老"队伍在加强和改进未成年人思想道德建设中的作用的通知》(中关工委〔2004〕35号)，"五老"特指老干部、老战士、老专家、老教师、老模范这五类人。

③ 枫桥派出所牢固树立"群众需求就是我们最大追求"的思想，全面实施以服务群众为主题的新"五小工程"，包括破小案、办小事、解小忧、帮小忙、惠小利。

共同的学习增进彼此之间的交流,也能够提供更多的方式和方法,进行家庭内部的教育和帮扶。平台内设置有学习资料库,内有视频学习资料、图文学习资料等,公安可以定期对学习资料进行上传、编辑、修改、删除等操作。线上,帮教老师会在学习库中选择学习内容生成清单,通过平台预置法治的学习库进行线上清单式法治学习,当清单发放至用户端后,未成年人及时进行学习并在学习后进行反馈;线下,帮教老师引导青少年完成社会服务活动、心理疏导、心理测评等心理辅导活动以及校内服务活动,同时对仍在就学或辍学的未成年人,平台将学生名单推送至教体局,监管学校劝返辍学学生,并配合平台进行重点教育。监护人还可以为二类罪错青少年申领私课服务和就学指导等公共服务,监护人也要完成学习任务接受家庭教育指导,以此提升监护人管教能力,增强家庭在预防工作中的主体责任。

(四)定位精准监管

监护人可以主动申领定位服务,自愿授权将罪错未成年人的位置信息共享给帮教团队。通过定位手表和治安监控系统的技术支持,平台与公安执法办案信息、视频监控综合应用系统、旅馆住宿登记等系统的对接,实现对罪错未成年人的实时互通、定位实时监控,发挥数字融合共享的乘数效应[①]。

系统根据公安要求录入违法未成年人信息和人脸识别监控点位,对接公安机关的人脸识别监控系统,配合平台获取的未成年人不宜进入场所的人脸识别监控数据及旅馆住宿登记数据,对酒吧、网吧、歌舞娱乐场所、酒店旅馆等重点场所进行锁定,将这些重点场所设置成一个围栏式的警戒区域,通过与平台管理的未成年人信息进行比对后,平台管理的未成年人一旦进入就会触发异常位置预警,平台将实时向监护人、结对义警发出警报信息提醒带离,防止未成年人夜不归宿、在不宜进入场所聚集、沾染社

---

① 刘乐平:《以多跨场景应用为重要抓手推动数字化改革走深走实》,载浙江新闻网,https://zj.zjol.com.cn/news.html?id=1663923&ivk_sa=1024320u。

会不良风气。

（五）效果评估

罪错青少年在规定的时间内完成任务获得相应积分后可以参与积分跑道或积分商城。在规定的学习任务之外，仍可根据个人需求学习平台提供的其他学习资料，获取的相应积分可计入个人积分总量参与积分跑道的评比。

在考评期满后检察院、公安、司法行政部门、帮教团队要对评定为"二类人员"未成年人在考察期内的表现进行评价，帮教团队和社区矫正未成年人教育工作小组结合罪错青少年线上线下的表现情况进行综合考核，根据多维的信息给出最终的教育结论。系统根据考评的结果，作出相应的调整措施。二类人员考评期满，经帮教团队考评合格反馈后，考核显示合格或者优秀的，可以解除二类人员状态，考核结果不合格的，将继续延长其教育考评期，直至考核合格或者年满18周岁。

二、应用场景小程序

应用场景小程序是罪错未成年人及其监护人、帮教社工团队使用的，检察机关的未检部门根据该地的实际情况设计开发的，在帮教期间对于帮教工作的开展工作行之有效的、能够提供数字化支撑的功能软件。

（一）使用者登录

小程序端不设置注册功能，登录账号均为后台生成后提供给各使用者，未成年人在系统已生成的花名库中根据个人意愿选择特定代号，该代号与系统生成的账号绑定后，用户以化名身份在系统中活动，并且未成年人不需要身份认证，以保护其隐私。监护人以"化名"的妈妈/爸爸的身份登录，社工团队人员以真实姓名作为用户名登录，还可以根据个人爱好从化名库中选择化名登录。监护人及社工团队人员需要在领取账号的时候进行身份核对认证。

(二)罪错未成年人学习

小程序的学习内容包括线上学习内容、线上面询(直播),线上学习可通过图文方式、视频方式(链接方式)、视频播放(在本终端进行播放)的三种形式进行,三种方式优势互补以达到最佳呈现效果。[①]除非系统后台下架,在帮扶期间,全程可以重新观看和学习三种学习内容。线上面询就是通过视频连线的方式,随时沟通,也可通过该功能进行课程直播交流更为方便。

帮教团队可从平台提供的学习内容中,选择特定部分由未成年人监护人学习。同时,帮教团队通过小程序还可以向罪错青少年派发相应的线下学习任务,任务完成后通过上传学习照片、视频等资料作为记录评价的依据。

学习任务完成后,通过考试的方式对罪错未成年人进行考核。罪错未成年人及其监护人在微信小程序会收到帮教人员下发的考试任务,在指定时间内按照试卷规则通过考试即可获得相应积分。

(三)青少年学习记录

学习记录,首先需要记录青少年学习的时间和地点,将其学习的时长、学习时间的规律性进行记录,地点记录用来查看青少年是否是在异常的地点进行学习,二者是判断学习效果的依据。例如,以周为单位,每天均匀分布学习时间或及时学习更新的学习内容的青少年,可被认定为规律学习的青少年,学习态度很好;在学习截止时间点前集中密集性完成学习内容为被迫学习的青少年,需要对积分进行相应的扣除。如果青少年在异常的地点进行学习,如电竞酒店、KTV 等,则需要对其进行暂时标记,持续观察后续的学习时间、地点变化情况。

---

① 夏金星、魏勇刚等:《新冠肺炎疫情期间学前教育在线学习资源的特征分析及启示》,载《课程·教材·教法》2020 年第 11 期。

其次需要记录学习进度，通过统计整体计划完成进度和单个小任务完成情况的方式来观察青少年的学习情况。本功能除了可以方便青少年掌握自己的学习情况之外，还能根据进度来作出节奏的调整，锻炼自己的判断和适应能力。其中，未成年人及其监护人可以相互查看对方的学习进度，通过对彼此进度的掌握，相互监督、共同进步。在督促双方完成学习内容时，还能增加双方的交流，在不断学习的同时，增进感情。

（四）青少年学习积分

小程序的积分功能主要设置了两个场景，分别是积分商城和积分跑道。

积分商城即使用学习积分兑换物品的商城，通过应用后台系统上架可兑换物品、设置兑换物品所需的学习积分值及积分任务。[1] 罪错青少年在任务完成后获得相应的积分，累积学习积分达到兑换所需积分值即可在积分商城兑换喜欢的物品。物品兑换成功后在积分商城上显示的可兑换积分将被自动扣除，但是不影响罪错青少年最终的学习任务考核。

积分跑道即系统预先设置的、针对系统内所有罪错青少年的附加应用。积分跑道采用类似于小游戏的趣味闯关界面，通过将界面设计得更活泼、更趣味，在提高学习人对学习成绩重视性的同时增加了更好的体验性。通过花名的方式，根据罪错青少年的积分情况，在跑道定位，激励所有罪错青少年更好、更有效、更认真地学习。积分跑道可设计制作多个根据本市本地场景演变的贴画，跑道可采用春夏秋冬一年四季景色作为背景，包含旅游景点、城市地标、本地人文等插画（模拟真实场景设计）。

（五）未成年人监护人服务申请

服务申请功能主要适用于未成年人监护人，自未成年人被确定为"二类人员"人员之日起，该未成年人的监护人可根据家庭教育需求，免费申请公共服务，帮助监护人提高监护管教能力。公共服务内容包括定位服务、

---

[1] 赖茹、杨勇、任鸽:《基于众包的维吾尔语多源语义知识库构建研究》，载《计算机应用与软件》2018年第8期。

私教服务、就学指导等,监护人可以通过公共服务申请入口输入申请理由向后台申请,服务完成后,监护人可以主动关闭申请(完成或者取消)。

三、应用场景后台

应用场景的后端管理平台,作为支撑整个应用场景的重要部分,为后台管理员、各单位联络员提供操作管理、监控的工具,该管理端能够实现入库管理、人员及分级管理,信息发布,考核评估等功能。

(一)账号管理

后端管理平台的管理员以及各联络员可通过输入账号密码的方式登录,所有的账号均为系统创建。系统管理人员分为五类,检察管理员拥有全部权限;公安管理员权限包括入库权限、分级权限、考评权限、共享位置信息权限、发布学习内容权限、接受工作移交权限;社工管理员可以录入、变更、管理社工信息,接受社工工作移交;关工委(五老)管理员可以录入、变更、管理"五老"信息,接受"五老"工作移交;其他管理员如各部门联络员、社会组织负责人、专家库成员等,可以发布学习内容、接受工作移交。①

后台对各管理员的账号和密码进行管理,新增管理员需填写用户真实姓名、身份证号码、手机号码、所属单位、所属部门、职务等信息。后端管理平台的管理员对调岗或离职人员账号进行注销、修改、删除等。用户密码忘记时,可重置密码为初始密码。管理员需对罪错未成年及其监护人、社会管理团队的账号进行管理,其中,社工由检察机关未成年人司法保护中心的管理员负责录入和管理,五老由关工委负责录入和管理,专业人员由检察机关管理员负责录入和管理。管理员还需将三者进行关系的绑定,以便在后续创建账号、分配任务、信息推送、任务申请过程进行关联处理。

---

① 黄秀芳、王海:《基于 LDAP 的高校数字化校园统一身份认证集成实施方案》,载《江苏科技大学学报(自然科学版)》2015 年第 6 期。

同时，后台还需对罪错未成年根据案件的信息进行人工分级，分为一类人员、二类人员，并可以对两类人员是否为重点人员进行标记。后台管理员可以对一类、二类人员的级别进行升降，取消重点人员的标签。当一类人员出现复犯情况，符合二类人员的条件时，系统将主动提示升级。当二类人员考评期满，经帮教团队考评合格反馈后，系统将主动提示降级。

系统可对罪错未成年人及其监护人和社会团体的账号进行封存、冻结或者解封。未成年人在帮教期间年满18周岁但属于"二类人员"的，仍不停止教育活动，直至考评期满后，对账户作封存处理。[1] 未成年在教育期间实施较为严重的犯罪行为，并进入刑事诉讼程序处理的，对该账户作冻结处理。发现入库未成年人离开本地，或出现其他情形，不再具备在本地帮教可能性的，可对该未成年人账户作冻结处理。社会教育团队人员退出该项工作，经申请后，可注销其账号，但其前期工作记录仍在管理端留存。

（二）学习任务管理

后端管理平台可以对系统中的任务进行移交和指派，线上学习通过系统进入新增学习任务界面，选择指定的未成年人和监护人，选择为其添加三种类型任务：图文、视频、考试，再填写任务积分、任务开始及结束时间、学习内容以及要求。系统线下任务界面可先选择派发给指定的未成年人和监护人，然后输入任务的名称、地址、积分值、完成的要求以及开始结束时间，填写完成后保存即可生成线下任务。在学习列表中，未成年人或监护人做完任务后，会提交学习反馈，在每条记录后能看到对应反馈记录。后台未检管理员收到监护人通过小程序提交的私教申请后，可进行受理和删除操作，受理后指派给相关的单位和人员，通过对口的人员和监护人进行线下的沟通和交流完成申报。服务完成后，管理员在收到服务者的反馈信息后可关闭服务。

学习任务由帮教团队根据罪错未成年人及其家庭实际情况制定，根据

---

[1] 栾驭、焦武峰：《未成年人犯罪记录的法律属性及其司法适用》，载《预防青少年犯罪研究》2017年第6期。

青少年在系统管理平台的分类（一类人员、二类人员、重点人员），可以视情况为罪错青少年（及未成年人监护人）制定周学习任务、月学习任务，考评总周期内的学习任务。二类人员配备帮教团队，管理员在指定帮教团队时，将设定其中一名团队成员为该未成年人团队的主管。主管与其他团队成员商定教育计划后，由主管通过其账号生成该未成年人及监护人的计划。其他团队成员可查看教育计划及完成情况，提醒未成年人、监护人完成学习任务。

为方便帮教人员向未成年人及监护人下发考试任务，减轻帮教人员工作负担，可通过应用后台管理平台提前录入不同类型的题目组成自定义分类试题库。通过自定义试题规则及试卷类型，生成不同类型的试卷组成试卷库，帮教人员通过后台选择所需试卷下发考试任务给罪错未成年人及监护人。

（三）积分管理

根据平台制定的积分规则，后台管理员可以对未成年人及其监护人学习的内容进行积分的设定。① 积分主要分为固定积分和浮动积分，固定积分包括当天首次登录系统、阅读图文类学习任务、观看视频类学习任务（完整观看状态下）的积分；浮动积分包括心得提交类任务积分、问卷调查类积分、线下任务类积分。当青少年没有按时、按量完成学习任务或后台接到报警信息，后台管理员可根据实际情况扣分。

（四）定位管理

罪错青少年所处的环境对于其成长过程有着非常重要的影响，因此在帮教期间，应禁止青少年进入酒吧、网吧和其他未成年人禁止进入的区域。系统提供一个可视化的地图页面，可以供后台管理员对禁入的位置进行标记，未成年人进入禁止的区域后，通过实时上报的位置信息来分析其所在的位置是否需要报警。

---

① 陈海钦：《图书馆文献流通与活动积分系统的设计与应用——以温州市少年儿童图书馆为例》，载《图书馆杂志》2012年第2期。

第三节 延续性预防应用场景的工作机制

在实践中，开展青少年新型违法犯罪延续性预防工作需要一个健全的工作系统，需要司法机关、行政机关以及社会力量将相关的预防工作贯彻到每一个青少年身上，因此，各业务部门之间的协同工作机制以及社会力量参与机制直接关系到延续性预防帮教工作的实际效果。

一、司法机关的业务协同工作机制

（一）检察机关的业务协同工作机制

宪法赋予了检察机关法律监督职能[1]，根据刑法、刑事诉讼法的规定，检察机关应当依法全面办理涉未成年人刑事、民事、行政、公益诉讼检察案件，组织协调开展未成年人司法救助、司法保护，统筹推进延续性预防工作。

检察机关应当承担起青少年新型违法犯罪延续性预防应用场景管理及后台端运作的职责，负责延续性预防应用场景的建设、运行、迭代、推广等任务，负责梳理好相关的制度体系、理论体系；将公安机关梳理、摸排、收集的入库信息和不起诉未成年人信息，统一录入"信息库"；收集、推送普法信息及警示教育案例；指派人员参与集中培训，对司法社工（志愿者）进行登记、工作指派，并对具体帮教活动进行指导。

在专门矫治教育方面，检察机关要联合法院、公安机关、司法行政部门保障未成年人的诉讼权利，保证未成年人得到法律援助[2]，询问未成年人时及时通知法定监护人或者关工委到场。协助公安机关组织被羁押在看守

---

[1] 《宪法》第134条规定，人民检察院是国家的法律监督机关。
[2] 周振想主编：《青少年犯罪学》，中国青年出版社2004年版，第252页。

所、拘留所、强制隔离戒毒所内的青少年开展亲情会见等活动，为公安机关提供后台账号，便于公安机关有针对性地对违法青少年开展线上教育。

在社区矫正方面，检察机关要协助司法行政部门对缓刑未成年人进行日常监管，负责禁止令执行和暂予监外执行事项审批，为司法行政部门提供后台账号，便于司法行政部门人员对被判处缓刑的青少年进行线上教育。协同其他部门落实罪错未成年人监护人的责任，转介、链接社会组织等进行心理咨询等服务类帮扶，并对罪错青少年开展针对性法治教育以及亲职教育等帮教活动。

在监督考察方面，检察机关应当按照每位罪错青少年的具体情况制订个性化的帮教方案，通过平台派发帮教任务，为其设置帮教积分，对各帮教团队上交的评估结果进行汇总，生成评估报告。检察机关在罪错青少年结束帮教后，应安排有经验的人员定期进行回访，了解罪错青少年在帮教小组的关爱下的具体表现，把握其在认罪悔罪方面的思想状态，并开展进一步的法治教育（见图5）。

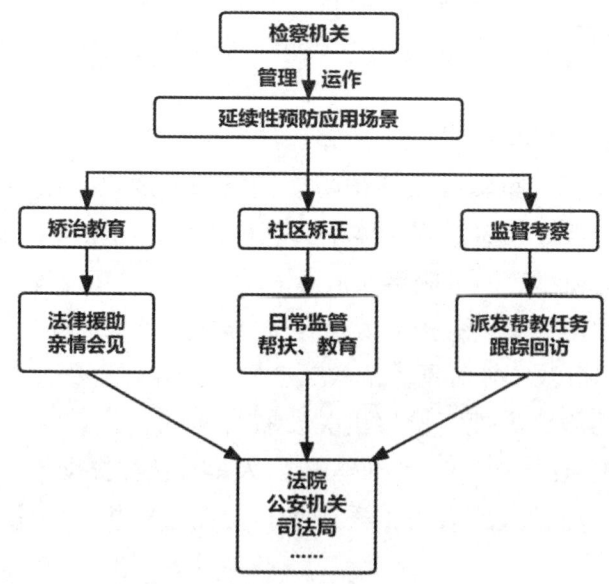

图5 检察机关业务协同工作机制

（二）公安机关的业务协同工作机制

根据未成年人保护法、预防未成年人犯罪法等相关法律法规，上级公安机关应当积极督促指导各下级公安机关确定专门机构或者指定专门人员负责办理涉及青少年案件，依法保障青少年的合法权益；依法打击利用青少年实施的违法犯罪活动，预防和制止侵害青少年合法权益的违法犯罪行为。

在青少年新型违法犯罪延续性预防过程中，公安机关更应承担起相应的责任。公安机关应当积极配合检察机关提供执法办案信息、大数据治安防控、旅馆住宿登记等系统数据，梳理符合入库条件的未成年人信息，并将新增人员信息通报同级检察院以便其及时入库管理。公安机关指派专人组成评估小组，对符合入库条件的未成年人作出分级评估，并对完成帮教任务的未成年人或已满18周岁的青少年数据是否符合冻结、封存条件进行评估。

在专门矫治教育方面，公安机关应借助青少年新型违法犯罪延续性预防应用场景，围绕违法青少年开展精准帮教预防工作，通过智能筛选、联动各方力量、综合评定等方式，针对未成年人参与新型毒品、电信网络诈骗、虚拟货币等新型违法行为，开展矫治教育工作。公安机关组织被羁押在看守所、拘留所、强制隔离戒毒所内的青少年开展亲情会见工作，并协同行政机关普法单位根据青少年的生理、心理特点和犯罪的情况[①]对罪错青少年有针对性地进行法治教育。

在社区矫正方面，公安机关应协助司法行政部门对实施社区矫正的未成年人进行日常监管，协助司法行政部门对被判处缓刑的未成年人进行信息化核查和禁止令执行。在社区矫正适应性帮扶中，公安机关协助民政部门帮助未成年人落实相应监护人，协同法院、检察机关、司法行政部门一起牵头转介、链接社会组织，协助相关部门对未成年进行心理等服务类帮扶。

---

① 周振想主编：《青少年犯罪学》，中国青年出版社2004年版，第252页。

在监督考察方面，公安机关负责提供定位服务的相关设备和技术支持，与申领人签订申领服务协议，便于对申领定位服务的罪错青少年进行追踪和预警，并向监护人提供亲职教育等公共服务。公安机关配合检察机关的要求为平台指派义警，负责督促罪错青少年及时完成帮教任务，监管其日常行为规范（见图6）。

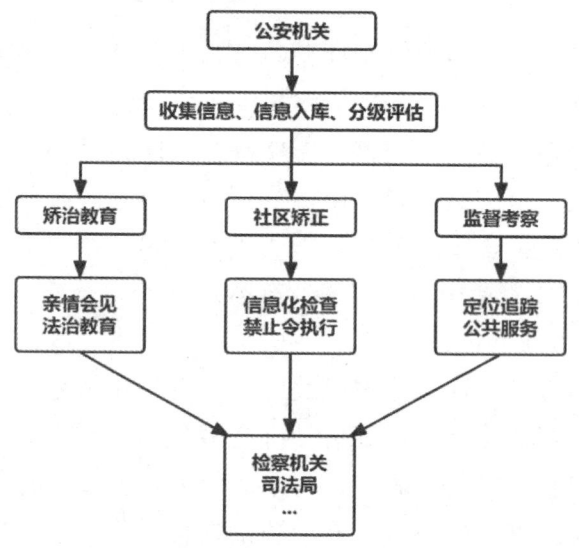

图6　公安机关业务协同工作机制

二、行政机关的业务协同工作机制

（一）司法行政部门的业务协同工作机制

首先，司法行政部门需对全部的涉罪青少年进行教育学习和个案矫正，并将数据记录于省级社区矫正综合管理平台。司法行政部门进行犯罪情况统计时，细分未成年人和青年组，登记青少年案件数量、作案成员数量、作案人员年龄等重要信息以供分析交流。对罪错青少年一人一档地开展心理测评、建立心理档案并按照其实际情况开展心理咨询、心理矫正。组织青少年社区矫正对象每人每月参加一次公益活动，数据记录于社区矫正教育帮扶平台。

其次,司法行政部门需要按需对有需要的青少年社区矫正对象进行就业帮助、落实基本生活保障,加强与有关部门沟通协调,将职业技能培训、提供就业岗位等工作纳入地方管理就业体系,帮助有就业需求的对象实现就业。整合社会力量和资源,帮助符合条件的青少年社区矫正对象申请社会救助、参加社会保险、获得法律援助,帮助其解决工作、学习、生活等方面遇到的实际困难。司法行政部门依法强化未成年犯管教所、未成年人强制隔离戒毒所的教育矫治功能,做好青少年服刑人员、社区矫正对象、强制戒毒隔离人员的监督管理和教育帮扶,配合有关部门做好专门矫治教育工作。完善青少年法律服务体系建设,加强青少年法律援助工作,依法对需要法律援助的青少年给予相应帮助。配合有关部门做好服刑人员、强制隔离戒毒人员的未成年子女关爱保障工作。[1]

最后,司法行政部门还需对全部的青少年社区矫正对象进行日常监管。青少年缓刑社区矫正日常监管主要包含以下几个事项。第一,对被判处缓刑的青少年在社区矫正期间可能产生的外出、经常性跨市县活动进行审批,主要为确因就学、就医、参与诉讼、处理家庭工作重要事务等正当理由。第二,实地查访,定期到青少年社区矫正对象家庭及所居住的村(社区)、工作单位、学校了解掌握其活动情况和行为表现。第三,禁止令执行,即根据人民法院判处的禁止令情况禁止其在缓刑考验期内从事特定活动、进入特定区域、场所,接触特定人的制度。[2] 第四,会客审批,即确需接触其犯罪案件中的被害人、控告人、举报人以及同案犯等可能诱发其再犯罪人的审核。第五,信息化核查,即运用位置信息核查、公共视频监控系统实时核验与信息共享核实、互联网、物联网等技术手段,获取或查验青少年社区矫正对象所需相关信息的活动。第六,暂予监外执行事项审批,即青少年社区矫正对象在暂予监外执行期间因其病情及保证人情况等原因确需

---

[1] 上述帮扶措施均依据社区矫正法、《社区矫正实施办法》《浙江省社区矫正教育帮扶规定(试行)》。

[2] 余剑、邵旻:《论刑法禁止令制度的司法适用》,载《法学》2011年第11期。

延长其报告身体情况和提交复查情况期限的审核。

（二）教育部门的业务协同工作机制

地方教育部门会同有关部门做好留守、困境儿童关爱帮扶、校园周边综合治理等工作。负责推送辍学学生信息并及时反馈处理结果，对仍在就学或未完成九年义务教育的入库人员重返校园工作进行督导，负责将学生信息及时通报就读学校，保证其继续接受义务教育。教育部门可协同学校指派教育专家参与对学校、监护人的集中培训教育活动；向未成年人监护人提供公共服务，提供优质的法治教育公开课资源。市教育局应当负责监督本市中小学在校园内做好罪错未成年人社会教育工作机制的宣传普及工作，协助公安局对违法青少年进行矫治教育，协助检察机关对不起诉的未成年人进行帮教考察。

（三）民政部门的业务协同工作机制

民政局协同其他部门做好社会救助、社会福利事业，对罪错青少年进行关怀照护。具体而言，民政局负责指派司法社工或者协调帮教志愿者，开展具体帮教活动，对教育团队活动进行专业督导培训，对入库管理的困境未成年人及时开展救助帮扶，如帮助其落实未成年人监护人责任、家庭最低生活保障以及相关临时救助等，并向其监护人提供亲职教育等公共服务，向公众提供社会救助方面的优质公开课资源。

（四）卫生部门的业务协同工作机制

卫生部门指导各地做好青少年心理健康服务、医疗救治和医疗康复工作，组织开展未成年人心理咨询和矫正等卫生健康服务。①

卫生部门应当创建统一登录应用场景平台的账号，通过平台安排工作。例如，在心理健康服务方面，卫生部门负责对心理帮扶机构的工作开展指

---

① 张凯：《我国未成年人社区矫正工作的执行现状及推进路径——以我国社区矫正法相关规定为切入》，载《长白学刊》2021 年第 6 期。

导,通过平台派发任务,指派数据分析后筛选出的专业心理学专家参与集中教学活动,在平台上可以协助公安机关、检察机关、法院、司法行政部门对罪错青少年进行转接、链接社会组织等进行心理等服务类帮扶。在其他医疗服务方面,线上协助司法行政部门对判处缓刑青少年进行日常监管中的暂予监外执行事项审批(见图 7)。

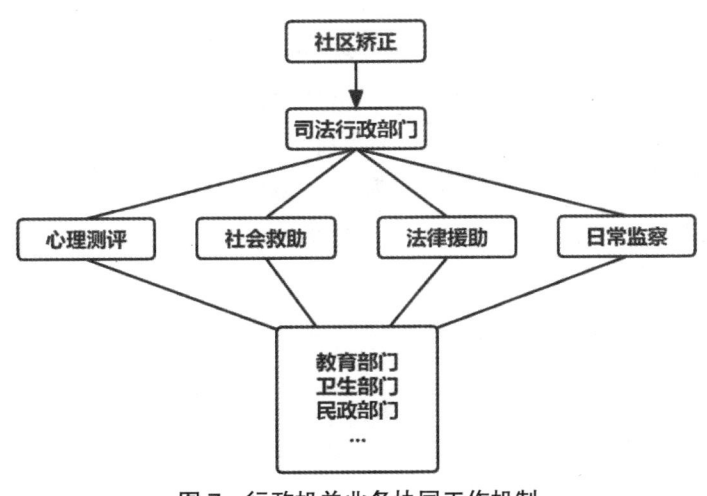

图 7　行政机关业务协同工作机制

三、群团组织的业务协同工作机制

(一)共青团的业务协同工作机制

中国共产主义青年团(简称中国共青团)是中国共产党领导的先进青年的群团组织,是广大青年在实践中学习中国特色社会主义和共产主义的学校,是中国共产党的助手和后备军。中国共青团是党和政府联系青年群众的桥梁和纽带,在青少年新型违法犯罪延续性预防工作中应该充分发挥其纽带作用,协同其他部门和社会力量对罪错青少年进行帮助,指导各地共青团、青联、学联、少先队组织、青年志愿服务组织、青少年事务社会工作机构做好未成年人关爱保护工作。共青团组织会同有关部门实施政府购买青少年社会工作服务项目,①推进青少年保护社会支持体系建设,充分发挥枢纽型社会组织的作用,这既是共青团组织实现自身职能的需要,更能够为其他青少年社会组织提供示范。

对未成年被害人因犯罪侵害造成的心理创伤开展心理救助,共青团联合人民医院心理门诊、心理卫生协会,共同组建"涉案未成年人心理援助中心",开展危机干预、心理疏导,疗愈心理创伤。人民医院心理门诊、心理卫生协会应创建同一账号,将心理矫治方案及效果等数据上传至应用场景平台供共青团将该数据分流至下一阶段的帮教工作单位。

对被判以缓刑的未成年人进行教育救助,共青团同时需要会同教育局、人社局协调沟通,征集有意向投入社会教育工作的志愿者信息,并将志愿者信息移交同级检察院,引导做好集中培训期间公益活动的安排和策划。共青团应当向违法犯罪青少年的监护人提供线下或线上亲职教育等公共服务,并向应用场景平台提供优质的亲职教育及青少年法治教育等公开课资源。

(二)关工委的业务协同工作机制

中国关心下一代工作委员会(简称中国关工委)是党中央批准成立的,以热心关心下一代工作的离退休老同志为主体、党政有关部门和群团组织负责人参加的,以关心、教育、培养青少年健康成长为目的的群众性工作组织,是党和政府联系青少年的桥梁和纽带。关工委主要职能是关心、教育、培养青少年健康成长,坚持用社会主义核心价值体系引领青少年,认真研究分析关心下一代工作面临的新形势、新问题、新要求,努力推进关心下一代工作的顺利进行,协助检察机关等相关职责部门做好延续性预防工作。②关工委在延续性预防中的主要工作就是保障好青少年的合法权益,协助公安机关、检察机关、法院、司法行政部门司法部门,帮助未成年犯

---

① 康姣、董志峰:《社会工作参与社区矫正的关系结构》,载《甘肃社会科学》2019年第5期。

② 李温:《在青少年中加强社会主义核心价值体系教育——对新时期宁夏关工委工作实践的认识与感悟》,载《预防青少年犯罪研究》2012年第2期。

罪嫌疑人申请法律援助、开展亲情会见,在讯问未成年人时要及时到场。

关工委与司法、行政机关的工作需要充分的沟通与交流,这需要基于相应的工作平台来实现。因此,司法行政机关与关工委应当共同设立管理服务中心,为社会志愿者、司法社工与司法警察创建统一账号登录应用场景平台,进而有效管理、培训、矫治、帮扶违法犯罪青少年人员。由于关工委的帮教、矫治实践主要在县级层面展开,因此,应当创建县级层面的管理服务中心。关工委要协助公安机关对违法青少年进行教育矫治,协助检察机关对不起诉青少年进行监督考察,负责征集有意向投入社会教育工作的"五老"信息,并统一线上进行造册管理,在关工委系统的账号收到移交的工作任务后,及时通过数据分析指派一名与需要帮教的青少年数据匹配的"五老"参与帮教工作,同时应当做好"五老"年终补贴的申领工作,并向青少年的监护人提供志愿服务等公共服务。关工委同时要向社会提供优质的线上公开课资源。

四、社会力量参与机制

司法部预防犯罪研究所所长高贞提出社会力量是"与国家专门的社区矫正力量相对的,为社区矫正工作提供支持、协助和配合的社会人力、组织和设施、技术、资金等社会资源的总称。"① 吴宗宪教授把"社会力量"界定为在社区矫正工作中可以利用的社会人力、组织设施、资金、技术等总称。社会力量参与青少年新型违法犯罪延续性预防不仅可以降低预防成本和青少年重新犯罪率,而且能够提升公众的法治观念,对于预防青少年新型违法犯罪、维护社会和谐稳定都具有重要意义。

(一)家庭与学校

在判处未成年犯非监禁刑或未成年犯刑满释放后,不仅需要未成年犯自身加强法律意识,增强辨别是非和自我保护的能力,自觉抵制各种不良

---

① 高贞:《社会力量参与社区矫正问题研究》,载《中国司法》2016 年第 11 期。

行为及违法犯罪行为的引诱和侵害，还需要学校和家庭对未成年犯回归社会的支持和帮助。因此，在涉罪未成年人再社会化这一过程中，学校和家庭起着不可替代的作用。

首先，学校要对未成年犯罪人回归学校学习、进入社会工作进行协调与帮助，学校不得披露未成年犯罪人的姓名、住所、照片以及可能推断出该未成年人的信息，保护好其隐私，消除社会歧视。

其次，在家庭监护缺失的情况下，完善社会监护帮教，实现司法资源与社会资源的有效衔接，弥补家庭监护在参与刑事诉讼和保障涉罪未成年人合法权益方面的不足。通过建立多元化的涉罪未成年人社会支持体系，为涉罪未成年人链接所需的社会资源，为涉罪未成年人提供课堂知识、技能培训、法律辅导、心理咨询等多元社会化服务，社区的工作人员可以及时介入家庭监护并对履行过程中出现的困难给予帮助，必要时可以向相关未成年人保护机构报告，保证涉罪未成年人不因进入司法程序而阻断与社会外界的联系，通顺其回归家庭和回归社会的路径，帮助涉罪未成年人更好地参与刑事司法、维护自身合法权益、预防再犯和顺利回归社会。

最后，学校应该参与社会预防未成年犯罪教育的活动。在加强未成年犯罪预防工作的过程中学校要积极有效地指导或配合社区的预防教育工作、心理辅导工作。对于被采取刑事强制措施的未成年学生，在人民法院的判决生效前，不得取消其学籍。① 同时学校和家庭必须紧密结合，通过开家长会、对家长普及青少年犯罪知识等途径和桥梁积极主动加强与家庭的沟通联系，共同塑造未成年的健康、和谐心理。

（二）村（社区）

村（社区）是社会治理的基层重要力量，为充分发挥其协调功能，要将社区居民紧密联系在一起，建立村（社区）、居委会、社会工作者三方联动机制。在社区内开展违法犯罪青少年延续性预防工作时，社会工作者在社区的协助下与居委会取得联系，通过居委会登录预防违法犯罪青少年应

---

① 周振想主编：《青少年犯罪学》，中国青年出版社2004年版，第252页。

用场景平台了解社区内违法犯罪青少年日常动态和表现，由居委会与青少年的家长、邻里共同进行监督管理工作。

村（居）委会通过预防违法犯罪青少年应用场景平台，加强社区人口数据分析，了解社区青少年的流动人口比例状况、违法犯罪状况、入学与就业状况等，并将上述数据与未成年人犯罪预防及被害人预特征比较分析，实现社区人口数字化管理，形成社区犯罪预防动态预警。村（居）委会可以聘请思想品德优秀、作风正派、热心未成年人教育工作的离退休人员或其他人员协助做好未成年人的教育、挽救工作[①]，合理组织社区犯罪预防力量，积极发挥居民预防犯罪的能动作用。

乡镇街道应当建立以街道为单元的青少年社区事务管理中心，对违法、犯罪青少年群体开展组织管理、教育服务、社会救助等工作项目，整合社区、家庭和司法机关等力量，合力开展帮教活动。具体体现为协助司法部门对判处缓刑的未成年人进行矫正教育以及日常监管中的会客审批；协同民政局对未成年人落实监护人和最低生活保障；协同公安局、检察院、法院在讯问未成年人时及时通知法定监护人或关工委到场；协助开展亲职教育、帮助未成年犯罪嫌疑人申请法律援助、开展亲情会见、转介、链接社会组织等进行心理咨询等服务类帮扶。

（三）帮教团队

结合未成年人的心理特点和成长规律，从高校、共青团、关工委、社团等机构中引进专业人士，建立含有志愿者、专业人士、五老同志、司法社工、义警等人员的帮教团队。例如，浙江省诸暨市人民检察院吸纳专业社会力量、志愿者等帮教人员加入预防青少年新型违法犯罪平台，建立了由五老同志、司法社工、义警及专业人士组成的"3+1"复合式帮教团队。[②]

帮教团队应当建立同步数据库，对接各单位延续性预防数字治理平台，

[①] 周振想主编：《青少年犯罪学》，中国青年出版社2004年版，第253页。
[②] 《数字未检，诸暨迭代升级"星海守望"》，载浙江省诸暨市人民检察院网，http://www.zjzhuji.jcy.gov.cn/fljd/202207/t20220708_3742100.shtml。

从法律援助、心理疏导、经济救助、就学安置等多方位线上线下共同维护未成年被害人权益。帮教团队协助推进未成年被害人法律援助全覆盖，与司法行政部门、律师协会合作成立法律援助中心驻检察院工作站，把经济困难或因遭受犯罪侵害陷入困境的未成年被害人，纳入法律援助范围，由数字平台分析选出对应的援助律师，为其提供代为提起附带民事、申请司法救助及代理申诉、控告等专项法律服务，并将救助及服务数据上传至平台内各青少年的数据库，以便后续帮教工作的开展。① 根据《关于加强青少年事务社会工作专业人才队伍建设的意见》及最高人民检察院《检察机关加强未成年人司法保护八项措施》的要求，应当引入社会工作者参与对未成年人的观护帮教工作，尤其是针对不批捕、不起诉的未成年人群体。

从现阶段的社工参与观护帮教来看，社工主要是在检察机关的主导下，对未成年人的观护帮教工作予以协助。在协助过程中，社会工作者可以通过社区矫正等数字治理平台与检察机关应用场景平台对接，筛选出需要帮教的青少年数据，根据各青少年的数据特征，通过系统算法模型评估，制订以未成年人为主要帮教对象的青少年个别化帮教计划，开展对青少年的心理行为矫正、教育帮助、公益劳动、职业技能培训等活动。如诸暨市检察院积极引入"一米阳光"志愿服务队、"德林"心理教育机构、"红枫义警"公益团队等社会组织，针对涉罪未成年人不同特点，打造多类帮教基地，有针对性地解决涉罪未成年人回归社会实际需求。又如广东深圳等地检察机关探索出由检察官和司法社工、心理专家等共同组成帮教组织，通过全面分析评估、精准匹配社工、找准措施、制订实施帮教方案、客观评估帮教效果等工作，实现对涉罪未成年人的精准科学帮教。仅 2019 年，全国就有 689 名涉罪未成年人经检察机关帮教后考上大学。②

---

① 宋志军:《未成年人刑事法律援助有效性实证分析》，载《国家检察官学院学报》2019 年第 4 期。

② 《未成年人检察工作白皮书（2014—2019）》，最高人民检察院 2020 年 6 月发布。

（四）企业

企业帮教就是由企业作为主体，主要针对犯罪情节较轻、主观恶性较小的涉罪判处缓刑青少年的监督考察，具体是指依托有相当资质的企业作为帮教基地，由企业组织制订"适应性"帮教计划，为外地籍涉罪未成年人创造本地帮教条件，提供劳动技能学习平台，监管被判处缓刑的犯罪人，协助有关司法机关管理缓刑犯，使其尽快融入社会。[①]企业作为直接面向社会、直接为社会大众提供有偿服务的营利机构，逐渐渗入社会生活的方方面面，除了传统的经济领域，还包括社会公共管理领域。社会组织和基层力量帮教事业发展的瓶颈主要在于组织和经费两方面，而企业参与可以有效弥补帮教工作的这些不足，不仅有助于提升违法犯罪青少年的谋生技能、生存能力和竞争意识，还有助于为青少年寻求新的学习、就业机会。因此，企业愿意承担违法犯罪青少年延续性预防的社会责任，这对推进违法犯罪青少年延续性预防的社会化进程大有裨益，有利于促进违法犯罪青少年更好地融入社会。企业自愿承担社区矫正的社会责任，也是目前社会力量参与青少年违法犯罪预防的主要形式，也是国家与社会在社区矫正实践中合作共治的真实体现。

具体而言，司法机关、行政机关与企业三方可以签订帮教协议，企业可以通过企业统一账号登录新型违法犯罪青少年延续性预防应用场景平台，再根据具体需要帮教对象的特点，共同制订有针对性的切实可行的线上线下合作帮教计划。企业内部可以组建一个针对帮教对象的专门帮教小组，检察院安排有经验的人员定期到企业跟踪回访，了解青少年帮教对象在企业中的表现，把握青少年帮教对象的思想动态，将跟踪回访的数据与企业同步上传至应用场景平台，然后根据更新的青少年数据，通过算法模型分析对青少年预防的成果进行评估后开展进一步的帮教计划。例如，温岭"阳光驿站"成功搭建了企业驿站这一帮教平台，且业已实现辖区16个镇（街道）基地全覆盖，并逐步实现了企业驿站基地朝着网络化、品牌化

[①] 吴之欧：《企业参与犯罪治理的实践经验和理论思考——以温州鹿城法院推行的企业帮教活动为视角》，载《社会科学家》2011年第4期。

发展，为失足青少年建立起一个"有业就、有人帮、有人管"的良好矫正环境。具体做法如下：根据各驿站企业文化的自身特点，选取对应的企业主题色调，将组织机构、工作流程、管理制度等统一上墙明示；开展"倒三角"式的多帮一服务，由每家"阳光驿站"企业提供合适的岗位，组建帮教小组，具体到每个车间、班组，分别指定车间帮扶责任人和班组帮扶志愿者，实行管理工作首问责任制，对归正人员进行季度考评；制作考察手册，实现规范化管理。对判处非监禁刑的每一名青少年，都建立一对一的档案，详细记载和收集他们的基本情况、家庭状况、思想汇报材料等，及时掌握他们的动向。经常与驿站安置帮教领导小组保持联系，协助做好非监禁刑少年犯的管理和教育。①

（五）人民群众

青少年新型违法犯罪延续性预防还立足于人民群众对罪错青少年的鼓励引导，罪错青少年的回归社会程度一定上取决于人民群众对罪错青少年的接受程度。因此，无论是帮助未满18周岁的罪错未成年人树立正确价值观来预防其重新犯罪，还是对已满18周岁的罪错青少年进行制度引导、政策鼓励来防止其出现重新犯罪的心理都需要人民群众的力量。

具体而言，枫桥经验不仅仅将人民群众单纯地作为管理对象，而是从主人的角度，让人民群众参与社会的治理。行政机关将部分专业性延续性预防工作分管给人民群众，让延续性预防的工作制度通过人民群众的参与治理渗透入罪错青少年的网格化管理。人民群众在社会工作的协助下与罪错青少年取得联系，通过社会工作者登录预防违法犯罪青少年应用场景平台了解社区内违法犯罪青少年具体情况，人民群众与青少年的家长、邻里共同进行社会救助工作，减少青少年复归社会的标签影响。根据群众对罪错青少年的联系程度，有针对性地协助社会工作者、村（社区）推动帮教方案的施行，减少罪错青少年对帮教工作的排斥，帮助青少年更好完成帮教任务。

---

① 《阳光驿站帮教 助失足青少年回归》，载浙江省温岭市人民法院网，https://wenling.tzfyw.gov.cn/infopub/articleview.aspx?id=36877。

第七章

预防青少年新型违法犯罪数字治理的技术支撑

本章主要从技术方面,为青少年新型违法犯罪预防提供支撑。通过建立全量青少年信息库,为青少年新型违法犯罪预防应用场景的构建提供数据支持。同时,要破除数据孤岛[①],促进数据的融合共享。基于普遍性、干预性以及延续性预防,设计三级预防算法模型,更好地服务于青少年新型违法犯罪的预防。

第一节 预防青少年新型违法犯罪数字治理中的数据融合

随着数字产业的发展,利用大数据技术进行犯罪的预测与防控,将预防触角向前延伸,越来越成为现实。数据作为信息传递和流通的载体在犯

---

① 专业人士把数据孤岛分为物理性和逻辑性两种。物理性的数据孤岛指的是,数据在不同部门相互独立存储,独立维护,彼此间相互孤立,形成了物理上的孤岛。逻辑性的数据孤岛指的是,不同部门站在自己的角度对数据进行理解和定义,使得一些相同的数据被赋予了不同的含义,无形中加大了跨部门数据合作的沟通成本。

罪预防中起着至关重要的作用,大数据为数据挖掘①、风险预测提供基础。青少年新型违法犯罪预防数字治理的前提是大数据的融合,而数据融合不仅是将不同数据源的数据集中在一起,更重要的是要根据分析主题,确定不同的数据在这一主题下应当贡献的价值,将这些数据有机地结合起来,亦即多种不同的数据以某种科学的方式协同服务于主题分析。②因此,基于预防青少年新型违法犯罪的需要,要促进数据融合,破除"数据孤岛",尽量实现青少年新型违法犯罪预防数据的全覆盖,使大数据更好地为青少年新型犯罪预防服务。

一、数据采集融合的主要内容

数据采集融合技术是指利用计算机对按时序获得的若干观测信息,在一定规则下加以自动分析、综合,以完成所需决策和评估任务的信息处理技术。数据采集融合离不开数据库的建立,通过建立全量青少年信息库和重点场所信息库等为智能分析提供数据支撑,从而筑牢青少年新型违法犯罪预防的数据基础。由政法委牵头,对司法、网信、妇联、民政等多个部门以及学校、医院相关企业等多个系统的青少年数据进行抽取、清洗、转换和调度,建立数据编码规范及治理流程,利用大数据治理服务平台,配置并完成数据清洗、转换和自定义分析工作,将成果数据汇聚成全量青少年信息库,为青少年新型违法犯罪预防提供数据支撑。

---

① 数据挖掘或称为知识发现,也称为基于数据库存的知识发现,是20世纪90年代中期兴起的新技术,通过信息技术对大量的数据进行探索和分析的过程,在浩如烟海的数据中提取有用、有效的信息,发现数据中有用模式和规律,帮助解释当前的行为或预测未来的结果,以人们容易理解的形式提供有用的决策信息。

② 吕雪梅:《美国预测警务中基于大数据的犯罪情报分析》,载《情报杂志》2015年第12期。

（一）重点青少年信息库

1. 社会闲散青少年

社会闲散青少年主要包括辍学青少年、流动无业青少年。针对辍学青少年，主要由教育部门负责，依托中小学学生信息库，对其姓名、身份证号、年级、学生类别、是否在校、家庭住址、监护人姓名、监护人身份证号、监护人性别及关系等数据进行录入。针对流动无业的青少年，主要依托流动人口管理系统对流动无业青少年相关数据进行录入，建立社会闲散青少年信息子库。

2. 流浪乞讨青少年

针对流浪乞讨青少年，由民政部门负责，依托救助信息系统，对其姓名、身份证号、性别、户籍地址、救助原因、救助内容、入站时间方式、离站时间方式等数据进行录入，建立流浪乞讨青少年信息子库。

3. 农村留守儿童

针对农村留守儿童，由民政部门负责，依托儿童信息管理系统，对农村留守儿童的姓名、身份证号码、父母姓名、行政区划、户籍地址、现居地址（父母、儿童）、健康状况、学业情况、是否学校寄宿、监护类型、联系电话等数据进行抽取、清洗、转换和调度，建立农村留守儿童管理系统信息子库。

4. 服刑在教未成年子女

针对服刑在教人员的未成年子女，由民政部门负责，依托儿童信息管理系统，将其子女的姓名、身份证号码、父母姓名、行政区划、户籍地址、现居地址、健康状况、学业情况、是否寄宿、监护类型、联系电话等数据进行录入，建立服刑在教未成年子女信息子库。

5. 不良行为或严重不良行为青少年

针对有不良行为或严重不良行为的青少年群体，公安、司法、行政、工商和城管等执法部门可凭借掌握的大量有不良行为、严重不良行为的青少年信息，通过各级预防领导小组办公室的工作机制，实现信息共享，推动形成齐抓共管的工作格局。"① 不良行为青少年主要分为在校不良行为青少年和社会不良行为青少年。针对在校不良行为青少年，由教育部门负责，依托中小学学生信息库，将其身份证号、年级、学生类别、姓名、曾用名、性别、家庭住址、是否在校、籍贯、监护人姓名及身份证号、关系等数据录入。针对社会不良青少年，由公安部门负责，依托110接处警平台，将报警时间、报警人姓名、报警电话、接警单编号、报警内容、处置结果等数据进行录入，建立不良行为或严重不良行为青少年信息子库。

6.心理（精神）障碍青少年

针对心理障碍青少年，由卫生健康部门负责，联合精神专科医院、心理诊所等，依托医院就诊系统、HIS系统、智慧健康平台等，将心理障碍青少年的姓名、性别、卡号、诊断信息、治疗处理意见等数据录入。针对精神障碍青少年，由精神卫生部门负责，依托严重精神障碍信息管理系统，将精神障碍青少年的姓名、性别、卡号、诊断信息等数据录入，建立心理（精神）障碍青少年信息子库。

7.被侵害青少年

针对被侵害青少年，由检察院负责，依托检察业务统一应用系统，将被侵害青少年的姓名、出生日期、年龄、住所地、学校所在地、受教育情况、法定代理人姓名等数据进行录入，并且对不满18周岁未成年被害人、不满12周岁未成年被害人以及犯罪案件是否涉及校园暴力等情况进行标注，建立被侵害青少年信息子库。

8.违法犯罪青少年

（1）未成年犯罪嫌疑人法律援助。针对未成年犯罪嫌疑人法律援助问题，由检察院负责，依托检察业务统一应用系统，将案件名称、移送案由、审结案由、姓名、证件类型及号码、户籍所在地、受教育情况、法律援助办理情况、通知法律援助机构日期、法律援助指派日期、指派律师等数据进行录入，建立未成年犯罪嫌疑人法律援助子库。

---

① 姚建龙：《转型社会的青少年犯罪控制——以"全国重点青少年群体教育帮助和预防犯罪试点"为例的研究》，载《社会科学》2012年第4期。

（2）违法青少年教育矫治。针对违法青少年教育矫治问题，由公安部门负责，依托执法办案平台，将教育矫治青少年的相关数据进行录入，建立违法青少年教育矫治信息子库。

（3）附条件不起诉未成年人帮教考察。针对附条件不起诉未成年人帮教考察问题，由检察院负责，依托检察业务统一应用平台，将案件名称、移送案由、审结案由、姓名、证件类型、证件号码、户籍所在地、受教育情况、监护情况、犯罪前情况、帮教考察地点、帮教主体、帮教内容、帮教阶段、帮教开始结束时间、帮教后情况等数据进行录入，建立附条件不起诉未成年人帮教考察信息子库。

（4）涉罪判处缓刑青少年社区矫正。针对涉罪判处缓刑青少年的社区矫正的问题，由司法局负责，依托社区矫正综合治理平台，将矫正期限、矫正类别、身份证号、姓名、性别、户籍地址、出生日期、矫正开始结束时间、是否成年、联系电话、主要犯罪事实、具体罪名等数据进行录入，建立涉罪判处缓刑青少年社区矫正信息子库。

（二）重点家庭青少年信息库

1. 事故致贫家庭未成年子女

针对事故致贫家庭未成年子女，由民政部门负责，依托救助平台，将申请人、申请人身份证号码、户籍地址门牌号、居住地址门牌号、联系电话、家庭类别、致贫原因、救助类别、救助人数、救助金额、救助日期等数据进行录入，建立事故致贫家庭未成年子女信息子库。

2. 重大突发事故家庭未成年子女

针对重大突发事故家庭未成年子女，由公安部门负责，依托110接处警平台，对报警时间、报警人姓名、报警电话、接警单编号、报警内容、处置结果等数据进行录入，建立重大突发事故家庭未成年子女信息子库。

（三）青少年重点行为信息库

1. 资金异常行为

针对青少年资金异常、频繁办理银行卡的行为，由人民银行负责，依托相关银行系统，对青少年相关资金异常行为进行录入，建立青少年资金异常行为信息子库。

2. 不良网络行为

针对青少年不良网络行为，由公安部门负责，联合第三方互联网公司，对青少年网络不良行为相关数据进行录入，建立青少年不良网络行为信息子库。

3. 就业相关异常行为

针对待就业青少年，由人社部门负责，依托人社一体化经办平台，对待就业青少年的姓名、身份证号、性别、出生日期、文化程度、毕业时间、毕业学校、联系电话等相关信息进行录入，建立待就业青少年信息子库。

此外，由市场监管部门负责，依托监管系统，对于企业有无营业执照、是否依法登记、是否存在经营风险、司法风险、金融风险、以及是否进入拖欠工资黑名单等信息进行录入，建立风险企业信息子库。

（四）青少年重点场所信息库

针对青少年可能去的酒吧、KTV、网吧、游戏厅等娱乐场所，由公安部门负责，依托公安局情指行一体化平台，对相关数据进行录入。针对青少年可能去的旅馆、酒店等住宿场所，由公安部门负责，依托旅馆住宿登记系统，对其姓名、性别、出生日期、年龄、证件号码、房号、入住时间、离开时间等信息进行录入，建立重点场所信息库。

二、数据全生命周期的基本要求

"对数据进行系统地加工并且正确地阐释，使得人们可以通过这些数据对个人或者群体及其行为进行深入的推断。"[①] 数据融合为犯罪预防提供了坚实的基础。基于大数据开展的犯罪预测，摆脱了人为主观上的盲目和偏见，

---

① ［德］罗纳德·巴赫曼、吉多·肯拍等：《大数据时代下半场——数据治理、驱动与变现》，刘志则等译，北京联合出版公司2017年版，引言第9页。

让"数据"发声，通过数据间的相关关系分析，"洞见"犯罪现象中的客观规律，提升了犯罪预防的科学性。大数据时代，数据量在快速积累，数据源和数据类型向多样化发展，数据间的相关关系同样也在向复杂化发展，数据处理难度呈上升趋势，对大数据技术水平的提高不断提出新要求。[1] 因此，要加强不同数据源、不同数据结构的数据融合，实现数据的分析和应用，进而应用于青少年犯罪的大数据预警。

（一）数据采集的基本要求

数据收集是生命周期的"源头"，是数据生成与持续更新的最重要保障，也是保持数据生命力的基础。[2] 通过数据采集，能够实现预防青少年新型违法犯罪应用所需各个部门、多个系统、多种结构的青少年业务数据跨域汇聚，建立交换共享通道，实现各异构数据库之间的数据流转，并保证原有各业务部门异构数据库之间的数据交换与共享。通过对相关青少年业务数据的清洗、转换等，确保治理业务数据的准确性、一致性，实现数据融合汇聚，并根据业务需要形成不同主题的青少年业务专题库，为智能分析提供基础支撑。

首先，要精确采集数据。以信息化中心大数据库为基础，外联互联网络、政务专网、未成年人权益保护微信平台、观护帮教工作站信息系统等专线，内接检察统一业务系统、刑事执行检察监督信息化网络等，组建类型齐全、内容丰富、可为平台有效运转提供有力支撑的数据矩阵。设置60余个与未成年人权益相关的关键词，即时在互联网搜索抓取发生的与未成年人权益事宜相关的线索并推送至平台相应模块。如网络爬虫抓取可以作为高校学生安全主管部门利用互联网获取有效信息的一个重要手段，特别是在高校网络舆情安全监控领域有非常明显的优势。高校学生安全主管部门利用网络爬虫技术抓取可监控的资讯整合网站、新型社交化平台的评论

---

[1] 李志恒、姚博：《大数据预警恐怖活动犯罪流程及实现路径》，载《辽宁公安司法管理干部学院学报》2019年第4期。

[2] 罗文华：《基于生命周期的数据跨境流动程序性与实质性监管》，载《中国政法大学学报》2021年第5期。

文本，并对其进行情感信息抽取、分类、归纳，得到学生针对热点词的评价意见，及时了解校园热点信息和学生群体针对热点信息的情感倾向性结果。[①]

其次，规范数据收集工作，完善数据生命周期管理。各部门应采取合法正当的方式依法依规采集数据，并保障数据完整性、准确性和时效性。新建系统立项应对计划采集的数据进行分类分级，并对数据收集活动的合规性、合理性进行审核，已建信息系统的新增、调整数据收集活动也应履行审核程序。按照"一数一源、最小必要"的原则，严格按照业务需要和职能边界确定数据收集使用范围，优先通过共享获取数据，不得重复收集数据。此外，应公开收集使用规则，明示收集使用目的、方式、范围和存储期限。

最后，要注重数据采集的完整性。收集归类涵盖青少年新型违法犯罪预防需求的各类数据资源，整合多源头业务数据，建立数据标准，完成数据清洗，提升数据的准确性、完整性和一致性。建立与政法数据中心、公共数据中心等数据平台的数据调取通道，基于数据场景应用需求，持续推进与政法办案数据、行政执法数据以及社会公共数据的衔接。制定数据管理办法，促进数据有序开放和规范管理。

（二）数据存储的基本要求

数据存储也是数据融合中的重要一环，青少年新型违法犯罪预防收集的相关数据，涉及青少年个人信息等隐私数据，因此，更加要妥善存储，防止泄露。

首先，开展数据储存工作，要做好数据备份工作。可以采用磁盘阵列、磁盘镜像等数据冗余技术[②]，防止数据损坏和丢失。还应采用完整、安全的数据备份策略，备份策略应支持定期的增量和全量备份，并符合相应管理要求。

---

① 何伟、薛琳、朱必法：《基于大数据挖掘的大学生安全管理预警模式构建》，载《学校党建与思想教育》2017年第20期。

② 数据冗余技术是使用一组或多组附加驱动器存储数据的副本，比如镜像就是一种数据冗余技术。

其次，要重视数据存储期限问题。数据存储遵循"最短周期"原则，存储期限应当为实现处理目的所必要最短时间，超过期限的数据应进行归档或销毁。法律法规对存储期限另有规定的，从其规定。

最后，要重视数据存储中的数据安全问题。支持采用密码技术保障数据存储和传输的安全，密码技术和产品使用应符合国家密码管理部门要求。此外，对于存储的相关数据，可以采用区块链技术[①]来实现数据的不可篡改性存储。

（三）数据整合的基本要求

大数据是散落的，相互之间缺乏关联性，未经整理的数据缺乏实际价值。简言之，大数据的价值在于大数据整合之后的再利用。大数据整合是指"要形成对数据资源的统一管理和标准建设，将各个业务系统中最核心、最基础、最重要的数据（也称主数据），集中进行数据的ETL（抽取、清洗、转换）……能够把统一的、完整的、准确的、有权威性的主数据提供给用户的应用和数据模块"[②]。为了使数据能够充分为青少年违法犯罪预防提供支撑，就必须进行数据整合。

数据的整合包含很多步骤，且每一个步骤都非常重要。数据整合的核心是对数据进行有目的地计算，开展大数据批量分析比对、深度挖掘关联，实现"人在做、数在转、云在算"，做到实时监测、感知和排查洞察风险隐患，大大提高风险因素预警、预测与发现能力。[③] 因此，针对青少年新型违法犯罪预防平台获取的数据，要进行分析研判，从而形成未成年人新型违法犯罪预防重点地域分析、辖区未成年人犯罪分析、安全隐患特定区域未成年人活动轨迹分析、隐患分析等各类分析报告，为进一步做好未成年人

---

① 区块链是信息技术领域的术语，从本质上讲，它是共享数据库，存储于其中的数据或信息，具有"不可伪造""全程留痕""可以追溯""公开透明""集体维护"等特征。

② 庄乾龙：《刑事案件中大数据整合行为定性及其适用规则》，载《法学杂志》2020年第12期。

③ 王康庆、谢晓专等：《警务战术情报合成作战：内涵、实践、问题与建议》，载《情报杂志》2019年第5期。

综合保护和犯罪预防工作提供科学依据，有效解决各部门之间的"信息孤岛"问题，推动形成未成年人保护更大合力。

在进行预测预警的数据整合的过程中，应当遵守以下三大规则。首先是大数据整合的启动规则。根据启动方式不同可以分为任意启动与强制启动两种类型。任意启动是指数据整合行为在征得数据用户的同意后予以启动。但是在某些领域，与隐私权保护相比预防犯罪的需求更加迫切，因此，在未经用户同意的情况下也可开启大数据整合，即强制启动。其次是大数据整合后的运用规则。通过大数据整合后获得的相关数据只能用于预测预警以及青少年新型违法犯罪的预防，不能拿作他用，对于大数据整合后获得的与预测事实无关的信息资料应该及时销毁，对于不便销毁的，应该作保密处理。最后是大数据整合的救济规则。大数据整合过程中若相关机关违法进行大数据整合侵犯他人合法权益的，相关权利人可以向法院进行控告。相关机关通过大数据整合获得的证据材料应当予以及时销毁，或者返回被害人，或者做技术性保密处理。①

（四）数据使用的基本要求

对于青少年新型违法犯罪预防平台获取的各种数据实现高效、妥善地使用，是进行精准预测预警预防的基础。

首先，数据使用要做好数据加工处理工作。基于各类青少年基础数据对其进行去标签化和指标清洗等加工处理工作；通过大数据治理平台的能力对从数据交换云平台获取的相关数据，基于Hadoop生态组件②的能力围绕数据处理流程，对数据仓库进行建设及对数据资产进行管理；利用系统加工能力及数据能力，组装青少年数据专题在业务系统间进行共享使用，并为大数据应用服务和青少年分析模型的建立提供数据及技术支撑。

其次，需要构建数据使用过程中的信息保护制度。青少年新型违法犯

---

① 庄乾龙：《刑事案件中大数据整合行为定性及其适用规则》，载《法学杂志》2020年第12期。

② Hadoop是一个能够对大量数据进行分布式处理的软件框架，具有可靠、高效、可伸缩的特点。

罪预防项目开发过程中，如果数据保密制度建设滞后于项目建设，就容易造成未成年人个人信息保护存在较大隐患，因此，此类问题宜同步考虑、同步建设、同步保障，并进一步通过技术手段确保保密措施落实到位。

最后，要优化数据分析能力。利用"智慧未检"的数据采集、分析和融合功能，扩大数据分析的范围和体量，提升决策的科学性和精准性。目前系统正在升级青少年违法犯罪数据库，届时通过数据分析和可视化技术统计分析，可以直观反映辖区青少年违法犯罪多维度统计分析状况，同时还能对心理辅导、犯罪预防、教育帮教等数据进行分析，多渠道发现未成年人违法犯罪原因、特点等规律。

（五）数据销毁的基本要求

不论信息处理者如何设计数据处理流程，都始终无法回避数据的"死亡问题"，数据销毁并非处于信息处理者经营自主权的范围之内，其是数据安全流程的必要环节，能够对大数据时代下信息主体所面临的权利问题作出积极的回应。[1]在青少年新型违法犯罪预防方面，数据销毁问题也应当予以重视。

首先，重要数据的销毁是为确保仅有特定的法律主体能够获取这些数据，且在数据销毁之后无法通过其他方法予以复原，个人信息的销毁则是为了确保个人信息在废弃过程中意外泄露的风险处于可控状况。在青少年新型违法犯罪预防的数字治理中，涉及大量个人信息数据，为了防止信息泄露，必须妥善进行数据的销毁。

其次，数据销毁应当严格地按照法律的规定，即数据销毁的基本流程、销毁技术、销毁范围、销毁记录应当满足法律要求和技术标准，保障数据销毁活动的最终结果能够达到不可复原的状态，且其他法律主体无法在数据销毁之后非法采取其他技术手段重新获得数据。[2]在进行数据销毁时要避

---

[1] 唐林垚：《〈个人信息保护法〉语境下"免受算法支配权"的实现路径与内涵辨析》，载《湖北社会科学》2021年第3期。

[2] 赵精武：《从保密到安全：数据销毁义务的理论逻辑与制度建构》，载《交大法学》2022年第2期。

免因为数据销毁流程的不规范、存储介质未彻底消磁和数据覆写不完全等原因造成的数据泄露,切实保障数据的安全。

最后,数据销毁应当制订严格的销毁计划。销毁计划需要规定销毁的方式和时间,可以运用机器方式或者人工方式进行在线数据销毁和归档数据销毁①,同时,为了保障青少年新型违法犯罪预防后续工作的开展,应当对销毁的数据内容、销毁的时间、销毁的方式、销毁的人员等进行登记,以确保数据销毁的安全性和全面性。

三、数据融合的困境与化解

实践中,青少年新型违法犯罪预防的数据融合面临着诸多的困境,"数据孤岛"问题突出,如何化解困境,促进数据融合共享,成为亟待解决的问题。

(一)数据融合的困境

青少年新型违法犯罪预防应用场景的构建对数据的需求较大,涉及多个部门20余个数据系统的60余项数据,而且青少年违法犯罪预防有关的数据大多涉密,较为敏感、隐私,能否获取存在一定问题,且涉及部门较多,短期内获取归集的难度极大,再者,各部门对数据共享的积极性不大,数据较为分散,就造成了数据孤岛问题。

第一,传统的政务平台通常采取以部门为中心的方式来收集和保存数据,各部门将本单位数据视为开展各项业务的宝贵资源予以积极收集,但对数据共享的积极性不高,就导致了数据信息流动渠道固化的问题,容易形成数据相互割裂、条块分布、彼此独立的不良状态。由于数据之间无法互通,进而就会导致数据失去原有的价值。另外由于长期缺乏数据采集与共享的质量规范,大多数部门在前端数据收集工作中只是为了完成指标任务重数量而不重质量,这就造成了数据质量存在要素不全、格式不规范、

---

① 赵精武:《从保密到安全:数据销毁义务的理论逻辑与制度建构》,载《交大法学》2022年第2期。

信息滞后等问题，致使在数据融合中无法实现形成高质、强大、统一的数据资源库的目标。

第二，数据融合过程中的平台建设也存在着一定的问题。实践中，平台建设通常以企业合作或外包开发的方式开展，部分核心技术依赖于公司，一旦资金断档，平台运行难以为继，且稍有不慎便有可能陷入与技术公司的矛盾纠纷。由于不同的平台往往由不同的公司开发，其建设思路不同，水平与质量参差不齐，数据标准不统一，对外交换接口不透明，平台兼容性差，无法一键查询，部分平台算法不佳，运行速度缓慢，信息查询效率低。最后，平台建设缺乏统筹规划，各级各类平台建设往往根据一时之需建设，随着时间推移，重复建设、兼容性差、平台寿命周期短等问题凸显。①

（二）数据融合的完善路径

面对上述数据孤岛的问题，应当将数据协同互通作为重要建设内容，将所有信息资源加以有机融合，增强信息资源体系的弹性与包容性，建设青少年新型违法犯罪预防的全量数据库和数据共享平台，增强数据的互联互通。

为了实现青少年新型违法犯罪预防的数据互通，可以借助与辖区职能部门出台未成年人保护一体化工作意见的方式，深入与政府职能部门、学校、企事业单位等主体开展合作，实现涉未成年人违法犯罪信息互联互通，并与政务平台实现端口对接，对未成年人网络安全、校园安全、公共服务、烟酒销售等重点领域信息实时监控，及时发现问题并快速处置。

为了提升数据共享融通能力，一要夯实"一朵云"基础层。充分依托政法专有云平台，推动检察业务上云，实现工作协同、资源共用、数据共享。持续优化检察业务的主要承载网络——检察工作网，提升传输承载能力。在确保安全的前提下，联通检察工作网与电子政务外网、政法部门业

---

① 王康庆、谢晓专等：《警务战术情报合成作战：内涵、实践、问题与建议》，载《情报杂志》2019 年第 5 期。

务网和社会机构信息系统承载网络,实现移动互联网的可控接入。二要以需求为导向破解数据"共享"难题。充分掌握大数据,专业、科学运用大数据,能使法律监督更加精准、高效。但是信息往往以碎片式散落于各部门,不同主管部门之间,想要达到数据融合、碰撞,往往受到单位沟通不畅的限制,这就会导致监督信息不畅、数据共享不足等问题。因此,要注意避免一味求全求多,改变"开口要全量数据"的惯性思维,要立足检察监督主责主业,深入研判数据特点,立足监督模型提具体数据要求,立足监督实效谈共享数据接入,以多赢共赢的工作成效,促推更多部门在信息共享上聚力。

要实现青少年新型违法犯罪的精准预防,破除"数据孤岛",需要建立统一的数据信息平台整合信息,科学高效地融合数据,对数据实行统一监管与使用。因此,从国家层面来讲,应该积极推进国家大数据平台建设,将不同的数据库和业务系统全部接入平台,积极促进各种数据的融合,以平台方式集成价值,从而有针对性地进行青少年新型违法犯罪的预防;从各私营主体和独立数据库的持有者来讲,应提供开放数据的 API 接口和相关的技术接口,在此基础上开源数据集和相关的分析算法,为国家进行青少年新型违法犯罪的预防提供技术支持,承担应尽的社会责任。[①]

第二节　预防青少年新型违法犯罪数字治理的算法模型与算法伦理

大数据技术作为一种新兴的知识生产方式,主要作用是将价值有限的单个数据进行整合、分析、解释,最大化地发挥其潜在价值。在数据分析整合过程中,以预警预测价值的挖掘、发挥为主,即针对特定情况或特定

---

① 舒洪水:《暴恐犯罪防控中的大数据适用问题研究》,载《南京大学法律评论》2018年第1期。

数值下的行为、数据作出最佳理解，形成特定的模式或知识，从而对数据进行有效预测，建立预警感知模型。在这其中最为关键的便是算法的设计与应用。

算法（Algorithm）是指解题方案的准确而完整的描述，是一系列解决问题的清晰指令，代表着用系统的方法描述解决问题的策略机制。在计算机科学这一领域中，算法具体是指为了解决一个特定问题或者达成一个明确目的所采取的一系列步骤，其目的是达成给定情况下的最佳行动或者对给定数据作出最佳理解。算法设计是指设计者编写算法决策代码，并输入数据使算法自主学习，优化算法决策流程的行为。算法设计作为数据挖掘的关键环节，主要是利用数据发现新的模式和知识，并生成可以用来对数据进行有效预测的模型。[①] 算法模型主要是描述问题、定义变量之间的关系，是机器学习[②]的一种重要类型。将算法模型作为青少年新型违法犯罪预防工作的技术支撑，利用数据挖掘展现青少年新型违法犯罪类型与特定犯罪因子之间的关系，以便更好地预测存在犯罪倾向的青少年的未来行为，从而更有针对性地开展犯罪预防工作，将预防的关口前移，从源头降低青少年新型违法犯罪的潜在风险。

一、数字治理的算法应用

青少年新型违法犯罪预防工作的重点在于及早预测、及时干预，数字治理可以提高预防工作的针对性，对青少年出现的潜在不良行为进行预警监测，避免演变成犯罪行为，算法在其中发挥着关键架构的作用。

首先，相较于以往的青少年犯罪预防工作偏重于人为经验的把握，算法通过对海量数据的收集、分析，利用机器学习、图像理解和生物识别等技术，对与犯罪行为的发生、发展产生关联的事物变化进行交互感知、认

[①] 孟天广：《治理算法：算法风险的伦理原则及其治理逻辑》，载《学术论坛》2022年第1期。

[②] 机器学习是指用数据或根据以往经验，以此优化计算机程序或算法性能标准的研究。

知和理解，构建智能化预警监测系统，实现犯罪态势发展变化规律的分析由定性研究转向定量研究，由宏观预测转向微观预测，由纯数理模型转向"数据＋模型"，进而提高了犯罪预测的准确度和科学性，在一定程度上弥补了传统犯罪预防模式的缺陷。① 其次，算法通过对数据的挖掘、分析、研判等精准智能地把握青少年的行踪信息、日常情况，掌握先机、"防患于未然"，有针对性地提前干预，将事后的纠正转化为事前的预防和事中的干预，提高预防工作的针对性。在空间和时间上降低人工成本，加强对青少年新型违法犯罪的精准防控。最后，通过对多个不同数据库的分析、对比、碰撞，实现对遗漏线索的挖掘和监督，在涉青少年案件的侦查过程中防范侦查权滥用、遏制侦查权的扩张，督促公安机关依法履行职责、规范开展侦查活动，保护青少年的合法权益，实现对"下行案件"的法律监督，推进严格公正司法。当前实践中许多算法已应用于犯罪预防平台，但还处在较为初级的运用阶段，因此本部分着重介绍几类典型算法在青少年新型违法犯罪预防工作中的应用。

（一）分类算法

分类算法是对海量数据进行特征分类。就像一个篮子里面有很多橙子和苹果，机器通过训练出来的模型，对篮子里的水果进行分类。例如，红色对应苹果，橙色对应橙子。若要让机器知道这种规则，就需要一定量的带标签的"苹果/橙子"标签数据，所以分类算法往往需要"带标签"的数据。实质上，分类算法是一个有监督学习的过程，目标数据的特征以及特征对应的标签都必须是已知的。模型会通过对数据的学习来不断更新权重参数，最终训练出来的模型可以分类出正确的结果。主要的分类算法有朴素贝叶斯算法、支持向量机算法、决策树算法等。由于分类算法拥有更精确的计算结果，因此对数据的要求更高，倘若无法满足，则应首先考虑聚类分析（聚类分析将在下文进行阐述）。

---

① 刘钊、林晞楠、李昂霖：《人工智能在犯罪预防中的应用及前景分析》，载《中国人民公安大学学报（社会科学版）》2018年第4期。

1. 朴素贝叶斯算法

朴素贝叶斯是一种基于贝叶斯规则的简单概率分类器。当我们希望使用机器分类时，这种方法适用于简单过滤和分类。朴素贝叶斯算法通过学习每个输入属性的条件概率来建立概率模型，给出输出属性可能的值。然后这个模型用于预测给定一组输入时的输出值。当给定实例中的属性值被一起观测到时，将贝叶斯规则应用到条件概率上，就可以计算得到一个可能的输出值。[1] 因此朴素贝叶斯是一个简单但异常强大的分类模型算法，可以通过训练数据直接计算得到每一类的概率，帮助我们进行犯罪类别的预测，进而对可能产生的犯罪进行预防。之所以被称为朴素贝叶斯，就是因为我们假设每个输入变量都是独立的，这是一个强假设，对于很多复杂问题，都非常有效。在侦查活动中，利用朴素贝叶斯算法结合办案人员人工经验判断可以实现对一类人一类行为的预警预测。[2]

朴素贝叶斯算法与模型可以计算、预估个体青少年潜在犯罪类型的概率，其运算逻辑以数据为基础，通过大量数据训练，建构为完整成熟的运算模型，之后便可结合罪错青少年的个人信息、家庭信息、环境状况等可能影响犯罪的成因，预测出青少年可能犯何种罪的概率，以便后续对潜在犯罪青少年加强预测监管，减少青少年违法犯罪行为发生的可能。

2. 支持向量机算法

支持向量机是一种分类模型，其目标是寻找一个满足分类条件的最优超平面，使得其能将两类样本分开，并且与两类样本的分类间隔最大。可将支持向量机定义为在高维特征空间中使用线性函数分类的系统，使用优化理论的学习算法来进行训练，该优化理论可实现从统计学习理论中推导出的学习偏差。当分类需求较简单时，我们可以使用这个工具。[3] 对于非线性分类问题，首先选择合适的核函数将样本空间映射到能线性可分的高维

---

[1] ［印］普里蒂·斯里尼瓦斯·萨加、［挪］拉金德拉·阿卡拉卡:《大数据分析与算法》，毕冉译，机械工业出版社 2018 年版，第 53 页。

[2] 杨正洪、郭良越、刘玮:《人工智能与大数据技术导论》，清华大学出版社 2019 年版，第 168 页。

[3] 祁亨年:《支持向量机及其应用研究综述》，载《计算机工程》2004 年第 10 期。

空间，然后利用最大化间隔的方法获取间隔最大的分割线，得出支持向量，最后利用分割线和支持向量对新的样本进行分类预测。支持向量机算法的优点有：第一，支持向量机算法对特征相关性不敏感，无须具有独立特征。第二，支持向量机算法可以处理非线性数据，可以用于处理文本分类、人脸识别等问题。简言之，支持向量机算法本质上是一种分类工具，它使用机器学习理论来使预测目标的类别最大化，同时可以自动地避免模型过度拟合。

利用支持向量机算法可构建普遍性预防和干预性预防中具有犯罪倾向的高危青少年研判分析指标体系，根据不同时间、不同地区的情况由侦查部门确定并不断完善。支持向量机算法将指标分为动态指标和静态指标，动态指标包括心理状况、社会关系、经济水平、现实行为等，静态指标包括生理状况、违法行为、家庭因素、文化程度、所在地区等。其可建立有犯罪倾向的高危青少年分析研判模型，根据分析研判的分值进行分级，并采取相应的响应措施。①

3. 决策树算法

决策树算法是一种逼近离散函数值的方法。顾名思义，就是以树状形式进行算法计算，叶子的节点就是决策树末端的节点，代表分类结果。它首先对数据进行处理，利用归纳算法生成可读的规则和决策树，然后使用决策对新数据进行分析。决策树是一种典型的分类方法，本质上是通过一系列规则对数据进行分类的过程。适用树形结构进行决策的模型，其最大的优点就是过程简洁明了，便于非专业人士直观地看到决策的过程，使模型的结果更具备说服力（见图1）。

---

① 陈鹏、瞿珂等：《反恐背景下的个人特征数据构成与涉恐个体的挖掘分析》，载《情报杂志》2018年第7期。

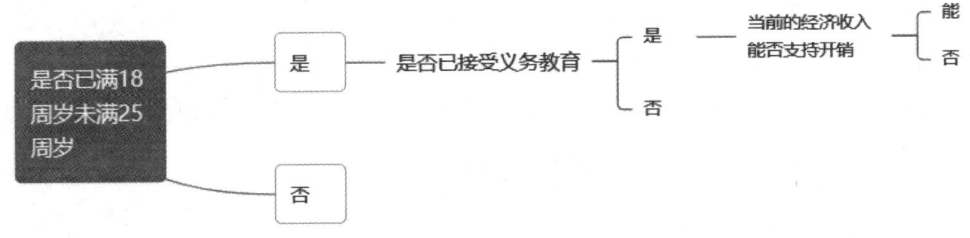

图 1 决策树模型

图 1 展示的决策树模型是依据本书第二章对于青少年新型违反犯罪成因分析的部分结果制作，其展现了决策树对于特定人群开展预测预警、监督防控的决策过程。实施新型违法犯罪的青少年具有一定的意志能力、文化程度和经济收入等，因此可通过决策树算法对该类人群进行分类分级，进行精准防控。其清晰展现了决策的过程与结果，具有高解释性的优点，有利于后续对青少年个人信息开展保护工作。需要注意的是避免出现过拟合[1]现象，因为分析预测工作需要对数据库中大量的青少年信息进行分析预测，对于决策树的深度要求较高。在实际应用中通常将决策树算法作为底层逻辑，比如数据挖掘技术中的数据分类方法，在此基础上设置算法模型，进而实现应用需求。

在决策树算法的基础上进行多个树的集合形成了随机森林，也就是决策树集合算法。在随机森林中，我们有一组决策树，也就是所谓的"森林"。[2] 该集成算法是将多个分类器结合而成的新的分类算法，主要原理是将若干个弱分类器进行组合，进行多轮训练。以 Bagging 和 Boosting 为主，前者代表是随机森林算法（Random Forest），由多棵树组成，每一棵树就是一个弱分类器，组合起来就形成了具有强大预测能力的"森林"。[3] 其内部存

---

[1] 过拟合（over-fitting）是指为了得到一致假设而使假设变得过度严格。在该处意为算法在训练集上表现好，但在测试集上表现不好，泛化性能差。
[2] ［印］普里蒂·斯里尼瓦斯·萨加、［挪］拉金德拉·阿卡拉卡:《大数据分析与算法》，毕冉译，机械工业出版社 2018 年版，第 46 页。
[3] 杨正洪、郭良越、刘玮:《人工智能与大数据技术导论》，清华大学出版社 2019 年版，第 183 页。

在几个弱分类器就进行几轮训练,在每个弱分类器训练中抽取样本进行使用,每个弱分类器的抽取样本分类过程都是独立的;后者代表是Adaboost、GBDT(Gradient Boosting Decision Tree)和Xgboost,其核心策略是不断迭代更新模型,使之逐渐接近真实的映射关系。

（二）聚类算法

聚类所要求划分的类是未知的,聚类是将数据分类到不同的类或者簇的一个过程,所以同一个簇中的对象有很大的相似性,而不同簇间的对象有很大的相异性。① 聚类是数据挖掘技术研究中的一种重要技术,能有效地通过分析数据并从中发现有用的信息。聚类将数据对象分为若干个类或簇,使得在同一个簇中的对象之间具有较高的相似度,而不同簇中的对象差别很大,通过聚类,人们能够识别密集和稀疏的区域,发现全局的分布模式以及数据属性之间有趣的相互关系。聚类分析在客户分类、基因识别、文本分类、空间数据处理、卫星照片分析等领域有着广泛的应用,如谷歌新闻等很多应用都将聚类算法作为主要的实现工具,利用大量的未标注数据构建强大的主题聚类。而其本身的研究也是一个蓬勃发展的领域,数据挖掘、统计学、机器学习、空间数据库技术、生物学和市场学的发展推动着聚类分析研究进步,使它已成为数据挖掘研究中的一个热点。

在青少年犯罪预防决策分析中,聚类分析能帮助检察机关识别不同特征的青少年群体以及各群体的行为特征。在信息检索领域对文档进行分类,提高检索效率。聚类分析将大量数据划分为性质相同的子类,便于了解数据的分布情况。与其他数据挖掘方法不同,在进行聚类分析前决策主体一般并不知道数据集的特征。因此,从某种角度看,聚类分析是一种无监督的学习过程,是基于观察的学习而不是基于实例的学习。②

---

① 杨正洪、郭良越、刘玮:《人工智能与大数据技术导论》,清华大学出版社2019年版,第165页。

② 王千、王成等:《K-means聚类算法研究综述》,载《电子设计工程》2012年第7期。

1. K-means 算法

K 均值聚类是一种包括数据点分组的机器学习技术。给定一组数据点，我们可以用聚类算法将每四点分到特定的组中，该算法有一个预定义的集群数量的输入，被称为 K，"means"代表平均值。聚类是一种无监督式学习的方法，是一种在许多用的统计数据分析技术。K-means 是一种基于欧式距离的聚类算法，K-means 据样本划分成 k 个聚类，使得同一聚类中的样本相似度较高，不同聚类样本的相似度较低。K-means 是很多入门级数据科学和机器学习课程的内容，在代码中很容易理解和实施。K-means 算法是一个反复迭代求解的过程。K 是需要预先设定好的超参数。K-means 的优势在于速度快，因为我们真正做的是计算点和组中心之间的距离，只需要非常少的计算。

2. 模糊 C 均值聚类

在预防青少年新型违法犯罪活动中，可以采用 K-means 聚类的方式将原始海量基础数据分为几个簇，找出其中的小簇作为待判断的样本数据。而后将以往犯罪青少年的特征放入样本数据中进行重新迭代，寻找与青少年犯罪的相关特征。最后通过寻找犯罪青少年所含有特征之间的关系，以此为基础设立权重，在样本数据中通过特征相似度和权重的比较，寻找具有潜在犯罪倾向的青少年。

传统的聚类分析是一种硬划分，它把每个待辨识的对象严格地划分到某个类中，具有非此即彼的性质，因此这种分类的类别界限是分明的。而实际上大多数对象并没有严格的属性，它们在形态和类属方面存在着中介性，适合进行软划分。模糊 C 均值聚类就是这种软化分的有力分析工具，人们开始用模糊 C 均值的方法来处理聚类问题，并称为模糊 C 均值聚类分析。

在利用上述的 K-means 算法的基础上，运用模糊 C 均值聚类可以增加聚类的准确性，如电竞酒店这一类场所在传统硬聚类的划分模式下会被归类到酒店这一分类，利用模糊 C 均值算法可以进行软划分，根据具体实际情况分类到电竞网吧或酒店的类别下，提升场所分类的科学性，从而提升犯罪风险分析研判的准确性。

（三）预测分析

预测分析，旨在建立分析模型，量化计算在未来一段时间内某个属性的水平值或某种事件或状态的发生概率。在优化程序中，通常用目标变量来引导自学习过程。其有两大类预测分析模型：回归和预测，而且区别也很显著。在回归预测模型中，目标变量通常是连续型变量，常见的例子有预测股票价格、违约损失率（LGD）和客户终身价值（CLV）等。在分类预测模型中，目标变量通常是分类变量，可以是二元分类变量（如欺诈与否、流失与否、信用好坏等）或有多个取值的分类变量（如预测的信用等级）。有大量的文献资料介绍及讨论不同类型的预测分析技术，主要包括线性回归、逻辑回归、神经网络算法等主要预测分析技术。①

1. 线性回归

回归分析相较于分类，除了可以预测值的类型的功能之外，计算回归模型允许预知数值，是连续值的预测，而不是类的预测，发现变量和属性间的依赖关系由此区分于聚类和分类算法。回归分析主要包括线性回归和逻辑回归两种主要的方式。

线性回归是指通过因子与结果的确定数值，找寻其之间存在的特定关系，是统计和机器学习领域应用最为广泛、最被人们熟知的算法之一，也是目前在青少年新型违法犯罪预防工作中常用的算法。通过对罪错青少年的个人收入、家庭信息、基尼系数等多种离散数据的分析，预测青少年犯罪的概率。以便后续对潜在犯罪青少年加强预测监管，减少青少年违法犯罪行为的发生。

线性回归的表达公式为 $y=b_0+b_1 \times x_1+b_2 \times x_2+b_3 \times x_3$。y 指青少年的犯罪概率，$x_1$、$x_2$、$x_3$ 指多种犯罪因素，将不同的数值代入演算后，最终得出 b_0 与 b_1，b_2，b_3 的数值，即犯罪概率与犯罪成因之间的量化关系，针对犯罪概率高的青少年要加强监测预警。以本书第二章中青少年涉财产犯罪的调研结果为例，该结果显示青少年新型犯罪行为人因无法及时偿还网络贷款而产

---

① ［英］Bart Baesens：《大数据分析——数据科学应用场景与实践精髓》，柯晓燕、张纪元译，人民邮电出版社 2016 年版，第 35 页。

生犯罪行为的概率较高。此外，由于该算法是基本的模型，因此可以应用不同的算法技巧，比如最小二乘法或者梯度下降优化算法[①]，来对模型进行训练，从而使得模型可以更好地进行预测。

2. 逻辑回归

逻辑回归是处理二分类问题的传统分类算法，目的是找出每个输入变量对应的参数值。[②]与线性回归不同的是，逻辑回归预测输出所用的是非线性函数，其将所有值转换为0到1之间的数。因此在青少年新型违法犯罪预防工作之中，根据该算法的原理，将其应用于赋码模型。将青少年在网络浏览记录、过激言论以及出入不良娱乐场所的频次转化为具体的数值，在逻辑回归的演算之下，将结果进行分类，低于阈值的，即算法中的"0"值，为安全蓝码青少年；高于阈值的，即算法中的"1"值，为高危黄码、红码青少年。至于对黄码与红码青少年的进一步区分，可以进一步应用线性判别分析算法，但由于各地区案例实践的不同，设计不同的数值方案最终由科技公司进行具体操作，在此不做过多赘述。

3. 神经网络算法

神经网络是指人工神经网络，以网络拓扑知识为基础模拟人脑的结构及功能形成一种有效运算模型，包含输入层、隐藏层、输出层三部分。神经网络是由大量节点相互连接构成，每个节点代表一种特定输出函数，每两个节点间的连接都代表通过该连接信号的加权值，即权重。每层节点对输入信息的加权求和并进行非线性处理后输出，其输出值作为下一层的输入值，以此类推直到最后分类节点。常见的神经网络类别有单层神经网络、两层神经网络、多层神经网络、卷积神经网络和循环神经网络。神经网络学习阶段通过调整各连接权重来实现最终输出值与真实值逐渐接近，最终达到理想的模型。神经网络预测模型本质上就是通过模拟人类大脑神经元之间传递信息的方式来预测结果，是一种深度学习方法（见图2）。

[①] 当前最流行的优化算法之一，也是迄今为止最常用的优化神经网络的方法，但其运算过程存在算法黑箱问题。

[②] 杨正洪、郭良越、刘玮：《人工智能与大数据技术导论》，清华大学出版社2019年版，第165页。

详细算法规则

1. 首先对各个部门的数据进行提取,查找与案件相关的字段信息进行汇总。
2. 对汇总的数据根据事件描述信息提取特征关键字,对各个事件进行人为的归类和划分,划分结果作为该事件的标签。汇总所有事件的描述信息和标签信息作为该模型的数据集。
3. 将数据集中的数据进行清洗,如去重、合并、拆分等,接着进行句子或者段落的分词操作,对分词之后的结果删除停用词如人称、语气、标点符号等。
4. 预处理结束后,将词和词语转换成计算机能够处理的类型,如词向量。
5. 采用LSTM等序列化神经网络进行训练和测试,训练集和测试集的比例为7:3或者8:2。运用各模型评估参数对模型的预测结果进行评估,不断调整神经网络参数以达到最好的评估结果,选择评估结果最好的模型作为最终模型。

相关的关键字信息如下表(四级分类以矛盾纠纷的三级分类为例):

分类	明细	关键字
四级分类	组织人事纠纷	人力资源、编制、招录辞退等
	自然资源纠纷	土地、矿产、山林、海洋资源等
	政法管理纠纷	法制、诉讼、仲裁、警务等
	应急管理纠纷	灾害救助、应急救援等
	文体旅游纠纷	文化、体育管理、旅游服务等
	卫生健康纠纷	公共卫生、医药、医业等
	诉讼检察纠纷	刑事、民事、行政、立案等
	水事纠纷	水土保持、水利工程建设等
	市场监管纠纷	组织生产、知识产权等
	涉军事物纠纷	军团、军转退役、优待抚恤等
	农村农业纠纷	农业、惠农扶贫、土地承包等
	民政管理纠纷	社会组织、社会救济等
	社会保障纠纷	工资福利、劳动权益等
	科技产业纠纷	网络安全、信息化建设等
	家庭邻里纠纷	家暴、赡养、抚养、邻里关系等

图2 关键词抓取后利用神经网络算法分类

上文所述的逻辑回归模型是浅层神经网络,只包括输入层与输出层两层简单结构。神经网络模型在输入层和输出层之间多加入了一个隐藏层,在该隐藏层内是逻辑回归模型的缩小版,其将逻辑回归中的因子得出的结果作为隐藏层中的因子,并赋予不同的比重,根据比重再次计算得出的结果,该结果是隐藏层的结果也是输出层的因子,如此套用,反复进行"线性组合+激活函数"的计算。神经网络模型可以存在多个隐藏层,隐藏层越多表明因子的划分越细致,对于结果的预测就更加的精准。

因此在青少年新型违法犯罪预防工作中,要尽可能多地抓取青少年的有效信息、网络浏览过程中的有效关键词等,越多的信息使得对于青少年的行为预测更加精准,对其预防工作更具针对性,更能有效地采取预防措施,实现良好的预防效果。

二、"三级预防"中的算法模型构建

"三级预防体系"中算法模型的构建应着重分析预测信息数据背后的相

关性而非简单因果推导。其将收集到的所有元素与现实事实认定进行正确的匹配、推导、预测和延伸，建立起以输入目标为核心的科学、完整的关联网，再根据所希望获取的信息目标，对犯罪预测的结果进行因地制宜的综合施策。① 构建实时性更高、个性化更强且覆盖人群更广的青少年新型违法犯罪预防系统。

（一）普遍性预防模型构建

1. 普遍性预防的系统工程

普遍性预防是一个系统工程，根据前文所述理论，由多个子应用功能模块集合而成，主要包括宣传教育功能和帮扶监督功能。

在宣传教育应用下，针对青少年、家庭、学校、社区在青少年新型违法犯罪预防工作中的地位和作用的不同，设置四类不同的教育学习资源库，便于不同主体针对不同的侧重点实施不同的宣传教育。同时根据其学习情况设置宣传教育成果报告，上述四类主体定期学习法律、道德、心理教育之后，青少年、家庭设置答题报告以检测近期的学习成果，学校、社区通过撰写宣传教育报告，汇报其开展宣传教育的成效、出现的问题以及改进措施等，以便后续更好地根据实践出现的问题动态更新学习资源库，使理论更好地指导实践，实践丰富理论。

在帮扶监督应用下，针对适用对象的不同，分别设置被害预防、救助服务和社会交互三个子应用。其中，被害预防针对的对象是与未成年人密切相关的单位及其工作人员。依据未成年人保护法和预防未成年人犯罪法的规定，设立强制报告制度和入职查询制度。一方面便于及时发现未成年人遭受侵害的情况，另一方面阻止违法犯罪人员进入与未成年人密切相关的单位就业，既降低了未成年人遭受犯罪侵害的风险，又增加了及时救助已经遭受侵害的未成年人的机会，避免其从被害人向加害者的转化。救助服务针对的对象是困境青少年，其根据当前青少年实施违法犯罪行为的成

---

① 刘钊、林晞楠、李昂霖：《人工智能在犯罪预防中的应用及前景分析》，载《中国人民公安大学学报（社会科学版）》2018年第4期。

因分析,将青少年遭遇的困境分为法律帮助和困难求助,从而设置法律帮助子场景和困难求助子场景。对于青少年遭受的法律问题,一方面由检察机关设置专职人员进行一对一解答,另一方面通过推送动态案例指导的方式使青少年了解相关法律法规。对于青少年遭遇的其他困境,困境救助可分为就业帮助、职业培训和心理辅导。通过对青少年的职业技能培训,增加青少年就业的可能性,降低社会闲散青少年的比例,使青少年专注于自身的工作生活,从而无暇实施其他违法行为或减少因经济原因而实施犯罪的可能性。

在社会交互应用下,针对的对象是社会公众。社会交互应用实质上是利用"随手拍、随时传"这一即时性特点,高效开展公众监督,充分发动人民群众的力量,加强社会公众的自然监视,提升社会公众对于侵害青少年行为和环境的警惕和关注,最终提高环境的文明程度,使得具有潜在犯罪倾向的人无法趁虚而入、实施违法犯罪行为[①],积极向上的环境也会使得犯罪现象逐渐减少,提升整个社会的信心。普遍性预防体系模型的业务层逻辑体系见图3。

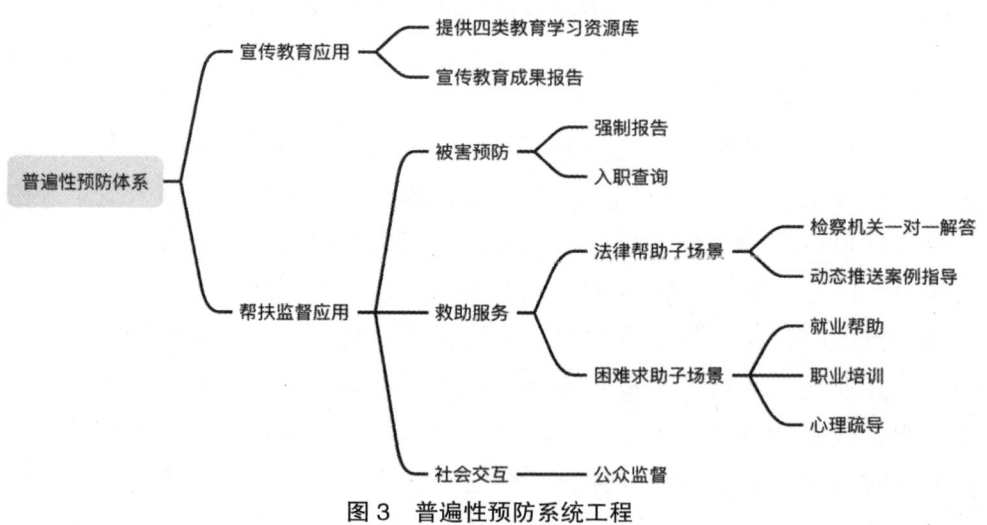

图3 普遍性预防系统工程

---

① 彭琨:《我国未成年人犯罪的情境预防视角与路径》,载《中国刑警学院学报》2018年第2期。

2. 普遍性预防的平台流程

在普遍性预防的平台构建中,以社会公众的线索举报环节最为繁复、涉及主体众多。因此以其为例,结合分类算法应用,构建社会交互环节的平台流程图。

社会公众在发现涉侵害青少年的线索时,手机拍照取证后,点击"开始"后上传线索,经平台管理员核实后,依据线索期限分类为"适时线索"和"逾期线索"。对于前者,平台通过数据分析技术、关键词抓取技术等,提取关键词后分析该线索是否需要帮扶,若属于"需要帮扶"的类别则会将线索推送至检察机关,由检察机关进一步核实线索。对于后者,则由平台发出预警提示,根据是否处理再次进行分类,若及时处理,则将该线索合流进前者,若仍未处理则向检察机关报告相关情况,由检察机关进行督促整改。

该线索由检察机关进一步核实后,若线索为假,则直接结束该流程。若线索为真则由检察机关线下核实情况,而后将结果上传至该平台并同步抄送公安机关,由公安机关进一步侦查。此外,对于该线索设置质量评价和表彰举报人环节,由社会公众对线索的处理流程和结果进行评价、检察机关反馈意见;在公安机关进一步核实后,对于线索举报人进行表彰,同时结束该流程(见图4)。

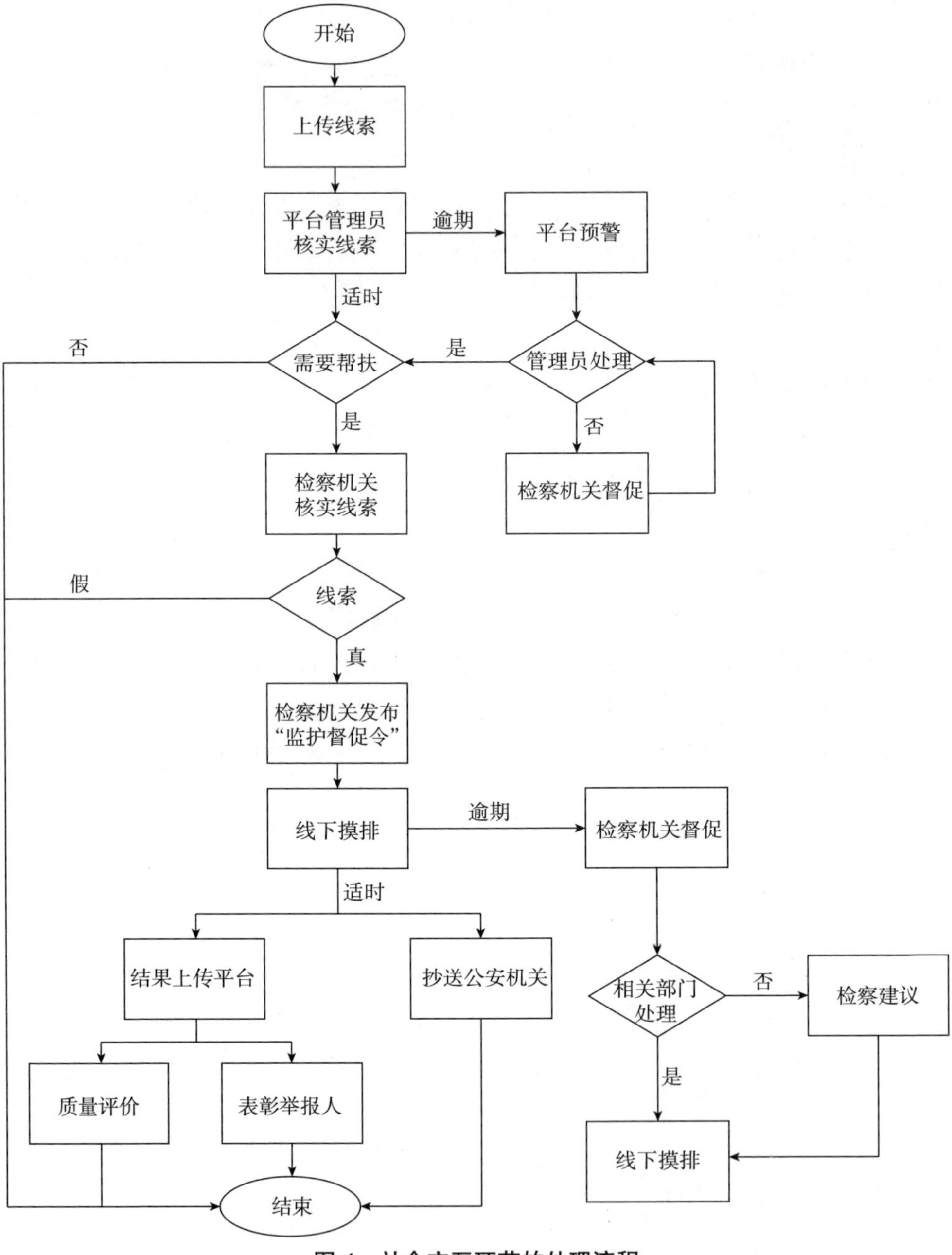

图 4 社会交互环节的处理流程

3. 普遍性预防的数据处理

普遍性预防的数据处理包含数据逻辑层和数据底层处理层两部分，在数据逻辑层仍以社会交互环节为例。公众将线索上传至平台，平台核实后进行分类汇总，将核实后的线索构成的数据库与全量青少年数据库进行碰撞，运用聚类算法分析，依据关键词进行筛选，将具有高度相似特征的倾向性青少年归于一类。这种将不同相似度的青少年区分开来的方式，能更好地对青少年的行为进行分析控制。具体可分为"青少年行为分析模型""青少年朋友圈分析模型""青少年热点行为分析模型""青少年网络行为分析模型"四类。在每一类别中，根据青少年不同行为的频率、严重程度尽可能多地抓取青少年的有效信息，比如网络浏览过程中的有效关键词等，根据关键词出现的频次对青少年进行不同颜色的赋码。因此越多的信息会使得对青少年行为的预测更加精准，预防工作更具针对性，也能更有效地采取预防措施，实现良好的预防效果。经过对不同青少年的赋码之后，通过数据分析技术对将赋码信息进行检测、转换、建模等处理，并将分类后的数据信息自动分流至对应部门处理。这主要是通过对海量数据的收集分析而后分流的过程，利用数据挖掘技术对处理后的数据进行分析得到规律，进而可以通过建立预测模型并进行验证和评价。① 因此在赋码分流之后，依据线索是否逾期来选择线下摸排或由检察机关督促之后再进行线下摸排。在检察机关将核实结果上传平台并反馈意见之后，各部门单位进行整改，再次利用决策树算法针对逾期进行判断，对于逾期线索，若各部门、企事业单位不及时整改则由检察机关通过检察建议的方式予以纠正（见图5）。

---

① 李思辰、张公社、纪国法：《基于大数据挖掘技术的页岩气井压裂液产出规律分析》，载《科学技术与工程》2019年第25期。

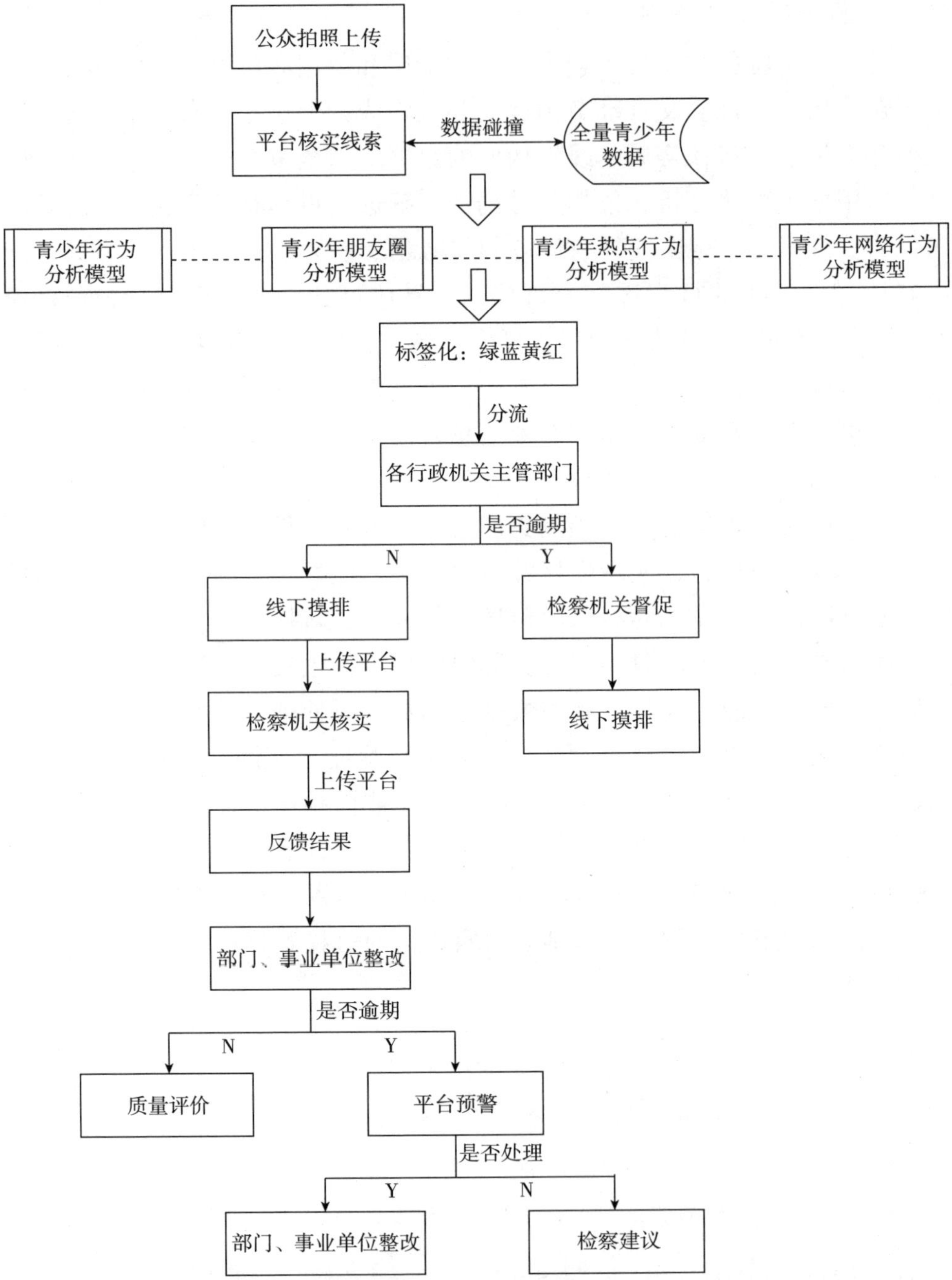

图 5 社会交互数据逻辑层

数据处理层是指对全量青少年的数据收集之后通过对数据的清洗、分析、存储等，便于之后进行数据挖掘，实现对青少年违法犯罪行为的预防预测。

首先，通过建立的全量青少年数据库以及在社会交互环节获得的举报线索，获取青少年相关的一切数据，该数据即是原始数据[①]。原始数据组建成青少年数据原始仓库。而后对该数据进行抽取、清洗、转换和加载，即ETL[②]。主要目的是进行数据清洗[③]，使不完整的、含噪声的或是不一致的数据完整化、正确化、一致化。简言之，就是发现并纠正数据文件，确保数据库中的数据是完整有效的，提高数据库的质量和利用率。

其次，ETL之后，便进入数据挖掘的动态更新、循环往复的过程。将清洗过后的数据存储至数据仓库，在数据仓库中对其进行预处理，即从数据中检测、纠正或者删除不适用于模型的记录的过程。因为不同类型的青少年对于不同类型的新型违法犯罪的倾向不同，个数值之间差异较大，因此需要对原始测井数据进行标准化处理，从而消除测井数据间的差异性，便于后续模型更好地学习特征。[④]因此可以通过平滑聚集、数据概化、规范化等方式将数据转换成适用于数据挖掘的形式。将预处理后的数据再次更新存储至数据库，使得数据仓库的数据格式标准化，清除异常数据，提高数据的精确性，以便数据挖掘的高效高质运行，更好地对青少年的行为进行精准预测，提高预防工作的针对性。只有经过清洗、转换和分析的数据才得以释放其潜力，将其进行组织和整合，使大量非结构化、半结构化以及结构化数据变成能反映特定青少年新型违法犯罪领域的重点"智慧数据"，

---

① 原始数据指的是未经加工、编辑的数据，例如政府收集的政务数据、公众在互联网上留下的个人信息与使用痕迹（如浏览记录、购买记录）。参见严宇、孟天广:《数据要素的类型学、产权归属及其治理逻辑》，载《西安交通大学学报（社会科学版）》2022年第2期。

② ETL，是英文Extract-Transform-Load的缩写，用来描述将数据从来源端经过抽取（extract）、转换（transform）、加载（load）至目的端的过程。

③ 数据清洗是指发现并纠正数据文件中可识别的错误的最后一道程序，包括检查数据一致性，处理无效值和缺失值等。

④ 曹茂俊、巩维嘉、高志勇:《基于Stacking集成学习的岩性识别研究》，载《计算机技术与发展》2022年第7期。

综合分析新型违法犯罪类型与特定犯罪因子之间的关系。[1] 将上述处理结果存储至数据库的同时利用神经网络算法对青少年在平台使用搜索引擎的记录进行关键词抓取，将青少年的搜索数据同步反馈至数据仓库。在数据仓库中再次处理、存储、清洗后的数据结果。构建涉青少年动态更新的数据挖掘过程，对青少年的行为进行评估，对其可能出现的潜在不良风险及时预测、及早发现。

最后，在整个数据分析过程中应用到授表、服务、分析工具、预警工具。其一，在收集全量青少年的数据过程中，不可避免会采集到其他部门的数据，对于数据回流[2]等问题，需要各服务器之间的协议。其二，在分析、处理全量青少年数据的过程中涉及的用户数据、访问数据等设置用户权限，以防青少年数据的非法泄露、利用等风险。其三，在青少年数据仓库的动态挖掘过程中，对于数据仓库的清洗、数据挖掘、结果再次存储的动态数据流过程中应用到神经网络算法、聚类算法等分析、预警工具（见图6）。

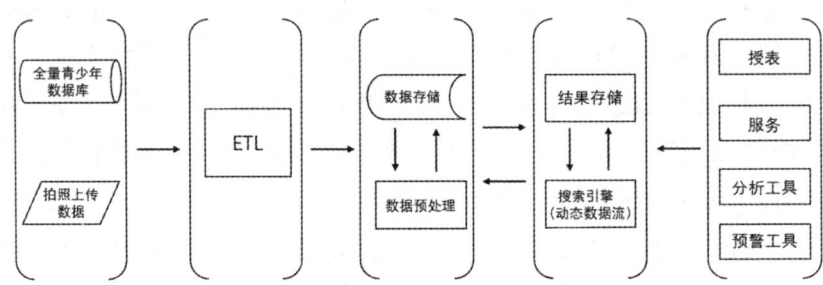

图6 全量青少年数据库数据处理

（二）干预性预防模型构建

1. 干预性预防的系统工程

干预性预防是一个系统工程，根据前文所述理论，由多个子应用功能

---

[1] 曾蕾、王晓光、范炜：《图档博领域的智慧数据及其在数字人文研究中的角色》，载《中国图书馆学报》2018年第1期。

[2] 数据回流是指数据从当前层的某个部件的输出要返回到本层的另一个部件输入当中，主要作用是实现算法结构的可变，大幅增强算法的复杂度，提高了密码的安全强度。参见郑建华、任盛、靖青、宋若虎：《Z密码算法设计方案》，载《密码学报》2018年第6期。

模块集合而成。在干预性预防的预警预测模型构建过程中，在重点人、物、场所、领域的应用场景中主要设置了实践调研中已存在的高发犯罪类型和经济发展过程中呈急剧上升趋势的犯罪类型。在重点人预防的应用场景中下设网络沉迷、过激言论、网络涉黄风险、不良游戏风险四类，重点物预防场景下设新型成瘾物质、网络赌博、虚拟货币三类，重点场所下设住宿场所、娱乐场所、新兴综合性场所三类，重点领域下设网络贷款、校园网络招聘两类。

针对干预性预防，核心功能是警报。通过应用智能预警——智能阻断的算法模型，对经常出入不良场所、涉及危险事件或者网络上的浏览记录、搜索记录等，根据出入的频次、浏览记录的"敏感词过滤""关键词搜索"等相关信息，采取对不同主体赋码、三级预警提示等分类分级处置措施。针对不同等级或者不同色码的青少年采取不同程度的预警推送手段、方式，并通过大数据建立数字监管模型，当其浏览不良信息或者出现危险情况时，及时干预阻断，做到及早预防。干预性预防体系模型的业务层逻辑体系见图7。

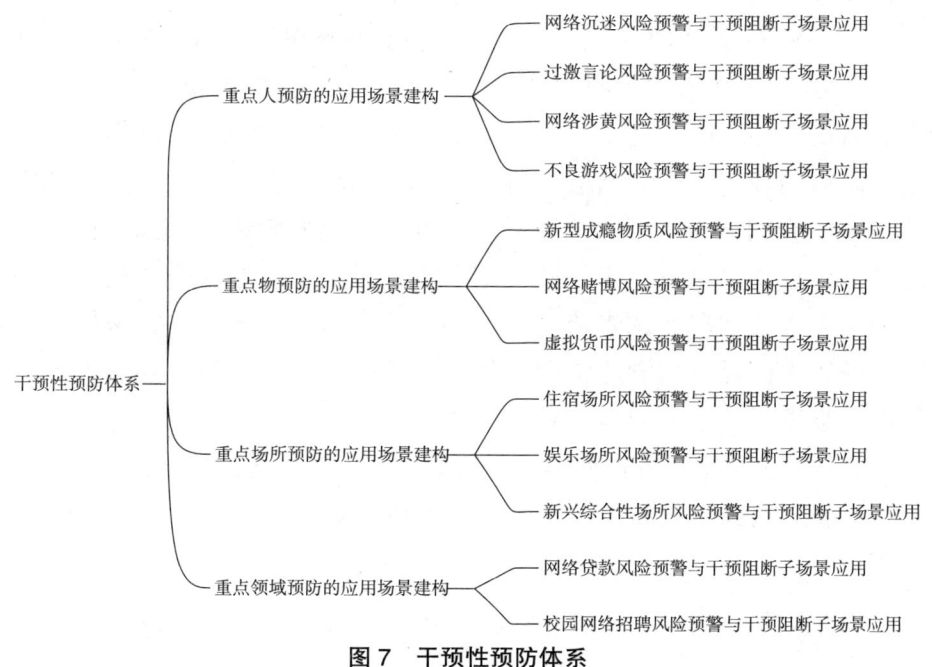

图7 干预性预防体系

2. 干预性预防的平台流程

由于干预性预防涉及的场所、人员领域众多,受篇幅所限,本部分以当前热门的电竞酒店为例,解析干预性预防的平台流程、技术架构等。电竞酒店借以酒店之名提供互联网上网服务,无限制接纳未成年人,目前处于监管缺位状态,引发未成年人沉迷网络、夜不归宿等不良行为,甚至违法犯罪。① 在其监管过程中将数字化手段贯穿运用到线索发现环节、调查分析环节、监督治理环节全流程。从源头净化未成年人成长环境、全面综合保护未成年人权益。

首先,对于电竞酒店监管的数据来源有以下几个方面:(1)涉未成年人违法犯罪案件数据、电竞酒店警情数据(来源于公安执法办案系统、检察统一业务应用系统、110接处警系统);(2)电竞酒店信息(来源于美团、携程等App);(3)工商登记数据(来源于市场监管部门、公安机关);(4)未成年人入住电竞酒店登记信息(来源于省市旅馆业治安管理信息系统);(5)不良行为、严重不良行为未成年人数据(来源于公安执法办案系统、教育部门);(6)上网登记信息(来源于上网登记管理系统)。

其次,针对上述收集而来的数据进行数据筛选。以"年龄""行为人""受害人"等作为关键词,筛选出未成年人实施的或未成年人被侵害的刑事、治安案件。以"电竞"为案件地点要素的关键词,筛选出案发地点为电竞酒店的涉未刑事、治安案件。以"电竞"为关键词从美团、携程等旅游App中查询全市经营的电竞酒店,并从市场监管部门或公安机关查询工商登记数据,以电竞酒店工商登记名为关键词从旅馆住宿登记系统中查询未成年人入住情况。调查梳理电竞酒店接纳未成年人上网、未履行住宿询问义务、无证经营烟酒等情况,从而对相关行政机关对上述行为的监管缺位进行监督。

最后,将上述两步数据处理之后得到的有效数据进行数据分析。

第一步,梳理电竞酒店涉未成年人警情、案件。从公安执法办案系统、

---

① 余嘉熙:《电竞酒店该按酒店管还是按网吧管?》,载《工人日报》2022年6月2日,第6版。

未成年人检察部门受理案件中，筛选出发生地点为电竞酒店、电竞公寓等场所的未成年人实施的或未成年人被侵害的治安、刑事案件。从110接处警系统中查询发生地点为电竞酒店的警情，筛选其中涉及未成年人的警情（见图8）。

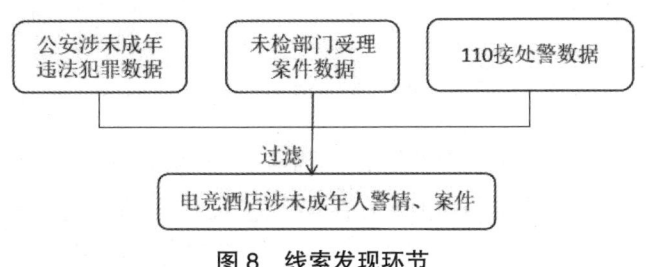

图8　线索发现环节

第二步，全面调查电竞酒店相关情况。从美团、携程等网络平台中以"电竞"为关键词搜索，摸清本地区经营的电竞酒店、电竞公寓底数，并结合软件页面中电竞酒店宣传信息、客户评价信息等，了解电竞酒店经营情况。通过市场监管部门、公安部门、文化部门，调查电竞酒店的工商登记信息，及其营业执照经营范围、食品经营许可证、特种行业许可证、网络文化经营许可证等相关资质情况。综合上述两部分得到电竞酒店经营情况。

第三步，调查电竞酒店上网未成年人情况。通过省市旅馆业治安管理信息系统，以电竞酒店工商登记名查询本地区电竞酒店接纳未成年人登记入住的数量及名单，并在该数据中统计未成年人的上网次数。通过教育部门获取辍学等不良行为未成年人名单，通过公安执法办案系统获取严重不良行为未成年人名单，通过检察统一业务应用系统获取涉罪未成年人名单。对两部分数据进行数据碰撞，获取曾入住电竞酒店及经常出入电竞酒店沉迷网络、夜不归宿的不良行为、严重不良行为、涉罪未成年人名单，并联合相关部门开展分级干预、矫治教育（见图9）。

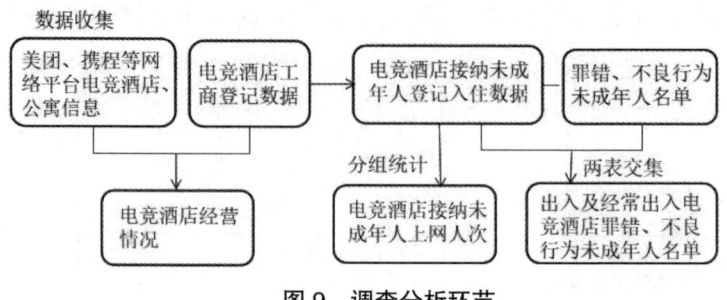

图 9 调查分析环节

第四步，利用上述数据结合实地调查，分析研判电竞酒店存在的监管漏洞问题。通过实地走访，调查未成年人进入电竞酒店的目的及上网情况，包括上网人数、上网内容、上网时间等，从而判断电竞酒店是否存在接纳未成年人超长时间上网、阅览违规内容等问题，分析电竞酒店性质是否属于互联网上网服务营业场所。查看电竞酒店登记信息与实际入住人员，调查是否履行接纳未成年人入住询问、报告等法定义务，是否严格履行登记手续，是否存在一房多人、他人代开等情况。查看未成年人是否抽烟、饮酒，调查是否存在无证售烟售酒、向未成年人售烟酒、未张贴"不向未成年人售烟酒"等标识等问题。

第五步，就调查发现的行政机关怠于履职问题制发检察建议，督促相应职能部门履职，并利用数字化手段对电竞酒店接纳未成年人上网进行实时监督预警，确保长效治理。通过对帮教的罪错、不良行为未成年人身份信息与电竞酒店入住登记数据进行碰撞比对，对入住电竞酒店精准实时监控，一旦进入便向监护人、帮教人员发出预警信息提醒带离。在建议相关部门给电竞酒店安装上网登记管理软件的基础上，通过对获取的上网登记数据与住宿登记信息进行碰撞对比，发现同房间同时段内的住宿登记信息与上网登记信息不一致的，以及住宿登记为未成年人的房间内仍有上网登记信息的，即有可能存在电竞酒店接纳未成年人上网、冒用他人身份登记等违规情形，实时向相关部门发出预警信息提醒核查，相关部门处置后向检察机关反馈情况（见图10）。

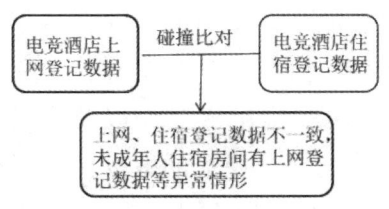

图 10 监督治理环节

3. 干预性预防的数据处理

以电竞酒店为例,干预性预防的数据处理包含数据分析和技术架构两部分。

其一,数据分析又分为数据挖掘、数据治理、数据库表设计三个方面。数据挖掘主要是将公安、检察院、教体、市场监督局等多个部门、多个系统的未成年数据进行抽取、清洗、转换和调度。建立数据编码规范,根据确定的数据分析对象抽象出在数据分析中所需要的特征信息,将收集到的信息存入数据库。利用大数据治理服务平台,配置并完成数据的清洗、转换和自定义分析工作。收集的数据包含结构化的数据和非结构化数据。除了需要保存直接来源的有价值信息以外,进一步挖掘隐藏于其中的并有潜在价值的信息,用关键词挖掘数据规律,归纳推理未成年人行为规律。将成果数据汇聚形成包含电竞酒店场所登记库表、电竞酒店入住人员表、电竞酒店上网人员登记表、涉未成年人违法犯罪案件表、预警信息表等多个表的电竞酒店数字化监管模型信息库。在进行未成年人的行为分析时,根据不同维度采用不同的分析手段,如关联分析、聚类分析、分类分析、异常分析、特异群组分析和演变分析等。

数据治理是以支撑实战业务为根本目的,强化数据资源整合和重构,以业务需求为导向对数据进行深度挖掘和加工,利用大数据治理服务平台提供的各类底层组件和管理工具。[①] 围绕未成年人入住电竞酒店上网的问题,依据公安、检察院、教体、市场监督局等多个部门输出的业务数据,结合美团、携程等商业平台进行深度的数据治理。在各个系统的数据库汇集过

---

① 吴信东、董丙冰等:《数据治理技术》,载《软件学报》2019 年第 9 期。

来的数据有一些是不完整的、含噪声的，并且是不一致的。需要采用一定的算法策略进行数据清理，将更完整、正确、一致的数据信息存入数据仓库中。包括数据资源标准库、专题库建设以及数据标准化和数据管理体系的建设，在这个过程中形成统一规范的数据汇集、存储、流通、共享流程和数据深度的挖掘利用，为上层业务的开展起到支撑作用。

数据库表设计包括电竞酒店表、电竞酒店入住人员登记表、预警信息表、电竞酒店上网人员登记表、涉未成年人违法犯罪案件表五类。其中电竞酒店表用以说明电竞酒店的具体信息，如酒店位置、联系方式等。电竞酒店入住人员登记表用以说明入住人员的基本信息，如姓名、年龄、身份证号、登记时间等。预警信息表是检察机关接收到酒店的报警提示后，将电竞酒店表和电竞酒店入住人员登记表的主要信息提取后，加入辖区派出所、负责民警的信息，三者综合而成的表。电竞酒店上网人员登记表主要记录人员的上网信息，如开始上网时间、结束上网时间、IP 地址等。涉未成年人违法犯罪案件表是司法机关保存记录的未成年人涉案信息，如案件类型、简要案情等信息。上述五类表的设计是便于统计未成年人的相关数据，在后续数据库碰撞时，使得数据的分析过程更为直观，为数据碰撞提供有力支撑。同时便于未成年人或其监护人对处理过程及结果的查询、申辩等。

其二，技术架构分为三个层次，接入层、服务层和存储层。接入层由 SBL、防火墙、核心交换机与具备高性能 HTTP 和反向代理 Web 功能的 Nginx 服务器交互接入网络。服务层包括服务治理、API 网关服务、技术框架和支撑平台。其中服务治理采用 SVN/GIT 对应用场景后台的配置中心、注册中心、服务化框架标准、分布式事务进行集中化控制和分布式控制管理，同时与 API 网关服务、技术框架进行交互。技术架构模型采用微服务技术架构构建，通过将功能分解到各个离散的服务中以实现对解决方案的解耦。

在该"电竞酒店"模型下的技术框架采用了 RPC 协议和 J2EE 架构，总共分为三个层面：人机交互界面层、服务层和数据库层。人机交互层采用 B/S 方式，通过微服务网关与数据库连接进行交互，开发出 PC 端界面和移动端界面。服务层在逻辑上分为存储支持和业务逻辑。数据库层包含了由存储过程和触发器组成的部分业务逻辑，能够支持跨平台的运行。数据库层是存储层的一部分，存储层包括了数据的存储和缓存，以及根据数据的类型建构的关系型数据库和非关系型数据库。

充分利用数据碰撞技术，通过专门的计算机软件对两个或两个以上的数据库或数据集进行碰撞比对，并对由此产生的重合数据、交叉数据进行深度分析（见图11）。

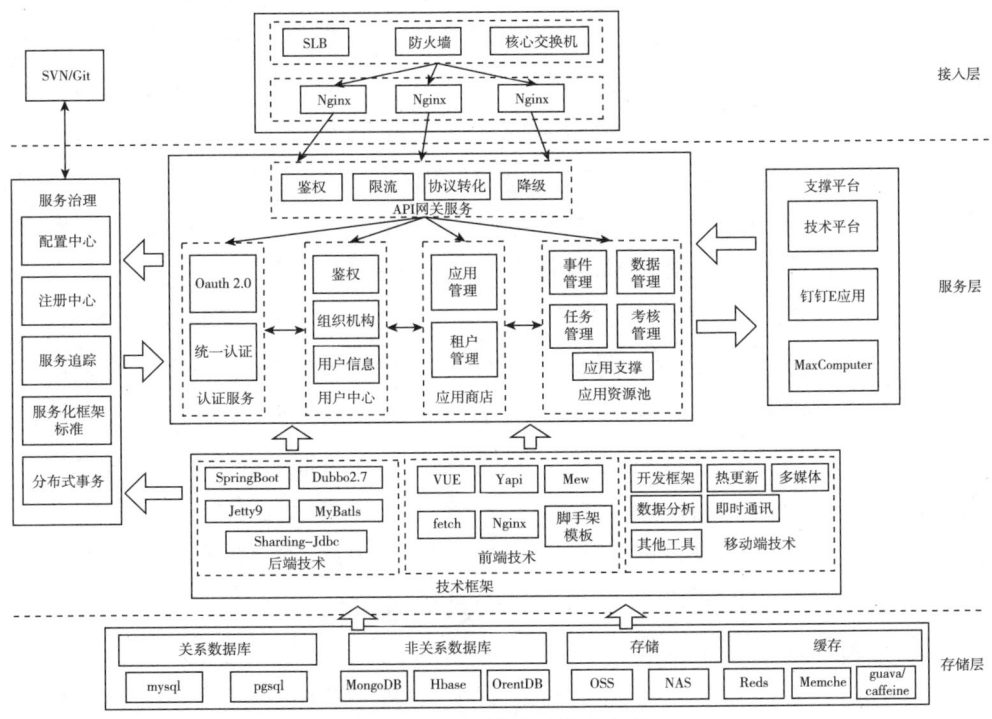

图 11　干预性预防技术架构

（三）延续性预防模型构建

1. 延续性预防的系统工程

延续性预防体系包括精准教育帮扶和矫正效果评估两个子应用。精准教育帮扶子应用对于罪错未成年人和监护人设定了学习任务制定、线上学习、学习记录、服务申领和精准定位监管五个模块。在学习任务制定功能中，后端管理平台在帮教团队对罪错未成年人及其家庭实际情况作出评估后，移交或分派系统中的学习任务，将其推送到罪错未成年人或其监护人的学习界面。未成年人或监护人在线上学习模块领取任务，包括任务开始及结束时间、学习内容及要求。未成年人或监护人完成任务后需提交学习反馈，后台管理员根据学习情况实时记录并及时反馈相关疑问，学习记录应包括未成年人或监护人的学习时间、地点、时长、定时进度等，保证学习的规律性。对于被确定为"二类人员"的未成年人，监护人可以在服务申领模块根据家庭教育需求免费申领公共服务，包括定位服务、私教服务、就学指导等，以此提高监护管教能力。帮教期间，对于被帮教的未成年人由后台管理员依据罪错未成年人实际情况确定禁入位置并进行标记，防止其进入禁止进入的场所，实现精准化监督监管。

矫正效果评估子应用包括积分累计评比和考核评价两个模块。罪错未成年人或监护人在完成相应学习任务后可获得积分。积分模块设置积分商城和积分跑道两个场景，用户可以利用学习积分在积分商城中兑换物品，兑换成功后积分自动扣除，但不影响最终积分考核任务。积分跑道采用趣味闯关界面，以此激发罪错未成年人学习兴趣。未成年人和监护人应按时按量完成学习任务，后台管理员对罪错未成年人及监护人的学习内容进行积分评定，积分分为固定积分和浮动积分，未按要求完成学习任务的，由管理员依实际情况扣分。除了日常积分兑换之外，场景中还设置定期积分累计评比，颁发实物或虚拟奖品，激励其更有效地学习。考核评价模块包括罪错未成年人或监护人学习任务的考核以及罪错未成年人分类分级的考核。在完成学习任务后，平台通过考试方式进行考核，通过考试的用户可获得相应积分。后台管理员对分类分级的未成年人定期组织考核评定，确定其是否仍列为重点人员，经帮教团队考评反馈后，系统自动提示升级或降级（见图12）。

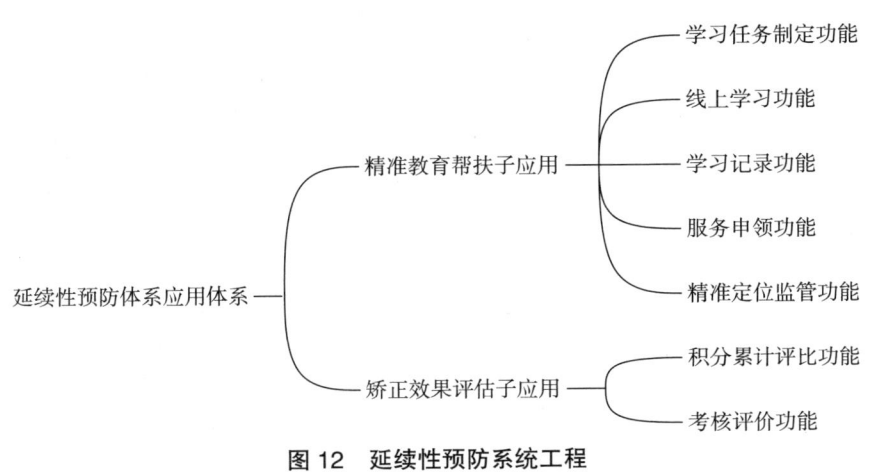

图 12　延续性预防系统工程

2. 延续性预防的平台流程

在延续性预防的平台流程中，首先要建立罪错青少年数据库，数据来源为青少年违法犯罪问卷和检察人员手动录入违法犯罪青少年数据两部分。将两部分数据上传至平台之后与公安办公系统的违法犯罪青少年数据库进行碰撞。最终获得延续性预防应用场景中的罪错青少年数据库。其次运用"K-means"算法，将罪错青少年数据库这一海量数据，以复犯为标准分簇处理为一类人员与二类人员。一类人员由平台推送学习内容定期进行学习考核，并将其学习记录数据发送至平台后台。对于二类人员而言，下设四类措施：授权定位监督、学习任务制定、公共服务申领、考核评比。

二类人员在授权对其进行定位监督后，将获取的未成年人定位信息与重点场所人脸识别数据进行数据碰撞，通过碰撞后获取的罪错未成年人出入重点场所的信息进行分类分级，以作为是否对其采取其他更严格措施的标准之一。

二类人员的学习任务制度通过线上学习课程和线下完成任务相结合的方式进行。前者主要记录学习进度和学习的时间、地点，利用决策树算法对不同学习进度、积分数量和异常情况进行分类，作为后续学习任务是否增加的依据之一（见图13）。

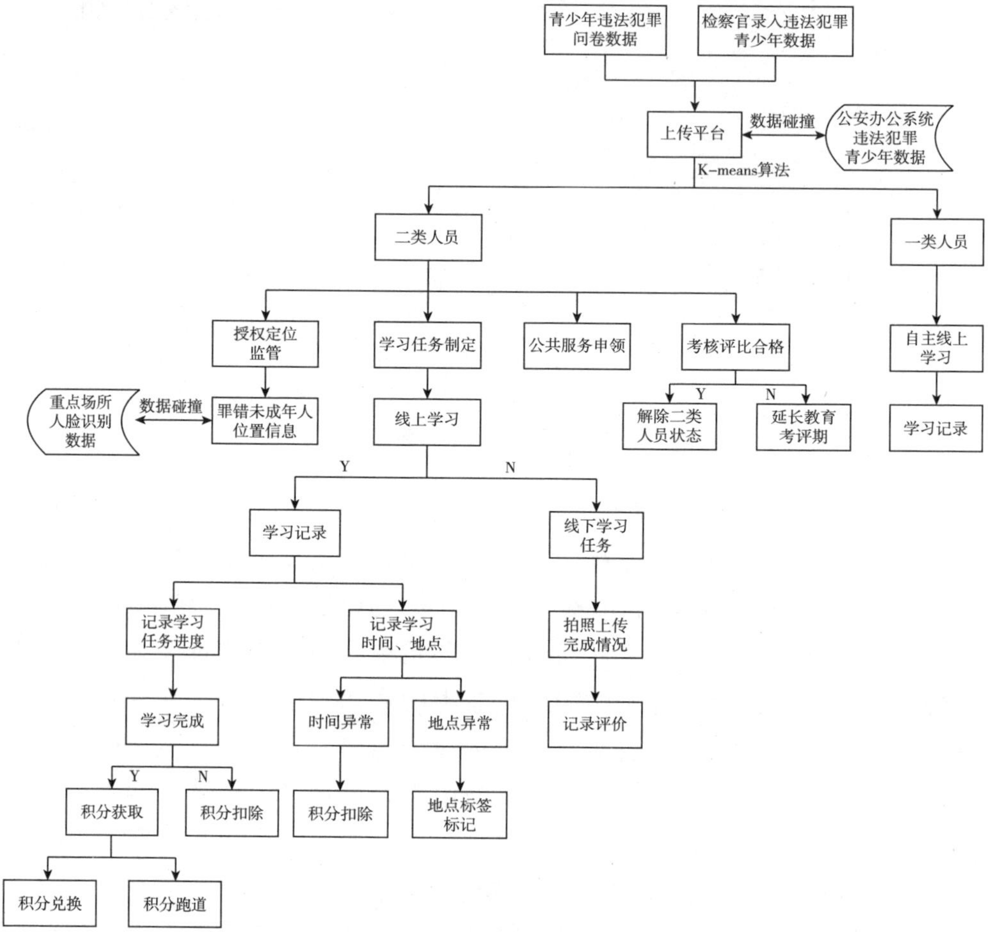

图 13 延续性预防平台流程

三、青少年新型违法犯罪预防的算法伦理

"算法伦理是使算法具有内在的伦理规定性,以一种伦理上的方式运行,并且给出有道德的结果。"[1]算法在为青少年新型违法犯罪预防工作赋能的同时,也产生了算法歧视、算法黑箱等一系列内生伦理风险。在算法伦

---

[1] 郭林生:《论算法伦理》,载《华中科技大学学报(社会科学版)》2018年第2期。

理原则的指引下,通过优化算法设计、完善算法规制体系等规制路径,能有效防范和化解算法伦理风险,保障算法使用安全。

（一）算法伦理问题

算法伦理问题是指在算法决策过程中产生的伦理问题。青少年新型违法犯罪预防数字治理中不可避免地存在着算法歧视和算法黑箱等伦理风险,具体来看,这一领域的算法伦理问题主要有不可解释性问题、隐私问题和公平问题三类。

1. 不可解释性问题

算法的不可解释性是指算法系统的结果无法被理解。算法,尤其是深度学习的自主算法具有高度复杂性和较差的自我解释性,因而困扰人类的算法黑箱问题始终无法被有效解决。所谓算法黑箱,是指"输入和输出均是可见和可理解的,但从输入到输出的过程则缺乏透明度,亦即,AI的计算过程是无法解释和理解的"[1]。在利用大数据构建青少年新型违法犯罪数字治理平台时,不可避免地面临着算法不可解释性的伦理问题。以预测预警模型为例,预测预警模型通过预测青少年的违法犯罪倾向对青少年分色赋码,公安机关和检察机关等机关部门以赋码类型为依据,针对性地开展青少年新型违法犯罪预防工作。首先,算法因其不可解释性无法被仔细检查。算法开发者或所有者可能为了满足自己偏好或追求一定结果而调整参数,使本来客观公正的算法偏离了轨道,导致预测预警模型成为人为操纵的工具。[2] 其次,被赋色码的青少年必须接受有关部门的介入,其正常生活必然受到影响。然而,由于算法具有不可解释性,从青少年行为到赋码之间的计算过程无法被解释和理解,赋码决策可能不被青少年本人认同,这可能影响青少年新型违法犯罪预防工作的有效开展。

---

[1] 李润生:《论医疗人工智能"黑箱"难题的应对策略和规制进路》,载《东南大学学报(哲学社会科学版)》2021年第6期。

[2] 周荣超:《智慧城市建设中的算法歧视及其消除》,载《领导科学》2021年第6期。

2. 隐私问题

个人隐私的保护关系到自然人人格与精神的独立、自由与自治①，其重要性不言而喻。青少年违法犯罪预防数字治理应用场景建设离不开个人数据，为了增加算法分析的准确性和全面性，网络上所有个人信息数据，如喜好厌恶、行踪轨迹等都可能被算法平台收集使用。虽然这些信息通常采用"匿名的"数据集，但从流媒体平台奈非奖（Net-flix Prize）竞赛引发的数据暴露事件②可以看出，经匿名化的数据集仍然能够识别出数据指向者的真实身份，可能导致其隐私权被侵犯。

3. 公平问题

算法的实施需要经过设计算法方案的专家、作为计算目标的数据主体和算法本身三重中介。③（1）设计算法方案的专家作为社会中的人，难免具有偏见，例如将青少年的学习成绩作为违法犯罪风险判断的变量。"在进行算法风险生成的道德伦理溯源时，算法设计者的主观价值偏差通常被认为是关键所在"④。算法是现实生活的反映，它能够继承人类偏见，并随着数据积累和算法迭代强化和放大这一偏见，导致算法的公平问题。（2）计算目标的数据主体可能具有偏见。一方面，即便算法在设计上不存在不公和偏见，但训练模型的大数据数量和种类同样也会影响算法的公正性。一般而言，数据越多、越全面，模型的准确率就越高。例如，在运用大数据分析青少年新型违法犯罪行政、司法文书时，司法数据越丰富，就越能准确预测接下来一段时间内可能多发的新型违法犯罪类型。相反，司法数据较少

---

① 靳雨露：《论〈民法典〉隐私权：源起、冲突与重塑》，载《青海民族大学学报（社会科学版）》2022年第1期。

② 奈飞曾使用过的"协同过滤"算法能预测用户对其尚未看到的电影的评价，根据预测结果向用户推荐影片。为了获得最佳的算法推荐系统，奈飞公开发布了许多数据。在公布这些数据时，奈飞删除了所有数据中的用户身份信息，代之以无意义的数字标号。然而，在数据公布的2周后，得克萨斯大学（奥斯汀分校）的一位博士生和他的导师就结合网络信息和公布的数据，还原了数据集中删除的标识化信息，并附上了匿名数据主的真实姓名。

③ 陈昌凤、吕宇翔：《算法伦理研究：视角、框架和原则》，载《内蒙古社会科学》2022年第3期。

④ 张旺：《伦理结构化：算法风险治理的逻辑与路径》，载《湖湘论坛》2021年第2期。

时，预测结果就无法保证精准。另一方面，收集和分析数据主体的偏见导致算法不公。数据库的原始数据源于人工标记，即有害内容是人工选择的结果，其选择过程包含着人类社会的意识形态。在数据收集过程中，青少年新型违法犯罪预防应用场景建设的数据收集主体具有偏好，可能导致收集到的数据具有倾向性。数据分析过程中，出于技术原因或数据研究中的需要，数据分析工作人员可能对数据进行修正以求得到预期的结果[1]，这必然影响数据分析的公平性。

（二）算法伦理规制

算法治理的伦理问题实质上是技术异化和人的主体地位相冲突的问题。人类科学技术飞速发展，而哲学社会科学思想的发展逐渐放缓，技术异化的问题越来越突出，人的主体地位随之受到冲击。青少年新型违法犯罪预防数字治理必须"协调好理论、技术和人三者的关系"[2]，在确立算法伦理原则的基础上，根据算法伦理原则采取适当的规制路径，破解算法伦理困境。

1. 算法伦理原则

对于算法伦理原则，国内外不同组织机构都根据自身理解提出了相应的伦理原则。例如，联合国教科文组织推出的《人工智能伦理问题建议书》提出了相称性和不损害原则等九大原则。[3] 我国有学者提出了可控原则、安全原则、透明原则和公平原则[4]；也有学者认为应当建立以"人本原则"为"基点"和"统领"，以公正原则和责任原则为主的整体性伦理原则体系[5]。在确定算法伦理原则时，必须考虑青少年新型违法犯罪预防数字治理工作

---

[1] 周荣超：《智慧城市建设中的算法歧视及其消除》，载《领导科学》2021年第6期。

[2] 苗逢春：《教育人工智能伦理的解析与治理——〈人工智能伦理问题建议书〉的教育解读》，载《中国电化教育》2022年第6期。

[3] 9大原则分别是相称性和不损害原则、安全和安保原则、公平和非歧视原则、可持续性原则、隐私权和数据保护原则、人类的监督和决定原则、透明度和可解释性原则、责任和问责原则、认识和素养原则。

[4] 孟天广、李珍珍：《治理算法：算法风险的伦理原则及其治理逻辑》，载《学术论坛》2022年第1期。

[5] 孙伟平、李扬：《论人工智能发展的伦理原则》，载《哲学分析》2022年第1期。

的特殊性,确保所确定的原则对青少年新型违法犯罪预防数字治理的算法伦理规制具有指导作用。

(1)可解释性和透明度原则。"解释"是指人类与(机器)决策者之间的一个交互面(interface),同时满足既是决策者的精确代理(accurate proxy),又能为人类所理解(comprehensible),可解释性即具备此种解释能力。①算法透明度是"由算法的设计使用者披露有关算法如何部署、如何工作以及如何使用算法等相关信息,以期由监管部门或第三方进行监管的制度"②。青少年新型违法犯罪数字治理必须保证算法模型的设计符合可解释性原则,保证社会公众对算法的充分知情。

(2)公平原则。我国算法公平更强调"个体公平",即要求算法能够真实、准确地表征个体,不因个人内在或后天的特征而对个人产生任何偏见或偏袒。③预防青少年新型违法犯罪数字治理的算法开发、部署和使用应尽一切合理努力,平等对待相似的个体,尽量减少和避免强化或固化带有歧视性或偏见的应用程序和结果。

(3)安全原则。安全原则包含不损害原则、隐私权和数据保护原则,它要求算法系统是安全可靠的,不损害人类、人权和基本自由不损害整个社会或者特定社区的环境和生态系统。个人隐私保护和数据安全是公民安全需求的组成,对个人隐私的过度收集与滥用侵犯了公民的数据权利,还可能对社会秩序和公共安全造成潜在威胁,故而安全原则对个人隐私保护和数据安全提出了要求。在算法设计过程中,预防青少年新型违法犯罪数

---

① Riccardo Guidotti, Anna Monreale, et al, "A Survey of Methods for Explaining Black Box Models", in ACM Computer Surveys(2018), p.5; A. Barredo Arrieta, N. Díaz- Rodríguez and J. Del Ser et al, "Explainable Artificial Intelligence(XAI): Concepts, taxonomies, opportunities and challenges, toward responsible AI", in Information Fusion 58(2020), p. 85. 转引自苏宇:《优化算法可解释性及透明度义务之诠释与展开》,载《法律科学(西北政法大学学报)》2022年第1期。

② 凌寒:《算法评估制度如何在平台问责中发挥作用》,载《上海政法学院学报(法治论丛)》2021年第3期。

③ 许可:《算法规制体系的中国建构与理论反思》,载《法律科学(西北政法大学学报)》2022年第1期。

字治理必须建立数据保护框架和治理机制，对算法系统开展充分的隐私影响评估，规制超范围收集个人信息等侵害隐私的行为。

（4）责任原则。责任原则要求算法的设计者、使用者不仅要"关心技术的进步以及技术的应用可能给人类带来的福祉，也要关注技术本身的伦理后果、技术应用的负面社会效应"[①]。青少年新型违法犯罪预防数字治理应建立适当的监督、影响评估、审计和尽职调查机制，确保在算法系统的整个生命周期内对算法系统及其影响实施问责。

（5）尊重人类自治的原则。出于效率性的考虑，人类可能会选择依赖算法决策，但算法系统永远无法取代人类的最终责任，必须坚持人的主体地位，尊重人类自决权。预防青少年新型违法犯罪数字治理需要确保维护人类的自决权，确保人类保持对算法技术操作的控制。例如在预测预警模型对青少年分类赋码后，需要保障青少年申辩的权利。

2. 算法的规制路径

"算法治理的有效实现依赖于'技术—社群'双重路径的同步演进"[②]，前者强调通过算法设计优化实现算法伦理原则，后者强调立法与监管，重视科技行业自律和大众的算法素养。需要通过技术和社群的双重路径，解决预防青少年新型违法犯罪数字治理的算法伦理问题。

（1）"技术"方面优化算法设计，嵌入价值敏感性设计。一方面，针对算法伦理问题采取对应的技术优化方法。青少年新型违法犯罪预防数字治理面临的隐私问题、公平问题和可解释性问题都可以借助算法设计优化得到改善。例如，对于隐私权保护问题，可以采用"差分隐私"（differential privacy）的算法，避免匿名（去标识化的）用户信息的暴露。[③]对于公平问题，通过数据标签和算法设计中的系统"去偏"（bias agnostic）设计，能最

[①] 孙伟平、李扬：《论人工智能发展的伦理原则》，载《哲学分析》2022年第1期。

[②] 孟天广、李珍珍：《治理算法：算法风险的伦理原则及其治理逻辑》，载《学术论坛》2022年第1期。

[③] Michael Kearns, Aaron Roth, The Ethical Algorithm: The Science of Socially Aware Algorithm Design, Oxford University Press, 2019, p.36-56. 转引自陈昌凤、吕宇翔：《算法伦理研究：视角、框架和原则》，载《内蒙古社会科学》2022年第3期。

大限度地去除算法系统中基于主动意愿的歧视或偏见，并评估和减少无意歧视。① 对于不可解释性问题，可以采用胶囊网格等可解释性较强的深度学习算法模型，从技术上优化算法的可解释性。② 此外，还需要通过深度学习训练优化算法模型，增强优化的准确性。在青少年被确认为倾向性青少年后，以尊重人类自治原则为指导，通过人工识别监督将识别出的非倾向性青少年数据推送至预警闭环管控平台，并将其作为负向样本数据集推送到深度训练学习平台，推进算法模型的优化改进。

另一方面，算法设计采用"价值敏感性设计"思想。"价值敏感性设计"（value-sensitive design）思想"强调在设计的过程中采用有原则的方式阐明人的价值观，通过价值的内嵌，使技术产生具有道德的结果"③。这一算法设计思路考虑到社会多元性和不同的价值观，使得算法本身具备伦理属性、体现出伦理功能，能让算法逐步接近人们追求的"道德机器"④，体现社会公平公正义。采用"价值敏感性设计"能避免青少年新型违法犯罪数字治理应用场景中的数据和算法设计具有偏见，防范对部分青少年群体的算法歧视。

（2）"社群"方面强调立法与监管，同时促进科技行业自律以及培养大众的算法素养。首先，通过法律规范、行业标准，能使算法使用者更全面地认识到算法对人所产生的风险与危害，自觉约束和限制自身行为，以更加合理的方式使用算法，避免对算法的不当使用。我国陆续出台了个人信息保护法、《个人信息安全规范》《人工智能伦理安全风险防范指引》等法律法规和标准，针对利用算法实施垄断行为、自动化决策、用户画像、深

---

① 苗逢春：《教育人工智能伦理的解析与治理——〈人工智能伦理问题建议书〉的教育解读》，载《中国电化教育》2022年第6期。

② 成科扬等：《深度学习可解释性研究进展》，载《计算机研究与发展》2020年第6期。转引自苏宇：《优化算法可解释性及透明度义务之诠释与展开》，载《法律科学（西北政法大学学报）》2022年第1期。

③ 郭林生、李小燕：《"算法伦理"的价值基础及其建构进路》，载《自然辩证法通讯》2020年第4期。

④ 陈昌凤、吕宇翔：《算法伦理研究：视角、框架和原则》，载《内蒙古社会科学》2022年第3期。

度学习算法、远程人脸识别等特殊场景作出规定。当前算法技术规制的机制和法律尚不健全,算法伦理问题仍有可乘之机,使算法设计者和使用者具有逃避责任的机会。因此,必须继续完善算法相关法律标准,推动算法伦理规范法律化、制度化,利用法律制度规制算法歧视、算法黑箱等问题,破除算法伦理困境。

其次,要通过第三方评估、风险伦理问责、多元主体参与和被决策人申辩等机制加强算法伦理监管。其一,设立算法伦理审查制度和风险伦理问责机制。算法的设计和使用本身就承载着一定的道德价值,因此算法的设计者和运营者应当成为算法规则的主体。必须设立第三方算法伦理评估机构,建构算法风险伦理评估模型和审查体系,制定算法伦理的评估指标,加强第三方评估机制对预防青少年新型违法犯罪数字治理算法伦理问题的约束。经第三方评估认定预防青少年新型违法犯罪数字治理所用算法具有对个人隐私、歧视性后果方面的风险时,在算法的设计者、使用者等主体间分摊责任和制裁。其二,对于算法不可解释性问题要坚持算法透明和算法可解释原则。必须在算法的开源透明与隐私保密之间寻找平衡点,通过算法披露和解释形成强大的威慑力,鼓励多元主体参与预防青少年新型违法犯罪数字治理的算法伦理问题监督,弥补监管机关监管力量的不足。其三,提升平台使用人员素养,保障青少年申辩权利。算法黑箱、算法歧视很有可能导致决策错误,青少年新型违法犯罪预防数字治理的"预测预防模型"中,赋码决策可能存在错误。基于尊重人类自治的原则,必须保障青少年的申辩权利,在赋码决策确有错误时,允许被赋码青少年经申辩修改赋码结果。必须提升应用场景使用人员的算法素养,使其具备一种"健康的知情怀疑论"[①],防止使用人员过于信任算法决策,避免算法决策损害青少年合法权益。

最后,加强行业自律,培养从业人员算法素养。尽管对于算法伦理问题,已经发布了《人工智能北京共识》《面向儿童的人工智能北京共识》

[①] 汪怀君、汝绪华:《人工智能算法歧视及其治理》,载《科学技术哲学研究》2020年第2期。

《新一代人工智能行业自律公约》等伦理行业规范，但从整体来看，算法领域统一的、公认的行业规则较少，行业自律尚处于缺位状态。因此，必须完善行业伦理守则，促进算法行业健康发展。此外，算法设计师的伦理规范的建立和社会责任感的塑造非常重要[①]，从积极角度来看，预防青少年新型违法犯罪数字治理的算法设计师应遵守客观公正、透明性、保护隐私等伦理准则，采用有效手段将算法伦理准则嵌入算法设计之中，从技术角度入手预防算法歧视。从消极角度来看，算法由于伦理因素出现问题时，其设计师必须主动承担责任，而不能以算法本身或者是外界因素为由来逃避责任。

---

① 汪怀君、汝绪华：《人工智能算法歧视及其治理》，载《科学技术哲学研究》2020年第2期。

第八章

预防青少年新型违法犯罪数字治理的制度建设

数字治理及其现代化提出的背景为国家治理体系和治理能力现代化的推进[1]，根据习近平总书记提出的国家治理体系的指导思想，制度体系建设居于十分重要的地位，对于解决基础性、根本性的问题意义重大。建立"系统性、整体性、协同性"[2]的制度体系就是预防青少年新型违法犯罪进行数字化治理的重要基础。

第一节 预防青少年新型违法犯罪数字治理的制度体系

按照"标本兼治、综合治理、惩防并举、注重预防"[3]的方针，通过强化管理、深化教育、严格监督、依法惩治、立体预防等多种形式，坚持党委统一领导、党政齐抓共管、检察机关组织协调、部门各负其责、社会共同参与[4]，结合数字治理及数字治理现代化要求保护青少年数据安全，夯实

---

[1] 鲍静、贾开：《数字治理体系和治理能力现代化研究：原则、框架与要素》，载《政治学研究》2019年第3期。
[2] 《中共中央关于全面深化改革若干重大问题的决定》中提出"必须更加注重改革的系统性、整体性、协同性"。
[3] 罗猛：《论反腐败的刑事政策体系》，载《中国刑事法杂志》2013年第6期。
[4] 杨剑川：《职务犯罪社会化预防的实践与探索》，载《中国检察官》2008年第1期。

预防青少年新型违法犯罪工作基础，共同做好预防青少年犯罪工作，推动预防青少年新型违法犯罪工作向法治化、数字化演进。

一、制度建设的重要性

预防青少年新型违法犯罪数字治理工作应当构建相互支撑、相互衔接、相互融合的全方位制度系统[①]，而不是各行其是、各自为政；应当构建由不同层面、不同领域之间的系列制度相互贯通、相互关联而成的逻辑整体，而不是简单并列、芜杂混合的制度堆积。预防青少年新型违法犯罪数字治理制度体系是由顶层设计向基础网格扩展延伸，从宏观抽象到微观具体的相互关联、有机衔接的制度链条，是保障预防青少年新型违法犯罪数字治理工作有效运作的制度体系。

构建预防青少年新型违法犯罪数字治理制度体系是一个长期的系统工程，其宗旨是为预防青少年新型违法犯罪数字治理提供制度保障，不断提高预防青少年新型违法犯罪数字化治理水平，不断提升预防青少年新型违法犯罪模式创新的能力，不断增强预防青少年新型违法犯罪组织队伍建设。具体而言，构建预防青少年新型违法犯罪数字治理制度建设的重要性主要有以下几点：

第一，制度建设是创新预防机制，推进预防体系数字化进程的客观要求。青少年新型违法犯罪数字治理的主要任务就是对预防工作机制的创新和完善，真实有效的数据是其数字治理工作开展的前提，建立完善的制度使主导部门整体把控数字治理的质量，从而为其进一步创新和改进提供合理建议。由于青少年新型违法犯罪数字治理仍属于不断变化、改进的新事物，原有的制度体系若不能满足当前预防体系的需求，该预防体系的搭建也就难以达到相应的数字化改革目标，所以需要根据数字治理能力和治理现代化的变化不断地、及时地作出制度上的调整和改进。

---

① 胡华忠：《我国高校院系内部治理制度体系构建：精神理念、内涵要义与实践要求》，载《现代教育管理》2022 年第 3 期。

第二，制度建设是整合组织队伍，强化预防体系运行活力的需要。不同主体在既定的制度框架中行动，能够减少行为的不确定性，稳定主体行为选择的长远预期，并且支持着不同主体之间的信用预沟通，从而减少主体间协调成本，提高整个预防体系的效率。

第三，制度建设是落实主体职责，解决预防体系运行问题的根本所在。制度往往会为主体行为提供一种激励机制，以程序、职责、义务等形式，通过软硬结合的方式对主体的行为产生引导，激励各主体作出符合制度预期和制度要求的行为，从而保障预防体系按制度运行，保障预防体系有效运转。

二、工作制度体系

（一）组织领导制度

《预防未成年人犯罪法》第4条明确了我国治理未成年人犯罪的基本工作机制为"综合治理"[①]。政府是具有决定权和管辖权的一定行政区域内城市规划、建设、管理、教育的组织实施的核心，因此落实各级政府责任，明确各部门职责，完善相关执法机制，是预防未成年人犯罪的关键。

因此，预防青少年新型违法犯罪工作应当在各级人民政府组织下实行综合治理，设立预防青少年新型违法犯罪工作领导小组，牢牢把握预防青少年新型违法犯罪工作的总体方向，统筹指导区域内各个违法犯罪预防数字治理业务部门，不断提升预防青少年新型违法犯罪工作数字化水平。

1. 建立工作领导小组

建立各级预防青少年新型违法犯罪工作领导小组，作为预防青少年新型违法犯罪配套工作的综合协调机构。深入学习贯彻习近平总书记关于未

---

① 《预防未成年人犯罪法》第4条规定，预防未成年人犯罪，在各级人民政府组织下，实行综合治理。国家机关、人民团体、社会组织、企业事业单位、居民委员会、村民委员会、学校、家庭等各负其责、相互配合，共同做好预防未成年人犯罪工作，及时消除滋生未成年人违法犯罪行为的各种消极因素，为未成年人身心健康发展创造良好的社会环境。

成年人保护工作的重要指示批示精神，全面贯彻落实党中央有关决策部署；统筹协调预防青少年新型违法犯罪工作，研究审议相关重大事项；协调推进有关单位制定和实施预防青少年新型违法犯罪工作规划、政策、措施、标准；督促检查未成年人保护法、预防未成年人犯罪法等相关法律法规和制度落实情况、各地区和各有关单位任务完成情况，督办侵害未成年人合法权益重大案件处置工作；促进预防青少年新型违法犯罪司法配套工作体系建设，形成工作合力。定期主持召开相关工作联席会议，及时研究协调解决存在的问题和困难，总结推广成熟有效的工作经验。

2.建立各级单位工作考核体系

预防青少年违法犯罪工作领导小组应当建立健全预防青少年新型违法犯罪数字治理配套工作的监督机制，开展规范有序的监督工作。指导各地区、各有关单位按照法定职责做好预防青少年新型违法犯罪工作，负责每年对公安机关、人民检察院、人民法院、司法行政机关执行及未成年人司法制度建设的情况进行考评，考评结果纳入平安建设、社会治安综合治理目标考核体系。对于在预防青少年新型违法犯罪工作过程中的先进集体和个人予以表彰；对履职不力、造成不良影响的单位或地区强化督办问责。总结、推广预防青少年新型违法犯罪工作经验，组织开展统计调查、宣传教育和表彰奖励工作。

（二）协同配合制度

建立健全预防青少年新型违法犯罪数字治理跨部门协同配合工作制度，这可以从组织协同、运行协同以及监督协同三个方面构建。

1.组织协同制度

明确检察机关的组织责任，强化中枢系统的建设，搭建跨层级、跨部门协同制度。检察机关督促各部门积极参与预防青少年新型违法犯罪数字治理及信息共享，将多元主体高效衔接，从而全域统筹青少年新型违法犯罪的信息资源、各部门职能以及社会资源等，以数字赋能预防青少年新型违法犯罪数字治理体系建设，努力做到各主体间职责清晰、条块关联、执行畅达（见图1）。①

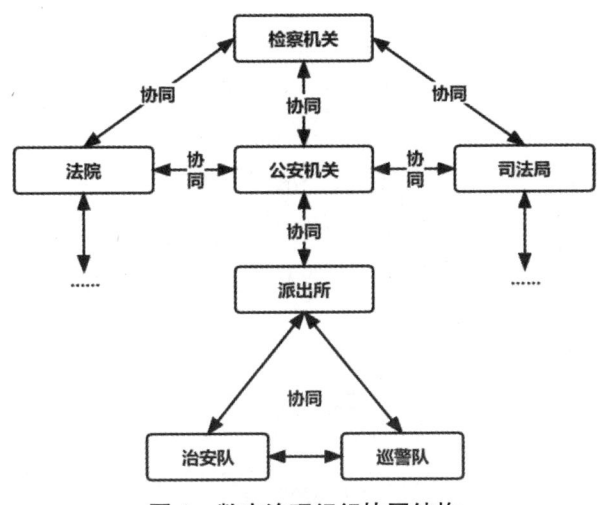

图1 数字治理组织协同结构

2. 运行协同制度

建立跨部门协同管理的数据共享平台以及跨部门数据共享的横向权威机构，通过统一机构和统一平台协同各部门以保证数据共享的安全与规范。权威机构将各协同部门纳入数据共享平台中，实现不同层级、不同地区、不同部门间的信息共享、数据共用。以司法机关为例，在检察机关与法院、公安机关之间需要设立横向协调机构，并赋予其独立权限，以便在必要时即可通过遵循相关的规定和流程，保障跨部门数据共享的实时性和有效性。②各级政府部门数据的独立性强、复杂性大，各部门数据平台工作人员"必然是从本部门出发考虑问题"，导致部门之间各自为营，因而必须有独立于各管理部门之外的协同机构，保障整个犯罪预防数字治理体系安全平稳运行。

---

① 黄建：《引领与承载：全周期管理视域下的城市治理现代化》，载《学术界》2020年第9期。

② 彭忠益、陆怡、高峰：《国家矿产资源安全管理部门的数据协同：困境与对策》，载《湖南社会科学》2021年第4期。

3. 监督协同制度

建设协同监督委员会[①]和线上监督平台，围绕犯罪预防数字治理目标，制定协同监督联席会议制度，综合涉犯罪预防数字治理工作的所有部门，对数字治理平台重大数据安全风险、重要政策贯彻落实、重点预防工作执行等事项，拟定监督重点专项，组织联合开展、同步协同监督。监督委员会通过对日常预防工作的监督和数字治理平台安全监测，及时发现已有问题和风险隐患，在源头上有效防范权力不受制约情况的发生，同时，积极配合检察机关等部门的工作，通过线上监督平台向各部门反馈问题，线下协助及时解决（见图2）。

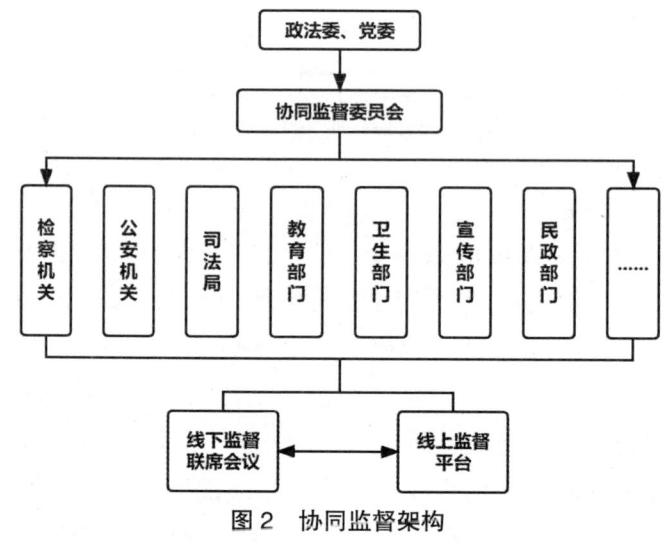

图2 协同监督架构

（三）社会参与制度

预防青少年犯罪是一项需要动员全社会力量共同参与的重大社会工程。参与预防青少年新型违法犯罪数字治理的社会力量是指参与和推动预防青少年新型违法犯罪数字治理发展的基本单元，涵盖人民团体、社会组织、

[①] 沈费伟、卢福营：《乡村振兴背景下村务监督有效性研究——基于浙江省武义县村务监督委员会的调查分析》，载《治理研究》2020年第5期。

企业、学校、家庭等各个主体。社会力量在预防青少年新型违法犯罪数字治理中容易处于被动的地位，积极性不高，主动性不强，通过制度建设来保障和激励社会参与治理尤为重要。因此，检察机关作为预防工作的组织部门，应当引导社会力量有效参与到预防青少年新型违法犯罪数字治理中来，形成多元共治的数字治理新局面。

1. 顶层制度设计

以预防未成年人犯罪法、未成年人保护法、社区矫正法等基本法律中明确的青少年犯罪预防社会力量参与制度为基础，制定青少年犯罪预防社会力量参与的地方性法律法规体系和具体实施办法，对现有相关的全国性法律规章等进行梳理，通过地方性法律规章等形式，把国家的青少年犯罪预防社会力量参与法律与本地实际进行结合加以细化、具体化，制定一系列操作性的程序规则，包括社会主体进入和退出程序、遴选和考核程序、奖惩和监督制度等。[①]例如，《江苏省预防未成年人犯罪条例》《浙江省未成年人保护条例》、检察机关和团委的合作框架协议、未成年检察工作购买社会工作服务的规定等。

2. 激励制度

各地可建立相关规定，通过投资补助、运行补贴、基金注资等方式[②]支持社会力量参与，对预防青少年新型违法犯罪数字治理给予引导资金和项目支持。对社会力量参与成效显著、具有示范推广价值的预防场景应用，可通过基金等方式给予必要的奖励。同时，各级预防青少年新型违法犯罪工作领导小组应当设立专项资金。根据各地方经济情况的不同，设置不同的聘用费用标准，并在每一年为各级职能部门进行专项拨款，用于开展司法社会力量参与工作，并在每年年底将该专款使用情况向各级领导小组汇报。例如，上海市人民检察院与市社区青少年事务办公室会签《涉罪未成

---

① 宋志军:《论未成年人刑事司法的社会支持体系》，载《法律科学（西北政法大学学报）》2016年第5期。

② 《浙江省国民经济和社会发展第十四个五年规划和二〇三五年远景目标纲要》，载浙江省人民政府网 2021 年 2 月 5 日，https://www.zj.gov.cn/art/2021/2/5/art_1229463129_59083059.html。

年人帮教与维权工作合作备忘录》，将观护帮教、附条件不起诉监督考察、社会调查、合适成年人到场等均纳入青少年事务社工的职能范围，并由检察机关划拨专门经费提供资金支持。①

3. 一案一人负责制度

建设青少年维权队伍，建立一案一人负责制。② 以青少年需求为导向，以活动形式进社区、进校园，为青少年权益维护工作提供专业力量，进一步深入实施维护青少年权利重点项目和活动。各级领导小组根据国家青少年维权岗职责要求，联系具有未成年人保护救助经验的专业司法社工机构，为罪错未成年人提供"合适成年人到场"的维权服务，培训提高青少年事务工作者的专业知识和能力，包含社会调查以及根据案件实际情况开展后期的维权保护服务等。例如，陕西指南针司法社工服务中心与西安市各区公检法机关签订委托服务协议，由中心为公检法机关办理未成年人刑事案件提供免费的社会服务。③

（四）数据安全制度

借助数字治理平台实施预防工作尤其要注意对青少年个人信息的保护，防止其泄露或被不当利用，造成对青少年隐私的侵犯。为此，应确保数字治理平台运行过程中数据全生命周期的安全，建立数据分级分类制度、应急处置机制以及数据安全审查制度，保障青少年个人数据的安全可控。

---

① 席小华、史卫忠：《建构未成年人司法社会支持体系的理论框架与实践路径》，载《预防青少年犯罪研究》2020 年第 5 期。

② 西安市未成年犯调查与研究课题组、王卫：《严重不良行为未成年人司法保护与社会支持体系构建——对西安市有严重不良行为未成年人的调查研究》，载《预防青少年犯罪研究》2016 年第 1 期。

③ 宋志军：《论未成年人刑事司法的社会支持体系》，载《法律科学（西北政法大学学报）》2016 年第 5 期。

1. 数据安全管理制度

建立数据内部管理制度、数据分类分级管理制度、数据安全负责人或特设机构制度、审批和访问权限制度。检察机关可与各部门及企业联合拟定《数据安全管理制度》明确各个应用场景系统所涉及的数据安全管理范围及内部、外部责任人，以及相应的组织保障机制等。数据分级制度用于对青少年数据分级进行明确要求，为实现数据不越级、不越权、不违规、不泄密提供基础。[1] 审批和访问权限制度用于根据职责来设置访问权限，记录青少年数据的访问与获取权限，检察机关或相应场景的领导小组要负责对重要数据活动进行审批。

2. 数据安全人员制度

建立相应的由上而下、覆盖全员的数据安全人员制度，并明确架构层级、职责划分、人员分工，确保数据安全责任清晰。[2] 主要涉及相应的专业人员的分配，如专业管理人员、专业技术人员等，并签订相应的协议约束、设置对应的奖惩制度等。同时，检察机关应组织协调信息安全规则的全员参与，从安全策略、安全制度、安全落实方面进行管控，各组织机构设置信息安全员负责具体的大数据安全工作，实现大数据信息安全的全方位管控。

3. 数据安全运营制度

预防青少年新型违法犯罪数字治理平台在利用全量青少年相关数据时应当进行数据全流程的合规建设，具体是指针对数据处理的各个阶段——采集、存储、使用、加工、传输、提供、处理和销毁，确保合法合规，防止数据控制权限越界。检察机关应组织领导确定全生命周期范围内的各项数据应用技术，在对外与企业合作时，就涉及青少年数据的协议拟定相应的数据安全和数据处理合法合规条款，对合作方提出数据合规措施要求，保障青少年的数据不被非法访问、窃取、泄露、篡改，保障数据的可用性。

---

[1] 陈月华、陈发强等：《政务信息共享数据安全管理模型及对策研究》，载《2020年"网络安全技术与应用创新"研讨会论文集》2020年版，第24—27页。

[2] 郭亮、张吉智等：《数据安全复合治理模式研究》，载《信息安全研究》2021第12期。

4. 数据安全合规制度

检察机关可建立数据安全风险事前监测机制、数据安全事件应急处置措施、定期合规评审、风险事后评估机制。在各机关内部、其他部门之间设立监督组，监督特定企业定期作出个人信息保护报告，并设立群众举报机制，严格对技术公司数据安全合规性的评估认证，及时备案、报告、反馈数字治理平台的数据安全相关问题，保障数据合规的长效化。

第二节 未成年人保护制度

未成年人保护制度是围绕着未成年人保护工作建立起来的一套制度体系，未成年人保护法、预防未成年人犯罪法为未成年人保护制度提供了充足的法律支撑。未成年人保护制度体系包括未成年人协同保护制度、侵害未成年人的强制报告制度、性侵害违法犯罪人员信息查询制度、涉罪未成年人的犯罪记录封存制度和涉罪未成年人的保护处分制度等具体制度。在数字化改革的背景下，数字治理为未成年人保护制度体系下的各项制度落实提供了有力支撑，但是在具体工作应用上也存在需要厘清的问题。本部分的内容介绍了未成年人保护制度体系的法律依据、具体内容和检察数字化改革背景下应当注意的问题，为理解数字治理中的未成年人保护制度提供借鉴。

一、未成年人保护制度概述

（一）未成年人保护制度的基本内涵

未成年人是家庭和社会的希望，也是国家致力保护的对象。由于社会的发展变迁，未成年人保护工作面临的形势更加严峻。侵害未成年人犯罪案件数量持续上升，未成年人健康成长的社会环境亟待优化。2021年，新修订的未成年人保护法和预防未成年人犯罪法正式施行,最有利于未成年人原则得到了全面贯彻,家庭、学校、社会、网络、政府、司法共同助力未成年人保护。

未成年人保护立法由具有相对独立性的"三根支柱"构成,包括以未成年人保护法为代表的支持积极生育及未成年人合法权益保障法律,以预防未成年人犯罪法为代表的分级矫治未成年人罪错行为法律,以刑法为代表的科学惩罚涉罪未成年人法律,体现了对于未成年人的三种定位和基本功能。[①] 我国刑法和未成年人保护法等相关法律都明确要求保护未成年人的合法权益。经过全社会多年的共同努力,基本形成了以司法保护为基础,社会保护、学校保护和家庭保护为主体的未成年人保护制度体系,侵害未成年人的强制报告制度、性侵害违法犯罪人员信息查询制度、涉罪未成年人的犯罪记录封存制度和涉罪未成年人的保护处分制度在立法的推动与司法的探索下也陆续落实。

强化对未成年人刑事检察政策的研究,既有助于进一步推进未成年人刑事检察工作,也有助于构建有别于成年人的未成年人司法制度。[②] 全国检察机关坚持以习近平法治思想为指引,进一步强化未成年人司法保护,完善专业化与社会化相结合的保护体系。检察机关积极推进未成年人保护制度的落实,针对侵害未成年人犯罪发现难、发现晚等问题,推动侵害未成年人案件强制报告、性侵害违法犯罪入职查询制度落地见效。依据相关法律规定与司法实践,未成年人保护制度体系应当包括以下内容:未成年人保护法规定的未成年人协同保护制度、侵害未成年人的强制报告制度、性侵害违法犯罪人员信息查询制度、涉罪未成年人的犯罪记录封存制度和涉罪未成年人的保护处分制度。

---

① 叶小琴:《未成年人保护立法的理念与制度体系》,载《中外法学》2022年第3期。
② 苗生明、程晓璐:《中国未成年人刑事检察政策》,载《国家检察官学院学报》2014年第6期。

（二）数字治理中的未成年人保护

检察机关应当借势借力数字发展，有效促进检察机关法律监督体系和监督能力的现代化。①检察机关强化未成年人司法保护，以数字化改革推动未成年人保护工作的进行。面对增强数字化改革系统性、整体性、协同性的要求，检察机关以数字化引领、撬动、赋能未成年人保护工作，可以帮助解决未成年人保护面临的专业问题、资源问题与机制问题，也有助于实现对未成年人的精准保护，有助于提高未成年人保护与犯罪预防工作的效率。在数字治理措施的具体实施上，通过大数据平台对数据源进行数据治理，形成数据资源，以自动筛选和手动分配两种形式，通过关键词分析等，将有关涉未成年人违法、犯罪线索流转至对应部门，由此在多部门联动下，实现此类线索的发现和处置流程全监控，形成并理顺系统信息收集和线索上报、证据流转、监督办理、取证指引各方面，全面提升侵害未成年人案件的线索收集能力。

在现代科技与检察工作双向互融的大背景下，检察机关依托"大数据+人工智能"，为检察官提供了多种智能化服务，整体展现出场景多样、层次丰富和技术多元的应用图景。②我国检察机关已经具备了建立未成年人保护与犯罪预防的数字化治理体系的现实条件。预防青少年违法犯罪数字平台的建设促进我国人工智能技术与未成年人司法实务的深度融合，应由党委领导，政法委主导，各有关单位通过网络联结成一个系统平台，相关业务流程按照专业化标准进行建设。结合检察院未检部门的实践探索和大数据数字治理技术的研究进展，将未成年人保护制度界定为我国负有未成年人保护与犯罪预防职责的各有关部门联成一个有机整体，以检察院的普遍性预防、干预性预防和延续性预防的数字应用场景，有针对地开展未成年人保护与犯罪预防工作，健全未成年人保护制度。

在未成年人保护的数字化改革进程中，浙江省走在全国检察系统的前

---

① 贾宇：《检察机关参与网络空间治理现代化的实践面向》，载《国家检察官学院学报》2021年第3期。

② 项金桥：《数字检察的实践背景与深化路径》，载《中国检察官》2022年第9期。

列。诸暨市人民检察院在"线索举报"场景建设中研发了"检助"青少年帮扶监督应用，构建集线索收集、分流处理、检察监督、强制报告等功能于一体的青少年线索报告平台。"检助"应用打通部门工作壁垒，将预防关口再前移，充分发挥基层和群众的监督力量，建立"热线+网络+线下站点"全覆盖的线索收集渠道。该应用全面统一收集涉青少年新型违法犯罪的线索报告信息，流转至对应部门处理，向社会公众提供法律咨询、家庭教育指导、困境青少年救助、权益维护以及教职工入职查询等服务，构建起横向到边、纵向到底的青少年保护工作体系，对青少年新型违法犯罪及侵害青少年权益案件及早发现、及时治理。①

二、未成年人保护制度的主要内容

此处论述的未成年人保护制度应当是预防青少年新型违法犯罪数字治理中的内容，是与普遍性预防、干预性预防和延续性预防紧密结合的。预防青少年新型违法犯罪数字治理下的未成年人保护制度应当从两个层次进行理解，首先是保护未成年人免受犯罪行为的侵害，其次是保护涉罪未成年人免受犯罪"标签"的影响。未成年人保护制度体系应当包括未成年人协同保护制度、侵害未成年人强制报告制度、性侵害违法犯罪人员信息查询制度、涉罪未成年人犯罪记录封存制度和涉罪未成年人的保护处分制度。

（一）未成年人协同保护制度

新修订的未成年人保护法构建了"家庭、学校、社会、网络、政府、司法"六大保护体系。②家庭、学校、国家等主体协同配合搭建起保护未成年人最坚固的防线。依托六大保护体系建立的未成年人协同保护制度是未成年人保护制度体系中最重要的部分，未成年人协同保护制度是指统筹协调六大保护、各责任主体形成"协同保护"机制，实现各种保护之间的协

---

① 诸暨市人民检察院《预防青少年新型违法犯罪综合集成应用系统业务指南》。
② 《未成年人检察工作白皮书（2021）》，最高人民检察院2021年6月发布。

同效应的制度。

未成年人协同保护制度有充分的法律支撑,未成年人保护法明确规定了各主体的责任。《未成年人保护法》第 15 条规定,未成年人的父母或者其他监护人应当学习家庭教育知识,接受家庭教育指导,创造良好、和睦、文明的家庭环境。共同生活的其他成年家庭成员应当协助未成年人的父母或者其他监护人抚养、教育和保护未成年人。这指明了在未成年人保护中,家庭所应当承担的责任,包括监护人认真履行监护职责的义务和未认真履行监护职责所应当承担的责任。《未成年人保护法》第 25 条规定了学校的责任,学校应当全面贯彻国家教育方针,坚持立德树人,实施素质教育,提高教育质量,注重培养未成年学生认知能力、合作能力、创新能力和实践能力,促进未成年学生全面发展。学校应当建立未成年学生保护工作制度,健全学生行为规范,培养未成年学生遵纪守法的良好行为习惯。《未成年人保护法》第 42 条规定了社会保护的内容,全社会应当树立关心、爱护未成年人的良好风尚。国家鼓励、支持和引导人民团体、企业事业单位、社会组织以及其他组织和个人,开展有利于未成年人健康成长的社会活动和服务。

基于家庭在青少年成长中的重要地位,有关家庭保护的规定不仅独立成章,而且位列未成年人保护法各专章之首。[①] 家庭是未成年人成长生活的依靠,家庭保护是预防未成年人免受侵害的第一道防线。家庭成员要提高未成年人保护意识和能力,护航未成年人健康成长。重视家庭教育,树立依法、科学进行家庭教育的未成年人保护观念。未成年人的一般行为教育主要职责在于家庭与学校。[②] 学校应积极完善保护工作机制,加强检、校协作配合,推动校园安全管理责任落实。参与校园安全建设,学校积极开展安全管理和依法治理。

促进提升社会保护成效,一是积极落实侵害未成年人案件强制报告制

[①] 刘向宁:《我国青少年家庭保护制度的逻辑演进——以近 30 年来的主要立法和政策为中心》,载《中国青年研究》2022 年第 6 期。

[②] 白星星、袁林:《未成年人行为矫治共建共治共享新格局构建》,载《北京社会科学》2022 年第 2 期。

度。检察机关运用多种形式,加大宣传力度,提高强制报告制度社会知晓度,形成社会认同,督促相关部门及人员依法落实强制报告义务。二是认真落实入职查询制度。联合相关部门积极推动建立覆盖性侵、虐待、拐卖、暴力伤害等违法犯罪记录的信息库,将查询范围扩大到所有密切接触未成年人行业的从业人员。

检察机关要积极推动未成年人网络环境的净化工作,依法严厉惩治侵害未成年人权益的网络犯罪,保护救助未成年被害人。针对侵害未成年人网络犯罪手段复杂多样、作案方式不断翻新、更加带有隐蔽性等特点,应当加大打击震慑力度,坚决予以遏制,保障未成年人上网用网安全。对受到网络犯罪侵害的未成年人进行综合救助保护,同步提供心理抚慰、心理疏导、损失追回、经济救助、就学帮扶等支持,助力未成年人回归正常的学习生活。通过公益诉讼、检察建议、情况通报等多种形式推动网络平台、社会、政府等多方协同、齐抓共管,促进相关问题解决。

(二)侵害未成年人强制报告制度

1. 侵害未成年人强制报告制度概述

侵害未成年人案件强制报告是指国家机关、法律法规授权行使公权力的各类组织及法律规定的公职人员、密切接触未成年人行业的各类组织及其从业人员,在工作中发现未成年人遭受或者疑似遭受不法侵害以及面临不法侵害危险的,应当立即向公安、民政、教育等有关部门报告,否则将承担法律责任。在报告主体履行强制报告义务时,国家应当为其提供保护。[1]

最高人民检察院联合国家监察委员会、教育部等九部门联合发布《关于建立侵害未成年人案件强制报告制度的意见(试行)》,正式建立侵害未成年人案件强制报告制度。《未成年人保护法》第11条规定,任何组织或者个人发现不利于未成年人身心健康或者侵犯未成年人合法权益的情形,都有权劝阻、制止或者向公安、民政、教育等有关部门提出检举、控告。

---

[1] 兰跃军、李欣宇:《强制报告制度的实施困境及破解》,载《中国青年社会科学》2021年第6期。

国家机关、居民委员会、村民委员会、密切接触未成年人的单位及其工作人员，在工作中发现未成年人身心健康受到侵害、疑似受到侵害或者面临其他危险情形的，应当立即向公安、民政、教育等有关部门报告。有关部门接到涉及未成年人的检举、控告或者报告，应当依法及时受理、处置，并以适当方式将处理结果告知相关单位和人员。强制报告制度被写入未成年人保护法，正式上升为国家法律。

2. 数字治理中的侵害未成年人强制报告制度

在数字化改革的背景下，检察机关利用数字技术创新场景应用设计，可以实现强制报告制度的有效实施。对违法犯罪发案的必经环节设置数字监督措施，卡住要害切断违法犯罪发生链条使之无法进行。未成年人易在宾馆等住宿场所遭受性侵犯罪，于是制定规则要求这些场所执行强制报告制度，防止未成年人被性侵。① 强制报告的数字化场景的应用是顺应数字时代的要求，在强制报告制度推进初期借助数字化力量能够极大地提高强制报告制度的效率。同时通过对线索的研究，利用该制度能早发现犯罪的优势，对未成年人进行保护。性侵害未成年人强制报告数字化场景应用设计需要将强制报告机制融入普遍性预防当中，同时借助强制报告的数字化应用，突破原有的实施困境，将司法保护融入未成年人保护法规定的其他"五大保护"当中，全面提升未成年人检察工作质量。

数字化改革为侵害未成年人强制报告制度的推进提供新动力。借助数字力量，探索侵害未成年人强制报告的最优路径，构建强制报告的数字化场景应用，为未成年人刑事检察工作提供改革机遇。未成年人保护工作需要社会共同承担责任，职能部门相互协作，侵害未成年人案件强制报告制度需要多部门的联合发力才能发挥作用。强制报告制度的数字化场景应用可以清楚展示案件证据，在证明侵害事实时更具有说服力。因而在报告主体的报告来源具备真实性的基础下，而各个职能部门在闭环中充分发挥各自专业性，从不同角度对侵害未成年人的现象进行干预，在节约司法成本的同时也有效地保护了未成年人权益。

---

① 钱昌夫、赵少岸：《数字检察范式的实践应用》，载《中国检察官》2022年第3期。

在数字治理的司法实践上，浙江省有丰富的经验可供借鉴。依托杭州市"互联网之都"优势，杭州市检察院与互联网集团开展紧密合作，2019年11月在支付宝App上推出"检察监督线索举报—杭州市"小程序。小程序内设侵害未成年人合法权益线索举报专区，用户在发现未成年人被侵害事件后，可通过专区实时上传图片、视频、现场定位等线索信息，系统接收后将第一时间进行转处分流。①

（三）性侵害违法犯罪人员信息查询制度

1. 性侵害违法犯罪人员信息查询制度概述

当前，性侵害是未成年人遭受犯罪侵害的主要犯罪类型，且呈现持续上升态势。除此之外，性侵害未成年人犯罪具有熟人作案比例高、重新犯罪率高的特点。近年来，全国发生了多起有性侵犯罪前科人员出狱后继续侵害未成年人案件。这些案件造成了恶劣的社会影响，也表现出性侵害未成年人犯罪案件的重犯率高的特点，对于此类犯罪，单靠刑法惩处难以实现预防目的，只有限制其接触未成年人，才能从源头上最大限度地防止再犯。建立性侵害未成年人犯罪人员信息库，对有性侵害未成年人违法犯罪前科人员，重点关注、建档立册、密切跟进。对新招录的教师、行政人员、勤杂人员、安保人员等在校园内工作的教职员工进行性侵害违法犯罪信息查询，最大限度地降低未成年人遭受不法侵害的风险。性侵害违法犯罪人员信息查询制度的实施需要在全国层面需要建立一个统一的侵害未成年人违法犯罪信息库，各部门之间需要联合，统一标准、范围和程序，保证犯罪人员进入信息库，教职员工入职前需要查询，已入职的教职员工也应逐步查询。在规范性评价上，对违法犯罪人限制甚至剥夺一定的从业资格，实现特定行业领域内的违法犯罪预防，或者基于其违法犯罪记录而对其再犯行为予以从重处罚，实现个别化的特殊预防。②

---

① 《持续深化强制报告制度落实 勇担新时代未成年人保护检察责任》，浙检发办字〔2020〕48号。

② 于冲、巩宸宇：《违法犯罪信息公开的功能定位与模式选择》，载《中州学刊》2020年第7期。

性侵害违法犯罪人员信息查询制度有充分的实践依据,最高人民检察院制定下发《2018—2022年检察改革工作规划》,提出探索建立罪错未成年人临界预防、家庭教育、分级处遇和保护处分制度,推行未成年被害人"一站式"询问、救助机制,建立健全性侵害未成年人违法犯罪信息库和入职查询制度。最高人民检察院2021年《未成年人检察工作白皮书》提出要认真落实入职查询制度。联合相关部门积极推动建立覆盖性侵、虐待、拐卖、暴力伤害等违法犯罪记录的信息库,将查询范围扩大到所有密切接触未成年人行业的从业人员。最高人民检察院、教育部、公安部联合建立了教职员工违法犯罪信息查询平台,全国检察机关牵头或配合教育等密切接触未成年人行业开展入职查询749万人次,推动对查询出的2900余名有前科劣迹人员作出开除、解聘等处理。在地方检察系统司法实践的探索上,2016年6月,浙江省慈溪市检察院牵头法院、公安出台《性侵害未成年人犯罪人员信息公开实施办法》(以下简称《办法》)。《办法》规定,对符合条件的实施严重性侵害未成年人行为的犯罪人员,在其刑满释放后或者假释、缓刑期间,通过发文各单位的门户网站对其个人信息进行公开,方便公众随时查询,警示犯罪,预防未成年人受到性侵害。

2. 数字治理中的性侵害违法犯罪人员信息查询制度

数据的融合贯通对数字治理非常重要,数据的收集是数字治理的前提。没有数据支撑,未成年人保护的数字治理便无从谈起。信息登记是查询的前提。登记入库的数据越多,覆盖面越广,查询的准确性和可靠性就越强,违法犯罪信息数据库发挥的预防作用就越大。[①] 建立完善的性侵害违法犯罪信息数据库,是实施性侵害违法犯罪人员信息查询工作制度的前提,登记入库的数据越多,覆盖面越广,查询的准确性和可靠性就越强,违法犯罪信息数据库发挥的预防作用就越大。纳入数据库的性侵害违法犯罪人员信息要尽可能多,数据库覆盖的地区要尽可能广。国家层面的性侵害违法犯罪信息数据库要面向全国所有省、自治区、直辖市收集违法犯罪数据。违

---

① 张荣丽:《性侵害未成年人违法犯罪信息查询机制比较研究》,载《中华女子学院学报》2021年第1期。

法犯罪信息数据库建设应当统一化。为保障违法犯罪信息公开范围与限度的可控性，应当建立国家统一的违法犯罪信息数据库，实现全国各地违法犯罪信息联网、一体化管理，避免违法犯罪信息公开查询的分割化、无序化。性侵害未成年人犯罪信息库的数据范围应当根据最高人民法院、最高人民检察院、公安部、司法部《关于依法惩治性侵害未成年人犯罪的意见》规定的相关性犯罪进行界定。中小学校、幼儿园新招录教职员工前，教师资格认定机构在授予申请人教师资格前，都应当进行性侵害违法犯罪信息查询。

（四）涉罪未成年人犯罪记录封存制度

1. 涉罪未成年人犯罪记录封存制度概述

犯罪记录封存制度是未成年人保护的特殊司法制度，《刑事诉讼法》第286条明确规定了对犯罪的未成年人实行犯罪记录封存制度，犯罪的时候不满十八周岁，被判处五年有期徒刑以下刑罚的，应当对相关犯罪记录予以封存。犯罪记录被封存的，不得向任何单位和个人提供，但司法机关为办案需要或者有关单位根据国家规定进行查询的除外。依法进行查询的单位，应当对被封存的犯罪记录的情况予以保密。为有过犯罪记录的未成年人减少前科带来的负面影响，保障其能够平等地享有与其他正常人一样的权利，使其真正回归社会。未成年人犯罪记录封存制度的初衷是为了帮助涉罪未成年人守住秘密——让曾经犯下的错误永远地留在过去，进而使其顺利回归社会。[①]将未成年罪犯的犯罪记录封存，有利于弱化其"标签"心理。

未成年人保护法与预防未成年人犯罪法对未成年人的犯罪记录封存制度提出了明确的要求，因此必须重视对未成年人犯罪记录的封存。未成年人犯罪记录封存制度的建立也是祛除犯罪标签，是促使犯罪人再社会化的必然进路。《未成年人保护法》第103条规定："公安机关、人民检察院、人民法院、司法行政部门以及其他组织和个人不得披露有关案件中未成年人的姓名、影像、住所、就读学校以及其他可能识别出其身份的信息，但查

---

① 黄明儒、张继:《涉罪未成年人救赎之路探究——以未成年人犯罪记录为切入点》，载《中南大学学报（社会科学版）》2022年第3期。

找失踪、被拐卖未成年人等情形除外。"《预防未成年人犯罪法》第59条规定："未成年人的犯罪记录依法被封存的，公安机关、人民检察院、人民法院和司法行政部门不得向任何单位或者个人提供，但司法机关因办案需要或者有关单位根据国家有关规定进行查询的除外。依法进行查询的单位和个人应当对相关记录信息予以保密。未成年人接受专门矫治教育、专门教育的记录，以及被行政处罚、采取刑事强制措施和不起诉的记录，适用前款规定。"应依据前述法律规定建立配套的行政法规，明确不同单位间的职能分工。

2. 数字治理中的涉罪未成年人犯罪记录封存制度

在数字平台应用的过程中，应当注意涉罪未成年人的去标签化工作，因为被标签化的未成年人很可能会从事原始和衍生的偏差行为，进而发展成为稳定的犯罪者。去标签化与未成年人的犯罪记录封存制度是紧密联系在一起的。对涉罪未成年人的教育矫治，诸暨市未成年人违法犯罪预防治理平台应用，搭建多部门协作的未成年人违法犯罪预防社会支持体系，普及"浸润式"教育矫治模式，最大限度地挽救、预防未成年人违法犯罪，降低罪错未成年人违法犯罪的重复犯罪率，为省委政法委预防青少年新型违法犯罪综合集成改革提供实践支撑。① 对于收集到的被帮扶未成年人的大量个人信息，应当按照法律规定的内容和程序进行封存。

《关于未成年人犯罪记录封存的实施办法》第3条规定："不予刑事处罚、不追究刑事责任、不起诉、采取刑事强制措施的记录，以及对涉罪未成年人进行社会调查、帮教考察、心理疏导、司法救助等工作的记录，按照本办法规定的内容和程序进行封存。"在涉罪未成年人的帮扶教育中，为了实现帮扶的有效性和针对性，会构建刑满释放人员信息共享服务平台，将检察院、法院、监狱改造过程中的相关信息与负责帮扶的社区人员之间实现互通有无，增强帮扶的效果和帮扶的协同性。负责帮扶的社区人员也只有较好地了解帮扶对象，才能够做到帮扶工作的科学性，为释放人员复

---

① 绍兴市预防青少年新型违法犯罪综合集成改革重大多跨场景建设工作领导小组办公室:《关于全面推广"星海守望"未成年人违法犯罪预防治理平台的实施方案》。

归社会创造各种条件。但是，出于"去标签化"与未成年人犯罪记录封存制度的要求，延续性预防中未成年刑满释放人员信息共享服务平台运行过程中所产生的帮扶教育记录应当被及时封存，这是未成年人犯罪记录封存制度在数字治理实践中所应当注意的问题。

（五）涉罪未成年人的保护处分制度

1. 未成年人保护处分制度概述

保护处分，也称为教育处分，是指司法机关依据相关未成年人刑事司法法律，以保护违法犯罪未成年人的福祉为主要目的，对其作出的强制性教育矫正措施，它在违法犯罪未成年人处置措施体系中与刑罚并列，但优先于刑罚适用，是刑罚的替代措施。① 我国司法实践中暂时没有以"未成年人保护处分"为名称的制度，但是近年来我国未成年人保护的相关立法为未成年人保护处分制度的落实提供了法律支撑。保护处分由司法机关依据相关未成年人刑事法律作出，适用对象是违法犯罪的未成年人。保护处分是未成年人刑事司法制度，体现了对未成年人的特殊保护的原则，有较大的实践意义。保护处分能在未成年人走上犯罪道路之前就予以及时的适当干预。保护处分能够与时俱进，实践中出现新的行之有效的涉罪未成年人的矫正措施很容易被法律所采纳。

我国现有制度中体现未成年人保护处分价值取向与保护倾向的相关规定散见于刑事、行政等规范性文件中，尚未有以保护处分为名称的制度规定，也尚未形成明确的体系性制度。② 在理念上，我国《刑法》第 17 条规定，因不满十六周岁不予刑事处罚的，责令其父母或者其他监护人加以管教；在必要的时候，依法进行专门矫治教育。《刑事诉讼法》第 277 条规定："对犯罪的未成年人实行教育、感化、挽救的方针，坚持教育为主、惩罚为辅的原则。"在具体实践中，《预防未成年人犯罪法》第 6 条规定，国家加强专门学校建设，对有严重不良行为的未成年人进行专门教育。专门

---

① 盛长富、郝正天：《论保护处分及对我国的借鉴》，载《法律适用》2015 年第 4 期。
② 侯艳芳：《未成年人保护处分制度的反思与改进》，载《法学论坛》2022 年第 4 期。

教育是国民教育体系的组成部分,是对有严重不良行为的未成年人进行教育和矫治的重要保护处分措施。

2. 数字治理中的涉罪未成年人保护处分制度

依托数字治理平台,涉罪未成年人保护处分制度能得到有效实施。涉罪青少年的矫治教育是保护处分制度的重要内容,是数字治理应用的重要方面。在预防青少年新型违法犯罪三大应用场景的延续性预防场景中,对违法青少年的矫治教育、监督考察由公安机关采集人员信息,对于犯罪青少年的社区矫正、监督考察由检察机关建立信息库,并会同司法局、关工委、帮教企业等其他主体不断完善预防青少年新型违法犯罪数字平台中罪错青少年的教育库,并利用该数字平台对罪错青少年展开教育学习、技能培训,实现日常监管。诸暨市未成年人违法犯罪预防治理平台应用,搭建多部门协作的未成年人违法犯罪预防社会支持体系,普及"浸润式"教育矫治模式,最大限度地挽救、预防未成年人违法犯罪,降低罪错未成年人违法犯罪的重复犯罪率,为预防青少年新型违法犯罪综合集成改革提供实践支撑。①

第三节 预防青少年新型违法犯罪数字治理的数据合规制度

一、数据合规概述

(一)数据合规的概念

合规是一种以避免合规风险为导向,针对违法犯罪行为进行事先防范、

---

① 绍兴市预防青少年新型违法犯罪综合集成改革重大多跨场景建设工作领导小组办公室:《关于全面推广"星海守望"未成年人违法犯罪预防治理平台的实施方案》。

事中监控和事后补救的管理机制。① 数据合规其实也有着异曲同工之处，随着大数据时代的到来，各行各业都开始了数字化转型。数字化转型的核心就是数据，数据驱动是数字化的源动力，如何经营好数据是数字化转型成败的关键。数据涉及了多方面的信息，一旦被泄露，对于行业和个人而言会造成巨大的损害，对于网站的运营者和个人数据的处理者而言稍有不慎就会触及刑事犯罪。因此，维护系统内数据安全、保障个人信息安全是网络运营者和个人信息处理者开展合规的直接动力。

从这个角度上说，数据合规就是网络的运营者和个人数据的处理者遵循相关的法律法规、规章制度，加强数据安全保护技术，搭建数据安全制度体系，明确在数据安全与个人信息安全领域可能涉及的违法犯罪风险，保护和处理好系统内的数据，重点关注敏感数据，通过事前风险识别机制和一系列风险防范措施，主动消减可预见的违法犯罪的风险，实现数据安全风险的一般化预防。

（二）数据合规的必要性

1. 实践必要性

一方面，随着信息化社会的高速发展，对于网络安全、个人信息保护、隐私保护以及数据安全的现实需求不断加大，为了与全球数据监管和执法力度不断增强的趋势相对接，数据合规问题成为数字治理领域的热点问题。预防青少年新型违法犯罪数字治理是为了响应"数字未检"的号召，以大数据统计的方式，实现特定问题的分析研判，通过构建平台对青少年新型违法犯罪进行治理，从其与数字化、智能化的关系来看，自然不能忽视这个议题。

另一方面，预防青少年新型违法犯罪的数字治理面对着更加严峻的现实是，平台中涉及的数据主体主要是已满12周岁不满25周岁的青少年。此年龄段的青少年又可以分为三个群体，一是已满12周岁不满14周岁的儿童，二是已满14周岁不满18周岁的未成年人，三是已满18周岁不满25周

---

① 陈瑞华：《刑事诉讼的合规激励模式》，载《中国法学》2020年第6期。

岁的青少年。因此，预防青少年新型违法犯罪的数字治理除了要保护数据安全和一般人的个人信息安全外，还涉及已满12周岁不满18周岁的未成年人这一特殊群体的个人信息保护问题。其中，已满12周岁不满14周岁的儿童信息和已满14周岁不满25周岁的青少年的隐私信息被《个人信息安全规范》认定为个人敏感信息，一旦被泄露、非法提供或者滥用可能会对其人身、财产造成危害，极易导致个人名誉、身心健康受到损害或歧视性待遇等，必须加强保护。

所以，预防青少年新型违法犯罪数字治理必须要加强数据合规建设，不但要保障平台内数据处于全生命周期安全状态，而且除了要对一般的个人信息进行保护外还要针对特殊敏感的个人信息进行加强保护。

2. 理论必要性

一方面，2017年出台的网络安全法将《计算机信息系统安全保护条例》《互联网信息服务管理办法》《信息安全等级保护管理办法》等之前散见于各种法规、规章中的规定上升到法律层面，对于网络运营者的法律义务、个人信息保护、数据跨境传输等进行了规定。自从网络安全法生效后，有关数据合规的相关法律法规不断出台，2020年颁布的《民法典》以专章保护的形式，明确了公民的更正权和删除权等个人信息权益，规定了处理个人信息的原则、条件和义务，为个人信息保护提供了民法层面的法律保障。2021年出台的数据安全法作为我国的数据安全领域的基础性法律，明确了数据安全保护的各项基本制度，完善了数据分级分类、重点数据保护等多项重要制度，成为我国数据安全保障的顶层设计①。2021年颁布的个人信息保护法作为我国保护个人信息方面的专门法律，全面规定了各类组织、个人等个人信息处理者的义务与责任，为企业和个人在个人信息保护实操上提供了明确指引。因此，网络安全法、个人信息保护法、数据安全法与《民法典》共同构建起个人信息保护和数据合规的法律体系。

伴随相关法律出台的还有《儿童个人信息网络保护规定》《数据安全管

---

① 方禹：《〈数据安全法〉为全球数据安全治理贡献中国智慧和中国方案》，载光明网，https：//news.gmw.cn/2021-06/23/content_34944063.htm。

理办法》《网络安全审查办法》《数据出境安全评估办法》《信息安全技术 个人信息安全规范》(GB/T 35273)、《信息安全技术 大数据服务安全能力要求》(GB/T 35274)、《信息安全技术大数据安全管理指南》(GB/T 37973)等部门规章和国家标准以及各省市出台的《数据条例》《政务数据管理办法》,使得个人信息保护和数据安全在立法和标准的颗粒度上更加精细,尤其是《儿童个人信息网络保护规定》《未成年人保护法》以及即将颁布的《未成年人网络保护条例》[①],对未成年人的个人信息保护问题进行了更明确的规定,为预防青少年新型违法犯罪数字治理的数字合规提供了更加精准有力的法律支撑。

另一方面,网络安全法、数据安全法、个人信息保护法和《民法典》及配套法律规范和规章制度,规定了网络运营者和个人信息处理者的各项义务规范,涉及网络运营和个人信息处理业务的主体必须按照法律规范和规章制度的规定开展事先防范、事中监控和事后补救工作。此处的网络运营者和个人信息处理者,并非仅仅针对企业、事业单位等社会主体。根据规定,国家机关处理个人信息等数据同样需要遵守相关义务规定。比如《个人信息保护法》第33条就明确指出"国家机关处理个人信息的活动,适用本法";《数据安全法》第38条也规定"国家机关为履行法定职责的需要收集、使用数据,应当在其履行法定职责的范围内依照法律、行政法规规定的条件和程序进行;对在履行职责中知悉的个人隐私、个人信息、商业秘密、保密商务信息等数据应当依法予以保密,不得泄露或者非法向他人提供",第39条更是明确指出"国家机关应当依照法律、行政法规的规定,建立健全数据安全管理制度,落实数据安全保护责任,保障政务数据安全";《民法典》第1039条也规定"国家机关、承担行政职能的法定机构及其工作人员对于履行职责过程中知悉的自然人的隐私和个人信息,应当予以保密,不得泄露或者向他人非法提供",上述规定表明,相关法律对国家机关同样适用。预防青少年新型违法犯罪数字治理平台下各场景的负责

---

① 王建敏、孙玉娟等:《立法实践与解读:未成年人网络保护制度》,载《预防青少年犯罪研究》2021年第1期。

主体就是公安局、检察院等国家机关,所以,数字治理平台必须要遵守相关法律法规、规章制度和标准,开展数据合规业务。

二、预防青少年新型违法犯罪数字治理的数据合规指引

（一）数据采集合规

数据采集分析有助于国家有关部门适时制定和调整刑事政策及其他公共政策,有效防控犯罪,化解社会矛盾,创新社会治理机制,维护社会秩序,当前已经得到了普遍的运用。数据采集应当全面、多维、高效,要使得数据量能够支撑起相关的分析需求,能够快速进行自定义,从而达到数据需求分析与需求满足的高效与及时。① 但数据采集过程中也应当注意原则,要合法合理地进行采集。

1. 数据采集的基本原则

（1）合法性原则。数据采集是数据处理的源头,个人信息的数据采集实际上是获得个人信息控制权的行为,如果没有合法的根据或者合法的理由（Legal Justification for Data Processing）,那么该处理活动就是侵害个人信息权益的不法行为。② 《个人信息保护法》第 5 条规定:"处理个人信息应当遵循合法、正当、必要和诚信原则,不得通过误导、欺诈、胁迫等方式处理个人信息。"《数据安全法》第 32 条第 1 款规定:"任何组织、个人收集数据,应当采取合法、正当的方式,不得窃取或者以其他非法方式获取数据。"《未成年人保护法》第 72 条第 1 款明确:"信息处理者通过网络处理未成年人个人信息的,应当遵循合法、正当和必要原则。"《未成年人网络保护条例（征求意见稿）》中第 34 条明确指出,个人信息处理者通过网络处理未成年人个人信息的,应当遵循合法、正当、必要和诚信的原则。《信息安全技术个人信息安全规范》也明确规定了收集个人信息的合法性要求,

---

① 黄静、周锐:《基于信息生命周期管理理论的政府数据治理框架构建研究》,载《电子政务》2019 年第 9 期。

② 程啸:《个人信息保护法理解与适用》,中国法制出版社 2021 年版,第 115 页。

即"不应以欺诈、诱骗、误导的方式收集个人信息;不应隐瞒产品或服务所具有的收集个人信息的功能;不应从非法渠道获取个人信息"。

预防青少年新型违法犯罪数字治理中源头数据的采集主体公安、网信、法院、矛调等部门必须要依据法律规定,在采集青少年个人信息时应当遵循合法、正当、必要和诚信原则,不得通过误导、欺诈、胁迫等非法方式采集青少年的个人信息,以保证平台获取数据的合法性。其次,宪法规定了我国检察机关具有法律监督职能,相关主体应当切实配合检察机关的工作,因此,检察机关需要调取相关数据时,各相关的数据平台主体应当履行法定义务,配合检察机关完成数据的对接。

(2)最小必要原则。《个人信息保护法》第6条规定:"处理个人信息应当具有明确、合理的目的,并应当与处理目的直接相关,采取对个人权益影响最小的方式。收集个人信息,应当限于实现处理目的的最小范围,不得过度收集个人信息。"第29条规定:"个人信息处理者应具有特定目的和充分的必要性,方可处理敏感个人信息。"这两条明确规定了处理个人信息需要在实现处理目的的最小范围之内,对于敏感的个人信息而言,有更加严格的要求。根据"对个人权益影响最小的方式,必要的最小范围"规定,可析出必要性原则和平衡性原则。即信息处理行为要满足实施的必要性,有度上的权衡;信息处理者采取实现目的的处理行为对个人信息权益产生的不利影响不得超出必要范围,故处理活动存在利弊的比较。

《儿童个人信息网络保护规定》在第11条明确规定了应当按照约定的目的和范围收集、使用儿童信息,如果超出约定目的和使用范围,应当再次征得儿童监护人同意。《信息安全技术个人信息安全规范》则更加明确具体地规定了收集个人信息的最小必要原则的标准即收集的个人信息的类型应与实现产品或服务的业务功能有直接关联,直接关联是指没有上述个人信息的参与,产品或服务的功能无法实现,自动采集个人信息的频率应是实现产品或服务的业务功能所必需的最低频率,间接获取个人信息的数量应是实现产品或服务的业务功能所必需的最少数量。

在预防青少年新型违法犯罪数字治理中会涉及网格化管理的问题,检察院会联动与青少年联系紧密的社区、学校等构建数据平台,将青少年的信息统一录入平台。在这个过程中，对于青少年数据的采集必须遵守最小必要原则，尽量避免采集与预防其新型违法犯罪数字治理目的无关的信息。

（3）公开透明原则。在个人信息处理过程中，处理者掌握个人所不具备的技术优势，个人难以知晓其处理方式、目的、范围，从而也无法预测个人信息处理活动可能产生的效果与影响。① 为了保障个人信息能够以公平、公正的方式被处理，《个人信息保护法》第7条规定，处理个人信息应当遵循公开、透明原则，公开个人信息处理规则，明示处理的目的、方式和范围。第17条规定，个人信息处理者在处理个人信息前，应当以显著方式、清晰易懂的语言真实、准确、完整地向个人告知个人信息处理目的、处理方式、处理的个人信息种类、保存期限。《儿童个人信息网络保护规定》第10条则规定，网络运营者在征得监护人同意时应当明确告知收集儿童个人信息的目的、方式和范围。

这也意味着预防青少年新型违法犯罪数字治理中，针对青少年、监护人的客户端应当明确告知其对于个人信息的处理规则以及收集信息的目的、方式和范围，如果仅以改善服务质量、提升用户体验、定向推动信息为由强制要求用户同意收集个人信息的属于违规操作。

（4）知情同意原则。知情同意原则是指信息管理者在收集个人信息之时，应当对信息主体就有关个人信息被收集、处理和利用的情况进行充分告知，并征得信息主体明确同意的原则。② 同意原则与个人信息自决权密切相关，是对个人信息自决以及权利背后人类尊严的尊重。同意原则的目的并不在于实现绝对的个人信息自决或控制，而是使信息主体实现较高程度的信息自决自控，以弱化信息主体对个人信息的失控程度，并事先预防不当的个人信息处理对信息主体造成可能的损害。③ 一般情况下，知情同意的获取与表达主要发生在信息收集与权限获取阶段，从时间上看，采集阶段

---

① 张新宝：《个人信息处理的基本原则》，载《中国法律评论》2021年第5期。

② 范海潮、顾理平：《探寻平衡之道：隐私保护中知情同意原则的实践困境与修正》，载《新闻与传播研究》2021年第2期。

③ 王籍慧：《个人信息处理中同意原则的正当性——基于同意原则双重困境的视角》，载《江西社会科学》2018年第6期。

的知情同意是产生后续具体信息权利的前提。① 因此，知情同意原则的落实与否，决定了后续行为的合法与否。

知情同意原则在个人信息保护法、儿童个人信息网络保护规定中均有提及，《信息安全技术个人信息安全规范》也明确规定了收集个人信息时的授权同意原则：收集个人敏感信息前应征得个人信息主体在知情的基础上的明示同意；收集年满14周岁未成年人的个人信息前，应征得未成年人或其监护人的明示同意；不满14周岁的，应征得其监护人的明示同意。除此之外，特别强调了间接获取个人信息时的知情同意原则的适用。

针对已满12周岁未满14周岁的儿童的数据收集，由于其信息属于特殊敏感信息，所以《个人信息保护法》第31条规定，个人信息处理者处理，不满14周岁的未成年人个人信息的，应当取得未成年人的父母或者其他监护人的同意。《未成年人网络保护条例（征求意见稿）》第35条规定，个人信息处理者基于个人同意处理不满14周岁未成年人个人信息的，应当取得未成年人的监护人同意。未成年人个人信息的处理目的、处理方式和处理的个人信息种类发生变更的，个人信息处理者应当依法重新取得同意。平台除了要遵守上述规章、法条的规定时还应当严格遵循《儿童个人信息网络保护规定》第7条至第10条的规定，在采集儿童信息时以显著、清晰的方式告知儿童监护人，并应当征得儿童监护人的同意；在向儿童监护人征得同意时还应当提供拒绝选项、拒绝后果以及用户反馈通道和方式，用户行权途径和方式等；如果前述事项发生实质性变化的需要再次征得儿童监护人同意。同时《个人信息保护法》第31条规定，个人信息处理者处理不满14周岁的未成年人个人信息的应当制定专门的个人信息处理规则。

针对已满14周岁不满18周岁的未成年人的信息采集，《未成年人保护法》第72条规定，信息处理者通过网络处理未成年人个人信息的，应当征得未成年人的父母或者其他监护人同意，但是法律、行政法规另有规定的除外。在此，需要强调的是，虽然《个人信息保护法》第13条和《信息安

---

① 商希雪：《个人信息民事确权的功能定位与制度适用》，载《浙江社会科学》2022年第7期。

全技术个人信息安全规范》同样也适用于已满 14 周岁不满 18 周岁的未成年人，但是未成年人保护法属于针对未成年人的特别法，所以，平台在收集已满 14 周岁未满 18 周岁的未成年人还是应当遵循未成年人保护法的规定，必须取得未成年人的父母或者其他监护人同意。

针对已满 18 周岁未满 25 周岁的青少年的数据采集原则上需要遵循《个人信息保护法》第 14 条规定的知情同意原则，但是《个人信息保护法》第 13 条规定，个人信息处理者为了履行法定职责或者法定义务所必需的，可以不取得个人同意。预防青少年新型违法犯罪数据治理的平台对于已满 18 周岁未满 25 周岁的青少年的数据处理，是基于犯罪防范的目的，属于检察机关依据宪法所赋予的法律监督职能来履行法定职责和义务，因此，可以不征得已满 18 周岁未满 25 周岁的青少年的同意，但是《个人信息保护法》第 35 条规定："国家机关为履行法定职责处理个人信息，应当依照本法规定履行告知义务。"这也就意味着国家机关虽然在履行法定职责和法定义务的时候可以不经过个人同意，但是必须要履行告知义务。

2. 建立数据分级分类保护体系

《数据安全法》第 21 条规定国家建立数据分类分级保护制度，提出各地区、各部门要制定本地区、行业或者领域的重要数据目录。《个人信息保护法》第 51 条规定个人信息处理者应对个人信息实行分类管理。预防青少年新型违法犯罪数字治理平台应当基于自身的需要，按照《网络安全标准实践指南——网络数据分类分级指引》的规定，建立起针对平台数据的分类分级管理制度，以满足不同类型的数据监管要求。

当前基于大数据的新型科技的应用给预防青少年新型违法犯罪数字治理带来了技术革新，这一领域的数据分类分级要与当前"智慧警务""智慧检务""智慧法院"，即"智慧司法"的建设相联系。"智慧司法"建设依赖于数据的收集使用，同时"智慧司法"中的数据库建设以及"互联互通"的数据流动等也带来了数据被篡改、破坏、泄露或非法使用的风险。① 在这样的背景下，预防青少年新型违法犯罪数字治理的数据分类分级既要符合

---

① 郑曦:《刑事司法数据分类分级问题研究》，载《国家检察官学院学报》2021 年第 6 期。

"智慧司法"建设的需求，也要针对其中的风险作出充分有效的应对。因此，预防青少年新型违法犯罪数字治理平台应当按照《网络安全标准实践指南——网络数据分类分级指引》的规定，建立起针对平台数据的分类分级管理制度，以满足不同类型的数据监管要求。

（二）数据传输合规

数据传输是数据处理活动的重要环节，指数据在不同的主体或者同一主体的不同部门之间，进行传递的过程。传输过程中存在个人敏感信息及重要数据未加密传输问题，可能会导致数据泄露、假冒、篡改后被非法利用的风险。因此，在数据传输过程中，需要采用技术和制度对数据进行保障，以确保传输过程中的安全。常见的数据传输安全措施可以划分为网络层和应用层两大类。其中，网络层的数据传输安全措施主要依托标准化的密码协议实现（如 TLS、IPsec 以及基于国密算法的 TLCP、GM SSL、GM IPsec 等），如《信息安全技术网络数据处理要求》规定网络运营者在传输重要数据和敏感个人信息时，应采取加密、脱敏等安全措施；向数据接收方传输数据时应当按照要求采取安全措施并以合同进行约定。除此之外还应当做好传输接口管控和监测，对涉敏数据可以使用 DES、IDEA、AES、SM1（国密算法）等对称加密算法和 RSA、ECC、SM2（国密算法）等非对称加密算法进行加密传输。[①]对于应用层的数据传输安全措施则主要基于业务需求特点设计定制化的密码措施，通常根据数据分级分类情况设计多种安全机制，满足不同应用的数据传输安全需求。

预防青少年新型违法犯罪数字治理平台，应当对系统需求进行深入分析，使用编写规范的 API 接口文档，充分考虑接口的版本控制、安全、稳健、易用及数据传输保密等要素。可采用数据基金技术构建完整的数据基因体系，确保数据传输过程中可溯源、可追踪、可关联，保障传输数据的正确性；可利用加密传输，对数据进行加密传输并通过安全传输协议，保障有关青少年、监护人以及犯罪人的个人数据传输安全。为实现系统的扩展和二次开发及第三方调用，提供安全可靠，高效易用的系统接口；还可以开发 API 接口管理功能，用于对系统提供的各个 API 接口的使用说明进行统一管理，包括各个接口调用的请求地址，请求方式，请求参数，响应结果等信息。服务器之间的传输可以使用 SSL 通信协议、MAC 数据校验。

（三）数据存储合规

1. 境内储存

数据境内存储实际上就是数据的本地化，其实质是数据主权理论。在数字经济时代，各国数据跨境流动越发频繁，伴随其中的数据安全问题也越发尖锐。各国关于数据跨境流动的立法政策逐渐从禁止境外数据入境转变为防止境内数据出境。即便是公开反对数据本地化的美国，也明确规定国防部门、税务部门、医疗部门等关键部门的数据应当存储于本地，并对其采取出口限制措施。① 我国近年来也将数据安全列为国家安全之中，在数据自由流动与数据本地化之间选择了后者。《个人信息保护法》第 36 条规定："国家机关处理的个人信息应当在中华人民共和国境内存储；确需向境外提供的，应当进行安全评估。安全评估可以要求有关部门提供支持与协助"，以此来加强国家对数据的控制能力，更好地维护我国的国家安全。

青少年新型违法犯罪数字治理平台中的数据涉及青少年的个人隐私以及有关政府部门、司法机关的内部数据，不仅涉及个人的信息安全而且涉及国家的安全，在没有特殊情况下，数字治理平台应当将采集的个人信息在境内进行储存。

2. 加密储存

数据加密储存是数据安全传输的前提和有效保障。② 对于重要数据和个人敏感信息，在进行数据存储时要设置数据加密技术，定期对其开展风险评估和应急处置的操作规程，并对安全措施进行有效审计。《数据安全法》第 38 条规定，国家机关对于履行职责中取得知悉的个人隐私、个人信息等数据应当依法予以保密，不得泄露或者非法向他人提供。针对已满 12 周岁

---

① 唐彬彬：《数据本地化法律规制的反思与完善》，载《情报杂志》2022 年第 5 期。
② 陈建辉、赵静：《云存储平台下基于混沌映射的数据加密算法设计》，载《微电子学与计算机》2018 年第 7 期。

未满 14 周岁的儿童的敏感个人信息《儿童个人信息网络保护规定》第 13 条明确指出，网络运营者应当采取加密等措施存储儿童个人信息，确保信息安全。《信息安全技术 个人信息安全规范》中规定个人信息控制者在储存个人敏感信息时，应采用加密等安全措施，存储个人生物识别信息时，应采用技术处理后再进行存储，例如仅存储个人生物识别信息的摘要。

预防青少年新型违法犯罪数字治理的平台采用 AEC 标准加密针对未成年人敏感信息进行了数据加密存储保护，针对用户账号、用户口令、用户资料等敏感信息采用 SSL（Security Socket Layer）加密处理。例如，在普遍性预防场景中的强制报告模块，检察机关会收集具有性侵害、虐待、拐卖、暴力伤害等违法犯罪前科人员的基本信息，包括违法犯罪人员的基本身份信息、住址、联系方式、生物信息等数据的提取和入库。这些信息均属于个人隐私信息和生物识别信息，因此，必须要采取加密等安全措施进行储存，并且应对违法犯罪人员的生物识别信息进行技术处理后再进行存储。同时，平台可采用区块链技术实现对平台收集的青少年动态数据的加密溯源，区块链技术的去中心化和去信任的方式可以实现对动态数据操作历史的可追溯，提供数据恢复能力，保障数据存储的安全可靠。[1]

3. 限制访问权限

数据安全法益包括数据的保密性、完整性和可用性。数据的"保密性"是指确保数据免受未授权人探知、获悉、使用；数据"完整性"是指确保数据不被修改或损害；数据"可用性"是指确保权利人能及时、有效地获取、使用数据。[2] 因此在数据存储后，对于数据访问、使用的安全保护应当通过设置身份认证、访问控制等大数据平台安全技术，以及数据防泄露，确保数据的"保密性、完整性、可用性"。

《个人信息保护法》第 51 条第 4 款规定个人信息处理者应当合理确定个人信息处理的操作权限。《儿童个人信息网络保护规定》第 15 条也明确，

---

[1] 乔蕊：《基于区块链技术的动态数据存储安全机制研究》，载《计算机科学》2018 年第 2 期。

[2] 杨志琼：《数据时代网络爬虫的刑法规制》，载《比较法研究》2020 年第 4 期。

网络运营者对其工作人员应当以最小授权为原则，严格设定信息访问权限，控制儿童个人信息知悉范围。工作人员访问儿童个人信息的，应当经过儿童个人信息保护负责人或者其授权的管理人员审批，记录访问情况，并采取技术措施，避免违法复制、下载儿童个人信息。《未成年人网络保护条例（征求意见稿）》第42条与前述条款相同，只不过是将适用范围扩展至未满18周岁的未成年人。在预防青少年新型违法犯罪数字治理的平台中，操作对象与访问对象均需设置相应控制权限。比如在延续性预防应用场景下，针对部门帮教后台，系统仅对其开放学习任务派发和线下任务派发、学习任务列表（只能看见账户名，不能看见未成年人真名）、任务列表的权限；司法局后台仅能看到总后台派发过去的未成年人及该部分相关的账号情况、帮教管理、设备、任务情况，无权查看未成年人的隐私信息。综上所述，预防青少年新型违法犯罪工作涉及的信息主体众多，个人信息的使用、处理程序需要得到规范。因此可以设立差异化的信息访问权限，以此保证个人信息安全。① 即将收集到的青少年的个人信息分类分级储存后，依照不同的存储标准设置不同的访问权限，比如对于保密级别较高的罪错青少年的信息只允许较高权限的信息处理主体访问。

4. 建立备份机制

数据备份机制包含数据备份②、容灾备份③和安全管理条件三部分，主要目的是保障存储网络系统免受干扰、破坏或未经授权的访问，防止真实世界数据泄露或者被窃取、篡改。④

《网络安全法》第21条第4款规定，我国实行网络安全等级保护制度，

---

① 胡元聪、龚家锋：《数字防疫中个人信息治理的"链""法"协同机制研究》，载《财经法学》2022年第2期。

② 数据备份亦称"备份"，是指将存储在计算机硬磁盘上的会计数据复制到软磁盘、磁带、光盘、硬盘等其他存储介质上，在计算机以外的地方另行保管。摘自《中国会计百科全书》。

③ 容灾备份，是指在遭遇重大威胁、意外事故时，能保证信息管理系统正常运行，业务正常运转，同时避免灾害给单位带来数据信息丢失的危险。

④ 葛永彬、董剑平等：《真实世界数据合规探讨》，载《中国食品药品监管》2021年第12期。

网络运营者应当按照网络安全等级保护制度的要求，对重要数据进行备份。根据《网络数据分类分级指南》的规定，重要数据一般不包括个人信息，但是达到一定规模或者基于海量个人信息加工形成的衍生数据，一旦遭到篡改、破坏、泄露或者非法获取、非法利用可能会危害国家安全、公共利益，也应该满足重要数据保护要求。预防青少年新型违法犯罪数字治理平台对接了大量的部门系统，在三个预防应用场景中，产生了大量的涉及多群体的衍生数据，一旦泄露会损害公共利益，甚至危害国家安全。所以预防青少年新型违法犯罪预防数字治理平台为了保证数据存储的高度可靠性，可以采用磁盘阵列、磁盘镜像等数据冗余技术，防止数据损坏和丢失；采用完整、安全的数据备份策略，备份策略应支持定期的增量和全量备份；历史数据进行长期保存，并符合相应管理要求。

5. 存储期限

随着时间的推移，数据便会失去价值和存储意义。设置合理的存储期限让平台处理者在未来某个时期删除数据，不但有利于减轻平台的成本，还有利于保护个人信息，降低个人信息泄露的风险。[①] 因此，《个人信息保护法》第 19 条规定，除法律、行政法规另有规定外，个人信息的保存期限应当为实现处理目的所必要的最短时间，当个人信息处理目的已实现、无法实现或者为实现处理目的不再必要时，个人信息处理者应当主动删除个人信息；个人信息处理者未删除的，个人有权请求删除。《儿童个人信息网络保护规定》第 12 条规定，网络运营者存储儿童个人信息，不得超过实现其收集、使用目的所必需的期限。《信息安全技术 个人信息安全规范》也从标准的角度具体规定了个人信息储存时间最小化原则："个人信息存储期限应为个人信息主体授权使用的目的所必需的最短时间，法律法规另有规定或者个人信息主体另行授权同意的除外；超出上述个人信息储存期限后，应对个人信息进行删除或匿名化处理。"

综上所述，目前我国针对数据存储期限并没有明确规定，只是规定了

[①] 何治乐、黄道丽：《大数据环境下我国被遗忘权之立法构建——欧盟〈一般数据保护条例〉被遗忘权之借鉴》，载《网络安全技术与应用》2014 年第 5 期。

"除法律、行政法规另有规定外，为实现处理目的所必要的最短时间"，所以预防青少年新型违法犯罪数字治理平台应当按照各个预防场景下识别保存个人信息的目的及业务需求，根据有关信息、数据的保存期限规定和法律法规、行业监管、其他规章要求，综合确定最小化保存期限。比如预防青少年新型违法犯罪数字治理平台实时对接学校系统，在预防就业风险时，会建立相关的数据模型，对数据进行实时同步，当该大学生消除就业风险或者顺利就业，校方系统将该生数据从数据库中销毁，那么相应的预防场景下的平台也会自动将该学生的数据销毁。

（四）数据使用合规

《数据安全法》第32条规定，"法律、行政法规对收集、使用数据的目的、范围有规定的，应当在法律、行政法规规定的目的和范围内收集、使用数据"，明确了数据使用的目的、范围限制原则。《个人信息保护法》第6条确立了处理个人信息保护的目的明确合理与直接相关原则，"处理个人信息应当具有明确、合理的目的，并应当与处理目的直接相关，采取对个人权益影响最小的方式"。

类似的条款在《未成年人网络保护条例（征求意见稿）》《儿童个人信息网络保护规定》中也出现过，比如《未成年人网络保护条例（征求意见稿）》第36条规定："个人信息处理者应当严格遵守必要个人信息范围的有关规定，不得以任何理由强制要求未成年人或者其监护人同意非必要的个人信息处理行为，不得因为未成年人或者其监护人不同意处理其非必要个人信息或者撤回同意，拒绝未成年人使用其基本功能服务。"第37条规定："个人信息处理者处理未成年人敏感个人信息的，应当具有特定的目的和充分的必要性，采取严格保护措施；在事前进行个人信息保护影响评估并对处理情况进行记录，影响评估报告和处理情况应当至少保存三年。"《儿童个人信息网络保护规定》第14条规定："网络运营者使用儿童个人信息，不得违反法律、行政法规的规定和双方约定的目的、范围。因业务需要，确需超出约定的目的、范围使用的，应当再次征得儿童监护人的同意。"上述两个规章都在各自的领域再次强调了个人信息保护法规定的目的明确合理与直接相关原则。预防青少年新型违法犯罪应用场景平台建设中，青少年信息数据的使用必须和初始目的直接相关。

除了针对一般个人数据处理者的要求以外，数据安全法对国家机关使用数据进行了更为严格的限制要求，《数据安全法》第38条规定，国家机关为履行法定职责的需要收集、使用数据，应当在其履行法定职责的范围内依照法律、行政法规规定的条件和程序进行；对在履行职责中知悉的个人隐私、个人信息、商业秘密、保密商务信息等数据应当依法予以保密，不得泄露或者非法向他人提供，明确了国家机关处理个人信息的目的是"为履行法定职责"。因此，预防青少年新型违法犯罪数字治理平台的数据使用必须在国家机关职责范围内，根据法定条件和程序进行，仅将所收集信息用于青少年违法犯罪预防平台的三个应用场景建设中，不能随意泄露个人隐私、个人信息等数据。超出初始约定范围使用个人信息的，应当根据"知情同意原则"重新取得个人信息主体及未成年人监护人的知情同意。在使用未成年人敏感个人信息时，必须依照法律规定做好并保存个人信息保护影响评估和处理情况进行记录，相关情况记录要留存3年。

除了上述的针对一般使用行为作出的规范值得关注外，数字治理平台还需要关注针对自动化决策功能所作出的规定。所谓自动化决策指的是通过计算机程序自动分析、评估个人的行为习惯、兴趣爱好或者经济、健康、信用状况等，并进行决策的活动。预防青少年新型违法犯罪数字治理平台中的"预警预测模型"是典型的自动化决策模型，其通过采集青少年行踪轨迹等信息数据进行大数据分析计算，勾画用户画像，自动分析青少年权益被侵害的风险和违法犯罪倾向，最终作出预警预测。《个人信息保护法》第24条第1款明确指出，个人信息处理者利用个人信息进行自动化决策，应当保证决策的透明度和结果公平、公正。平台中的"预警预测模型"也必须遵守法律规定，确保模型算法公正，保证决策的透明度和结果的公平公正。

（五）建立数据安全应急预案制度

应急预案是指面对突发事件，如自然灾害、重特大事故、环境公害及人为破坏的应急管理、指挥、救援计划等，是一套由总预案、程序文件、

指导说明书和记录等构成的文件体系。①面对数据安全突发事件时的应急管理、指挥等程序文件体系就是数据安全应急预案。我国数据安全保护法律体系为个人信息处理者和网络运营者设置了建立数据安全和个人信息安全应急预案的义务。

《数据安全法》第23条规定，国家建立数据安全应急处置机制，当数据安全时间发生时按照应急处置措施消除安全隐患，防止危害扩大。同时，必须向社会公布有关警示信息。《个人信息保护法》第51条、第57条明确，个人信息处理者应当制定并组织实施个人信息安全事件应急预案，发生或者可能发生个人信息泄露、篡改、丢失的，个人信息处理者应当立即采取补救措施，并通知履行个人信息保护职责的部门和个人。《儿童个人信息网络保护规定》第21条和《未成年人网络保护条例（征求意见稿）》第41条针对儿童和未成年人的特殊保护，设定了网络运营者和个人信息处理者在发现个人信息可能发生泄露、毁损、丢失时，立即启动应急预案，采取补救措施并向有关部门报告及向有关个人通知发布的义务。因此，预防青少年新型违法犯罪数字治理平台相关建设主体应当按照法律规定，制定数据安全事件应急预案，以确保当数据泄露事件发生时及时启动应急预案，按照应急处置措施采取消除安全隐患，避免数据泄露造成严重的后果。

---

① 高小平：《"一案三制"对政府应急管理决策和组织理论的重大创新》，载《湖南社会科学》2010年第5期。

参考文献

一、著作类

1. ［英］维克托·迈尔·舍恩伯格、肯尼思·库克耶：《大数据时代》，盛杨燕、周涛译，浙江人民出版社2013年版。

2. ［德］罗纳德·巴赫曼、吉多·肯拍等：《大数据时代下半场——数据治理、驱动与变现》，刘志则等译，北京联合出版公司2017年版。

3. ［印］普里蒂·斯里尼瓦斯·萨加、［挪］拉金德拉·阿卡拉卡：《大数据分析与算法》，毕冉译，机械工业出版社2018年版。

4. 杨春洗、康树华、杨殿升主编：《北京大学法学百科全书》，北京大学出版社2001年版。

5. 姚建龙：《长大成人：少年司法制度的建构》，中国人民公安大学出版社2003年版。

6. 吴宗宪：《西方犯罪学》（第二版），法律出版社2006年版。

7. 贾宇：《社区矫正导论》，知识产权出版社2010年版。

8. 贾宇、舒洪水等：《未成年人犯罪的刑事司法制度研究》，知识产权出版社2015年版。

9. 许章润主编：《犯罪学》，法律出版社2016年版。

10. 中国法学会"枫桥经验"理论总结和经验提升课题组：《"枫桥经验"的理论构建》，法律出版社2018年版。

11. 杨正洪、郭良越、刘玮：《人工智能与大数据技术导论》，清华大学出版社2019年版。

12. 卢芳霞、余钊飞等主编:《枫桥经验概论》,浙江人民出版社 2020 年版。

13. 浙江大学数字长三角战略研究小组:《数字长三角战略(2020)·数字治理》,浙江大学出版社 2020 年版。

14. 陈宏彩主编:《数字化改革与整体智治：浙江治理现代化转型》,中共中央党校出版社 2021 年版。

15. 程啸:《个人信息保护法理解与适用》,中国法制出版社 2021 年版。

16. 马长山:《迈向数字社会的法律》,法律出版社 2021 年版。

17. 胡铭、周翔等:《数字法治：实践与变革》,浙江大学出版社 2022 年版。

18. 马长山主编:《数字法治概论》,法律出版社 2022 年版。

19. 张远煌主编:《犯罪学》,中国人民大学出版社 2022 年版。

20. 王牧主编:《新犯罪学》,高等教育出版社 2022 年版。

21. 贾宇主编:《大数据法律监督办案指引》,中国检察出版社 2022 年版。

二、期刊类

1. 金伯中:《论"枫桥经验"的时代特征和人本思想》,载《公安学刊——浙江警察学院学报》2004 年第 5 期。

2. 屈智勇、邹泓:《家庭环境、父母监控、自我控制与青少年犯罪》,载《心理科学》2009 年第 2 期。

3. 姚建龙:《预防青少年违法犯罪工作核心指标体系研究——以上海市为例》,载《中国青年研究》2010 年第 5 期。

4. 贾宇:《未成年人犯罪社区矫正制度研究》,载《人民检察》2011 年第 5 期。

5. 贾宇:《社会管理创新与司法能动》,载《法学杂志》2011 年第 12 期。

6. 姚建龙:《转型社会的青少年犯罪控制——以"全国重点青少年群体教育帮助和预防犯罪试点"为例的研究》,载《社会科学》2012 年第 4 期。

7. 吴宗宪:《论社会力量参与预防青少年犯罪的长效机制》,载《华东政法大学学报》2013年第5期。

8. 苗生明、程晓璐:《中国未成年人刑事检察政策》,载《国家检察官学院学报》2014年第6期。

9. 李国军:《论大数据驱动下的预测警务创新》,载《中国人民公安大学学报(社会科学版)》2015年第6期。

10. 单勇:《犯罪地图的公开》,载《国家检察官学院学报》2016年第3期。

11. 宋志军:《论未成年人刑事司法的社会支持体系》,载《法律科学(西北政法大学学报)》2016年第5期。

12. 贾宇:《建设立体化信息化社会治安防控体系》,载《社会治理》2017年第1期。

13. 田刚:《性犯罪人再次犯罪预防机制——基于性犯罪记录本土化建构的思考》,载《政法论坛》2017年第3期。

14. 余钊飞、罗雪贵:《枫桥经验:基层社会治理法治化的历史演进》,载《山东科技大学学报(社会科学版)》2018年第3期。

15. 刘钊、林晞楠、李昂霖:《人工智能在犯罪预防中的应用及前景分析》,载《中国人民公安大学学报(社会科学版)》2018年第4期。

16. 陈立旭:《现代治理与传统的创新性发展——"枫桥经验"的启示》,载《治理研究》2018年第5期。

17. 马荣春、周建达:《"枫桥经验":预防犯罪观的重要启示》,载《南昌大学学报(人文社会科学版)》2019年第1期。

18. 焦俊峰:《犯罪控制中的治理理论》,载《国家检察官学院学报》2010年第2期。

19. 刘磊:《通过典型推动基层治理模式变迁——"枫桥经验"研究的视角转换》,载《法学家》2019年第5期。

20. 冯卫国、苟震:《基层社会治理中的信息治理:以"枫桥经验"为视角》,载《河北法学》2019年第11期。

21. 袁家军:《全面推进数字化改革 努力打造"重要窗口"重大标志性成果》,载《政策瞭望》2021年第3期。

22. 张文显:《新时代"枫桥经验"的核心要义》,载《社会治理》2021

年第 9 期。

23. 贾宇:《检察机关参与网络空间治理现代化的实践面向》,载《国家检察官学院学报》2021 年第 3 期。

24. 余钊飞:《"四大检察"与执法司法制约监督体系之构建》,载《法律科学(西北政法大学学报)》2021 年第 1 期。

三、网站类

1. 金伯中:《"枫桥经验"的发展历程与重要启示》,载浙江在线网 2021 年 11 月 22 日,https://zjnews.zjol.com.cn/dsxx/202111/t20211122_23391953.shtml。

2.《数字未检,诸暨迭代升级"星海守望"》,载浙江检察网 2022 年 7 月 5 日,http://www.zjjcy.gov.cn/art/2022/7/5/art_33_194926.html。

3.《以多跨场景应用为重要抓手推动数字化改革走深走实》,载浙江新闻网 2021 年 12 月 13 日,https://zj.zjol.com.cn/news.html?id=1663923&ivk_sa=1024320u。

四、报纸类

1.《习近平在中国政法大学考察时强调立德树人德法兼修抓好法治人才培养,励志勤学刻苦磨炼促进青年成长进步》,载《人民日报》2017 年 5 月 4 日,第 1 版。

2. 贾宇:《检察理论研究:坚持"多维"发力,优化工作格局》,载《检察日报》2019 年 9 月 19 日,第 3 版。

3. 靳昊:《将"枫桥经验"作为预防性法律制度体系的核心》,载《光明日报》2020 年 12 月 14 日,第 5 版。

4. 杨蔚平:《预防青少年新型违法犯罪,"浙里"有"神器"》,载《浙江法制报》2022 年 3 月 17 日,第 2 版。

5. 顾洁丽、李蕾蕾:《绍兴：高质量融合数字化改革与新时代"枫桥经验"》，载《浙江法制报》2022年5月30日，第12版。

后 记

2021年12月，诸暨市"预防青少年新型违法犯罪"入选浙江省数字化改革第二批"最佳应用"。预防青少年新型违法犯罪应用的开发源自对青少年新型违法犯罪的洞察。浙江省近5年青少年新型违法犯罪数据表明，青少年新型违法犯罪呈现占比高、增速快的特点，互联网时代新型犯罪手段多样且隐蔽性强，尤其是涉网类犯罪治理难度更大。在预防青少年新型违法犯罪工作中，存在精准预防未完全实现、数据信息未完全共享、预防关口未完全前移、新型犯罪手段未完全掌握、预防链条未完全闭环、工作力量未完全整合等问题。为解决这些痛点难点堵点，预防青少年新型违法犯罪应用遵循"一地创新、全省共享"的理念，依托一体化智能化公共数据平台，以基层治理四平台为底座，形成"一舱一库两端三场景N应用"的整体框架，通过践行新时代"枫桥经验"，实现政府、社会、学校、家庭多元治理主体联动，构建起前端预警、中端干预、后端持续预防的全链条闭环预防机制，取得了显著的成效。

按照浙江省数字化改革"1612"体系构架，在持续优化和推广"预防青少年新型违法犯罪"应用的同时，同步开展配套的理论研究十分必要，以便建构起相应的理论体系，推动改革实践上升为理论成果。诸暨市人民检察院与杭州师范大学、西北政法大学的师生携手，组成了课题研究团队进行系统的调研，最终形成了这一成果。本书试图在刑法学、犯罪学、社会治理法学、人工智能等多学科研究的基础上，以新时代浙江高质量发展奋力推进中国特色社会主义共同富裕先行和省域现代化先行为目标，以新时代"枫桥经验"为指引，结合相关部门的权威统计数据和专项调查资料及报告，立足诸暨市预防青少年新型违法犯罪应用的具体实践，参考智慧未检的实践经验,描述和剖析青少年新型违法犯罪的情势和成因,审视梳理预防青少年新型违法犯罪数字治理的思路和策略,为促进青少年健康成长、建设更高质量的"平安浙江""平安中国"作出贡献。

本课题的研究,得到了诸暨市政法系统一线干警以及预防青少年新型违法犯罪应用工作专班同志们的大力支持。浙江省乔司监狱、南湖监狱、第五监狱、女子监狱、未成年犯管教所、绍兴市司法局等单位为我们的调研工作提供了极大的帮助。杭州师范大学沈钧儒法学院副院长余钊飞教授对本研究提出了许多宝贵的意见和建议。同时,西北政法大学任娟娟副教授、李岚林副教授,博士研究生杨历霖,硕士研究生王彪、毛艾琳、任恒、徐江菲、赵雪松、王添一、张书媛、李露、王超群、杨钦荔、燕昕泽,杭州师范大学数字法治研究中心研究助理刘洋、李博伦等,在问卷调查、实地调研、文献综述撰写、书稿校对等方面,为本研究奠定了丰富的数据和资料基础。中国检察出版社及各位编辑在本书出版过程中精心设计、专业编校,确保了出版质量。在此一并致以衷心的谢忱。

尽管作者倾心撰写、尽力修正,但由于水平有限,在研究方法和研究内容上还存在诸多不足,理论广度和深度还有待提高,需要进一步深入研究和推敲完善,敬请理论界和实务界的同人批评指正,尚祈读者诸君见谅。